기적의 NLP 심리학

기적의 NLP 심리학
NLP: THE NEW TECHNOLOGY OF ACHIEVEMENT

인생을 바꾸는 동기부여와 성취의 기술

스티브 안드레아스, 찰스 폴크너 지음

한국마인드디자인랩 옮김

프로제

기적의 NLP 심리학
인생을 바꾸는 동기부여와 성취의 기술

초판 발행 2019년 5월 17일

발행처 프로제 | **발행인** 김영두 | **지은이** 스티브 안드레아스, 찰스 폴크너 |
옮긴이 한국마인드디자인랩 | **주소** 부산시 해운대구 센텀동로 25, 104동 804호 |
팩스 070-8224-4322 | **등록번호** 제338-2013-000008호 |
이메일 proje@doowonart.com

ISBN 979-11-86220-38-2

낙장 및 파본은 구매처에서 교환하여 드립니다.
구입 철회는 구매처 규정에 따라 교환 및 환불처리가 됩니다.

NLP: THE NEW TECHNOLOGY OF ACHIEVEMENT

Copyright © 1994 by NLP Comprehensive
All rights reserved

Korean translation copyright © 2019 by PROJE

Published by arrangement with William Morrow,
an imprint of HarperCollins Publishers through EYA(Eric Yang Agency).

이 책의 한국어판 저작권은 EYA(Eric Yang Agency)를 통한
William Morrow, an imprint of HarperCollins Publishers 사와의 독점계약으로
'프로제'가 소유합니다.
저작권법에 의하여 한국 내에서 보호를 받는 저작물이므로
무단전재 및 복제를 금합니다.

감사의 말

흔히들 작가라고 하면 혼자 힘으로 책을 써내는 영웅적인 모습을 떠올린다. 그러나 오늘날에는 어떤 일이건 제대로 마치기 위해서는 여러 사람의 도움이 필요하게 마련이다. 처음에 이 책은 나이팅게일 코넌트 사(Nightingale Conant Corporation)에서 테이프 세트로 내려고 했었다. 일이 진행되는 과정에서 저자와 편집자 총 6명이 참여하게 되었고, 많은 사람이 각자의 주요한 역할을 맡았다. 감사를 드려야 할 사람이 많다. 특히 우리는 NLP의 원개발자들인 리처드 밴들러와 존 그라인더, 그리고 그들의 초기 동료였던 레즐리 카메론 밴들러, 쥬디스 덜러지어, 로버트 딜츠, 그리고 데이비드 고든에게 우선 감사드린다. 또 NLP 훈련기관 중 하나인 NLP 컴프리헨시브의 공동 창립자인 스티브 안드레아스와 코니레 안드레아스에게도 감사의 뜻을 전한다. 이들은 NLP와 관련된 책의 편집자이자 작가로서, 그리고 선생으로서, 무엇보다도 우리가 새로운 세계를 탐색하도록 이끌어주었다. 또한 그들은 우리의 스승이자 안내자가 되었다. 그들과 함께 작업할 수 있어서 영광이다. 또한 이 책에 직접적으로 관여하지는 않았지만 많은 영감과 방향을 제시해준 NLP 컴프리헨시브 훈련팀에 속한 다른 멤버들도 빼놓을 수 없다. 라라 유잉, 개리 패리스, 톰 베스트, 타마라 안드레아스에게도 감사드린다.

아마 이 책을 읽는 여러분은 이 책이 마치 마법으로 불쑥 생겨난 것처럼 여길지도 모르지만 전혀 그렇지 않다. 많은 사람이 작가의 말을 좀 더 명확하게 전달하려고 열심히 일해주었다. 그중 NLP 컴프리헨시브의 총괄 매니저인 리사 잭슨에게 특히 감사한다. 그녀의 노력이 없었다면 이 책이 이렇게 나오기 어려웠을 것이다. 나이팅게일 코넌트 사 출판 담당 부사장인 마이크 윌본드와 오디오 프로듀서인 조진 세바스코, 그리고 비디오 프로듀서인 마트레이유 안젤로에게도 감사를 표한다. 이 책에는 이미 공식적으로 두 명의 편집자가 있지만, 나이팅게일 코넌트 사에서 우리의 내적인 편집자 역할을 맡아준 수잔 텔링게이터와 윌리엄 모로 앤 컴퍼니(William Morrow and Company)에서 편집장으로 일했던 월 슈발비, 그리고 끝까지 글을 손질해준 카렌 쿠퍼에게도 감사한다. 마지막으로 여기에 소개한 내용들을 개발하면서 가르쳤던 수천 명의 NLP 프랙티셔너들에게도 감사드린다. 그들은 우리를 강력히 지지해주었고 동시에 신랄하게 비판해주었으며, 또한 가장 잘 안내해주었다.

대부분의 사람들이 처음 NLP를 접했을 때, 이 기술이 잘 사용되겠지만 잘못 사용될 수도 있다는 점을 알고 걱정한다. 우리는 이 책에 소개된 정보들의 강력한 힘을 알고 있다. 이런 기법들을 배우고 적용해가면서 신중하게 연습해갈 것을 이 책의 독자 여러분에게 당부한다.

차례

감사의 말 • 005

제1장 마음을 변화시키기 • 011

제2장 NLP란 무엇인가 • 029

영화음악 고르기 • 046
사진을 액자에 넣기 • 048
우수성의 원 만들기 • 054

제3장 동기부여하기 • 065

경험을 더욱 강렬하게 만드는 것 알아보기 • 087
동기를 증가시키기 • 091
새로운 행동 만들기 • 095

제4장 사명 발견하기 • 099

당신은 배우는 사람이다 • 106

인생에서 열정을 발견하기 • 112
가장 깊이 있는 가치와 원칙을 재점검하기 • 116
원대한 비전을 발전시키기 • 122
원대한 비전을 위한 특정한 방향 찾기 • 125
사명과 자신을 일치시키기 • 127

제5장 목표 성취하기 • 137

가장 좋아하는 특정한 인물이 되어보기 • 145
사명을 실현하기 위한 개인적인 역할 발견하기 • 151
사명을 실현하기 위한 직업인으로서의 역할 발견하기 • 153
사명을 실현하기 위한 가족으로서의 역할 발견하기 • 154
사명을 실현하기 위한 시민으로서의 역할 발견하기 • 157
강력한 미래 그려보기 • 169
계획 발전시키기 • 171
예행 연습 빠르게 해보기 • 174
행동 취하기 • 175

제6장 라포와 강한 인간관계 형성하기 • 179

다른 사람들을 목표의 일부로 만들기 • 186
인간관계를 분명한 목표로 설정하기 • 189
목소리를 일치시키는 훈련하기 • 197

제7장 마음을 사로잡는 설득 전략 • 207

일치감과 불일치감에 대한 신호 찾기 • 224
내면의 소리와 일치시키기 • 231

제8장 두려움과 공포증 없애기 • 239

주관적 몰입과 객관적 관조 연습하기 • 249
영화를 앞으로 되감기 • 251

빠르게 공포증을 극복하는 기법 ·256
다른 사람의 입장에 서 보기 ·262
중립적인 관찰자 되기 ·264

제9장 자신감 쌓기 ·269

내부 목소리를 리프레이밍하기 ·277
좌절을 융통성으로 바꾸기 ·286

제10장 나에게 감사하는 마음 갖기 ·297

자존감을 발달시켜라 ·304
자서전 쓰기 ·308
스위시 패턴 연습하기 ·319
비판에 편안하게 반응하기 ·330

제11장 긍정적인 정신 태도 갖기 ·335

긍정적인 정신 태도를 갖기 ·352
자신의 시간선을 찾기 ·357
결정 파괴자를 사용하기 ·360

제12장 최고의 성과 성취하기 ·365

스스로 강해지기 위해 스위시 패턴 사용하기 ·376
최고의 성공을 각인시키기 ·383
무한한 성취를 위해서 관점을 자유롭게 하기 ·390

NLP 21일 무한성취 프로그램 ·397
NLP 용어 정리 ·426

우리 세대의 가장 위대한 혁명은
인간이 자기 마음속 태도를 바꾸면 인생의 외적인 측면도
바꿀 수 있다는 사실을 발견한 것이다.

윌리엄 제임스(미국 심리학자)

마음을 변화시키기

변화의 세계로 들어가면서

책은 당신의 삶을 서서히 변화시킨다. 우리는 이를 굳게 믿고 있다. 당신이 지금 읽고 있는 이 책의 내용이 실제로 우리의 인생을 바꾸었듯이 말이다. 우리는 사람들이 자신의 무한한 내적 능력을 발휘하도록 도와주는 일을 하는 NLP 컴프리헨시브의 트레이너와 컨설턴트이다. 이 장에서 소개하는 개인에게 일어난 변화들은 실제로 있었던 일들이다. 이러한 변화는 대부분 당신이 이 책을 읽는 데 걸린 정도의 짧은 시간 안에 일어났다. 공포가 신념으로, 절망이 소망으로, 과거에 대한 걱정이 목표가 분명한 행동으로 바뀌게 되는 이런 변화들은 훈련을 통해 충분히 배울 수 있다. 우리는 그동안 상담자, 컨설턴트, 코치 매니저, 엔지니어, 운동선수, 중개업자, 관리자, 부모 등 개인의 효과적이고 전문적인 변화에 관심이 있는 모든 이에게 이런 기술을 가르쳐왔다. 우리는 이런 기술에 대한 내용이 담긴 중요한 책을 열 권 이상 저술했으며, 수많은 오디오·비디오 테이프 프로그램도 만들었다.

10여 년 동안 우리는 책과 테이프를 사용한 훈련과정을 통해 중역 회의실을 비롯해 암 치료 병실에 이르기까지 다양한 곳을 방문했다.

우리도 처음부터 여기에 있었던 것은 아니다. 우리 역시 당신처럼 계획적인 변화가 가능하리라는 희망을 품고 시작했다. 그리고 실제로 효과적인 변화를 가져오는 방법을 찾아내려고 심리학을 비롯해 인간발달의 다양한 영역을 수년간 탐색해왔다. 대학교육은 물론이고 비싼 트레이닝 세미나, 조용한 자기 성찰에 이르기까지 이런 방법들이 만들어내는 결과물을 연구했다.

우리는 실질적이고 지속적인 변화를 끌어내는 열쇠를 찾기까지 10년 이상의 시간을 보냈다. 우리는 내담자들이 과거의 어려움과 스스로 느끼는 한계를 극복하여 인생의 다양한 모험을 좋은 방향으로 경험하도록 돕고자 했다. 또한 비즈니스에 종사하는 사람들에게 생산성과 이익, 직업적인 만족감을 높이도록 영향을 끼치고 싶었다. 그리고 우리 자신을 위해서도 무엇인가를 원했다. 좋은 변화를 일으키고 싶었기에 이미 무엇인가를 이루어낸 사람들의 능력을 강화하고, 이미 이룩한 것을 더 높이 쌓기 위한 기술을 원했다. 단순히 문제를 해결하는 데 그치지 않고 새로운 가능성을 창출해낼 수 있기를 바랐다. 우리는 언제나 우리가 원하는 것을 할 수 있고, 원하는 것으로 될 수 있으며, 원하는 것을 가질 수 있다. 그리고 당신 역시 그럴 수 있다고 믿는다.

지금은 인류 역사상 그 어느 때보다도 다양한 접근 방법으로 인간의 잠재력과 가능성을 높이는 데 주력하고 있다. 긍정적인 마음가짐(Positive mental attitude), 시각화(visualization), 긍정적인 자기 암시(affirmation), 내면의 아이 치유하기(inner child work), 목표 설정(goal setting), 개인적 능력(personal power) 같은 내용은 이미 잘 알려져 있다. 당신은 이 중 한 가지 이상을 이미 시도해보았을지도 모른다. 만일 당신이 우리와 비슷한 경험을 했다면, 때때로 이런 방법들이 효과가 있었을 것이고, 결과는 꽤 멋졌을 것이다. 그러나 그렇지 않았을 때도 있었을 것이다. 효과가 없을 때는 아무리 원하고 필요로 한다고 해도 소용이 없었다. 우리는 이런 불안정한 결과를 보면서 보다 일관되게 변화를 일으키는 근원을 찾아내고자 노력해왔다. 우리는 이미 그 중 일부를 찾아내어 일관적인 결과를 창출해내고자 했다. 그리고 일시적인 위안과 지속적인 변화 사이의 차이를 알아내고자 했다. 무엇보다 우리는 신중하게 변화를 촉진했기에 다른 사람들도 그렇게 할 수 있도록 알려주고 싶었다.

변화를 일으키면서

NLP 컴프리헨시브의 공동 설립자이자 NLP 개발자인 스티브 안드레아스는 어느 날 한 여성을 만났다. 그녀는 자기가 과거에 겪었던 부끄러운 일들이 어떻게 되살아나는지 얘기했고 스티브는 그것을 주의 깊게 들었다. 그녀는 이렇게 반복되는 기억이 자신의 느낌과 인생의 선택을 어떻게 제한해왔는지 이야기했다. 스티브는 부드럽게 이야기에 끼어들어, 그녀가 바라는 것이 무엇인지 물었다. 그러자 여자의 표정이 밝아지면서 새로운 직업에 대한 생각과 다른 방식의 삶에 대해 이야기했다. 스티브는 그녀의 첫 번째 경험과 두 번째 경험에 대해 다소 이상한 질문을 했다. 지금까지 그녀의 기억이 흑백이었는지 컬러였는지 물어본 사람은 단 한 사람도 없었다. 스티브는 여자가 간단한 시각화를 하도록 이끌었고, 마침내 여자의 눈에는 슬픔이 아닌 기쁨의 눈물이 흘렀다. 그녀는 과거에서 해방되었다고 느꼈다. 채 30분도 걸리지 않아 그녀는 그 기억에서 자유로워졌다.

NLP 트레이너이며 작가인 찰스 폴크너는 한 회사의 최고 재정 의사결정자와 인터뷰를 마쳤다. 그 사람의 생각과 의견은 하루에도 수백만 달러의 흐름에 영향을 끼친다. 찰스는 그 사람이 칠판에 적었던 단어와 그림의 느낌들을 적절한 말로 바꾸어 그 사람의 전략을 알아듣기 쉬운 용어로 다시 설명했다. 자리에 모인 팀원들은 자신도 같은 방법으로 의사결정 능력을 크게 발전시킬 수 있다는 것을 알았다. 그들은 그날 아침의 나머지 시간 동안 이 새로운 기술을 다양한 문제와 기회에 적용해보았다.

집단 트레이너와 리더십을 촉진하는 일을 하는 켈리 걸링 박사는 한 회사의 회의실에서 긴장과 절망으로 가득 찬 얼굴들을 보았다. 회사는 위기에 빠져있었고, 중역 회의는 몇 주째 막다른 골목에 맞닥뜨려있었다. 그는 각 경영자에게 이 상황을 어떻게 파악하고 있는지 물어보았다. 경영자들이 걱정하는 부분을 파악하고서, 그는 그들의 가치에 대해 질문했다. 그러자 방의 분위기가 바뀌기 시작했다. 아무도 이런 식으로 이야기한 적이 없었다. 그들은 어떤 변화가 일어나고 있음을 느꼈다. 이틀 후 그들은 새로운 전략 계획을 세웠다. 일 년 후 이 회의에서 표현된 가치들은 회사 전체에 퍼져 직원들의 사기를 높였고, 결국 그들은 다시 시장의 주도적인 존재가 될 수 있었다.

작가이자 건강 응용 연구가인 팀 핼범은 NLP 개발자인 로버트 딜츠에게서 알레르기 반응이 면역계의 공포증과 유사하다는 것을 배웠다. 실제로는 외부에 아무런 위험이 없는데, 신체의 면역계 반응이 너무 강력해 오히려 그것 자체가 위험하게 되는 것이다. 팀이 이 이야기를 몇몇 세미나 참가자에게 말해주자 그중 한 남자가 자기는 너무나 많은 음식에 알레르기 반응을 일으켜서 본인에게 맞는 특별한 식이요법을 하기 위해 한 주에 200달러 이상을 들인다고 하였다. 팀은 로버트 딜츠에게서 배운 방법으로 알레르기를 일으키는 원인이 되는 음식물들을 중화할 수 있도록 그 남자를 지도했다. 극도로 주의 깊고 엄격한 테스트를 거쳐 그 남자는 자신의 알레르기 증상이 며칠 동안 나타나지 않았다는 사실을 알게 되었다. 더는 증상이 재발하지도 않았다. 팀은 몇 년 동안 수천 건에 이르는 성공사례를 만들어냈다. 현재 그는 이 새로운 접근 방법을 과학적으로 검증하기 위해 콜로라도주 베일에 있는 한 의료기관에서 임상연구를 하고 있다.

트레이너이자 작가, 치료사인 로버트 맥도널드는 생명의 깊은 연결감이 바로 인간관계라고 믿고 있다. 그에게 상담을 받으러 온 부부 역시 이 사실을 믿고 싶었다. 로버트는 그들 각자가 서로에게 실망한 점들이 사실은 자신의 지나친 기대 때문이 아니었는지를 깨닫게 하고, 처음 서로에게 이끌렸던 감정이 되살아나도록 도와주었다. 그러고 나서 그 부부가 이전의 상호의존적이던 패턴에서 그들 자신을 분리하고 서로를 위해 새로이 하나 된 느낌이 들도록 도와주었다. 마지막으로 활기 있고 애정이 넘치는 관계 속에서 서로 충만감을 느낄 수 있는 치료 의식을 갖도록 두 사람을 초대했다. 두 사람의 눈에서, 그리고 로버트의 눈에서 눈물이 흘러넘쳤다. 이제 그들의 결혼은 단지 버텨나가야 할 무언가가 아니라 풍성하게 열매를 맺기 위한 것이 되었다.

박사이며 교사, 트레이너이자 심리치료사인 게리 슈미트는 한 회사 간부에게 도움을 주기 위해 기다리고 있었다. 그 간부는 1년 전 자동차 사고로 한쪽 시력을 잃었다. 그 후 자동차가 그때와 비슷한 방향에서 다가오면, 아직도 엄청난 공포를 느끼곤 했다. 그는 그런 공포가 불합리하다는 것을 알고 있었고, 친구의 권유에 따라 게리를 찾아오게 되었다. 게리는 그에게 어디에서 사고가 일어났는지 묻고, 만일 그가 길 건너편이나 멀리 떨어져 있는 택시 안, 혹은 헬리콥터 안에서 그 장면을 목격했다면 어떻게 보였을지 상상해보라고 하였다. 얼마 지나지 않아 두 사람은 웃음을 터뜨렸다. 그리고 간부는 자신도 모르게 그날의 사고에 대해 농담을 하고 있다는 사실을 깨달았다. 그는 한 시간 정도의 치료가 끝난 후에 편안한 마음으로 차를 몰고 집으로 돌아갔다. 그를 괴롭혔던 공포의 경험은 다시는 일어나지 않았다.

작가이자 건강 응용 연구원인 수지 스미스는 자기가 너무나 많은 역할을 맡고 있다고 생각했다. 그녀는 아내이고 엄마이면서, 교사이자 조직체의 트레이너다. 그녀는 자신이 일하는 영역에서 본인이 국제적인 권위자라는 생각이 들지 않았다. 그리고 그런 생각이 너무나 부자연스럽게 느껴졌다. 수지는 이런 느낌의 원인이 어린 시절의 경험과 관련 있다는 사실을 깨달았다. 이런 감정이 자신감이 없었던 불안정한 십 대 때의 모습과 같다는 것도 알았다. 분명히 지금은 그때와는 다르게 변했다. 수지는 자신을 제한시키는 믿음 때문에 자신과 동료들이 이루어낸 중요한 발견들을 제대로 평가하지 못하고 있었다. 그녀는 그것을 변화시키기로 했다. 자신이 자신감 넘치고 유능하다고 느꼈던 순간들을 머릿속에 떠올리면서, 어린 시절 기억들을 자원이 풍부한 경험으로 바꿔놓았다. 수지는 10분도 안 되는 짧은 시간 동안 이 작업을 해냈다.

당신에게는 이런 사례들이 아마도 과장되고 일어날 성싶지 않은 일들, 혹은 기적 같은 일처럼 보일 것이다. 우리도 처음 이런 이야기를 들었을 때는 마치 기적처럼 보였다. 그러나 NLP 프랙티셔너(NLP Practitioner: NLP를 실천하는 사람들—옮긴이), 트레이너, 컨설턴트, 그리고 상담가로서 10여 년의 시간을 보내면서 위에서 소개한, 빠르게 바뀌면서도 오랫동안 지속하는 심오한 변화들이 현실에서 일어난다는 사실을 수천 번의 개인적 경험을 통해 알게 되었다.

만일 당신이 이런 변화의 한 세기를 돌이켜 봤을 때, 비행기나 자동차가 불과 100년이 조금 넘는 역사를 가지고 있다는 사실을 알면 새삼 놀랄 것이다. 허공을 통해 전선도 없이 멀리 떨어진 곳으로 목소리나 음악을 보낸다는 생각은 불가능한 일로 여겨졌었고, 연구해볼 가치도 없는 것으로 취급했었다. 그러고 나서 라디오가 발명되었다. 정교한 수술 방법과 신기한 약들을 사용하는 현대 의학이 시작된 지 100년도 되지 않았다. 세상을 완전히 바꾸어놓은 텔레비전이 나온 지도 100년이 채 안 되었고, 개인용 컴퓨터도 20년이 채 안 되었다. 대부분의 사람은 에고와 이드, 그리고 오이디푸스 콤플렉스 개념 창시자인 지그문트 프로이트가 논문을 발표한 것이 1900년이었다는 사실을 거의 알지 못한다. 많은 사람이 심리학이 프로이트 이후 거의 변하지 않았다고 생각한다. 그러나 그동안 심리학에서는 많은 혁명이 있었고, 그런 과정을 통해 두뇌에 대한 생각을 재정비하게 되었으며, 변화의 가능성은 더 높아졌다.

변화할 것인가, 고통받을 것인가

누구나 한 번쯤, 혹은 그 이상으로 자신의 생각을 변화시키려고 해본 적이 있을 것이다. 당신이 어떤 생각이나 습관을 그만두거나 불편한 느낌을 변화시키려고 시도해보았던 마지막이 언제였는가? 바꾸고 싶은 것이 동기 부족이나 화를 잘 내는 성격일 수도 있고, 고독한 느낌이나 혹은 단순히 성공하고 싶은 욕구일 수도 있다. 어쨌든 누구나 한 번쯤은 내가 지금의 나와는 달랐으면 하고 바랐던 적이 있을 것이다. 우리는 모두 변하고 싶어 한다. 어쩌면 당신은 의식적으로 변화하려고 결심하고, 이 결심을 적어두거나 몇몇 가까운 친구에게 이야기했을지도 모른다. 이런 주제를 다룬 책이나 테이프를 샀을 수도 있고 모임에 가입했을 수도 있다. 그러나 몇 달이 지나고 나면 그 책들을 반절쯤 읽다가 그만두고, 테이프가 어디에 있는지도 모를 것이다. 그리고 당신의 친구들-만일 그들이 정말 당신의 친구라면-은 친절하게도 이전에 들었던 당신의 결심에 대해 이야기를 꺼내지도 않을 것이다. 만일 당신이 경험한 것이 우리가 경험한 것과 비슷하다면, 당신의 좋은 의도와 달라지고자 했던 진정한 바람에도 여전히 예전 버릇에서 벗어나지 못하고 있을 것이다.

어쩌면 훌륭하게 성공해서 목표한 바를 이루어냈을지도 모른다. 그렇지만 이번에는 예전의 자신으로 돌아가 버릴지도 모른다는 두려움에 휩싸일 것이다. 체중을 줄이거나 생활 스타일을 바꾸고자 할 때 많은 사람이 이런 경험을 한다. 또한 마치 상처 위에 소금을 뿌리는 것처럼, 당신이 변화하기 위해 더 많이 노력할수록 그 목표는 오히려 더욱 더 달성하기 어려워지고 당신은 더욱 좌절을 느낄 것이다.

어떤 사람들은 세상을 살아가는 게 벅차다고 느낄 것이다. 사실 우리 주위에서는 믿어지지 않을 정도로 많은 변화가 일어나고 있다. 새로운 제품이 점점 빠른 속도로 이전 물건들을 밀어내고 있다. 아이들은 어른들이 이해하기 어려운 게임을 하면서 논다. 우리는 인생에서 유일하게 변화만이 지속하는 것이며, 어디에서나 변화가 일어난다는 이야기를 들었다. 우리가 자신을 변화시키려고 시도할 때까지 그런 것을 보고 그렇게 믿는다. 우리는 지금 무슨 일이 일어나고 있는지 어리둥절해 한다. 그런데 우리가 변화시키려고 하는 것이 정말 그렇게도 어려운 것일까?

자, 이제 잠깐 숨을 돌리고 당신의 인생을 조금만 다른 각도에서 바라보자. 그러면 당신 역시 계속 변하고 있다는 사실을 알 수 있을 것이다. 당신은 태어났을 때 불과 몇 킬로그램밖에 안 되는 아기였다. 그러다가 어린이로, 청소년으로 성장하여 지금은 한 명의 성인이 되었다.

당신이 의식하건 못 하건 간에, 당신의 신체 외양은 확실하게 혹은 미묘하게 매년 바뀌어왔다. 당신은 사탕이나 땅콩버터, 인형이나 오토바이 같은 것을 가장 좋아했다. 어쩌면 아직도 그런 것을 좋아하고 있을지도 모르지만, 지금 당신이 더 중요하다고 생각하는 것들이 사실 예전에는 그것을 좋아하리라고는 꿈에도 생각해보지 않았던 것들일 수도 있다. 세월이 흐르면서 당신의 관심사는 오토바이에서 금요일 밤의 파티나 재무부의 단기 채권, 혹은 극장의 좌석 같은 것으로 바뀌었다. 그저 깊게 생각해보지 않았을 뿐, 바로 최근에도 당신이 쉽게 변화시킨 것들이 있다. 어느 날 당신은 이전과는 다른 방식으로 일을 하고 있는 자신을 발견할 수도 있다. 그냥 어느 순간부터 특정 음식을 먹지 않거나, 어떤 스타일의 옷을 더는 입지 않게 된다. 혹은 새로운 취미나 관심사가 생길 수도 있다. 이전에는 생각해보지도 않던 일들을 말이다. 당신 친구들이 그 점을 지적하면 당신은 이렇게 말할 것이다. "아, 그래. 생각을 바꿨어."

효과적으로 변화시키는 방법은 모두 왜 우리가 어떤 일을 변화시킬 때는 아주 쉽게 하면서 어떤 때는 또 그렇게 어려운지 설명해줄 수 있어야 한다. 만약 당신이 그 점에 대해 생각해본다면 변화는 긴 시간에 걸쳐 일어나는 것이 아님을 알게 되리라. 그것은 단 한순간에 일어난다. 예전에 당신은 많은 사람 앞에서 이야기하는 것이 불안했지만, 어느 날 아침 일어나 더 이상 그렇지 않다는 것을 알았을 수도 있다. 당신은 몇 년 동안 TV 앞에 앉아 있었지만, 어느 순간 밖으로 나가 산책을 하거나 운동을 하기로 결심했다. 어쩌면 학교로 돌아가기로 마음먹거나, 새로운 직업을 찾기 위해 더 많은 노력을 기울이기로 결정했을 수도 있다. 당신은 이런 문제들에 대해 몇 주 동안, 혹은 몇 달이나 몇 년 동안 걱정했다. 그리고 나서 어느 순간 마음이 변했음을 알게 되었다.

만약 어떻게 그렇게 하는지를 알 수 있다면 변화는 더 쉬워진다. 너무 쉽게 차에 시동이 걸린다거나, 리모컨 스위치가 너무 정확하게 보고 싶은 텔레비전 채널을 맞춰준다고 불평하는 사람은 없다. 이렇듯 개인적 변화의 중요성을 거기에 들인 시간이나 고통, 어려움의 정도로 잰다는 것은 바보 같은 일이다. 이것은 '고통이 없으면 얻는 것도 없다'라는 오래된 격언을 증명할 수는 있겠지만, 이 이야기는 마치 모든 고통스러운 일이 우리 삶에 무언가를 가져다주는 듯이 들릴 수 있다. 만일 고통이 많을수록 얻는 것이 많다면 우리는 그것을 피하기보다 추구해야 한다. 오랜 투쟁과 고통만이 성공으로 가는 길이라면 우리는 지금까지도 직장으로 갈 때 걸어서 가야 하고, 글은 연필로 쓰며, 조랑말로 속달 우편을 전달하는 세상에서 살고 있을 것이다. 고통은 변화해야 할 시점이 되었음을 알려주는 신호이다. 만일 손에 뜨거운 것이 느껴지면 손을 떼야 한다. 고통은 우리가 잘못된 접근법을 사용하고 있음을 알려주는 신호이다. 우리는 고통을 통해 무언가 다른 일을 해야 한다는 것을 알게 된다. 성공 없는 긴 투쟁은 우리가 지금 하고 있는 것들이 제대로 돌아가고 있지 않다고 알려주는 신호이다. 지금은 무언가 다른 것을 해야 할 시점이다. 고통과 투쟁, 기다림은 다른 접근법이 필요하다고 알려주는 신호임을 알아야 한다. 이런 것들은 변화 과정에 필수적인 게 아니며, 쉽게 떨쳐버릴 수 있다.

뇌 속 소프트웨어

최근 과학자들과 심리학자들은 인간 두뇌의 모델로서 컴퓨터에 대해 관심을 기울이고 있다. 만일 우리의 두뇌가 일종의 컴퓨터와 비슷하다면 우리의 생각과 행동은 소프트웨어 프로그램에 해당할 것이다. 만일 우리가 컴퓨터의 소프트웨어를 바꾸거나 업그레이드하듯 머릿속의 프로그램을 변화시킬 수 있다면, 긍정적인 변화는 즉시 일어날 것이다. 그러면 우리는 자신이 생각하고 느끼고 행동하고 살아가는 모든 방식을 짧은 시간에 개선할 수 있다.

우리의 뇌를 컴퓨터와 비교해보면, 왜 때때로 변화가 그렇게 어렵기만 한지 설명할 수 있다. 우리가 아무리 원하고 바라고 희망한다고 해도 소프트웨어는 저절로 업데이트되지 않는다. 화를 내거나 예전 명령어를 계속해서 입력해봐도 소용없다. 우리가 해야 할 일은 지금 사용하고 있는 프로그램에 새로운 명령어를 추가하는 것이다. 컴퓨터의 경우 매뉴얼을 보면 어떻게 소프트웨어를 업데이트할 수 있는지 확인할 수 있다. 그러나 인간의 경우는 훨씬 도전적이다. 한 NLP 트레이너는 이렇게 말했다. "인간은 숙련된 노력 없이 생산되고 또한 재생산될 수 있는 유일한 슈퍼컴퓨터이다. 그리고 거기에는 매뉴얼이 따로 없다." 지금까지는 그랬다.

우리가 당신에게 제공하고자 하는 것은 당신의 두뇌에 대한 매뉴얼이다. 당신은 집이나 직장에 개인용 컴퓨터를 가지고 있을 것이다. 그리고 워드 프로세서나 스프레드시트, 그림 그리기 프로그램, 편집 프로그램, 유틸리티, 그리고 어쩌면 게임 몇 가지를 포함한 다양한 소프트웨어 패키지도 있을 것이다. 만일 컴퓨터를 살 때 판매원이 각각의 프로그램마다 개별적인 기계가 필요하다고 말했다면, 당신은 절대로 사지 않았을 것이다.

그러나 이것은 대부분의 사람이 무심코 자신에게 하고 있는 일이기도 하다. 그들은 판매나 관리, 동기부여, 문제 해결, 설계, 위임 행위 등 다양한 것을 잘 배운다. 그리고 어느 정도 배우고 나면 스스로 "이 일은 내가 잘해"라고 생각하곤 한다. 그들은 하나의 전문적인 영역에서 능력을 계발하지만, 다른 전문 능력을 쌓기 위해서 자신의 머릿속 소프트웨어 프로그램을 어떻게 바꿔야 하는지는 모른다. 만일 당신이 갖고 있는 개인용 컴퓨터가 워드프로세서나 스프레드시트 같은 프로그램을 실행시키지 못한다면 한번 검사해봐야 한다. 그러나 사람들은 자신의 머릿속 프로그램을 전환하지 못할 때 이를 해결하려 하기보다는 변명을 지어내기 일쑤다. 자기에게 재능이 부족하다느니, 신체 조건이 떨어진다느니, 성격이나 심지어는 자신의 사주팔자가 그 일에 맞지 않는다는 소리를 한다. 그러나 컴퓨터의 모양이나 제조일자 등이 그 프로그램에 대한 기계의 성능을 자동으로 제한한다고 생각하는 사람은 한 사람도 없다. 기능을 제한시키는 것은 일차적으로 소프트웨어 때문이지 하드웨어 때문이 아니다.

캘리포니아주에 있는 멘돌치노 주립병원에서 주임 심리학자를 역임했던 윌슨 반 두세 박사는 이렇게 말했다. "나는 프로이트 심리학이 주류였던 시절부터 정신치료의 다양한 장면을 관찰해왔다. 처음에는 몇 년 이상이 소요되던 정신치료 기간은 점차로 짧아져 6개월로 줄어들었다. 그리고 지금 우리는 NLP로 30분 혹은 5분 만에 치료할 수 있다. 속도는 중요한 문제가 아니다. 우리는 이제까지 인간이 실제로 어떻게 설계되어 있는가에 대해서는 눈을 감고 있었다." 우리가 원하는 것을 변화시키기 위해서는 먼저 우리가 변화할 수 있도록 설계된 방식에 따라 변화시킬 필요가 있다.

만일 당신이 자신의 두뇌에 대한 매뉴얼을 가진다면 무엇을 이루어낼 수 있을지 생각해보라. 뒤에 나오는 장들에서는 다음과 같은 것을 배울 것이다.

- 당신의 슈퍼컴퓨터인 두뇌를 그것이 설계된 방식에 따라 실행시키는 방법
- 당신이 원할 때 원하는 방식대로 생각과 행동, 느낌을 변화시키는 방법

- 몇 년 동안 고치려고 노력해왔던 습관을 한 시간 이내에 바꾸는 방법
- 당신이 원하는 모습으로 변화하다 위기의 순간이 올 때 자신감 가지기, 인생에 주어진 선물들과 사랑하는 사람들에 대해 애정과 이해심을 가지면서도, 가치 있는 것을 추구할 때는 강한 동기를 갖고 끈기 있게 노력하기

아마도 당신은 어느 순간 이거다 싶은 기분이 들면서 모든 일이 완벽하게 풀려나가고 최상의 상태를 느꼈던 경험을 해보았을 것이다. 어떤 때는 모든 조각이 서로 들어맞지 않고 제대로 되는 일이라고는 하나도 없는 것처럼 느껴지는 때도 있었을 것이다. 이제는 NLP를 통해 필요할 때 이런 맞지 않는 조각들을 최상의 상태로 바꾸는 방법을 배우게 될 것이다. 이 세상에는 모든 일을 쉽게 이루어내는 사람들이 있다. 당신은 그들의 성공적인 정신 프로그램을 당신 자신과 다른 사람들이 이용하도록 만들기 위하여 이런 숙련된 성취가들을 연구하는 방법을 배울 것이다. 변화의 핵심에 대한 연구를 통해 처음에 꾸었던 희망 가득한 꿈과 선한 의도에서 이제는 특정하고 강력한 변화 기법을 얻을 것이다. 이것은 컴퓨터 프로그램만큼이나 정확하고, 오래된 친구처럼 편안한 기술을 포함하는 접근법이다. 이 기술을 통해 당신이 일으키고자 하는 변화를 일으킬 수 있고, 그대로 지킬 가치가 있는 것은 그대로 간직할 수도 있다. 바로 이것을 신경 언어 프로그래밍(Neuro-linguistic Programming), 혹은 NLP라 부른다.

NLP 실행하기

NLP의 핵심은 당신이 원하는 경험을 할 수 있도록 해주는 것이다.

NLP 트레이너들과 이를 실천하는 사람들은 다른 사람에게 그들의 고통스러운 경험을 완화하고 보다 긍정적인 느낌을 창조해내며, 일생 동안 지속하던 좋지 않은 습관을 변화시키고 새로운 신념을 갖도록 하는 방법을 1시간 이내에 가르쳐준다. 이 책은 NLP 전문가들이 다양한 변화를 성취하기 위해 사용하는 가장 인기 있는 방법들을 소개한다.

우선 당신은 NLP의 기본 원칙과 전제를 배울 것이다. 당신의 두뇌가 어떻게 기능하고, 어떻게 하면 보다 쉽게 변화할 수 있을지에 대해 알게 될 것이다. 그리고 특정한 NLP 기법들을 익혀, 자신이 원하고 필요로 하는 변화들을 끌어낼 수 있게 될 것이다.

NLP를 실행한다는 것은

- 당신 안에 내제된 강력한 동기로 자신을 통제한다.
- 멋진 미래와 그곳으로 통하는 개인적인 길을 만들 수 있도록 도와준다.
- 더 친밀한 인간관계를 형성하고 남을 설득하는 기술을 향상하도록 한다.
- 당신의 발목을 잡고 있는 과거의 부정적인 경험들을 털어버리도록 한다.
- 당신 자신에 대한 자기 평가와 자아 존중감을 높인다.
- 강하고 긍정적인 태도를 만들어준다.
- 최고의 성공을 경험할 수 있도록 도와준다.

동시에 당신은 최고 성취자들의 많은 특성과 성공을 끌어내는 그들의 정신적 태도를 배울 것이다. 당신은 특정한 프로그램들을 통해 뛰어난 성취자들의 특성을 배우고 사용하는 방법을 단계별로 익힐 것이다. 당신이 원하는 어떤 종류의 기술이든 그것을 배울 수 있는 능력을 키우기 위해 NLP를 사용하는 방법을 알게 될 것이다. 때때로 어떤 사람들은 NLP의 이런 광범위한 적용 범위를 이해하기 어려워한다. 그들은 "어떻게 우리가 무대 공포증과 타협, 죄책감, 자기 존중감, 전략 계획, 동기화, 알레르기 반응, 그리고 인간의 우수성에 대해 모두 같은 방법을 적용할 수 있다는 말인가?"라고 말한다. 이것은 컴퓨터나 전화, CD 플레이어와 같은 다양한 제품에 공급되는 전력이 모두 같은 것이라는 점과 일맥상통한다. 전력은 모든 것에 공통되는 기본적인 것이다. 당신의 두뇌는 모든 성취에 기본이 된다. NLP는 당신의 두뇌가 작용하는 방법의 기초를 가르쳐주어 인간의 자기 계발에 정확한 영향을 미친다. 어떤 상황에서든 NLP는 어떻게 하면 더 많은 것을 하고, 더 많은 것을 가지고, 더 나은 사람이 될 수 있는지 알려준다.

앞으로 나올 각 장에서는 당신의 학습능력과 변화를 더 키우고 심화하기 위한 여러 훈련을 접하게 될 것이다. 알베르트 아인슈타인이 '정신적 실험(thought experiments)'이라고 불렀던 이런 훈련을 통해 당신은 특정한 NLP 기법을 익히는 데 도움을 받을 수 있다. 이런 훈련들은 그동안 수백만 명의 사람에게 효과가 있었다. 마찬가지로 당신에게도 효과를 발휘할 것이다. 우리는 역사상 그 어느 때보다도 정보 과잉 시대에 살고 있다. 어떤 사람들은 여기에 나오는 훈련들이 과연 흥미로운지 알아보려고 훑어볼 수 있다. 이것도 좋은 시작이 될 수는 있겠지만 결과를 얻고자 한다면 역시 직접 실행해볼 필요가 있다. NLP는 일종의 경험이다. 이것은 이전과 다른 결과를 얻기 위해서는 어떻게 해야 하는가에 관한 것이다. 그러므로 이 책에 나오는 훈련들을 실행할 때는 주의 깊고 신중하며, 철저하게 해야 한다. 하루 중 당신이 완전히 집중해서 온전히 투자할 수 있는 시간을 골라라. 그리고 우리가 제안하는 상황을 생생하게 떠올리고, 그다음 지시에 주의 깊게 따라라.

대부분 이런 '정신적 훈련'에는 10분에서 20분 정도의 시간이 걸린다. 더 좋은 결과를 얻기 위해서는 친구가 옆에서 훈련 내용을 읽어주는 것이 도움이 될 수 있다. 이런 훈련들은 한 번으로 끝나는 것이 아니다.

이 책에서 더 많은 것을 얻고 싶다면 이런 기법들을 일상생활에서 순간순간 적용해보는 게 더 중요하다.

> 처음에 NLP는 마치 반짝이는 별처럼 보였다.
> 그러다 점점 신비롭고 심원한 마술사처럼 여겨졌다.
> 지금은 충실하고 믿음직스러운 친구와 같아서, 여태껏 NLP 없이
> 어떻게 살아왔는지 상상이 안 될 정도다.
>
> 게리 슈미트(NLP 컴프리헨시브 트레이너)

2

NLP란 무엇인가

NLP란 무엇인가

NLP는 인간의 우수성을 다루는 연구이다. NLP는 당신이 최선의 힘을 좀 더 자주 발휘하도록 하는 능력이다. 또한 자기 변화를 실현하기 위한 강력하고 실용적인 접근 방법이기도 하다. NLP는 신경 언어 프로그래밍(Neuro-linguistic Programming)의 약자이다. 뭔가 하이테크한 것처럼 들리는 이름은 사실, 크로스 트레이너 신발이나 골든 리트리버, 혹은 클래식 컨버터블 쿠페와 같이 그저 묘사하기 위한 표현일 뿐이다. 신경 언어 프로그래밍에서 '신경'이란 우리가 보고 듣고 느끼고 맛보고 냄새 맡는 다섯 가지 감각의 정신적인 전달 경로라 할 수 있는 신경계를 뜻한다.

'언어'는 특정한 단어나 문구를 사용해 우리의 정신세계를 반영하는 능력을 뜻한다. 또한 여기서의 '언어'는 우리가 생각하는 방식이나 신념 등을 나타내는 자세나 제스처 습관 등도 포함한다. 마지막으로 '프로그래밍'이란 단어는 컴퓨터 과학 분야에서 빌려온 것이다. 이에 따르면 '정신적인 소프트웨어'를 업그레이드하면 우리의 생각이나 느낌, 행동 등은 변화할 수 있다.

우수성을 모델링하는 방법 배우기

NLP가 인간의 우수성을 모델링하도록 도와주는 방법을 더 잘 이해하기 위해서, 우선 스키를 타는 방법이 처음 개발되었던 무렵을 예로 들어 살펴보도록 하자. 1950년대까지 대부분의 사람은 스키를 타는 데는 타고난 재능이 가장 중요하다고 생각했다. 스키를 배울 때는 양발에 스키를 동여매 그것이 서로 겹치지 않도록 하고, 경험이 많은 스키어의 뒤를 따라가면서 그 사람이 하는 대로 따라 하라고 가르쳤다. 만일 눈밭 위에서 구르거나 뼈가 부러지는 일 없이 그렇게 할 수 있다면, 사람들은 그 사람이 선천적으로 스키에 재능이 있다고 생각했다.

그러나 이런 생각을 송두리째 바꾸어 놓는 일이 일어났다. 미국의 인류학자 에드워드 홀 교수가 자신의 저서 《침묵의 언어》에서 언급한 내용에 따르면, 알프스산맥에서 여러 명의 능숙한 스키어가 스키 타는 모습을 16밀리 흑백 필름으로 녹화했다. 연구자들은 그 필름을 한 장 한 장 분석하여 스키를 타는 부드러운 동작들을 짧게 끊어 아주 작은 행동 단위로 나누었다. 그리고 이를 분절(isolates)이라 불렀다. 이런 과정을 통해 그들은 많은 스키어가 스키를 타는 방식이 서로 달라 보이지만, 사실 같은 분절을 사용하고 있다는 점을 알게 되었다. 그리고 스키 타는 실력이 보통이거나 초보적인 사람들에게 이 분절을 가르쳐주자 그들의 실력은 즉각 향상되었다. 뛰어난 스키어들의 자연스러운 동작을 따라 하자 모든 사람의 스키 실력이 향상될 수 있었다. 스키를 잘 타기 위한 열쇠는 기술의 핵심을 알아내고, 뛰어난 스키어들이 하는 독특한 분절 움직임을 찾아내 그것을 배우는 것이다. NLP에서는 이 핵심을 모델(model)이라고 부른다.

NLP에 적용하면 같은 원칙이 인간이 경험하는 모든 영역에 확대된다. 당신은 당신의 인간관계를 향상하거나 불안을 없애거나, 아니면 좀 더 경쟁적인 사람이 되고자 할 수 있다. 중요한 움직임은 근육 속에서 발견되는 것이 아니라 단어나 장면, 느낌이나 신념과 같은 내적인 생각 속에서 발견된다. NLP 전문가들은 모든 영역에서 성공을 끌어내는 공식을 발견하기 위해 인생에서 성공한 사람들을 연구한다. 또한 매일 당신이 직면하는 것과 비슷한 문제와 도전을 경험했으면서도 그것을 이겨내고 성공한 사람들의 모델을 그대로 당신이 따라 할 수 있도록 독특한 방법을 제공하고 있다. 아래의 예들은 NLP의 모델링을 통해 어떻게 엄청난 변화를 이루어낼 수 있는지 보여줄 것이다.

동기를 부여하기 위해 자식에게 자주 소리를 지르는 부모를 상상해 보자. 그 아이가 어른이 되었을 때, 그는 자신 스스로 동기를 부여하기 위해 이 강력하고도 부정적인 동기부여 형태를 내면화할 것이다. 그래서 아마도 자신에게 부정적인 언어를 자주 사용하면서 말하는 방법을 배우게 될 것이다. 비록 그가 그렇게 해서 동기를 얻게 된다고 해도, 이런 부정적인 단어를 쓰면 기분이 나빠지는 대가를 치르게 된다. NLP를 통해 그는 이런 내적인 행동을 변화시켜 뛰어난 운동선수나 창의적인 발명가들이 사용하는 긍정적인 동기와 좋은 느낌으로 대치시키는 방법을 배운다.

한 사업체의 중역이 중요한 결정을 내려야 할 때 갈등의 순간이 오자 자신감을 잃게 되었다. 이런 그에게 NLP를 사용하여 효율적인 의사결정자들이 사용하는 것과 같은 방법을 사용하도록 도와주었더니, 그는 훨씬 긍정적으로 반응하게 되었다. 예전에 그는 "내가 이것을 해야만 할까? 잘 모르겠다. 실수하지 말자. 또 다른 기회를 놓치지 말자."라는 식으로 생각했다. 그러나 지금 그는 자신에게, 효과적인 의사결정과 더 나은 수행을 하도록 도와주는 정보를 수집하는 질문을 던진다.("이 결정을 내리기 위해 내가 알아야 할 것은 무엇인가?" "무엇이 주요한 이익이고, 내가 어떤 방법으로 그 정도를 잴 수 있을까?")

어떤 종목에서 성공을 거둔 한 운동선수가 새로운 종목에 도전해보기로 결심했다. 그녀는 대학에 다닐 때 그 운동을 잠깐 해본 적은 있지만 지난 몇 년간 전혀 연습을 하지 않았다. 먼저 정신을 가다듬기 위해 그녀는 마음속으로 운동을 하는 동안 경험했던 성공의 순간들을 다시 한번 떠올려보았다. 예전에 느꼈던 에너지와 집중력을 느끼면서 이번에는 그것들을 새로운 종목에 적용하는 모습을 상상해보았다. 그녀는 새로운 종목의 절차를 몸으로 연습하면서 동시에 모든 기초적 동작을 머릿속으로도 반복해보았다. 그녀가 처음 그 종목에 출전하자 깜짝 놀란 스포츠 평론가들은 그녀의 천부적인 재능을 칭찬했다. 그녀는 스스로가 열심히 그리고 현명하게 노력했다는 사실이 기뻤다.

앞에서 소개한 사람들이 이루어낸 것은 그들의 정신적인 습관의 산물이다. 당신이 배웠던 모든 것 또한 당신의 정신적인 습관의 산물이다. 잠에서 어떻게 깨어나서, 직장에 어떻게 가며, 어떻게 일하는지, 여가를 어떤 방식으로 보내는지에 이르기까지, 이 모든 것이 습관에 의해 형성되고 일정한 패턴으로 움직인다. 우리는 모두 그렇다. 당신이 가장 좋아하는 음식은 무엇인가? 집에 올 때 보통 어떤 길로 오는가? 아침에 옷을 입을 때 상의를 먼저 입고 하의를 입는가? 아니면 그 반대인가? 한 대학에서 이루어진 심리학 연구에 따르면, 인간의 행동은 대부분 완전히 습관적임이 밝혀졌다. 이런 습관이나 패턴은 매우 유용하다. 습관에 의존해 모든 것에 일일이 신경 쓰지 않으면서 많은 일을 해나간다. 뿐만 아니라 습관은 우리가 새로운 행동을 만들어내고, 뭔가 이상한 상황을 알아채기 위한 기초를 형성하기도 한다. 우리가 어떤 약점을 고치려고 할 때는 그 습관이 두드러지게 된다. 앞에서 예로 들었던 사람처럼, 스스로 동기를 부여하기 위해 부정적으로 말하는 음성을 상상했던 사람은 이미 습관이 되었기 때문에 그것이 자연스럽고 적절하다고 생각했다. 그는 그 방법밖에 모른다. 회사 중역은 자신의 전략이 특정한 상황에서 유용하지 않다는 것을 알았지만, 어떻게 바꿔야 할지 몰랐다. 반면 젊은 운동선수는 새로운 습관을 만들어내기 위해 이전의 습관을 이용할 필요가 있음을 알았다. 그녀는 만일 새로운 습관을 생생하게 상상한다면, 자신의 두뇌에서 자연스럽게 새로운 정신적·물리적인 경로가 생겨난다는 사실을 알았다.

NLP를 통해 당신은 자기의 생각과 느낌, 행동을 바꿀 수 있다. 이전보다 더 체계적이고 완전하며, 훨씬 즐겁기까지 한 것들을 추가하면서 말이다.

시작하기:
NLP를 이용한 몇 가지 빠르고 간단한 변화들

NLP를 연습하는 것은 마치 생각으로 하는 실험이나 연습, 혹은 게임과 비슷하다. 실험실이나 운동장은 당신 마음속에 있다. NLP 연습을 무언가 새로운 것을 해보는 기회, 혹은 새로운 방법으로 해보는 기회, 즐기는 기회로 삼아라. 여기에서는 어떻게 하면 그렇게 할 수 있는지 몇 가지 예를 들어보겠다. 놀이공원에서 롤러코스터나 그와 비슷한 다른 놀이기구를 타본 적이 있는가? 잠시 어떤 놀이기구에 대한 기억을 떠올려보라. 그리고 이 놀이기구를 마치 공원 벤치에 앉아 바라보듯이 어느 정도 먼 거리에서 바라보고 있다고 상상해보자. 당신은 여기에 앉아 놀이기구를 타고 있는 자신을 볼 수 있다. 이 정도 거리에서 자신을 바라보면 어떤 기분이 들지 생각해보라. 그리고 나서 이번에는 그 놀이기구에 직접 올라타 보자. 당신은 바로 앞에 있는 안전장치를 잡고 있는 것을 느낄 수 있다. 옆을 보면 주위 풍경이 쏜살같이 스쳐 지나가는 것이 보일 것이다. 놀이기구가 덜컹거리면서 움직이고 주위에서 사람들이 비명을 질러대고 있다. 이렇게 정신적으로 다시 경험하면서 당신이 어떻게 느꼈는지 생각해보라. 놀이공원에서 직접 놀이기구를 타고 있다고 상상하면서 그 움직임을 느끼는 것은 멀찌감치 떨어진 곳에서 놀이기구를 탄 자신의 모습을 지켜보는 상상을 하는 것과는 아주 다른 경험이다.

이 두 가지 관점은 서로 다른 정신적 구조를 가지고 있다. 놀이기구에 올라탄다는 상상은 자기 스스로 거기에 참여하는 것이며 흥미진진한 것이다. NLP에서는 이것을 '주관적 몰입(associated) 상태'라고 부른다. 어느 정도 떨어진 곳에서 놀이기구를 바라보는 상상은 조용히 자신에게서 분리된 것이다. NLP에서는 이것을 '객관적 관조(dissociated) 상태'라고 부른다. 당신은 이 책을 통해 우리가 이전에 경험한 모든 것이 이 두 가지와 또 다른 다양하고 특정한 경험 구조를 가지고 있음을 발견할 것이다. 이런 차이들을 발견하고 사용하도록 하는 것이 NLP의 기초가 된다. 만일 무언가에 흥미를 느끼고 싶다면, 그 안으로 직접 들어가 경험하고 몰입하여 정신적으로나 물리적으로 참여해야 한다. NLP를 통해 당신은 스스로 원하는 순간, 원하는 장소에서 정확하게 원하는 것을 하는 방법을 배울 것이다. 반면에 우리는 모두 경험을 통해 때때로 객관적으로 어느 정도 거리를 가지는 태도가 큰 도움이 될 때가 있음을 알고 있다. 한 발짝 물러나서 그때 느꼈던 격렬한 감정에서 벗어나면 보다 풍부하고 창의적인 방법으로 그것을 다루게 된다. 이런 정신적인 경험의 구조물들을 신중하게 사용하도록 돕는 것이 이 책의 목표이다. 잠깐 이렇게 생각해보자. 만일 자신이 원하는 바에 따라 지난 인생 속에서 경험했던 그 모든 멋진 순간에 몰입하거나, 아니면 불쾌했던 경험에서 벗어나 어느 정도 거리를 가질 수 있게 된다면, 이는 당신이 모든 긍정적인 경험에 따른 느낌은 가지면서 지난 실수들에 대해서는 객관적 관점을 가질 수 있다는 의미이다. 이것이 얼마나 당신의 인생을 바꾸어놓을 수 있을지 상상해보라. 만일 이것이 얼마나 강력하고 긍정적인지를 알게 된다면 당신은 NLP가 당신에게 무엇을 줄 수 있는지 자연스레 느끼게 될 것이다.

두 번째 내적인 실험을 시작하기에 앞서, 우선 1~2분간 당신의 마음속에 있는 최근의 고민거리들을 잠시 잊어보라. 신체가 편안히 이완되어 있는지 점검해보라. 어떤 부위가 긴장되어 있다면 그 부위의 힘을 빼라. 아니면 그 부분에 좀 더 힘을 주어 긴장시켰다가 다시 편안하게 힘을 빼본다.

이제 인생에서 아주 유쾌했거나 즐거웠던 특정한 순간을 떠올려보라. 바로 지금 이 순간, 기억에 떠올리면서 즐길 수 있는 경험들을 말이다. 일단 상상 속에서 즐거웠던 특별한 기억을 마음의 눈으로 볼 수 있다면 자신이 그것에 대해 어떻게 느끼고 있는지 알아보라. 그리고 이 경험을 좀 더 당신에게 가까이 다가오도록 움직여보고, 좀 더 크고 밝고 선명한 색을 띠도록 해보자. 이제 당신이 어떻게 느끼고 있는지에 다시 집중해보라. 느낌이 좀 더 강해지지 않았는가? 이번에는 마음의 눈으로부터 그 경험이 멀리 떨어지도록 움직여보자. 그것이 저 멀리 떨어져 우표만큼 작게 보일 때까지 작고 희미하게 만들어라. 이제 어떤 느낌이 드는가? 이 과정을 마치고 나면 그 기억이 있었던 원래 자리에 원래 특성대로 되돌려놓아라.

대부분의 사람에게 그 경험이 가까이 다가올 때 유쾌한 느낌이 더 커지게 되고, 멀리 떨어지면 그 느낌이 약해진다. 이런 작업이 어떻게 NLP의 기초가 되는지를 이 장에서 자세히 다룰 것이다. 이쯤에서 우리는 한 가지 사실을 지적하고자 한다. 대부분의 사람은 자신의 정신적인 그림의 특성을 바꾸는 이렇게 단순한 과정만으로도 자기가 생각하고 느끼는 방식을 쉽게 바꿀 수 있다고는 상상도 하지 못한다. 사람들은 옷을 바꿔 입거나, 차를 바꾸거나, 아니면 직업이나 사는 도시를 바꿀 수 있다고는 생각하면서도 자신의 마음을 인위적으로 바꿀 수 있다는 생각은 해본 적이 없다. 만일 당신이 자신의 지난 긍정적인 기억을 보다 강렬하게 느껴보고자 한다면, 마음속에서 그냥 그 기억들을 가까이 오도록 움직이면 된다. 만일 힘들었던 기억을 좀 더 약하게 만들고 싶다면, 그것들을 그저 멀리 밀어내면 된다.

인생의 모든 부분에 이와 똑같은 것을 적용할 수 있다. 만일 당신이 바로 지금 어떤 문제를 갖고 있다면 그것을 정신적으로 멀리 밀어낼 능력도 갖추고 있다. 한 발치 먼 곳에서 당신은 정신적으로 숨 쉴 수 있는 공간을 갖게 될 것이다. 이 새로운 관점을 통해 당신은 마음을 편안히 이완할 수 있으며, 좀 더 맑은 정신으로 그 문제에 대해 생각해볼 수 있다. 우리 대부분은 어떤 문제에 사로잡혀 압력을 느낄 때보다는 중립적인 느낌을 가지고 있을 때, 보다 나은 해결책을 찾아낼 수 있다. 이번에는 긍정적인 측면에 이 방법을 적용해보자. 만일 당신이 무언가 인생에서 얻고 싶은 게 있다면 그것을 더욱 생생하고 꼭 필요한 인생의 일부로 만들기 위해 그 이미지를 좀 더 가까이 당겨오기만 하면 된다. 거의 모든 시각화 기법에서는 당신의 마음속에 들어 있는 꿈과 목표를 지켜가는 것이 중요함을 반복해서 강조한다. NLP를 통해 당신은 빠르고 간단하게 이런 기술을 얻게 될 것이다. 그리고 지금까지 이야기한 것은 그저 두 가지 예일 뿐이다. 당신은 이제 자신의 두뇌가 경험을 부호화하는(codes) 방법 중 두 가지를 배웠다. 하지만 이 두 가지 방법은 당신의 인생을 변화시킬 수 있는 NLP의 기본 요소 중 일부일 뿐이다.

어떤 사람은 이 시점에서 잠깐 멈춰 "나는 모든 것을 머릿속에 그렇게 잘 떠올릴 수가 없어. 나도 NLP를 사용할 수 있을까?"라는 질문을 스스로에게 던질지도 모른다. 대답은 "그렇다."이다. NLP는 보고 듣고 느끼고 맛보고 냄새 맡는 인간의 다섯 가지 감각을 모두 사용한다. 이미 10여 년 전에 NLP 연구자들은 대부분의 사람이 한 가지 감각을 다른 감각에 비해 더 잘 발달시킨다는 사실을 발견했다. 예를 들어 만일 당신이 그림을 그리거나, 사진을 찍거나, 예쁜 것을 정리해놓거나 하는 일을 좋아한다면 정신적인 장면을 떠올리고 시각화하는 것이 쉬울 것이다. 반면 당신이 책과 단어들을 좋아하고, 대화하거나 음악을 듣는 것을 좋아하며 다른 사람들이 말하는 것과 그 목소리의 톤에 민감한 사람이라면 당신은 마음의 눈보다는 마음의 귀를 사용해 듣는 것이 훨씬 잘 맞을 것이다. 타고난 운동선수들은 보통 자신의 움직임과 움직일 때 근육에서 느껴지는 것들을 정확하게 인식한다. 어쩌면 당신은 방에 들어갈 때 다른 사람들에 대해 강한 느낌을 받는 사람일 수도 있다. 이런 느낌은 당신이 다른 감각에 비해 감정을 느끼는 감각이 더 잘 발달해 있음을 의미한다.

이 책을 읽어가면서 당신은 각각의 연습이 서로 다른 감각을 강조하고 있음을 알게 될 것이다. 몇 가지 이유에서 의도적으로 그렇게 한 것이다. 우선, 각 감각의 발달 정도가 서로 다른 사람들이 이 책을 읽게 될 것이므로 우리는 생각하고 이해하는 바가 서로 다른 사람들에게 자연스럽게 느껴지는 것을 제공하고자 한다. 둘째로는 자신의 모든 '내적인 자원'에 접근해보기 위해서는 각각의 감각을 모두 잘 이해하고 발달시키는 방법을 배우는 것이 중요하다.

이번에는 신경 언어 프로그래밍이라는 명칭에서 주춧돌 역할을 하고 있는 '언어'에 초점을 맞추어 보자. 이것은 소리나 말을 듣는 감각을 이용하는 것을 뜻한다. 많은 대화에서 당신은 사람들이 "걱정하지 마." 또는 "그 일은 인제 그만 생각해." 같은 말을 하는 것을 들을 것이다. 여기서 잠깐 생각해보라. 만일 "그 커다란 검은 곰에 대해 생각하지 마."라는 말을 듣는다면, 그 순간 당신의 머릿속에 퍼뜩 떠오르는 생각은 무엇인가? 그것에 대해 생각하지 말라는 말을 들었는데도 당신은 커다란 검은 곰을 떠올렸을 것이다. "그 문제는 인제 생각하지 마."라는 말을 들을 때도 비슷한 일이 일어난다. 역설적이게도 무엇을 생각하지 말아야 하는가를 알기 위해서 우리 두뇌는 먼저 그것을 생각해야만 한다.

또 다른 예로 우리에게 무엇을 하지 말아야 하는지를 끊임없이 이야기하는 직장 상사를 떠올려보자. 그들은 자기도 모르게 바로 자신이 가지 말았으면 하는 방향으로 우리의 주의를 돌려놓는다. 몇 가지 예를 들어보자. "그 고객이 화낸 일은 걱정하지마." "당황하지마. 나는 네가 바보 같다고 생각하지 않아." "회사에서 잘린다는 생각은 하지도 마." 또한 우리는 자신에게도 자주 부정적인 언어를 사용한다. 속으로 "난 그것에 대해 생각하지 않을 거야."라고 말하면서 그것에 대해 생각한다. 다음과 같은 말에도 익숙하다. "다시는 이런 짓을 하지 않겠어." "나를 화나게 하지 마." "잠자리에 들기 전엔 단 것을 먹으면 안 돼." 우리는 스스로 하지 않으려는 것들을 생각하게 되고, 결국엔 그것을 해버리게 되는 경우가 많다.

신경 언어 프로그래밍이라는 용어에서 '프로그래밍'이라는 부분은 우리가 우리의 생각이나 프로그램을 현재의 모습에서 우리가 바라는 모습으로 변화시킬 수 있음을 뜻한다. 부정적인 언어에 대한 예를 들어본다면, 우리는 부정적인 생각을 긍정적인 언어로 바꾸어 볼 수 있다. 우리가 하고 싶지 않은 것을 이야기하는 대신 우리가 하고 싶은 것을 이야기할 수 있을 것이다. 한번 시도해보라. 당신이 스스로 되뇌고 있는 부정적인 문장을 떠올려보고, 그것을 지금 바로 긍정적인 문장으로 바꾸어보자. "걱정하지마."라고 말하는 대신에 "정신 차리고 기회를 잡자."라고 말해보자. 아니면 "어떻게 하면 이 문제를 잘 준비할 수 있을까?" 혹은 "난 어떤 기분을 느끼고 싶지?"라고 말해보자. 이렇게 하면 기분이 나아질 뿐만 아니라, 실제로 뇌가 다시 정리되어 스스로가 일어나기 원하는 긍정적인 일에 집중하므로 바라던 바를 더 잘 이루어내도록 도와준다.

만일 여기에서 다룬 세 가지 간단하고 신속한 NLP 개념만 적용할 수 있다면, 당신은 인생에서 보다 긍정적이고 성공적인 행동이 가능하도록 NLP를 사용할 수 있음을 알았을 것이다. 첫째, 하고 싶은 일과 생각하는 바를 긍정적인 문장으로 표현하라. 둘째, 당신이 하고 싶은 일의 매력을 증가시키기 위해 그것을 정신적으로 더욱 생생하게 만들어라. 셋째, 이런 성공적인 행동들을 주관적 몰입 상태에서 정신적으로 반복하여 그것들이 자연스럽게 느껴지도록 하라. 이런 단계적인 접근법은 NLP의 보증수표이다. 변화에 대한 실용적인 접근 방법인 NLP는 개인의 변화를 위해 어떻게 해야 하는가를 제시하는 새로운 성취의 기술이다.

마음에 대한 새로운 원리

이제 NLP가 기존의 전통적인 심리학과는 매우 다른 데 기초하고 있음을 알았을 것이다. 전통적인 임상심리학은 주로 문제를 묘사하고 분류하며 과거를 통해 그 원인을 찾아내는 데 집중한다. 그러나 NLP는 바로 이 순간 생각과 행동이나 느낌이 어떻게 작용해서 어떻게 경험을 만들어내는가에 관심을 갖는다. NLP는 현대 생물학과 언어학, 정보과학에 기반해서 마음/두뇌가 어떻게 기능하는가에 대한 새로운 원리에서 비롯하였다. 이런 원리나 가정을 NLP의 전제라 부른다.

만일 모든 NLP의 전제를 한 문장으로 정리한다면 '인간은 완벽하게 작동한다(People work perfectly)'가 될 것이다. 우리의 특정한 생각, 행동, 느낌은 일관되게 특정한 결과를 산출한다. 우리는 이런 결과에 행복해질 수도 있고 불행해질 수도 있다. 그러나 만일 같은 생각과 행동,

느낌을 반복한다면 계속 같은 결과만을 얻을 것이다. 이 과정은 완벽하게 작동한다.

만일 우리가 결과를 변화시키고 싶다면, 먼저 그것을 일으키는 생각과 행동, 느낌을 변화시켜야 한다. 일단 우리가 어떻게 우리의 생각과 느낌을 만들어내고 유지하는지를 이해한다면, 그것을 변화시켜 보다 유용한 것으로 만들거나 더 나은 것을 찾아내 다른 사람들에게 알려줄 수 있다. NLP의 전제는 바로 이렇게 하기 위한 토대이다.

NLP의 여러 전제

- **지도는 영토와 다르다.**

세상에 대한 우리의 정신적인 지도는 실제 세상 그대로가 아니다. 우리는 외부세계에 직접 반응 하는 것이 아니라 우리의 정신적인 지도에 따라 반응한다. 마음의 지도, 특히 느낌과 주관적인 해석과 같은 것은 외부 세상을 바꾸는 것보다 쉽게 변화시킬 수 있다.

- **경험은 구조를 가지고 있다.**

생각과 기억에는 일정한 패턴이 있다. 그 패턴이나 구조를 변화시키면 우리의 경험은 자동으로 바뀐다. 불쾌한 기억은 중화하고, 좋은 기억은 풍부하게 만들 수 있다.

- **누군가 할 수 있다면 다른 사람도 배울 수 있다.**

우리는 어떤 일을 해낸 사람들의 마음속 지도를 배워서 그것을 자신의 것으로 만들 수 있다. 너무나 많은 사람이 시도조차 해보지 않고 불가능하다고 생각한다. 모든 것이 가능하다고 생각해보자. 물리적이고 환경적인 한계가 있다면 경험으로 알 수 있을 것이다.

- **마음과 몸은 같은 시스템의 일부이다.**

우리의 생각은 즉각적으로 근육에 들어가는 힘이나 호흡, 느낌 등에 영향을 미치고 근육에 주는 힘, 호흡, 느낌은 다시 생각에 영향을 준다. 어느 한쪽을 변화시키는 방법을 배우면, 다른 한쪽도 변화시킬 수 있다.

• **사람들은 이미 필요한 모든 자원을 가지고 있다.**

정신적인 이미지, 자기 내부에 이야기하는 내적인 음성·감각과 느낌은 우리의 정신적·신체적 자원을 이루는 기초이다. 우리는 그것을 이용해서 어떤 생각이나 느낌, 기술이든지 만들어낼 수 있다. 또한 가장 원하고 필요로 하는 자리에 가져다 놓을 수도 있다.

• **인간은 의사소통하는 존재이다.**

우리는 언제나, 비언어적인 방법을 통해서라도 다른 사람과 의사소통을 하고 있다. 이때 언어가 중요한 역할을 하지 못하는 경우도 많이 있다. 한숨이나 미소, 눈길 같은 것은 모두 비언어적인 의사소통의 수단이 된다. 눈동자나 목소리의 톤, 자세나 몸의 움직임을 통해 다른 사람들에게 우리가 무슨 생각을 하고 있는지 알린다. 심지어 우리의 생각은 우리 자신과도 의사소통을 하고 있다.

• **의사소통의 의미는 다른 사람의 반응을 통해 알 수 있다.**

다른 사람들은 우리가 말하고 행하는 것을 감지하고, 외부세계에 대한 자기 마음속 지도에 따라 행동한다. 만일 어떤 사람이 우리가 의미한 바와 다르게 듣는다면 그것은 바로 의사소통이란 '상대방이 그것을 어떻게 받아들이는가'라는 것을 의미한다. 상대방이 내 의사소통을 어떻게 받아들이는가를 알아낸다면 다음에는 좀 더 명확하게 의사소통을 할 수 있다.

• **모든 행동의 기저에는 긍정적인 의도가 있다.**

다른 사람에게 상처를 입히는 행동이나 해로운 행위, 혹은 전혀 생각 없이 하는 것처럼 보이는 행동까지 포함해서 모든 종류의 행동은 본래의 상황에서는 긍정적인 목적을 가지고 있다. 그것은 무엇인가를 알리기 위한 외침, 위험을 떨쳐내기 위한 공격, 안전함을 느끼기 위해 무언가를 숨기는 것이 될 수 있다. 이런 행동들을 모른 척하거나 비난하기보다는, 그런 행동을 그 사람의 긍정적인 의도에서 분리해내어 원래의 의도를 충족해주는 긍정적이며 변화된 선택을 추가하는 것이 낫다.

• **사람들은 가능한 한 자신에게 가장 좋은 선택을 한다.**

우리 모두 자신만의 독특한 개인적 역사를 가지고 있다. 그리고 그 안에서 우리는 무엇을 어떻게 해야 하며, 무엇을 원하고 그것을 어떻게 성취해야 하는지, 무엇을 어떻게 평가해야 하고, 무엇을 어떻게 배워야 하는지를 배웠다. 이것이 우리의 경험이다. 우리는 이 경험에 비추어 선택한다. 적어도 새롭고 더 나은 경험이 추가되기 전까지는 그렇다.

• **만일 지금 하는 일이 제대로 되지 않는다면 다른 것을 해보라.**

무슨 일이든 다른 일을 해보라. 만일 당신이 언제나 하던 일만을 한다면, 언제나 얻던 것만을 얻게 될 것이다. 만일 새로운 무엇인가를 원한다면, 특히 시도해볼 만한 대안이 많이 있을 때는 무언가 새로운 것을 해보라.

사람들이 무언가 새로운 것을 배울 때는 언제나 그것을 이전에 알고 있던 것으로 만들어보려는 강한 유혹을 받게 된다. 만일 NLP가 당신이 이미 알고 있던 무언가의 다른 이름일 뿐이라면 훨씬 설명하기도 쉽고 새롭게 배워야만 할 것도 없다.

그러나 NLP는 분명히 인간의 두뇌와 행동을 바라보는 새로운 방식이다. NLP는 새로운 의문을 제기하며 새로운 대답을 촉구한다. NLP는 새로운 가정을 가지고 시작하며 새로운 가능성을 창조한다. 인간의 우수성을 나타내는 패턴을 효과적으로 연구하기 위해서 우선 NLP의 전제나 원리가 옳다고 가정해보자. 꼭 그것들이 옳다고 이미 증명되었기 때문이 아니라, 이 사실을 믿고 있을 때 좀 더 많은 선택과 기회를 가질 수 있기 때문이다. 다음 장들에서는 이에 관해 보다 자세하게 살펴볼 것이다. 이제 그중 몇 가지를 응용해서 어떻게 새롭고 근원적인 방법으로 변화를 일으킬 수 있는지 살펴보도록 하자.

지도, 마음, 정서 그리고 변화

NLP의 첫 번째 전제는 '지도는 영토와 다르다.'는 것이다. 이 말은 폴란드 출신 수학자 알프레드 코지브스키가 한 말이다. 그는 언제나 지도나 레스토랑의 메뉴가 길을 찾거나 무엇을 먹을지를 선택하는 데 도움을 줄 수 있다고 강조했다. 그렇지만 지도나 메뉴는 실제의 길, 혹은 식탁에 올려지는 애피타이저 자체와는 전혀 다른 것이다. 사람들이 일터로 차를 운전하는 일상의 행동 속에서도 이런 원리를 확인할 수 있다. 운전자들은 몇 달 전, 혹은 몇 년 전에 지도를 보고 다른 길로도 다녀보았을 것이다. 그러고는 집에서 직장으로 갔다가 돌아오는 가장 좋은 길을 결정했을 것이다. 그때부터는 아마 대부분의 운전자가 매일 같은 길을 따라 운전을 해왔을 것이다. 그러나 새로운 연결로나 다른 길이 생겼다고 생각해보자. 어떤 운전자가 자기 마음속의 지도를 업데이트할 만한 시간을 가지지 못했다면 그 사람은 필연적으로 실제의 지형과 마음속의 지도 사이의 불일치를 경험할 것이다. 물론 그 운전자가 매일 다니는 바로 그 길에 공사가 시작되기 전까지는 그리 큰 문제가 일어나지 않을 수도 있다. 하지만 어느 날 다니던 길이 막혀 차를 되돌려야 한다면 새로운 길이 추가되지 않은 예전의 지도만을 가지고 있던 운전자들은 막힌 길 대신 선택할 수 있는 길이 몇 되지 않으며, 대안을 선택하기 위한 실마리도 잡을 수 없다는 것을 깨닫고 놀랄 것이다. 반면에 새로운 길들을 추가해 새롭고 완전한 지도를 가진 운전자들은 이미 그전에 있었던 길에서 빠져나가 편안하게 목적지에 갈 것이다.

이 전제의 중요성을 확인해볼 수 있는 또 다른 방법은 그것을 직접 경험해보는 것이다. 몇 분 동안 다음에 나오는 연습을 시도해보라. 주의를 기울일수록 더 많은 것을 얻을 수 있다는 사실을 명심하라. 우리는 모두 나중에 생각해보면 그렇게 큰일도 아니었다는 것을 알게 될 일들 때문에 실망해본 적이 있다. 흔히들 "세월이 약이다."라고 하지만, 시간의 길이가 중요한 것이 아니다. 중요한 것은 사람들이 어떻게 변화된 것을 회상해내는가에 달렸다. 다음에 나올 영화 음악 연습을 하고 나면 그 경험에 대한 정신적인 부호, 즉 당신의 지도는 달라질 것이다.

영화음악 고르기

이 연습을 통해 당신은 불쾌한 기분을 나아지게 하는 방법을 익힐 수 있다. 이 연습은 그리 심각하지 않은 일상적인 문제들을 다루는 데 아주 효과적이다.

① **문제가 일어나는 상황을 영화처럼 떠올려보라:** 먼저 일상적으로 일어나는 문제 중 하나를 떠올려보자. 가령 실망했거나 당황했을 때처럼 기분이 좋지 않았던 때를 떠올려보라. 예전에 일어났던 일 중 하나를 골라보자. 이 특정한 사건을 생각하면 머릿속에 어떤 이미지와 소리가 떠오르는가? 이런 사건들이 당신 앞에서 영화처럼 펼쳐지는 장면을 바라보라. 그 장면을 바라보며 당신은 어떤 느낌이 드는가?

② **주제가를 골라라:** 이번에는 방금 영화처럼 떠올렸던 장면에서 받았던 느낌과 서로 어울리지 않는 노래를 주제가로 골라보자. 당신의

기억은 아마도 심각하고 무거울 것이다. 그렇다면 서커스 음악이나 만화음악처럼 가볍고 경쾌한 음악을 골라라. 빠른 댄스 음악도 좋고, 웅장한 느낌의 클래식 음악이나 오페라도 좋다.

③ **그 영화를 음악과 함께 반복하라:** 음악을 골랐으면, 이제 아까 보았던 영화를 다시 머릿속으로 떠올리면서 음악도 크게 울려라. 영화가 끝날 때까지 음악을 계속 틀어라.

④ **결과를 체크하라:** 이제 영화를 처음부터 다시 반복해서 보자. 음악이 없는 상태에서 보고 나서 이번에는 반응이 어떠했는지를 체크해보라. 느낌이 달라졌는가? 이렇게 하고 나면 많은 사람이 그 영화가 어이없고 우스웠다고 느끼게 된다. 그렇지 않은 사람들도 불쾌한 기분이 많이 나아지거나 적어도 완화되었다고 말한다. 만일 당신의 느낌이 아직 만족할 만한 정도가 아니라면 이번에는 다른 음악을 주제가로 삼아 반복해보자.

이런 변화는 지도는 영토와 다르다는 증거가 된다. 당신은 방금 마음속 지도 중 하나를 바꾸어 업데이트하고 자신에게 보다 나은 길을 제공한 것이다. 이런 변화는 또한 NLP의 여러 전제 중 하나인 경험은 구조를 가지고 있다는 사실의 증거이기도 하다. 연습을 하기 전에 당신의 기억 구조나 패턴은 무거운 느낌이 드는 심각한 장면을 포함하고 있었다. 그러나 당신이 거기에 어울리지 않는 음악을 추가하자 원래 가지고 있던 구조는 크게 변화되었고 느낌도 달라졌다.

다음 연습을 시작하기 전에 적어도 세 가지 이상의 서로 다른 불쾌한 경험을 가지고 연습1을 반복해보라. 서로 다른 종류의 경험에 대해서 가장 잘 듣는 주제가들이 무엇인지 알아보기 위해 여러 음악을 가지고 시험해보라.

이제 이렇게 변화된 기억 중 하나를 떠올려보자. 당신은 이 기억이 이전과는 다르게 느껴짐을 알 수 있을 것이다. 또한 이런 새로운 느낌을 통해 그런 비슷한 일이 다시 일어난다면 유용하리라고 말할 수 있는 또 다른 일들이 떠오르기 시작할 것이다. 이러한 새로운 느낌은 어려운 상황에서 당신에게 창조력을 부여할 수 있다. 다음에 제시된 것은 이러한 것을 좀 더 구체적으로 할 수 있도록 도와주는 방법이다.

사진을 액자에 넣기

① **문제 상황을 떠올려보라:** 꽤 골치 아픈 상황이나 일상적인 어려움을 겪었던 상황을 떠올려보자. 자주 일어나는 상황이나 느낌을 이용할수록 NLP를 이용한 변화는 더 빨리 당신의 인생 전반에 걸쳐 영향을 미칠 수 있다. 만일 첫 번째 연습에서 느꼈던 부정적인 느낌이 완전히 사라지지 않았거나 당신이 원하는 만큼 충분히 변화하지 않았다면, 그 상황을 여기서 다시 사용해보라.

② **사진 속에 찍혀있는 자신을 떠올려보라:** 이 사진에 대한 당신의 기억을 마치 영화 보듯이 빨리 돌려서 이 경험을 가장 잘 나타내줄 만한 한 장면을 뽑아보자. 마치 필름의 한 장면을 뽑아내듯이 말이다. 그 사진을 들여다보면서 마치 당시에 찍어놓은 사진을 보는 것처럼, 그 속에 있는 자신이 지금보다 젊어 보이는지 확인해보라. 만일 지금보다 젊어 보이지 않는다면, 마음의 눈을 사용해 과거로 가서 그 장면에서 지금보다 젊었을 무렵 당신이 즐겨 입었던 옷을 입고 있는 모습을 보라. 이 모든 것을 마치 관찰자가 보듯이 바라보라.

③ **액자에 넣어라:** 그 장면을 마음속에 잡아둔 채로, 그것을 어떤 종류의 액자에 넣고 싶은지 생각해보라. 사각 액자나 원형 액자에 넣고 싶은가? 아니면 타원형 액자에? 액자의 크기는 어느 정도면 좋을까? 색깔은? 현대적인 금속제 액자를 고를 수도 있고, 파도 모양과

비둘기 장식이 들어간 오래된 황금 액자를 고를 수도 있다. 액자를 골랐으면 그 위에 박물관처럼 조명을 비추어보자.

④ **미술 작품이나 사진처럼 만들어라:** 어떻게 하면 이 장면을 더욱 예술적으로 보이게 만들 수 있을까? 안셀 애덤스가 찍은 예술 사진처럼 보이게 하고 싶을 수도 있고, 르누아르나 고흐같이 유명한 화가가 그린 것처럼 보이게 하고 싶을 수도 있다. 이제 그 액자를 당신 마음속에 있는 조그만 화랑의 다른 그림들 옆에 옮겨놓자.

⑤ **결과를 체크하라:** 잠시 머리를 비우고 심호흡을 해보라. 이제 문제가 되었던 그 장면을 다시 떠올려보라. 아마도 느낌이 달라졌을 것이다. 만일 그렇지 않다면 만족스러워질 때까지 다른 액자와 다른 예술적 방식을 이용해 그 장면을 꾸며보아라.

어떤 사람들은 이런 변화들이 얼마나 오랫동안 계속될지 알고 싶어한다. 지금 다시 한번 체크해보라. 그리고 한 시간 후에 또 체크해보라. 당신의 수첩이나 달력에 다음 주와 다음 달에 다시 체크해보자는 메모를 남겨라. 당신은 방금 자신의 두뇌가 정보를 변화시키는 부호화를 하도록 했기 때문에, 이런 생각의 변화는 이후에도 계속 유지될 수 있다. 그리고 원한다면 앞으로 언제라도 그것을 변화시키겠다고 결정할 수도 있다.

강제로 변화시키는 것이 아니라는 점을 명심하라. 몇 주 동안에 걸쳐 계속해서 결심을 반복하는 것도 아니다. 의지의 힘을 사용하려고 노력하지도 않았다. 그 대신 당신은 자신의 두뇌를 설계된 바에 따라 사용했을 뿐이다. 이제 NLP의 정신적인 부호화 방법 중 몇 가지, 즉 생각이나 느낌, 행동 그리고 신념이라는 블록들을 쌓기 시작한 것이다.

방금 변화시킨 것들은 그저 몇 가지 사사로운 경험에 지나지 않을

지도 모른다. 하지만 불과 몇 분 전까지 당신은 이런 사건들을 떠올리면서 기분 나쁜 경험을 했었다. 하지만 그것은 바뀌었다. 앞으로 그 일을 떠올릴 때마다 당신은 좀 더 자연스럽고 풍부한 느낌을 받게 될 것이다. 이제 당신은 어떤 종류의 부정적인 기억이든 이제는 당신을 귀찮게 할 수 없도록 변화시키는 빠른 기술을 배웠다. 앞에 소개한 연습들을 보다 다양한 기억에 적용해보라. 다른 액자와 다른 예술적 관점을 통해 시험해보라. 사실 우리는 이전에도 언제나 그것들을 미화하고 다른 기억들과 결합하기 위해 우리의 내적인 이미지와 소리를 변화시킬 수 있었다. 다만 대부분 이런 일이 우연히 그리고 무의식적으로 일어났을 뿐이다. NLP가 계발되기 전까지는 누구도 자신의 느낌과 생각, 인생의 질을 증진하기 위해 이런 능력을 체계적으로 사용할 수 있는 방법을 발견하지 못했다.

앞으로 어떤 사건이나 오래된 기억이 당신을 괴롭힌다면 그저 '어떻게 되었으면 좋겠다.' 하고 바라는 대신에, 생각하는 방법을 무의식적으로 변화시키는 행동을 의식적으로 함으로써 스스로에게 새로운 관점을 보여줄 수 있을 것이다. 기억을 마치 빠른 음악이 삽입된 영화처럼 만들어 관람해보거나, 액자 속에 넣고 그것을 사진이나 미술작품처럼 보이게 만들어서 그 기억을 보다 새롭고 긍정적인 관점에서 바라볼 수 있게 한다. NLP를 통해 인생의 다양한 도전에서 성공을 거둘 수 있는 창의적인 방식으로 두뇌를 이용한다면, 당신은 모든 종류의 어려움에 같은 방식으로 대처할 수 있다.

뛰어난 성취자들의 특징

역사 속에서 많은 사람이 위대한 성공을 이루기 위해 NLP의 전제 중 일부를 이미 사용해왔다는 것은 그리 놀라운 일도 아니다. 아카데

미상 수상자인 안소니 홉킨스는 15세에 만났던 친구 웰시먼리 차드 버튼에게 그 영광을 돌렸다. 안소니 홉킨스는 이렇게 말했다. "그가 내 곁을 떠나 배우가 되었다는 사실은 내 인생에 상당한 영향을 끼쳤다. 나는 '하느님, 저도 배우가 되고 싶어요.'라고 생각했다." 빌 클린턴 전 대통령이 16세 때 케네디 전 대통령을 만났던 이야기도 비슷하다. 사람들은 종종 어떤 조직의 리더를 따라 하는 행위를 한다. 예를 들어 회사의 사원이 성공한 상사와 닮았다는 기분을 느끼기 위해 상사와 같은 상표의 양복과 넥타이를 매고, 같은 종류의 음료를 마신다. 어떤 사람들은 더 나아가 같은 농담을 하거나 몸짓이나 말하는 방법까지 흉내 내기도 한다. 이런 행동은 모두 그 리더를 눈에 띄게 만드는 무엇인가를 찾아내기 위해 그 사람의 껍질을 써보려는 노력이다. 때때로 리더 자신이 이 과정에 참여하여 자신이 경험했던 과거의 시도들에 대해 이야기해주거나 일련의 행동과 연구에 대한 제안을 해주기도 한다.

'지도는 영토와 다르다.'와 '경험은 구조를 가지고 있다.'라는 두 가지 NLP 전제를 유념하고 다른 사람의 입장에서 본다면, 새로운 경험을 해볼 수 있을 것이다. 단순히 성공한 사람들과 비슷한 옷을 입거나 몸짓을 하는 대신에 그 사람의 내적인 지도를 발견할 수 있다. 성공한 사람이 연구했던 것만을 연구하는 데 그치지 않고, 그가 어떻게 생각하고 통찰했는지를 알 수 있다. 경험은 구조를 가지고 있으므로 성공한 사람의 실제적이고 구체적인 정신적 지도를 찾아내서 흉내 내고, 이용할 수 있으며, 다른 사람에게 전달할 수도 있다.

'누군가 했다면 당신도 배울 수 있다.'라는 NLP의 전제에 대해 생각해보라. 이것은 NLP의 가장 흥미로운 점 중 하나이다. 이것은 동기나 설득, 신념, 자기 존중, 의사결정, 창의성과 같은 것이 모두 마치 운전이나 스키, 테니스, 컴퓨터 사용법처럼 학습될 수 있는 기술임을 의미한다. 무엇인가를 성취할 때는 어떤 마음의 구조가 있다. 만일 당신이 세계에서 가장 위대한 성취자의 특징이라 할 만한 우수성의 기본 요소들을 배운다면 그 사람이 이루어낸 것과 같은 것을 창조해내는 법을 배울 수 있다.

당신은 이미 필요한 모든 자원을 가지고 있다

누군가는 타고난 조건이 중요하다고 생각할지도 모른다. 지능이 높거나 천성적으로 더 행복하거나 다른 사람보다 더 많은 재능을 타고난 사람은 자신에게서 끌어낼 만한 좋은 자원을 더 많이 가지고 있거나, 인생의 출발점에서 한발 앞선다고 생각할지도 모른다. 아마 그럴 수도 있을 것이다. 몇몇 사람이 자신의 내적인 자원과 외부에서 주어지는 기회 사이에서 절묘하게 조화를 이루어낸다는 것은 의심의 여지가 없는 사실이다. 로잔느 아놀드의 타고난 태도와 그녀가 맡았던 드라마 속 인물의 성격도 그렇고, 마이클 조던과 농구 사이의 관계도 그렇다. 에릭 클랩튼과 기타 연주 사이의 관계도 그렇다. 우리는 이들에게서 그들 자신의 자원과 결합한 우수성을 확인할 수 있다. 또한 그들의 내적 자원에 대해서 좀 더 자세히 살펴본다면 우리는 그 각각이 이미지와 소리, 신체적인 운동 기술과 느낌을 하나로 통합했다는 점을 알게 될 것이다.

앞에서 해봤던 두 가지 연습에 대해 떠올려보자. 첫 번째 연습에서 당신은 머릿속에 주제가의 소리를 저장했다. 당신은 이전에는 이런 방법이 문제 상황을 해결하는 데 유용하다는 것을 알지 못했을 뿐만 아니라, 소리를 이렇게 연관시켜볼 생각은 해보지도 못했을 것이다. 그러나 이 방법을 직접 시도해보았을 때 그것은 변화를 위한 자원이 되었다. 두 번째 연습에서는 이미지 위에 다양한 액자와 예술적 기법을 가미해서 그것들이 작품이나 사진처럼 보이도록 만들어보았다. 당신은 이런 방법 역시 불쾌한 기억과 효과적으로 결합할 수 있는 강력한 자원임을 알지 못했다. 당신은 이미 자원을 가지고 있다. NLP는 그저 어떻게 그것을 사용하는지를 보여줄 뿐이다.

모든 이미지와 소리, 느낌은 무엇인가를 이루어내기 위한 자원이 될 수 있다. 우리의 두뇌는 우리에게 내적으로 만들어내는 장면을 들여다볼 수 있는 능력을 준다. 그 장면이 선명하건 흐릿하건 간에 우리는 이런 머릿속 영상들을 이용해 동기를 불러일으키기 위한 기회를 만들 수 있다. 사람들은 내부의 소리를 들을 수 있는 능력을 이미 갖추고 있다. 예를 들어 우리는 마음속의 귀를 통해 우리 자신의 내적인 음성과 우리가 알고 있는 사람들의 음성을 들을 수 있다. 많은 사람은 이 훌륭한 기술을 자기 자신을 비난하는 데 사용하고 있지만, 사실 긍정적인 내면의 음성은 우리가 자신감을 가지고 선택한 길을 가도록 도와줄 수 있다. 또한 이런 긍정적 내면의 음성은 자기 자신을 위한 웅변가가 될 수 있고, 동기를 북돋아 주는 지도자가 될 수도 있다. NLP 세계에서 재능과 내적인 자원은 전혀 다른 것이다. '재능'이란 자동적인 기술로 완성되기까지 결합하고 단련한 일련의 자원을 의미할 뿐이다. 우리는 모두 자신이 좋아하는 영역에서 뛰어난 능력을 보여 내적인 자원을 재능으로 발전시킬 수 있다.

내적인 장면이나 소리는 하나의 자원이라 할 수 있다. '우수성의 원(Circle of Excellence)'이라고 이름 붙인 다음 연습 과정에서, 우리는 강한 내적 자신감을 느꼈던 때가 언제인지를 물어볼 것이다. 자신감에 차 있던 순간을 생생하게 떠올리는 과정을 통해, 당신은 지난 경험 속에서 내적인 지원을 끌어낼 것이다. 그리고 나서 우리는 특별한 기억 방아쇠를 만들어내어 당신이 원하거나 필요로 할 때는 언제나 그 느낌을 가지도록 하는 방법을 알려줄 것이다.

우리는 항상 다음의 사실을 명심하려고 스스로에게 이렇게 말한다. "해볼 만한 가치가 있는 일이라면 열심히 해볼 만하다. 적어도 처음에는." 만일 이 연습에서 성공하지 못하거나 부분적으로밖에 성공하지 못한다면, 각 단계에 좀 더 주의를 기울이면서 다시 시도해보라. 타이밍이 아주 중요하다. 또한 연습에 집중하는 것도 중요하다.

우수성의 원 만들기

당신이 원할 때 좀 더 자신감을 가질 수 있다면 무엇을 이루어낼 수 있을까? 지난 과거 경험 중 다시 경험해보고 싶은 긍정적인 기억을 떠올려보라.

① **자신감을 느꼈던 때를 떠올려보라:** 일어나서 기억 속에서 당신이 아주 강한 자신감을 느꼈던 때의 기억을 찾아내어 그때로 가보자. 그 순간을 마음속으로 다시 경험하면서 그때 보고 들었던 것들을 다시 떠올려보라.

② **우수성의 원을 만들어라:** 당신 내면에서 자신감이 쌓이는 것을 느끼면서 발밑 방바닥에 색깔이 있는 원이 있다고 상상해보라. 어떤 색깔의 원을 만들고 싶은가? 그것이 얼마나 강력한지를 보여줄 만한 부드러운 콧노래라도 부르고 싶은가? 자신감이 가득 찼다고 느껴질 때, 그 자신감을 원 안에 남겨두고 원 밖으로 걸어 나와라. 이상한 지시처럼 들리겠지만, 일단 해보자.

③ **실마리를 골라라:** 이제 앞으로 이런 자신감을 느끼고 싶어 할 특정한 순간을 생각해보자. 당신이 자신감을 느끼고 싶은 순간 전에, 거기에 있는 것을 보고 들어라. 그 실마리는 직장 상사의 사무실 문짝이

나 전화일 수도 있고, 중요한 자리에서 연설하기 바로 전에 듣게 되는 당신에 대한 소개가 될 수도 있다.

④ **연결 지어라:** 이런 실마리들이 머릿속에서 명확해지면 곧바로 원 안으로 들어가 아까 느꼈던 자신감을 다시 느껴보라. 이런 자신감을 잔뜩 가진 채로 미래에 펼쳐질 그 상황 안에 서 있다고 상상해보라.

⑤ **결과를 체크하라:** 이제 다시 원 안에 자신감을 남겨두고 밖으로 나온다. 원 밖에서 잠시 쉰 후, 아까 상상했던 사건에 대해 생각해보라. 어쩌면 자동으로 자신감이 솟아남을 느낄 것이다. 이것은 당신이 이미 그 다가올 사건에 대해 자신을 미리 프로그래밍했다는 것이다. 심지어 그 사건은 아직 일어나지조차 않았지만 당신은 그것에 대해 더 좋은 기분을 느낄 것이다. 나중에 그 사건이 일어났을 때 당신 내부에서 자연스럽게 자신감이 솟아남을 느낄 것이다.

1단계에서는 지난 경험을 다시 완전히 경험해서 강한 느낌을 받는 것이 중요하다. 마치 그때의 상황으로 돌아간 것처럼 상상해보라. 그때처럼 서거나 앉아보고, 같은 몸짓도 해보자.

2단계에서는 천천히 시간을 들여 바로 발아래에 우수성의 원이 있다고 상상한다. 그리고 거기에 1단계에서 떠올린 자신감을 덧붙이도록 한다. 때때로 자신감을 만들어내기 위해, 혹은 그 원이 긍정적인 느낌을 일으키는 역할을 할 수 있는지를 확인하기 위해 여러 번 원 밖으로 나왔다 들어갔다 하는 것도 도움이 된다.

3단계에서 당신은 선택한 실마리들이 당신에게 자신감이 필요하기 직전에 접하게 될 만한 것인지 확인하고 싶을 것이다. 만일 실마리가 너무 늦게 나타난다면 자신감을 느끼기도 전에 당신은 이미 나쁜 기분을 느낄 수도 있다. 그러나 이것은 간단히 교정된다. 단지 좀 더 빨리 나타날 만한 실마리를 찾아서 사용하라.

4단계에서는 앞에서 선택한 실마리를 발견하자마자 원 안으로 들어가 실제로 그 자신감이 필요하기 전에 긍정적인 기분이 들도록 할 것이다. 이런 방법으로 당신은 우수성의 원을 문제 상황을 알아차리기 위해 사용했던 것과 똑같은 실마리와 연결 짓는다.

5단계에서는 방금 만든 연결이 단단한지를 확인해본다. 만일 단단한 연결이 생겼다면 그 실마리는 자연스레 우수성의 원 속에 있는 자신감을 불러일으킬 것이다. 그러나 연결이 신통치 않다면 앞 단계로 돌아가 부족한 부분을 강화해라.

NLP를 적용할 때 당신은 자발적인 입장에 서게 된다. 당신의 인생에서 일어나는 사건에 대해 어떻게 반응하길 원하는지를 스스로 결정하는 것이다. 이렇게 볼 때 당신은 과거에 경험했던 자신감을 끌어내어 전에는 생각만 해도 불안했던 미래의 상황에 덧붙인다. 당신이 원하는 다양한 미래의 사건들을 위해서 당신이 원하는 느낌을 가지고 이 과정을 할 수 있다. 또한 우수성의 원은 문제를 해결하기 위해서만 사용하는 것이 아니다. 이미 잘하고 있는 일을 더 잘하기 위해서도 사용할 수 있다.

당신은 이미 체계적이고 꽤 훌륭한 프레젠테이션을 하지만 가끔 너무 무뚝뚝하다는 말을 듣는다고 상상해보자. 자신감을 더 가질 필요는 없지만 쾌활함이나 유머, 생기 등을 더해 기존의 프레젠테이션을 더 괜찮게 만들 수 있다. 이런 경우, 문제를 해결하기 위해 사용했던 것과 같은 방식으로 우수성의 원을 사용할 수 있다.

만일 당신이 비록 한순간만이라도 어떤 자원을 과거에 가지고 있었다면, 그것은 당신이 그 자원을 영원히 가지고 있다는 의미이다. 우수성의 원을 사용해 당신은 이런 자원들을 당신이 원하는 방식으로 원하는 순간에 사용할 수 있다. 어떤 상황에서도 당신은 스스로 어떻게 느끼고 싶은지, 어떻게 반응하고 싶은지 선택할 수 있다. 당신은 자신의 의지에 따라 인생을 살도록 선택할 수 있다. 당신은 자신이 원하고 필요로 하는 모든 내적 자원을 이미 가지고 있다.

일이 제대로 되지 않는다면
다른 것을 해보라

일이 잘 풀리지 않을 때, 대부분의 사람은 이전에 하던 방식 그대로 더욱 열심히 일을 해나간다. 그러나 자신의 한계는 외부 환경이 아니라 자기 내면의 지도 안에 있다는 점을 기억하라. 만일 당신이 같은 장면을 보고 싶다면 같은 길을 따라 내려가면 된다. 그러나 만일 다른 것을 원한다면 다른 일을 해야 한다. 왜 당신이 가고자 하는 곳에 다다를 수 없는지, 혹은 왜 그곳으로 향하고 있는지를 살펴보는 것은 별 도움이 안 된다. 아무리 많은 이유를 갖다 붙인다 해도 당신은 여전히 옛날과 똑같은 길을 걸어 내려가고 있을 것이다. 그 대신 어떻게 하면 당신이 원하는 곳으로 갈 수 있는지, 가지고 싶어 하는 것을 어떻게 손에 넣을지에 대해 생각해보라. NLP를 통해 당신은 마음속의 지도를 풍부하게 만들고, 무엇이 성공과 실패, 좋은 것과 대단히 훌륭한 것, 단순히 이뤄내는 것과 원하는 바를 충실히 성취하는 것의 차이를 만들어내는지 발견할 수 있을 것이다.

NLP의 짧은 역사

1970년대 초, 훗날 NLP의 공동 창립자가 된 리처드 밴들러(Richard Bandler)는 산타크루즈에 있는 캘리포니아 대학의 학생이었다. 그는 대부분의 시간을 컴퓨터 과학을 공부하는 데 보냈다. 그러나 그 후, 당시의 혁신적인 치료사 여럿을 알고 있었던 한 친구에게서 자극을 받아 심리학을 공부하기로 결심했다. 유명한 치료사들을 깊이 공부한 후, 리처드는 그들의 행동 패턴을 완전히 반복함으로써 자신도 그 치료자들처럼 다른 사람들에게 비슷한 긍정적인 결과를 줄 수 있다는 사실을 깨달았다. 이 발견은 '우수한 사람을 모델링(Modeling Human Excellence)' 하는 NLP 접근 방법의 핵심이 되었다. 그는 그 후 NLP 공동 창립자인 언어학 교수 존 그린더(John Grinder) 박사를 만났다. 존 그라인더의 경력은 리처드만큼이나 특이했다. 존은 1960년대 유럽에서 미군 특수부대 군인으로 재직하고, 이후 유럽 정보부에서 일했다. 그 시절 존은 빠르게 언어를 습득하고 다른 문화의 행동을 받아들이는 능력을 단련했다. 심리학에서 존의 관심사는 언어학의 근원적인 목표와 맥을 같이하는 것이었으니, 곧 생각과 행동 뒤에 숨겨진 문법을 발견하는 일이었다.

두 사람은 서로의 관심사가 비슷하다는 사실을 알게 되었다. 그들은 새로운 '변화의 언어'를 개발하기 위해, 비언어적인 행동을 모방하는 능력과 컴퓨터 과학과 언어의 각 기술을 결합하기로 결정했다.

처음에는 화요일 저녁마다 리처드 밴들러가 학생들과 지역 주민들을 위한 게슈탈트 치료(Gestalt Therapy) 그룹을 이끌었다. 그는 독일의 정신과 의사였던 프릿츠 펄스를 모델로 삼았다. 리처드는 펄스 박사처럼 턱수염을 기르고, 줄담배를 피워대고, 독일식 억양이 섞인 영어를 말했다. 목요일 저녁에는 화요일 모임에서 리처드가 사용했던 펄스 박사의 언어적·비언어적 패턴들을 이용해 그라인더가 다른 그룹을 이끌었다. 그들은 펄스 박사의 기법에서 핵심을 발견할 때까지 한 가지씩 불필요한 행동(독일식 억양, 담배 피우기)들을 제거해가기 시작했다. 그들은 우수한 사람을 모델링하는 훈련을 시작하였다.

그들은 성공에 고무되어 가족 치료의 창시자 중 한 사람인 버지니아 사티어(Virginia Satir) 시스템 사고자(systems thinker: 컴퓨터 체제에 따라 행동이나 의사결정을 보다 넓은 관점에서 하려는 사고법)였던 인류학자 그레고리 베이트슨(Gregory Bateson)에 대한 연구를 시작했다.

밴들러와 그라인더는 여러 가지 어려움을 가진 사람들을 만나면서, 어떤 종류건 공포증이 있는 사람들은 공포를 느끼는 바로 그 순간에 공포의 대상이 눈앞에 있는 것처럼 느끼고 두려워한다는 사실을 알게 되었다. 두 사람은 공포증을 극복한 사람들을 연구하면서, 그 사람 모두가 이제는 공포스러운 일이 다른 사람에게 일어나는 것이고 자기들은 그것을 멀리서 보고 있다고(마치 놀이공원에서 무서운 놀이기구를 멀찌감치 바라보듯이) 생각한다는 사실을 알게 되었다. 이런 단순하고도 근원적인 발견을 통해, 밴들러와 그라인더는 공포증을 가진 사람들에게 그들의 공포가 다른 사람들에게 일어나는 것이고 자기는 멀리에서 그것을 보고 있다고 상상하도록 가르쳐보기로 결정했다. 사람들이 어떻게 생각하는지가 그들이 어떻게 경험하는가에 결정적인 차이를 만들어낸다는 것을 깨달은 것이다.

그들의 기법이 점점 알려지면서 미국임상최면학회의 창립자이며 세계적 의학 최면술사인 의학박사 밀턴 에릭슨(Milton Erickson)을 포함한 여러 전문가도 관심을 보였다.

에릭슨 박사는 여러모로 밴들러와 그라인더만큼이나 독창적인 사람이었다. 1920년대 위스콘신주의 농장에서 일했던 건장한 그는 18세 때 소아마비에 걸렸다. 숨도 제대로 쉬지 못하고 부엌에 누운 채로 철로 만든 심폐보조 장치에 의지하여 1년 이상을 보냈다. 다른 사람들에게는 이 기간이 마치 형무소에 갇힌 것 같았겠지만, 에릭슨은 인간의 행동에 매료되어 자신의 가족과 친구들이 의식적으로나 무의식적으로 서로에게 어떻게 반응하는지를 관찰하면서 시간을 보냈다.

심폐보조 장치를 떼도 될 만큼 회복된 후, 그는 여전히 지팡이를 짚어야 했는데도 주를 가로지르는 카누 여행을 했다. 이후 대학에 진학

하여 의학과 심리학 학위를 받았다. 자신의 초기 경험과 개인적인 사건으로 그는 언어와 행동의 미묘한 영향에 아주 민감하게 되었다. 의학을 공부하는 동안 최면에 심취하였고, 몸을 흔들게 하거나 잠들게 하는 수준을 넘어선 영역까지 나아갔다. 에릭슨은 생각과 느낌이 환자의 머릿속을 지나갈 때 환자들이 자연적으로 잠시 몽롱한 상태에 빠지게 되는데 최면 상태를 유도하기 위해 이것을 이용할 수 있다는 사실을 알아냈다. 그는 좀 더 나이가 든 후, 그저 이야기를 들려주는 것만으로도 깊은 최면 상태로 유도할 수 있는 간접 최면의 권위자가 되었다.

1970년대까지 에릭슨 박사는 의학 전문가들 사이에서 잘 알려져 있었고 그에 대한 책도 여러 권 출판되었지만, 에릭슨의 업적이나 연구를 계승할 만한 제자는 거의 없었다. 에릭슨 박사의 동료들은 그가 자신의 개인적인 경험을 통해 세계적으로 유명한 치료사가 되었다고 생각했기 때문에 그를 '상처 입은 치료사'라고 부르곤 했다.

리처드 밴들러가 에릭슨 박사와 시간 약속을 하려고 전화했을 때, 마침 에릭슨 박사가 직접 전화를 받았다. 그레고리 베이트슨을 통해 밴들러와 그라인더에 대한 소개를 받기는 했지만 에릭슨은 자기가 아주 바쁜 사람이라고 말했다. 밴들러는 "에릭슨 박사님, 어떤 이들은 시간을 알고 있지요."라고 대답했다. 그는 특히 '에릭슨 박사님'이라는 말을 강조했고, '시간을 낸다.'는 말을 더욱 강조했다. 에릭슨의 대답은 "언제든지 오시게."였다. 역시 '언제든지'라는 말을 강조하였다. 에릭슨 박사는 비록 밴들러와 그라인더의 심리학적 배경이 부족하다는 점이 마음에 걸리기는 했지만, 이 두 젊은이가 다른 사람들이 놓치고 있는 무언가를 발견할지도 모른다는 생각에 흥미가 생겼다. 무엇보다도 이 중 한 사람은 '숨겨진 명령(embedded command)'이라고 알려진 에릭슨 박사가 발견한 최면술 용어 하나를 사용한 참이었다. 리처드는 "에릭슨 박사님, 시간을 내세요."라는 말을 강조하여, 긴 문장 속에 끊어진 다른 문장을 만들어냈는데 이것은 최면적인 명령을 하는 효과가 있었다.

밴들러와 그라인더는 그들이 새롭게 계발한 모델링 기술을 이 뛰어난 최면술사의 업적에 적용해보기 위해서, 애리조나주 피닉스에 있는 에릭슨 박사의 사무실 겸 자택에 도착했다. 에릭슨 박사의 전설적인 최면술 기술과 밴들러와 그라인더의 모델링 기술의 결합은 새로운 치료 기법의 폭발적 발전에 기반이 되었다. 에릭슨 박사와의 공동 작업을 통해 그들은 인간의 우수성을 이해하고 재생산해낼 수 있는 길을 찾아냈다는 사실을 확신하게 되었다.

그라인더와 밴들러의 대학 강좌와 저녁 모임에는 새로운 변화의 기법을 배우기 위해 많은 학생이 모여들었다. 그 후로 몇 년간 레즐리 카메론 밴들러나 주디스 딜러지어, 로버트 딜츠, 데이비드 고든 등을 포함한 많은 사람이 도움을 받았다. 새로운 시각으로 변화와 의사소통에 접근하는 이 방법은 입소문을 통해서 미국 전역으로 퍼져 나가기 시작했다.

당시 잘 알려진 게슈탈트 치료사였던 스티브 안드레아스는 이 기술을 배우기 위해, 이전에 자신이 하던 일을 제쳐놓았다. 그는 금세 NLP가 매우 중요한 돌파구가 될 수 있음을 알았고, 자신의 아내이자 파트너인 코니레 안드레아스와 함께 밴들러와 그라인더의 세미나 내용을 기록한 《왕자로 변한 개구리들(Frogs into Princes)》이라는 책을 펴냈고 이것은 최초의 NLP 베스트셀러가 되었다. 1979년에는 《사이콜로지 투데이(Psychology Today)》에 '사람들을 읽는 사람들'이라는 제목으로 집중적인 기사가 실렸다.

오늘날 NLP는 의사소통과 변화에 접근하는 많은 방법 중 핵심이다. 안토니 로빈스와 존 브래드쇼, 그리고 그 외 다른 사람들을 통해 대중적 인기를 얻게 된 NLP의 분파들은 판매 훈련, 의사소통 세미나, 교실,

대화 등의 영역에서 힘을 발휘했다.

우리는 NLP가 더 많은 사람에게 알려졌다는 사실이 기쁘다. 그러나 얕은 지식은 위험할 수도 있고, 아무것도 아닐 수도 있다. 우수한 사람을 모델링하기에 대해 아는 것은 그렇게 할 수 있다는 것과는 다른 이야기이다. NLP에 대해 조금 아는 것은 그것을 자기 것으로 만들 기회를 갖는 것과는 다르다. 바로 이 점이 우리가 이 책을 쓴 이유이다.

요약

NLP는 인간의 우수성에 대한 연구이다. 실제로 원하던 바를 성취해 낸 사람들의 생각과 행동과 느낌의 정신적 패턴을 모델링하기 위한 과정이다. NLP의 공동 개발자들은 NLP의 핵심적인 기초 원리들을 통해 어떻게 하면 쉽고 효과적으로 내적인 경험들을 재정리할 수 있는지를 배웠다.

NLP의 전제
- 지도는 영토와 다르다.
- 경험은 구조를 가지고 있다.
- 누군가가 할 수 있는 일이라면 다른 사람도 배울 수 있다.
- 몸과 마음은 같은 시스템의 일부이다.
- 사람들은 이미 필요한 모든 자원을 가지고 있다.
- 우리는 의사소통을 하지 않고 살 수 없다.
- 의사소통의 의미는 다른 사람들의 반응을 통해 알 수 있다.
- 모든 행동의 기저에는 긍정적인 의도가 있다.
- 사람들은 항상 가능한 한 자신에게 가장 좋은 선택을 한다.
- 지금 하고 있는 일이 제대로 되지 않는다면 다른 것을 해보라.

일단 우리가 우리 자신의 내적인 생각과 느낌을 만들어내고 유지하는 방법을 정확히 이해하고 나면, 그것을 다른 사람들에게 가르치거나 더 나은 것을 찾아내서 변화시키는 것은 쉬운 일이다. 이 장에서 우리는 어떻게 다음과 같은 것을 할 수 있는지를 배웠다.

- 부정적인 경험에서 스스로를 객관적으로 관조하고, 긍정적인 경험에 주관적으로 몰입하는 방법
- 내적인 이미지의 중요성을 증가시키거나 감소시키는 방법
- 자신의 생각을 원하는 방향으로 향하게 하거나, 원하지 않는 방향으로 향하지 않도록 하는 방법
- 영화 음악이나 액자 기법을 통해 과거에 일어났던 사건에 대한 부정적인 느낌을 중화하는 방법
- 우수성의 원을 사용해서 자기 안의 자원을 더 많이 만들어내고, 그것을 필요로 하는 순간에 끌어내는 방법

우리는 모두 내면에 어느 정도의 몽상가적인 기질을 가지고 있다. 우리는 안 된다는 것을 알면서도 바라고 꿈꾸고 욕망을 느낀다. 이런 일은 자연스럽게 일어난다. 인류가 동굴에서 벗어나 달나라를 탐험할 수 있었던 것도 모두 이로 인한 것이다. 우리는 꿈꾸고, 그 꿈을 실현하고 싶어 한다. 우리는 꿈을 현실 속에서 이루어내는 방법을 원한다.

영국의 장교였던 토머스 로렌스는 회고록에서 말했다. "모든 사람은 꿈꾼다. 그러나 모두 똑같이 꿈을 꾸는 것은 아니다. 깊은 밤, 자기 마음속의 먼지 쌓인 한켠에서 꿈을 꾸는 사람은 낮이 되면 일어나 그 꿈이 헛된 것임을 깨닫는다. 하지만 낮에 꿈을 꾸는 사람은 위험하다. 그들은 두 눈을 부릅뜬 채로 그것을 이루기 위해 행동하기 때문이다."

전화나 TV, CD 플레이어, 식기세척기, 냉장고, 전자레인지, 심지어

는 화장실이나 샤워 시설 모두가 처음에는 누군가의 꿈에서 시작되었다. 그들은 이 많은 것을 우리 삶에 실재하는 것으로 바꾸어놓았다. 단순한 꿈을 이루고자 할 때 당신은 무언가를 변화시키거나, 혹은 기존의 질서에 도전해야 할지도 모른다. 마음속에서 "이미 모든 게 그 자체로 충분해."라고 속삭여도 말이다. 새로운 무언가를 세상에 가져올 때 당신은 기존의 방식을 파괴하고 주위 사람들의 기대를 뒤흔들 수도 있다. 당신은 자기 자신과 다른 사람들에게 달라져야 한다고 요구하는 것이다.

당신의 꿈과 변화를 조정하기 위해서 때론 다른 사람들을 초대해야 할 때도 있다. 어쩌면 당신은 사랑하는 사람들, 직장동료, 그리고 가족들이 당신이 하는 일에 참여하고 싶어 하는 것을 알게 될 것이다. 그들은 너무 수줍어서 자기도 참여할 수 있겠느냐는 질문을 못 하고 있을지도 모른다. 만일 그들도 이 여행에 동참하게 된다면 틀림없이 계속하고 싶어 할 것이다. 모든 사람이 자기의 삶을 선택할 수 있게 될 때 그들은 다른 데서도 더 많은 선택과 유연성을 받아들이게 된다. NLP는 다른 사람들과 함께 나누어야 할 무엇이지, 그들에게 써먹으려고 하는 것이 아니다. NLP는 멋진 변화를 위한 환경을 만들어준다. 당신이 NLP를 이용하면 그것은 적절히 기능하면서 당신의 인생을 변화시켜줄 것이다. 당신은 NLP에 의지하게 만들었던 문제들을 정복하고 새로운 가능성과 모험을 만들어내기 위해 주의를 기울일 수도 있다. NLP는 무엇인가를 끝장내서 해결을 보기 위한 방법이 아니다. 당신이 정말 원하는 세계를 창조하는 일에 동참하기 위해 스스로의 의지에 따라 살아갈 수 있도록 해주는 것이다.

우리 너머에 있는 것과 우리 앞에 있는 것은
우리 안에 있는 것에 비하면 그저 사소한 것들일 뿐이다.

랄프 왈도 에머슨(미국 철학자, 시인)

3
동기부여하기

동기의 중요성

동기부여 컨설턴트이며 베스트셀러 작가인 토니 로빈스(Anthony Robins)는 말했다. "사람들에게 성공하고자 하는 동기를 부여하는 것으로는 두 가지가 있다. 하나는 영감이고, 다른 하나는 절망이다." 즉석 사진기 발명가이며 폴라로이드 주식회사의 설립자인 에드윈 랜드 박사의 이야기는 영감의 중요성을 보여주는 예이다. 박사의 어린 딸은 방금 찍은 자기 사진을 그 자리에서 보고 싶어 하면서, 사진을 현상하는 데 왜 이리 시간이 오래 걸리냐고 물었다. 에드윈 랜드는 이 질문에서 영감을 얻어 사진을 찍자마자 필름 위에 현상하는 방법을 연구했다. 마이크로소프트사를 창립한 빌 게이츠와 폴 알렌 역시 비슷한 경우에 속한다. 그들은 《파퓰러 메카닉스(Popular Mechanics)》라는 잡지에 실린 개인용 컴퓨터 키트 광고를 보고 컴퓨터의 미래를 예감했다. 빌 게이츠는 엄마에게 전화를 걸어, IBM사에 팔 컴퓨터 프로그램을 만드느라 6개월 동안 전화를 하지 못할 거라고 이야기했다. 이 프로그램이 바로 MS-DOS였다.

반면 어떻게 절망감이 동기를 부여할 수 있는지를 보여주는 예도 있다. 진공청소기 판매원이며 건강 프로그램 세미나를 주최하는 리더였던 토니 로빈스는 재정적인 성공을 맛보았지만, 오래가지 않았다. 캘리포니아 베니스 비치에 있는 12평짜리 아파트에서 설거지를 하는 신세가 되었음을 깨달았을 때, 성공의 달콤함은 더 이상 그를 앞으로 끌어주지 못했다. 그는 자기가 처한 비참한 상황을 변화시키고 자기 인생을 바꿔보려고 NLP 트레이닝을 받기 시작했다.

절망을 통해 동기를 얻게 된 또 다른 예는 아카데미 여우주연상 수상자인 셰어(Cher)다. 마흔 살이 되었을 때 그녀는 자기가 인생에서 이루어낸 것들을 돌이켜보았고, 그것이 얼마나 보잘것없는지를 깨닫고는 자기 미래를 변화시키기로 마음먹었다. 뛰어난 성취를 이룬 과학자나 배우, 운동선수, 지도자 모두 긍정적인 영감과 부정적인 절망감을 통해 동기를 얻어 인생에서 큰 변화를 이루어내었다.

그렇다면 왜 어떤 사람들은 스스로 동기를 가지기가 그렇게 힘이 들까? 성공이나 성취와 같은 가장 소중한 꿈들을 이루는 것은 아주 매력적이고 너무나 멋진 것이기 때문에, 이런 것에 대해 동기를 가지는 것은 전혀 어렵지 않을 것이라고 생각할지도 모른다. 그러나 계속해서 노력하는 것은 많은 사람에게 큰 문제가 된다. 크게 성공한 사람들은 동기를 가지면 자기 목표에 도달할 수 있다고들 말한다. 그러나 여기서 우리는 그들이 '동기'라는 것을 어떻게 정의하는가에 대해 생각해 볼 필요가 있다. 동기란 유명한 운동선수나 동기부여 연설가에게만 판매하는 은밀한 처방전 같은 것이 아니다. 오히려 동기란 당신 자신을 위해 사용법을 배우려는 정신적인 간단한 전략을 뜻한다. 즉 당신이 필요할 때면 언제든지 가질 수 있다.

'강력한 동기를 가졌으면….' 하는 생각을 하게 될 때가 있다. 그리고 그럴 때는 동기를 가지고 싶어 하지 않는 때와는 다르다. 그리 대단치도 않은 일에 엄청난 동기를 가질 때도 있다. 초콜릿이나 세 번째 피자 조각을 먹고 싶다고 느낄 때, 혹은 실제로는 필요하지 않은 물건을 사고 싶을 때를 떠올려보자. 바로 이런 때 당신에게 정말로 필요한 것은 행동을 지연하는 전략이다. 다시 말해서 우리가 '어떤 일을 이루었으면…' 하고 바라면서도 막상 실제로는 그러고 싶지 않을 때는 동기를 가지기 위한 전략이 필요하다. 우리는 어떤 결과를 얻고 싶어 하면서도 그것을 이루어내는 과정에는 흥미를 느끼지 않는다. 예를 들어 세탁하기, 공과금 내기, 혹은 쓰레기 버리기 같은 일을 떠올려보자 당신은 '그런 일을 이미 다 끝냈다면…' 하고 바라면서도 그 일 자체를 하는 것은 즐기지 않을 것이다. 당신의 상사가 내일 정오까지 자기 책상 위에 보고서를 가져다 놓으라고 했을 때도, 그 지루한 일을 하노라면 쏟아지는 잠을 참을 수가 없다. 당신은 이 일을 얼른 끝냈으면 하고 바라지만, 그 일을 하고 싶지는 않다. 우리는 운동을 해야 한다는 것을 알고는 있지만, 운동을 하면 땀이 나고 힘들고 시간도 들여야 하기에 그저 근사한 몸을 갖기만을 바란다. 우리가 어떤 결과를 원한다고 해도 언제나 그 과정까지 원하는 것은 아니다. 우리는 그것을 끝내고 나서 얻는 것을 그냥 쉽게 얻을 수 있기를 바란다. 바로 이때 동기를 얻기 위한 전략이 필요하다.

동기는 어떻게 작용하는가

사람에 따라 동기를 갖기 위한 몇 가지 다른 스타일이 있다. 매일 아침 일어나는 순서를 떠올려보자. 당신은 아침에 알람이 울리면, "싫어, 좀 더 자게 내버려 둬."라고 중얼거리며 버튼을 누르고는 10분 후에 알람이 다시 울리게 한다. 알람이 다시 울리면, 당신 마음속의 목소리가 '일어날 시간인가?' 하고 물어본다. 당신의 두뇌는 서둘러 옷을 입고 아침을 거른 채 달려나가는 당신의 모습을 보여주기 시작할지도 모른다. 그러나 침대는 너무나 따뜻하고 이불은 편안하기 그지없으니 당신은 이렇게 생각한다. '별일 아니야, 어제 입었던 옷을 그대로 입지 뭐. 요즘 세상에 누가 아침을 챙겨 먹어?' 그리고 당신은 아까 눌렀던 버튼을 다시 한번 누른다.

몇 분 후에 알람이 다시 울린다. 그리고 이번에는 마음속에서 '일어나야만 해! 아니면 지각할 거야. 그러면 진짜 곤란해지잖아!' 하고 말하는 목소리가 들린다. 이번에는 당신의 두뇌가 직장에 지각해서 상사에게 변명을 늘어놓고 있는 당신 모습을 비춰주기 시작한다. 그러나 당신은 조금 더 빨리 운전하면 된다고 생각한다. 그러고는 다시 잠 속으로 빠져든다.

또다시 알람이 울리면, 마음속의 목소리가 '이젠 정말 일어나야 할 시간이야! 너는 일어나야만 해!' 하고 큰소리로 외치는 것을 듣게 될 것이다. 당신의 두뇌는 초조하게 당신을 기다리면서, 더 이상 기다릴 수 없다고 으름장을 놓으며 다음과 같은 모습을 보여줄 것이다. 머릿속에서 직장 상사는 당신에게 소리를 지르며 나가라고 위협한다. 그리고 이런 머릿속의 장면이 점점 더 커지고 밝아져서 가깝게 보이면, 그리고 소리가 더 커지고 나면 당신은 "좋아, 좋아. 일어나지."라고 말하게 될 것이다. 그제야 당신은 일어날 동기를 갖게 되었다. 당신은 벗어나고 싶은 것에 대한 시나리오를 만들어내어 스스로를 움직이게 만들었다.

이번에는 다른 종류의 동기에 대해 알아보자. 오늘은 휴가 중이라는 사실을 떠올리면서 피서지에서 깨어나 본 적이 있는가? 눈을 뜨는 순간부터 당신은 그날 할 일을 생각하기 시작했을 것이다. 마음속에 펼쳐지는 멋지고 흥겨운 일에 대한 생생한 장면이 마치 강력한 자석처럼 당신을 침대 밖으로 밀어냈을 것이다. 질문은 오직 하나, "뭘 먼저 하지?"뿐이었다. 일어날까 말까 하는 갈등은 떠오르지도 않았다!

바로 이처럼 직장에서 그날 해야 할 멋진 일을 떠올리면서 일어나게 된 날도 있었을 것이다. 이때 당신은 이런 일을 함으로써 어떻게 하면 더 많은 즐거움과 성취감과 유능감과 자신감을 가지고 원하는 목표에 다가갈 수 있을지를 생각하고 있었다. 당신은 그 일을 하면서, 그에 대한 보상으로 다가가는 자신의 모습을 떠올렸다. 당신은 이날이 어떻게 다음날로 연결되어 마침내 인생에서 진실로 바라는 바에 다가가게 해줄지를 떠올린 것이다.

회피적 동기와 지향적 동기

NLP에서는 앞에서 이야기한 두 가지의 동기가 서로 전혀 다른 방향과 결과를 가지고 서로 다른 방식으로 작용한다고 말한다. 이런 동기의 두 가지 요소를 '동기의 방향(Motivation Direction)'이라고 부른다. 이 방향은 당신이 원하는 쪽으로 다가가는 것일 수도 있고, 원하지 않는 것을 멀리하는 것일 수도 있다. 동기의 방향은 우리의 삶 전반에 걸쳐 영향을 미치는 내적 프로그램이다. 모든 사람은 생물학적, 혹은 생리학적 수준에서 회피적(멀리하는) 동기와 지향적(다가가는) 동기 모두를 발달시킨다. 즉, 고통이나 불편, 스트레스 같은 것은 멀리하고 유쾌함이나 편안함, 안락함 같은 것에는 다가가려고 한다. 이 두 가지 방향은 우리에게 동기를 부여하는 데 서로 다른 방식으로 작용하며, 두 가지 모두 다양한 상황에서 유용하게 이용된다. 멀리해야만 할 위험한 장소나 자신에게 해가 되는 행동들, 부정적인 생각 같은 것이 있는가 하면, 꼭 가야 할 멋진 장소나 나를 지지하고 용기를 주는 사람들, 긍정적인 생각 같은 것도 있다.

모든 사람은 어느 정도 두 가지 방향을 모두 사용하고 있으며 재미있게도 이 두 가지 중 한 가지를 특화하여 더 많이 사용하는 경향이 있다. 사람들은 성공이나 즐거움, 성취를 향해 다가가기 위해서 동기를 가지기도 하고 실패나 고통, 상실과 같은 것을 멀리하기 위해서 동기를 가지기도 한다.

NPL 연구는 사람들이 서로 다른 상황에서도 동기를 얻기 위해 동일한 내적 프로그램을 사용해서 동기를 얻는 경향이 있다는 사실을 알아냈다. 예를 들어 아침에 상사가 소리를 지르면서 회사에서 나가라고 위협하는 장면을 떠올리고 나서야 겨우 자리에서 일어나는 사람의 동기 방향은 상사의 위협으로 인해 일어날 수 있는 고통이나 불편, 부정적인 결과를 멀리하는 쪽으로 향해 있다. 아마도 이 사람은 인생의 다른 영역에서도 이런 식으로 움직일 것이다. 예를 들어 자기가 불편할 때 잠깐 휴식을 취하기로 결정할 것이다. 친구를 고를 때도 자기를 귀찮게 굴지 않는 사람을 택할 것이다. 또한 현재 직장을 더 이상 견딜 수 없게 될 때가 되어서야 비로소 다른 직장을 찾아볼 것이다. 즉, 그는 자기가 원하지 않는 것을 멀리하려 할 때 동기가 생긴다.

또 다른 동기 방향은 즐거움이나 보상, 목표처럼 원하는 것에 다가가기 위해서 생기는 것이다. 예를 들어 아침에 벌떡 일어나는 사람은 자기의 꿈을 이루기 위해 더 이상 침대 속에 머물 수 없다고 생각한다. 이런 사람은 스스로에게 "오늘은 뭘 할 수 있지? 내가 정말로 원하고 바라는 것에 가까이 다가가기 위해서 오늘 내가 할 수 있는 것은 무엇일까?" 하고 질문을 던진다. 또한 이런 사람은 같은 동기를 사용하여 휴식을 취하기에 가장 알맞은 때를 정한다. 예를 들어 친구와 이야기하거나 급박한 일을 처리하고 나서 스스로에게 보상을 준다. 친구를 고를 때는 자신에게 자극을 줄 수 있는 사람을 택할 것이다. 그는 더 큰 기회를 얻기 위해 직장을 옮길 것이다. 그는 자기가 원하는 것을 향해서 움직인다.

언뜻 보면 회피적인 동기와 지향적인 동기 중 지향적인 동기가 더 좋은 것처럼 보일 수도 있다. 지향적인 동기를 가진 사람들은 "세상을 사는 데 더 나은 방법이 있어요. 그냥 당신이 원하는 것을 상상하고 그쪽으로 움직이세요."라고 말할 것이다. 그러나 이렇게 생각해보자. 방안의 온도가 너무 높거나 낮아 불편하다면, 당신은 그것을 바꾸기 위해서 무언가를 해야 한다. 만일 어떤 사람이 당신을 기만하거나 또는 자신에게 쏟아질 비난을 회피하기 위해 일부만 진실인 말을 하거나 또는 은근히 당신을 비꼰다면, 당신은 거기에 대해 무언가를 해야 한다. 이런 것들이 바로 회피적 동기 전략을 사용해야 하는 예이다. 성공한 한 사업가는 어린 시절 가난했던 기억을 통해 지금의 자리에 올라서기 위한 동기를 얻었을 수도 있다. 만일 과거의 어려웠던 시절의 기억들이 현재 삶의 질을 높이기 위해 노력하도록 동기를 부여해준다면, 이것은 회피적 동기를 적절하고 생산적으로 이용하는 예가 될 것이다.

지향적인 동기의 장점은 보다 명백하다. 자신의 목표와 보상을 향해 움직이는 사람들은 우리 사회에서 더 가치 있는 존재로 평가받는다. 여러 구인 광고란을 한 번 들여다보라. 광고에서는 모두 동기가 넘치고 의욕적이며, 미래 지향적인 생각을 가지고 솔선수범하는 사람, 즉 지향적 동기를 가진 사람을 찾고 있다. 이렇듯 많은 직장에서 지향적인 동기를 가진 사람을 찾고 있기 때문에 많은 지원자가 실제로는 그렇지 않으면서도 그런 척 지향적 동기를 흉내 내곤 한다. 하지만 이것은 누구에게도 도움이 되지 않는다.

동기의 두 가지 방향이 가지는 장점에 대해 생각해본다면, 지향적 동기는 좀 더 목표 지향적인 반면에 회피적 동기는 문제를 발견하고 해결하는 데 더 유리하다는 것을 알 수 있다.

동기 방향의 효과

두 종류의 동기는 모두 장단점이 있으며, 그 정도가 알맞을 수도 있고 극단적일 수도 있다. 예를 들어 어떤 사람들은 때때로 자신의 목표를 이루는 데만 너무나 많은 동기를 가지고 있다. 그래서 어떤 문제에 직면하게 될 것인지 혹은 어떤 어려움을 겪게 될 것인지에 대해 전혀 고려하지 않는다. 그들에게는 '~으로 향한' 지향적 동기만 있다. 이런 막무가내식의 생각은 특히 젊은 사업가에게서 흔히 발견된다. 이로 인해 그들은 그런 어려움을 피하는 것이 얼마나 중요한지를 깨닫기 전까지 비싼 수업료를 내고 힘든 경험을 겪는다. 그리고 자기 힘으로, 혹은 다른 사람을 고용해서 문제를 해결하려고 한다. 또 다른 극단적인 경우는, 모든 일에 겁을 먹은 나머지 아무것도 하지 않으려 할 만큼 회피적으로 동기화된 경우이다. 이런 사람들은 문제를 푸는 일 자체에 지나치게 몰두해서 자기가 왜 그 일을 하는지도 잊어버리곤 한다.

지금 당신은 자신의 동기가 어느 쪽인지 궁금해하면서 되도록 지향적 동기이기를 바랄 것이다. 어느 쪽 동기를 사용하든 간에 모두 성공할 수 있다. 비록 크게 성공한 사람들의 경우 지향적 동기에 더 무게를 두기는 하지만 회피적 동기 역시 당신이 성공하도록 도와줄 수 있다.

유능한 주식시장 예측가인 마틴 츠바이크(Martin Zweig)는 10억 달러 이상의 돈을 운용하고 있다. 그가 주식과 관련해 쓴 여러 글과 책은 투자자들에게 잘 알려져 있다. 츠바이크 박사는 손실을 최소화하기 위해 회피적인 동기를 사용한다. 만일 주식 시장에서 너무 큰 고통을 감수해야만 한다면 그는 그것을 피할 것이다. 그는 자신의 한계를 잘 알고 존중하며 이를 통해 부(富)를 얻었다.

츠바이크 박사는 회피적인 동기를 사용하는 사람들이 알고 있어야 할 세 가지를 지적했다. 첫째, 무엇인가를 멀리하고자 할 때는 공포나 고통 같은 불편함을 경험하고 있기 때문에 그렇게 하는 것이다. 이런 불편한 경험은 행동을 시작하도록 하는 좋은 자극이 된다. 그러나 고통이나 불편의 원천이나 문제로부터 멀리 떨어질수록 그것은 덜 심각한 것처럼 보이게 된다. 따라서 회피적 동기 전략을 가진 사람들은 그 문제가 다시 위협적으로 다가오기 전까지는 이런 '위협'을 멀리 떨어져 있는 것으로 인식한다. 회피적 동기는 주기적으로 반복되기 쉽다. 쉽게 달아올랐다가 쉽게 식는다. 어느 순간에는 큰 동기를 가졌다가도 다음 순간에는 동기를 잃어버린다. 그리고 이런 패턴을 반복하게 된다.

둘째, 회피적 동기를 가진 사람들은 고민이나 불편한 고통과 같은 것들에서 멀리 벗어나는 것에만 신경 쓰다 보니 어디에서 멈춰야 할지에 대해서는 제대로 신경을 쓰지 못한다는 것이다. 문제 자체에만 신경 쓴다는 것은 마치 프라이팬에서 벗어나려고 불 속으로 뛰어드는 것과 같다. 그들은 자신이 원하는 것이 아니라 원하지 않는 것에만 신경을 쓴다. 달리 말하자면, 이런 사람들은 자기가 있었던 자리만 계속 보고 있을 뿐, 어디로 가고 있는지는 볼 수 없다. 한마디로 '가난뱅이 근성'을 갖고 있다.

셋째, 회피적 동기를 사용하는 사람들은 불안이나 스트레스 수준에 대해 주의를 기울일 필요가 있다. 무언가에서 벗어나려는 동기를 가진 사람들은 흔히 동기를 얻기 전에 많은 고통과 걱정을 경험하게 된다. 만일 반응하기 전에 스트레스나 불안 수준이 너무 높아지면 그들의 건강과 안녕에 영향을 미치게 될 것이다. 어떤 비즈니스 영역에서는 마치 심한 정신적 압력 아래서도 일을 잘 해내는 것을 명예 훈장처럼 여기기도 하지만, 더 적은 스트레스를 받고도 같은 결정을 내릴 수 있다. 고혈압과 긴장으로 인한 두통 등은 당신이 최종적으로 결정을 내리기 전에 신체 내에 스트레스가 쌓여 나타나는 결과에 지나지 않는다.

유능한 의사 결정자들은 스트레스가 너무 높아지기 전에 약간만 불편해도 반응하는 법을 알고 있다. 전화가 울릴 때 당신이 받아야겠다는 생각이 들려면 그 소리가 얼마나 커야 할까? 일어나서 자리를 옮기도록 하려면 의자가 얼마나 불편해야 할까? 이 모든 것은 당신의 민감성에 달렸다. 무언가를 성취한 사람들은 주위 사람들과 환경에 대한 민감성을 높여, 고통이나 불편함이 너무 심해져 더 이상 선택의 여지가 없는 지경이 되기 전에 미리 유연한 대응을 한다. 그들은 자신들이 사용하는 동기가 자기 삶의 질에 영향을 줄 수 있음을 알고 있다. 그들은 아직 크게 불편하지 않을 때 거기에 대응하는 방법을 안다. 또한 피하려는 문제와 상황을 의식하면서 동시에 구체적으로 자기가 원하는 것을 향해 다가가는 동기를 얻는 방법도 알고 있다.

다행히도 NLP를 통해 우리는 어떻게 하면 회피적 동기와 지향적 동기를 모두 사용할 수 있는가를 배울 수 있다. 고통과 스트레스, 고민 같은 것들은 선택적인 것이지 필수적인 것이 아니다. 당신이 선택하는 바에 따라 많은 기쁨과 최소의 불편함을 가져다주는 동기를 얻을 수 있다.

경영자가 동기의 방향성을 어떻게 부여할 수 있는가

회피적 동기와 지향적 동기는 모두 중요하기 때문에 우리는 마음 먹은 대로 동기를 스스로에게 부여하기 위해 둘 다 사용하는 방법을 배워야 한다. 또한 우리는 이 방법을 통해 다른 사람들에게 동기를 부여할 수도 있다. 특히 경영자나 관리자가 이 방법을 배우면 유용하게 사용할 수 있다. 경영자들은 다른 사람들이 사용하는 단어나 반응을 보고 사람마다 서로 다른 방식으로 동기를 얻는다는 사실을 쉽게 알 수 있다. 예를 들어 어떤 사람은 상이나 보너스, 인센티브, 칭찬과 같은 것에 동기를 얻는다. 이런 사람들은 비행기 표나 새 차, 또는 상급자의 인정을 받을 수 있다는 사실을 알게 될 때 열심히 일한다. 그들은 목표와 자신이 얻고자 하는 것, 성취하고자 하는 것에 대해 이야기한다. 유능한 경영자는 이런 사람들에게 목표나 보상금, 보너스 같은 것을 통해 지향적인 동기를 유발하도록 격려한다.

회피적인 동기를 사용하는 사람들에게 보너스나 보상금 같은 것은 별로 의미가 없다. 당신이 경영자라면 이렇게 생각할지도 모른다. "내가 이렇게 많은 보상을 제안했는데도 저 자식은 아직도 퍼질러 앉아 있잖아!" 당신은 화가 난 나머지 이렇게 외칠 수도 있다. "당장 결과를 내지 못하면 잘라버릴 줄 알아!" 혹은 좀 더 부드럽고 진지한 목소리로 곧 인원 감축이 있을지도 모른다는 이야기를 할 수도 있다. 그러면 그들은 갑자기 미친 듯이 일하기 시작하여 이전에는 생각도 못 했던 성과물을 내놓는다. 관찰력이 좋은 경영자라면 이것을 보고 "아, 이 사람은 회피적인 동기를 가진 사람들이군. 이런 사람은 불쾌하거나 부정적인 상황을 피하기 위해 동기를 가지지." 하고 생각할 것이다. 다시는 자기에게 소리 지르는 것을 듣지 않으려고 불편한 느낌을 해소하려고 그들은 생산적인 일을 한다.

이 소리가 마치 "매를 아끼면 아이를 망친다." 혹은 "고통이 없으면 얻는 것도 없다."라는 옛말을 그럴듯하게 과학적으로 꾸민 것처럼 들릴 수도 있다. 그러나 회피적인 동기를 유발하기 위해 계획적으로 고통과 불편함을 주면서 지속해서 사람들을 통제하려고 한다면 그들의 반응은 금세 둔감해진다. 동네 축제에서 지루하게 같은 자리를 뱅글뱅글 돌아야 하는 불쌍한 말들을 떠올려보라. 그와 마찬가지가 아닌가? 또한 너무 심하게 밀어붙이면 그 사람은 가능하면 물리적으로 모든 상황에서 벗어나려고 할 수 있다. 그게 안된다면 정신적으로라도 벗어나려고 한다.

회피적인 동기 방향을 보는 좀 더 유용하고 생산적인 방법은 그것을 문제 해결에 효과적으로 보는 것이다. 이런 사람 대부분은 뛰어난 문제 해결사들이다. 이것은 그들이 사용하는 언어에서도 확인해볼 수 있다. 그들은 당신을 찾아와서 "죄송합니다만, 문제가 생겼습니다."라고 말한다. 그들은 문제를 발견하고 그것을 해결해야만 한다. 특별하게 어려운 문제를 해결했을 때 그들은 정서적인 안락감이나, 마음속으로 '아하, 해결했어.' 혹은 '유레카'를 외친다.

반면에 지향적인 동기를 가진 사람들은 목표를 향해 나아간다. 그들은 "내 목표는 돈, 명성, 아니면 남들과는 다른 사람이 되는 거야."라고 말하곤 한다. 그리고 목표에 가까워지면 그들은 정서적인 절정, 즉 마음속으로 '예스'를 외친다.

계획을 세울 때 동기의 방향을 사용하기

만일 당신이 경영자라면, 위에서 언급한 두 가지 종류의 동기를 잘 이해하고 그에 따라 동기를 부여해야 한다. 다음에 소개하는 것은 두 종류의 동기를 가진 사람들이 함께 일하는 팀에 이용할 수 있는 전략적 계획 모델이다. 두 종류의 동기는 각기 정반대 방향을 향하므로 당신이 적절히 이끌지 않으면 서로 다투기 쉽다.

당신이 이끄는 팀이 조직을 짜려 하거나 목표를 정하려 한다고 생각해보자. 당신이 원하는 바를 이야기하고 나서 주위를 둘러보면 당신 이야기에 적극적으로 반응하는 팀원들이 있을 것이다. 이렇듯 지향적 동기를 가진 사람들은 동의의 뜻으로 고개를 끄덕이거나, 아니면 적극적으로 다른 가능성을 제시하면서 논의하려고 할 것이다. 그러나 회피적인 동기를 가진 팀원들은 금방 "그게 잘될 리가 없어요."와 같은 소리를 하면서 그 이유를 대기 시작할 것이다. 그들의 의견을 존중하면서 귀 기울이고 그들이 이야기하는 것이 이후 과정에서 문제를 해결하는 데 중요한 역할을 하게 될 것이라는 점을 지적하라. 그러나 이 단계에서는 회피적인 동기를 가진 사람들의 동기가 아직 설익은 것이라는 점 역시 명심해야 한다.

NLP의 전제 중에서 '사람들은 항상 가능한 한 최상의 선택을 한다.'는 것과 '모든 행동의 기저에는 긍정적인 의도가 있다.'라는 내용을 기억하라. 당신의 의견에 반대하는 팀원을 보면, 바로 이 전제들이 어떤 의미를 가지는지를 알 수 있다. 그는 개인적인 과거사와 선천적인 동기 방향 때문에 불편한 일이나 고통스러운 일이 미처 일어나기도 전에 당신이나 다른 팀원들의 의견에 어떤 문제점이 있는지를 먼저 지적할 수밖에 없다. 당신이 보기에는 마치 막 피어오르려고 하는 아이디어 위에 찬물을 끼얹는 것처럼 보이겠지만 그의 입장에서는 앞으로 닥쳐올 화재를 미리 예방하고자 하는 것이다. 그 역시 다른 반대 의견을 가진 사람들과 마찬가지로 긍정적인 의도를 가지고 있다. 이런 사람들은 팀플레이를 하고는 있지만 그저 조금 타이밍이 이른 것뿐이다.

경영자인 당신의 역할은 팀에 더 나은 계획을 제시하는 것이다. 모든 가능성의 한계를 탐색하면서 동시에 팀원들이 가질 수 있는 가장 원대한 비전을 볼 수 있도록 해주어야 한다. 처음에는 팀원 각자의 흥미와 기술에 따라 둘로 나눌 수 있다. 한쪽은 목표와 꿈을 지향하는 집단이고, 다른 한쪽은 어려움을 회피하고 문제 해결을 지향하는 집단이다. 이 두 집단이 회의실의 다른 장소와 다른 테이블을 차지하도록 한다. 그런 다음 지향적인 동기를 가진 팀에게는 목표와 꿈을 발전시키도록 하고, 회피적인 동기를 가진 팀에게는 신중하게 있을 수 있는 모든 부정적인 가능성을 기록하되 조용히 있도록 한다.

지향적인 동기를 가진 사람들이 목표 설정을 마치고 나면 그들에게 감사를 표시하라. 그들 역시 최선의 의도를 가지고 최고의 선택을 한 것이다. 이제는 이 목표나 계획에서 약점을 발견하고 보완하도록 해야 한다. 시장이나 경쟁을 통해 약점이 발견되기를 마냥 기다릴 수도 있고, 아니면 지금 당장 문제를 발견하여 더욱 완벽한 계획으로 수정하도록 할 수도 있다.

목표 지향적인 동기를 가진 팀이 할 일은 가야 할 방향을 찾아내는 것이고, 문제 해결에 능한 회피적 동기를 가진 팀이 할 일은 문제점을 찾아내고 그것을 해결할 방법을 궁리하는 것이다. 두 가지 동기대로 이용하면 계획을 완전하게 검토해볼 수 있다. 일단 이런 방법을 배우고 나면 두 집단은 서로의 동기와 생각하는 방식을 존중하면서 의사소통할 수 있으며 팀원들의 재능과 자원을 모두 끌어낼 수 있을 것이다. 좋은 회사와 경영자들은 성공하기 위해서 두 가지 동기 방향 모두가 중요한 역할을 한다는 사실을 알고 있으며 이를 효과적으로 이용한다. 순서 또한 중요하다. 지향이 먼저이고 회피는 나중이다.

의사소통에서 동기 방향성을 사용하기

그러나 당신이 짤막하게 지시할 수 있다면 순서를 바꾸는 게 더 효과적일 때도 있다. 우리는 모두 매일 누군가에게 무언가를 가르치게 된다. 차고의 문을 잠그는 방법이나 리포트를 준비하는 방식처럼 간단한 것을 가르칠 수도 있고, 고객에게 프레젠테이션을 할 때 마무리하는 방법처럼 중요한 것을 가르칠 수도 있다. 지금껏 관찰해온 수년 동안의 경험을 통해 보면, 대부분의 사람은 자기가 원하는 것을 먼저 말하고 그다음에 원하지 않는 것을 이야기한다. 예를 들어 사람들은 "차고문 손잡이를 오른쪽으로 완전히 돌려. 그러나 흔들거나 당기지는 마."하는 식으로 말한다. 사무실에서는 관리자가 "내일까지 그 리포트를 넘겨줘요. 완벽하게 하려고 걱정하지는 말아요. 이건 고객한테 보여줄 게 아니니까."라고 말한다. 앞장에서 살펴보았던 부정적인 진술의 효과를 기억해보라. 우리는 부정적인 진술문에 담긴 내용에 초점을 맞추고 심지어 그렇게 행하는 경향이 있다. 부정적인 내용이 뒤에 나오면 그것은 더 강하게 기억되며, 우리의 정신은 해야 할 일보다 하지 말아야 할 일에 더 초점을 맞추게 된다.

만일 사소한 언어상의 문제를 가지고 큰 문제로 삼는 것처럼 여겨진다면, 다음에 나올 두 진술문을 읽어보라. 당신이 존경하는 누군가가 이런 이야기를 당신에게 하고 있다고 상상해보자. 두 가지 내용을 읽고 나서 느낌이 어떻게 다른지 생각해보라.

"이번에는 시간과 예산에 맞춰서 해봅시다. 기교를 부릴 필요도 없고 끝에 가서 수정할 필요도 없도록 말이지요. 알겠지요?"

"이번에는 기교를 부릴 필요도 없고 끝에 가서 수정을 볼 필요도 없도록 합시다. 시간과 예산에 맞춰서 해보자고요. 알겠지요?"

만일 당신이 대부분의 사람과 비슷하다면, 두 번째 진술이 첫 번째보다 더 긍정적으로 느껴질 것이다. 두 진술문의 결정적인 차이점은 첫 번째 글에서는 먼저 목표 지향적으로 방향을 세운 후, 문제를 회피하도록 하는 이야기가 나왔다는 점이고, 두 번째 글에서는 문제를 회피하는 것이 먼저이고 목표의 방향을 나중에 지적했다는 점이다.

이런 의사소통 방식은 우리 사회의 모든 영역에서 그 힘을 잃어가고 있다. 1992년 미국의 대통령 선거전에서 당시 대통령이었던 조지 부시 후보는 먼저 재임 동안 자기가 미국을 위해 했던 일들을 이야기하고 나서, 하지 못했던 일들과 실수를 덧붙였다. 단지 이것만이 그가 재선되지 못한 이유라는 말은 아니지만, 이 연설을 통해 그가 수백만 TV 시청자와 유권자의 마음속에 남긴 느낌이 어떠했을까 생각해보라. 부시 대통령의 연설을 무소속 후보였던 로스 페로의 연설과 비교해보면 더욱 명확하게 알 수 있다. 페로 후보는 우리의 상황이 얼마나 나쁘고 미래에도 나아질 여지가 없다는 것을 말하는 데 주저함이 없었다. 과연 유권자들은 그의 이야기를 어떻게 참고 들을 수 있었을까? 이는 바로 그가 언제나 긍정적인 행동에 대한 진술을 할 여지를 남겨두었기 때문이다. 그는 "미국은 어려운 상황에 처해있습니다. 그러므로 우리는 지금 안전한 곳으로 몸을 피하면서 이 문제점들을 고칠 필요가 있습니다."라고 말하는 방법을 알고 있었다. 그가 유권자들에게 남긴 인상이 부시와 얼마나 다른 것이었던가를 생각해보라.

비록 당신이 미국의 대통령 후보로 출마하게 될 일은 없겠지만 매일매일 일상에서 만나는 사람들에게 인상을 남기고 있다. 말할 때 다음 사항만 준수하면 당신은 동기의 방향에 대한 식견을 최대한으로 이용할 수 있다. 부정적인 이야기를 먼저 하고, 긍정적인 이야기를 나중에 하라. 먼저 당신이 원하지 않는 것을 이야기하고 나서 원하는 바를 이야기하라. 어떤 사람들은 부정적인 것을 말하거나 생각하는 것조차 싫다고들 한다. 물론 이것도 존경할 만한 일이지만, 그럴 경우 결코 정확한 피드백을 줄 수 없다. 그 대상이 한 끼 식사건, 회의나 영화, 음악 CD, 혹은 데이트건 간에 자신이 원하지 않는 것에 대해 이야기할 때 당신은 무엇인가를 수정하기 위해 부정적인 피드백을 주고 있는 것이다. 부정적인 피드백은 당신이 원하는 것과 원하지 않는 것이 명백하게 대조를 이루게 해준다는 점에서 가치가 있다. 이렇게 부정적인 진술을 하고 그다음 긍정적인 진술을 하면 당신이 원하는 것을 더 많이 경험할 수 있다.

대부분의 사람은 지향적인 동기 방향보다 회피적인 동기 방향을 더 많이 사용한다. 만일 당신이 이런 사람 중 하나라면 자신의 의사소통 과정에 앞에서 제안한 새로운 순서를 도입하여 커다란 변화를 일으킬 수 있다. 먼저 부정적인 생각을 하고 나서 그다음에 긍정적인 목표를 떠올리도록 해보자. 이렇게 하면 생각할 때마다 당신이 원하는 것을 지향하는 쪽으로 끝맺을 수 있고 내적 균형을 맞추기도 쉽다.

반면 만일 당신이 선천적으로 지향적인 동기 방향을 가진 사람이라면, 이런 방법을 이용해서 당신이 만나는 사람들과의 관계에서 좀 더 나은 결과를 얻게 될 것이다. 대다수의 사람들은 동기를 얻기 위해 먼저 자기가 원하지 않는 것을 떠올리게 되므로 당신은 지향해야 할 목표를 제안하여 그들을 도울 수 있다.

강한 가치의 영향

이제 당신은 동기의 방향이 무엇이고, 사람들이 동기를 얻기 위해 어떻게 이것을 사용하는지를 알았다. 그런데 사람들의 동기에 강력한 추진력을 제공하는 또 다른 요소가 있다. 그것은 바로 그들이 가지고 있는 가치이다. 가치는 엄청나게 중요하다. 가치는 인생을 재는 척도이다. 자신의 가치에 따라 인생의 의미나 앞으로 취할 행동, 그리고 지향하거나 회피해야 할 대상이 결정된다.

앞에서 살펴본 것처럼, 물리적인 수준에서 우리의 동기 방향이란 고통을 멀리하고 즐거움을 가까이하고자 하는 것을 의미한다. 그러나 생각과 느낌의 수준에서 볼 때는 어떤 가치를 멀리하거나 또는 가까이하고자 하는 것을 의미한다. 여기에서 중요한 점은 사람들이 자신의 가치에서 멀어질 때 동기를 잃게 된다는 것이다. 우리는 모두 이런 예가 될 만한 사람을 알고 있다. 이런 사람들은 자신의 가치로부터 단절되어 몇 시간이고 TV 앞에 앉아 리모컨만 만지작거리며 이리저리 채널을 바꾼다. 뭔가 흥미롭거나 기분 전환할 게 없을까 궁리하면서 말이다. 우리는 너무나 자주 멍하니 시간을 보내고는 그 시간이 다 지나가 버린 뒤에야 놀라곤 한다.

인생의 소중함과 본질적인 가치의 중요성을 잘 알고 있는 사람들은 노인들이다. 인생의 대부분을 살아온 그분들에게 과연 무엇이 진실로 중요한지를 여쭤본다면, 누구도 "TV를 더 보고 싶어."라거나 "좀 더 걱정을 많이 할 걸 그랬어."라고 대답하지는 않을 것이다. 그 대신 노인들은 가족이나 친구들과의 관계가 얼마나 중요한지를 떠올리곤 한다. 그리고 그들은 자신의 삶에서 경험했던 도전과 모험, 그리고 승리에 대해서 자세하게 이야기해줄 것이다. 만일 그들이 후회의 빛을 비친다고 해도 자기가 했던 어떤 일에 대해 후회하는 사람은 그리 많지 않다. 대부분의 노인은 자기가 하지 못했던 일들을 두고 후회한다. 노인들은 인생이 마치 손가락 사이로 모래가 빠져나가듯 지나가버렸다고 말할 것이다. 그들은 보다 중요한 가치들을 깨닫지 못했고, 자신들이 할 수 있었던 일을 모두 이루지는 못했다. 대신 많은 시간을 사소한데 낭비했다. 그런 그들의 지혜는 우리가 다른 선택을 하도록 이끌어 줄 수 있다.

만일 누군가 할 수 있는 일이라면 다른 사람도 배울 수 있다는 NLP의 전제를 떠올려보라. 이 세상에 자신의 가치를 성취하기 위해 완벽하게 헌신할 수 있는 사람이 있을까? 물론 있다. 이런 전문가들이 두뇌를 사용하는 방법을 알아내면 우리는 단지 그것을 따라 해보면 된다. 지금 배우게 될 NLP 기법을 통해 당신의 가장 중요한 가치들을 눈앞에서 확인해볼 수 있다. 또한 이 방법을 통해 당신의 행동과 가치를 연결할 수 있으며, 당신이 이루려는 것을 위해 보다 많은 시간을 사용하게 될 것이다.

펜이나 연필을 들고 종이 위에 다음 질문들의 답을 적어보라.

- 나의 목표는 무엇인가?
- 나에게 중요한 것은 무엇인가?

직업적 성취나 당신이 자신과 가족을 위해 원하는 생활방식, 휴가, 새로운 직업, 기회, 혹은 인간관계 등 무엇이든 대답이 될 수 있다. 자, 그 대답이 무엇이건 간에 한번 생각해보자. 다양한 목표를 떠올려도 좋다. 일단 머릿속에 떠올리고 나면 그 일부가 명확하지 않다고 해도 스스로에게 다음과 같은 세 가지 질문을 던져본다.

- 이 목표에 대해 나는 무엇을 중요하게 여기고 있는가?
- 이 목표는 나에게 어떤 의미가 있는가?
- 이 목표를 이루기 위해 중요한 것은 무엇인가?

자유, 도전, 인정, 유대감, 안정. 이런 단어가 떠오를 것이다. '사람들이 불가능하다고 생각하는 것을 성취하는 것' '나 자신을 증명하는 것' '무언가 새로운 것을 창조하는 것' '세상을 좀 더 나은 곳으로 만드는 일'처럼 하나의 문구가 떠오를 수도 있다. 무엇이든 간에 이런 단어들은 당신의 내적인 가치를 나타내는 것이다. 만일 우리가 자신의 중요한 가치들을 위해 살지 않거나 그것을 이룩하지 못한다면, 비록 남들이 보기에는 성공한 것처럼 보이더라도 스스로는 실망과 허무를 경험하게 된다. 가치는 인생의 의미를 재는 척도이다. 우리가 가진 모든 목표와 꿈, 그리고 욕망은 그저 우리 자신의 가치를 실현하기 위한 하나의 도구에 지나지 않는다. 만일 당신이 가족을 위해 새로운 집을 가지고자 꿈꾼다면 당신은 어떤 가치를 가지고 있는 것이다. 당신은 많은 방과 특정한 이웃들, 그리고 일정한 형태의 집을 원할 것이다. 당신의 기준에 맞는 가치로는 가족 모두에게 편안한 공간을 제공하는 것과 호사스러움과 평화로움, 성공과 성취감에 대한 내적인 느낌 같은 것이 포함될 것이다. 마찬가지로 자동차를 사거나 새로운 직장에 도전할 때도 이와 같은 중요한 가치들이 생겨나게 될 것이다. 이런 가치들은 우리가 스스로의 욕구와 성취, 성공을 재는 척도가 된다.

우리의 가치들은 우리의 동기에 영향을 준다. 만일 자신의 가치를 강력하게 유지하지 못한다면 동기를 거의 얻을 수가 없다. 만일 우리의 가치가 강력하다면 우리의 동기 역시 마찬가지로 강력할 것이다. NLP를 이용하면 여기에 아주 직접적으로 영향을 미칠 수 있다. 어떤 경험을 떠올릴 때 당신은 하나나 그 이상의 감각(sensory modalities), 이를테면 시각, 청각, 촉각, 후각, 미각 등을 사용하게 된다. 이 모든 다양한 감각을 사용해서 어떤 경험을 떠올리면 하나의 단어나 소리, 또는 이미지처럼 단 하나의 감각으로 경험을 떠올릴 때보다 훨씬 강한 동기를 얻을 수 있다. 많은 감각양식을 사용해서 경험을 떠올리면 경험이 더욱 생생하게 느껴지고 당신의 반응은 더욱 강력해진다.

예를 들어 '레몬'이라는 단어를 떠올리거나 아니면 레몬의 모양을 상상하면서 당신의 반응을 살펴보자. 자, 그럼 이번에는 진한 노란색을 띤 레몬을 3차원 영상으로 만들어보고, 날카로운 칼로 그것을 반 토막 낸다고 상상해보자. 레몬을 썰면서 나는 소리와 칼 옆으로 흘러나오는 레몬즙, 상큼한 레몬 냄새를 떠올려보자. 이제, 레몬 반쪽을 들어서 천천히 입가로 옮겨 맛을 보자. 당신의 치아가 촉촉한 레몬을 씹으면서 내는 소리를 들으면서 시큼한 레몬즙이 입안으로 흘러들어오는 상상을 해보자. 다시 한번 자신의 반응을 살펴보라. 그저 '레몬'이라는 단어나 레몬에 대한 이미지를 잠깐 머리에 떠올렸을 때보다 더 강한 자극이 오지 않는가? 탐스럽고 새빨갛게 익은 맛있는 딸기를 상상해보면 어떻게 될까?

경험을 떠올리는 방법이 반응의 강도를 결정한다. 이제, 당신이 대단히 가치를 두는 경험을 어떻게 생각하는가를 알아내기 위해 이 방법을 응용해보자.

경험을 더욱 강렬하게 만드는 것 알아보기

이 연습을 통해 당신의 뇌가 어떻게 이미지들을 처리하여 동기를 강력하게 만들어 일을 성취하도록 하는지 알게 될 것이다. 이 연습을 할 때는 주의를 집중하는 것이 중요하다.

① **강력하게 동기를 얻었던 경험을 떠올려라:** 그 일 자체가 즐거운 것은 아니지만 그에 따르는 보상이 아주 커서 정말로 이루고 싶은 일을 생각해보자. 당신이 그 일을 떠올릴 때 그것이 매력적이고 강하게 당신의 흥미를 끈다는 것을 알 수 있을 것이다. 당신 스스로가 그것이 매력적이라고 인식한다는 사실이 중요하다. 그리고 그 일에 매력을 느끼는 경험을 할 때 당신 머릿속에 떠오르는 이미지를 마치 영화감독이 하는 것처럼 만들어보라. 세트나 조명, 음향 등도 떠올려보라. 이런 모든 것이 아주 명확해져서 풍성하고 생생한 영화 한 편을 만들 정도가 되어야 한다. 이 과정을 마치고 나면 이 매력적인 경험을 잠시 한쪽에 밀어두도록 하자.

② **내적인 상태를 변화시켜라:** 숨을 한 번 크게 들이쉬었다가 내쉬고 나서 주위를 돌아본다.

③ **대수롭지 않은 경험을 떠올려라:** 이번에는 종이컵이나 연필, 종이처럼 당신이 별로 중요하게 생각하지 않는 것을 떠올려보자. 선택했으면 그것을 마음속의 눈으로 보자. 어떤 것을 대수롭지 않게 생각하는

것이 어떤 느낌인지 경험해보자. 다시 아까 영화감독이 하듯이 마음속으로 떠올린 이미지의 영화 특성을 체크해본다.

④ **내적인 상태를 변화시켜라:** 위의 과정을 마치고 나면, 다시 한번 숨을 크게 들이쉬면서 머릿속을 비운다.

⑤ **경험을 비교해보라:** 스스로 매력적이라고 생각했던 경험과 별로 신경 쓰지 않는 경험이 서로 어떻게 다른지 생각해본다. 우리의 두뇌는 차이를 알아채도록 설계되었으므로 당신은 그 차이를 비교해볼 수 있다. 아래에 예시한 것들은 많은 사람이 차이점으로 지적한 것 중 몇 가지이다.

- '아주 매력적인 것'은 더 밝게 보이며, '별로 신경 쓰지 않는 것'은 더 어둡게 보인다. '아주 매력적인 것'은 컬러로 보이고, '별로 신경 쓰지 않는 것'은 흐린 컬러나 흑백으로 보인다.
- '아주 매력적인 것'은 더 크고 가깝게 보이며, '별로 신경 쓰지 않는 것'은 더 작고 멀리 보인다.
- '아주 매력적인 것'은 정면으로 보이며, '별로 신경 쓰지 않는 것'은 변두리에 있는 것처럼 보인다.
- '아주 매력적인 것'은 소리나 말을 동반하며 그 내용도 흥미롭다. 그러나 '별로 신경 쓰지 않는 것'에는 소리가 없다.

두 경험 사이에서 당신이 발견한 모든 차이를 쭉 적어보자. 이 차이들은 당신의 두뇌가 가치가 있으므로 동기를 가질 만하다고 여기는 것을 나타내기 위해 사용하는 것들이다. 이런 차이들이 바로 당신이 동기를 얻는 데 열쇠가 된다.

하위 감각양식 찾아내기

이제 당신이 만든 차이점들의 목록을 다시 한번 읽어보자. 목록에 쓰인 것 중 일부는 하나의 장면, 소리, 단어나 느낌, 혹은 냄새나 맛과 같은 감각양식을 나타내겠지만, 아마도 그 외의 많은 것은 하위 감각양식을 나타낼 것이다. 하위 감각양식이란 하나의 감각양식 속에 있는 보다 작은 요소를 뜻한다.

예를 들어 시각양식 중에서 하나의 이미지는 입체적으로 혹은 평면으로 보일 수도 있으며, 영화처럼 움직이는 장면 또는 사진처럼 정지된 장면으로 보일 수도 있다. 사진틀 속에 들어있는 장면으로 보일 수도 있고 전체 광경을 조망하는 식으로 보일 수도 있다. 장면은 명확할 수도 흐릿할 수도 있다. 청각양식에서 보면, 소리나 단어가 높거나 낮은 톤으로 들릴 수도 있고, 시끄럽거나 부드러울 수도 있다. 속도나 리듬 위치나 음색이 다르게 들릴 수도 있다. 이런 느낌은 당신의 신체 일부 혹은 신체 전체에 영향을 줄 수 있다. 또한 강도나 위치, 온도, 질감, 움직임, 방향 등에서 차이가 날 수도 있으며 냄새와 맛 역시 크게 다를 수 있다. 대부분의 사람은 아주 매력적인 대상에 대해 다음과 같은 하위 감각양식을 갖는데, 크고 가까우며 전체를 조망하는 식이며, 입체적이고 색감이 풍부하며 명확하다. 가장 중요하거나 흥미를 돋우는 것의 이미지는 이런 특성을 가진 경우가 많다. 또한 내적인 소리는 풍부하고 조화로우며 사방에서 들려온다. 그러나 사람마다 매력적인 대상에 대한 하위 감각양식은 어느 정도씩 차이가 있다. 중요한 것은 당신에게 아주 매력적인 것에 사용되는 하위 감각양식을 알아내서 이용하는 것이다.

앞에서 연습했던 '아주 매력적인 것'과 '별로 신경 쓰지 않는 것'에 대한 두 가지 경험을 다시 떠올려보고, 이 두 경험 사이에 또 다른 하위 감각양식이 있는지 생각해보자. 당신의 두뇌가 어떤 경험을 매력적으로 만들기 위해 사용하는 것의 목록을 정리했으면, 이제 당신의 행동이 당신의 가치와 맞지 않을 경우 자신의 반응을 변화시킬 수 있는 열쇠를 쥐게 되었다. 우리 대부분은 분명히 어떤 것이 가치 있다고 여기면서도 거기에 대해서 동기를 가질 수 없는 경험을 하곤 한다. 자, 한 학생을 예로 들어보자. 이 학생은 자신의 마음속을 들여다보고 이전에 먹었던 음식이 어떻게 나타나는지 알아보기로 마음먹었다. 이 여학생은 자기가 특히 먹고 싶어 하는 음식에 관심이 있었다. 그러자 초콜릿 케이크가 아주 생생하게 입체적으로 입 바로 앞에 떠올랐다. 아스파라거스와 몸에 좋은 다른 채소와 과일은 시야의 구석진 곳에 침침한 흑백사진처럼 떠올랐다.

여학생은 더 좋은 음식을 먹어 좀 더 건강해지고 목표한 체중을 달성하려고 했기 때문에, 이런 음식물에 대한 내적 이미지의 하위 감각양식을 체계적으로 변화시켰다. 초콜릿 케이크와 단 음식들은 그 이미지를 흑백에 평평하고 멀리 있는 것으로 변화시켜 마음속에서 덜 매력적인 것으로 만들었다. 그리고 아스파라거스나 다른 채소 및 과일은 선명한 색깔에 세밀하고 삼차원 이미지로 만들어 그 매력을 증가시켰다. 이런 연습은 그녀의 식습관에 즉각적인 영향을 끼쳤다. 그녀는 자신이 저도 모르게 몸에 더 좋은 음식들을 선택하고 있음을 알게 되었다. 그녀는 마음속의 이미지들을 나타내는 하위 감각양식을 변화시켜 건강한 삶을 중요하게 생각하는 자신의 강력한 가치와 행동을 일치시킬 수 있었다.

이 기법을 통해 우리는 자신의 삶이 원하는 경험을 하도록 동기를 부여할 수 있다. 나이가 들어 젊었을 때 자신에게 진정으로 중요했는데도 하지 않았던 일들을 후회할 필요는 없다. 바로 지금 우리가 원하는 것에 보다 초점을 맞추고 노력할 수 있다.

많은 사람이 스스로 동기를 얻기 위해 사용하는 내적인 이미지들이 어떤 것인지를 안다면 아마 깜짝 놀랄 것이다. 그들은 마음속으로 자기가 원하는 바가 이루어진 장면을 보거나 프로젝트를 완성했을 때 얻게 될 보상에 대해 생각하면서 작고 어두운 슬라이드나 흑백사진 같은 것을 떠올린다. 이런 이미지를 가지고 제대로 동기를 얻지 못하는 것은 당연하다. 이제 당신은 스스로 원하고 가치를 부여하는 것에 대해 풍부하고 강렬한 영상을 만들어낼 수 있다. 더 크고 풍성하며 한층 더 색감이 살아있고 삼차원적이며 명확할수록 더 좋다.

동기를 증가시키기

① **스스로에게 가치 있는 과제를 떠올려라:** 스스로 할 만한 가치가 있다고 생각하지만 그것을 할 시간을 내기 어려운 일을 하나 떠올려 보자.

② **문제점을 체크하라:** 이 일을 실제로 행하는 데 있어 어떤 문제점이 있을지 질문해본다. 아무리 작은 문제점이라도 놓치지 말아라. 만일 떠오르는 문제점 중 하나라도 쉽게 해결할 수 없다면, 그렇지 않은 다른 일을 다시 찾아보자.

③ **결과를 생각해보라:** 이 일을 마쳤을 때 얻게 되는 마지막 결과에 대해 생각해본다. 일을 하는 과정이 아니라 마치고 나서 얻게 되는 긍정적인 이득은 무엇인가? 당신은 어떤 방법으로 이런 결과를 얻을 수 있을까? 지금 당신은 이런 이득에 대해 어떻게 생각하는가?

④ **하위 감각양식을 바꿔보라:** 이번에는 앞선 연습에서 발견했던 요소들을 이용해 당신이 그 일을 마치고 나서 얻게 될 결과물에 대한 생각을 변화시켜보자. 그 영상들을 더 크고 가깝게, 그리고 색깔도 더욱 선명하도록 만들어본다. 기분 좋은 소리와 격려하는 목소리 혹은 당신에게 보다 매력적이고 강렬한 경험을 만들어주는 요소들을 첨가해보자. 앞선 연습에서 매우 매력적인 경험을 떠올릴 때 그랬던 것처럼, 이 일에 대해 강한 매력을 느끼게 될 때까지 반복해본다.

내면의 삶을 드라마로 만들기

NLP의 공동 개발자인 리처드 밴들러는 보통 사람들의 내적인 음성이나 대화를 묘사할 때, "약하디 약하고 약하다."라고 표현하길 좋아한다. 밴들러는 "대부분의 사람에게는 스스로를 강하게 격려해주는 내적 음성이 존재하지 않는다. 하물며 뒤에서 코러스를 불러주는 가수조차 없다."고 말한다. 그는 NLP 훈련생들에게 강력한 동기를 얻게 해주는 내적인 음악을 듣도록 시킨다. 그는 훈련생들이 고난이나 도전에 대한 표시를 볼 때마다 마음속에서 큰 환호성과 박수갈채를 생생하게 듣도록 한다. 이렇게 해보면, 우리의 경험은 더욱 생생해지며 우리가 하는 일에 대한 흥미와 갈망이 더 커진다.

우리 내면에 드라마가 없으면 외부 세상에서도 우리의 삶은 드라마가 될 수 없다. 만일 당신이 연설을 하거나 발표를 하기 위해 무대에 오른다면, 당신은 영감과 칭송을 받을 만한 음악을 듣고 싶을 것이다. 단상을 향하는 동안 음악은 점점 더 커지고 빨라져서 마침내 단상에 오르는 순간 음악은 크레센도에 다다른다. 당신이 느끼는 에너지와 내적인 흥분은 스스로의 마음속에서 증폭시킨 이미지와 소리 때문에 그곳에 모인 다른 사람들에게도 자연스럽게 전해질 것이다.

앞선 두 연습은 당신이 인생에서 이루기 위해 기꺼이 할 만큼의 무엇인가가 있다고 가정한다. 하지만 만일 당신의 동기 방향이 주로 회피적이라면 어떻게 될까? 그저 '강렬하게 매력을 느끼는 것'을 '강렬하게 피하고 싶은 것'으로 바꾸어주기만 하면 될까? 이런 경우, 긍정적인 결과물을 더 크고 밝고 가까이 만드는 대신 그 일을 하지 않았을 때의 불쾌한 결과물을 더 크고 밝고 가까이 만들 필요가 있다. 숱한 사람이 이런 불쾌한 결과에 대한 강도를 천천히 증가시키면서 몇 날 며칠 혹은 몇 달, 몇 년씩을 허송세월하곤 한다. 많은 불안과 스트레스를 느끼면서 말이다. 많은 사람이 변화하거나 직접 행동으로 취하기 전에 내면에서 너무나 많은 고통을 경험한다. 그러지 말고 이렇게 한번 해보자. 당신이 피하고 싶은 것 한 가지를 떠올린다. 이제 그것이 당신 바로 앞으로 다가오도록 해서 더 크고 선명하게, 보다 더 현실적으로 만들어본다. 그것이 당장 당신에게 닥칠 것처럼 만들어라. 동시에 불길하고 당신을 비웃는 누군가의 기분 나쁜 웃음도 상상해보라. 만약 당신이 회피적인 동기를 가진 사람이고 이런 식으로 그 동기를 경험할 수 있다면, 몇 달 혹은 몇 년 동안 계속해서 스트레스를 받는 대신에 즉각적으로 행동을 취할 수 있을 것이다. 바로 이것이 NLP에서 기존에 있는 동기 전략을 '이용하기(utilization)'라고 부르는 것이다. 잘 알려진 동기부여 연설자와 코치 중 일부는 바로 이것을 기초로 해서 전반적인 동기 시스템을 구축했다. 이것은 선택할 수 있는 것 중 하나이며, NLP는 이런 선택이 전혀 선택하지 않는 것보다는 낫다고 본다. 그리고 또한 선택할 수 있는 것이 많을수록 적은 것보다 낫다고 믿고 있다.

자신의 건강을 위한 동기 전략 사용하기

많은 NLP 학생이 운동과 다이어트를 하기 위해서 지향적 동기와 회피적 동기를 이용한다. 몇몇 사람은 이런 일들을 이루기 위해 해야 할 일은 체중을 줄이는 것이라고 생각하며, 그러기 위해서는 회피적 동기를 사용해야 한다고 믿는다. 그러나 어떤 사람들은 건강해지기 위해 지향적인 동기를 사용하고 더 나은 결과를 얻기도 한다. 두 가지 동기 방향 중 어느 쪽이든 당신 마음속에 효과적이고 강렬한 생각을 불어넣어 큰 도움을 줄 수 있다. 배우 데미 무어의 경우, 수백만 달러가 넘는 출연료를 받고 영화에 출연하기 위해 출산 후 몸매를 예전처럼 날씬하게 만들었다. 이 경우는 명백히 지향적인 동기를 사용한 것이다. 어떤 엄마들은 그저 아이들의 건강한 역할 모델이 되기 위해 살을 빼려 한다. 중요하고 강렬한 가치를 가지는 것이 큰 차이를 만든다. 당신이 어떤 가치를 선택하는가는 당신에게 달려있다.

많은 경영인이 건강을 유지하려고 짬을 낼 계획을 세우지만 심장마비라도 경험하기 전까지는 그 계획이 일보다 순위에서 밀리기 일쑤다. 이때쯤이면 회피적인 측면에서 나타나는, 병에 걸릴지도 모른다는 내적 이미지와 걱정하는 목소리가 나타난다. 혹은 지향적인 측면에서 나타나는, 건강함에 대한 이미지가 사업상의 요구를 넘어설 만큼 충분히 크고 가깝고 밝은 형상을 띠게 될 것이다. 물론 지금 바로 내적인 이미지의 하위 감각양식을 변화시켜 건강이나 가족, 혹은 일을 계속해 나갈 수 있는 능력이 얼마나 중요한지에 대한 감각을 증가시킨다면, 의사의 진료실이나 환하게 불이 켜진 항생제 가득한 응급실로 향하는 두렵고 값비싼 여행은 피할 수 있을 것이다. 당신이 원하는 쪽으로 다가가기 위해 회피적인 동기 전략을 사용하는 것을 잊지 말라.

대부분 사람은 건강이나 복지 같은 가치를 추구하기 위해 그것에 대해서 충분히 매력적인 이미지를 계발하지 않았다. 효과적인 동기 전략을 사용하기 위해서는 그 과제가 이루어진 데 대한 긍정적이고 풍부한 이미지가 필요하다. 대부분 사람은 자기 스스로 운동하기가 어렵다. 그들은 항상 끝없는 운동 절차 속에서 헐떡거리고 있는 자기 모습을 상상하기 일쑤다. 단지 몇 분만 더 하면 되는데도 마치 남은 인생 내내 그러고 있어야 할 것처럼 보인다. 그들이 속으로 하는 대화는 보통 두 가지 패턴―스스로를 어르거나 몰아치기, 혹은 좋은 몸매를 가지려는 시도가 얼마나 헛된 일인지에 대해 말하기―중 하나다. 스스로 동기를 얻는 것이 왜 그리도 힘든지 알만하다. 자, 이것을 내적으로 동기화된 운동선수의 내면세계와 비교해보자. 그녀는 운동을 하면서도 그 일을 해내었을 때 자신이 얼마나 멋져 보이고 좋은 기분을 느끼게 될지에 주의를 집중한다. 운동기구를 하나 마치거나 트랙을 한 바퀴 돌 때마다 그녀는 그것을 성취했을 때의 이미지와 좋은 기분에 한 걸음 더 다가간 것처럼 느낀다. 그녀의 내적인 음성은 올바르게 운동하는 데 초점을 맞추고 집중할 수 있도록 도와주며 운동하는 동안 최선의 것을 얻도록 해준다.

이것이 불가능한 꿈처럼 여겨지는가? NLP에서 말하는 '만일 누군가 할 수 있는 일이라면 다른 사람도 배울 수 있다'는 것을 기억하라. 다음에 나올 NLP 기법은 더 나은 지향적 동기 전략을 가질 수 있는 방법에 관한 것이다.

새로운 행동 만들기

① **준비하기:** 이 기법을 따라 할 수 있는 안락하고 조용한 장소를 찾는다. 이 과정을 시행하기 위해 눈을 감을 필요는 없다. 그저 편안함을 느끼면서 가만히 오른쪽 위를 본다. 마음속으로 조금 떨어진 곳에 당신과 똑같이 생긴 사람이 있다고 상상한다. 당신이 지켜보는 동안 다른 나는 이 연습에 나오는 것을 모두 배우게 될 것이다. 이 과정을 충분히 마치고 나서야 새로운 기술이 당신에게 통합될 것이다. 좀 더 확실하게 하기 위해 당신은 둥글고 투명한 유리 상자 안에 들어 있으면서 밖에 있는 다른 내가 하는 행동을 지켜보고 있다고 상상해보자. 그래서 당신은 저기 밖에 있는 다른 내가 하는 활동과 분명히 분리되어 있다.

② **과제를 골라라:** 이제 당신이 스스로 동기를 얻고자 하는 일을 하나 고른다. 아주 단순한 일로 고르자. 예를 들어 부엌 싱크대를 닦는 일이나 책을 정리하는 일, 아침에 일어나는 일 같은 것을 고른다. 즐기

면서 할 수 없는 일이지만 그 일이 이루어졌을 때 얻을 수 있는 것을 생각해보면 꼭 이루었으면 하는 일을 찾는다.

③ **그에 따른 이득을 생각하라:** '다른 나'를 바라보면서, 만일 그 일이 끝났을 때는 어떨까 하고 생각해본다. 그 일을 마쳤을 때 즉각적으로 얻을 수 있는 이득과 미래에 얻을 이득을 모두 고려해본다.

④ **그 일을 하라:** 이제, 다른 내가 그 일을 쉽게 해내는 것을 본다. 다른 내가 그 일을 하면서 과제를 마친 이미지를 계속 바라보고 또 다 끝낸 것을 보면서 기분을 느끼고 있다. 미래의 보상과 지금까지 그 목표를 위해 얼마나 이루었는가를 떠올리면서, 바깥에 있는 다른 나의 내적인 음성이 자신을 칭찬하고 격려하는 말을 들어보라. 마지막으로 '다른 내'가 그 일을 마친 것에 기뻐하면서 그에 따른 보상을 즐기는 모습을 지켜보라.

⑤ **다시 살펴보고 수정하라:** 만일 방금 본 것이 완전히 즐겁기만 한 것이 아니라면, 당신의 무의식적인 마음이 가진 지혜가 그것을 적절히 수정하거나 변화시키는 동안 마음속의 장면 위에 옅은 안개를 드리워 놓도록 한다. 그 안개가 사라지고 나면 당신은 좀 더 즐거움을 느낄 수 있고 더 좋게 조정된 것이 어떤 것인지 볼 수 있을 것이다. 방금 생각해낸 새로운 동기 전략을 사용하는 다른 내가 되고 싶은가? 이런 새로운 기술을 마스터한 '다른 나'에 만족하는가? 당신이 충분히 만족하도록 시범을 보이기 위해서 '다른 내'가 다른 과제를 처음부터 다시 해보도록 한다.

⑥ **통합하라:** 완전히 만족했다면, 유리 상자를 멀리 치우고 새로운 기술을 배운 다른 내가 있는 쪽으로 몸을 옮긴다. 어떤 사람들은 '다른 나'를 자기 쪽으로 끌어당기는 상상을 하면서 실제로 팔을 뻗기도 한다. 혹은 놀랍게도 어떤 사람들은 이 과정을 실행하면서 따끔거리는 느낌이나 에너지가 발산되는 느낌을 받기도 한다.

⑦ **계획을 세워라:** 이제 완료하도록 자신에게 동기를 주었던 과제를 다시 수행할 때가 언제인지 잠시 생각해본다.

요약

지금까지 당신은 자신과 다른 사람들의 동기를 증가시키기 위해서 어떻게 NLP 기법을 사용할 수 있는지를 배웠다 이 장에서 당신이 배운 것은 다음과 같다.

- 자신의 동기 방향을 결정하는 방법-회피적 혹은 지향적
- 다른 사람들의 동기 방향을 결정하고, 그들의 생산성을 높이기 위해 이 정보를 사용하는 방법
- 자신에게 중요한 가치들을 발견하는 방법과 그 가치들이 어떻게 자신의 동기에 영향을 주는가를 발견하는 방법
- 다른 사람들에게서 최선의 결과를 끌어내기 위해 회피적 동기와 지향적 동기를 말로 표현하는 방법
- 자신의 동기를 변화시키고 증가시키기 위해 마음속 하위 감각양식을 이용하는 방법
- 보다 긍정적으로 지향적인 동기를 얻는 방법

우리는 이 책 전체를 NLP와 동기에 관한 이야기로 채울 수도 있다. 그러면 각 장은 믿을 수 없을 정도의 도전과 걸출한 성공담으로 채워질 것이다. 만일 당신이 다른 사람들의 동기와 성공담을 읽는 것만으로 자신의 동기 성공담을 만들어내기 위해 이 장에서 설명한 내용을 실천하려고 한다면 우리는 성공한 셈이다. 만일 당신이 비록 흥미와 놀라움을 느끼면서 읽기는 했지만 아직 어느 것도 직접 연습해보지 않

았다면, 당신은 아직 NLP의 잠재력을 맛보지 못한 셈이다. NLP에는 인간의 생각과 느낌, 행동, 변화에 관한 다양한 생각과 통찰이 엄청나게 많이 모여있다. 또한 여기에 소개된 것은 그중 일부에 지나지 않는다. NLP는 새로운 세계와 가능성, 그리고 새로운 동기로 들어가면서 인간의 우수성을 경험하는 것에 관한 것이다. 이 장은 앞으로 나올 장에서 펼쳐질 성취의 모험을 촉진하기 위한 무대를 마련했다고 할 수 있다. NLP는 당신이 실행할 때만 힘을 발휘할 수 있다. 이 장에 나온 연습을 직접 해보면서 모험의 다음 단계를 위한 준비를 할 수 있다. 다음 단계에서 당신의 사명을 발견하라.

만일 꿈이 가리키는 방향으로 자신 있게 나아간다면,
평범하게 지내는 시간 속에서도 예기치 못했던 성공과 마주칠 것이다.

헨리 데이비드 소로우(미국 사상가, 시인)

4

사명 발견하기

중대한 사명

아폴로 11호가 최초로 달에 착륙했던 때를 기억하는가? 1969년 닐 암스트롱이 달 위에 첫 발걸음을 내딛는 장면을 보았을 것이다. 이 얼마나 장대한 성공인가? 어떻게 우리는 이전에 한 번도 이루어내지 못했던 것을 해내기 위해 모든 자원을 조직화시켰을까? 우리는 위대한 무엇인가에 대한 거대한 비전, 즉 사명감을 가지고 그 일을 해냈다. 케네디 전 대통령은 국민에게 1960년대 후반까지 인간이 달에 다다르는 꿈을 이루어보자고 제안했다. 그는 "1960년대가 끝나기 전에 달에 가기로 결정한 것과 그 외의 다른 일들에 도전하기로 한 것은, 그것이 결코 쉬운 일이어서가 아니다. 오히려 그것들이 어려운 일이기 때문이다. 이 목표를 추구하면서 우리가 가진 에너지와 기술을 잘 조직하고 측정할 수 있기 때문이다."라고 말했다. 온 나라가 이 사명을 수행하기 위해 뜻을 모았고 결국 해냈다.

일단 사명을 갖게 되자 이를 이루어내기 위한 다양한 방법을 상상해보면서 그 목적을 다졌다. 먼저 우주 계획에 초점을 맞추어 조직하였다. 그다음으로는 꿈과 비전, 그리고 사명이 우리 눈앞에 펼쳐졌다.

 사명을 가지고 살아가다 보면 언제나 예상치 못했던 일을 경험하게 된다. 추구하면서 얻게 될 모든 혜택을 예측할 수는 없다. 케네디 전 대통령이 입안한 우주 계획을 통해 우리가 배운 것 중 가장 중요한 사실은 달에 관한 것이 아니었다. 오히려 중요한 것은 우리가 지구에 대해 경험한 것들이었다. 사람들은 우주에서 지구가 어떻게 보이는가를 비춰주는 TV 화면을 보면서 비로소 지구에 대해 눈을 뜨게 되었다. 그리고 우리는 그 카메라 뒤편에서 이야기하는 우주비행사의 목소리를 들었다.

 아폴로 9호의 비행사였던 러셀 러스티 슈바이커트(Russel Rusty Schweikart)는 우주 공간을 걸으며 우리가 살고 있는 행성을 온전한 전일제(全一體: a whole)로 보게 되었다. 그는 이 경험을 통해 모든 살아있는 것 사이에 존재하는 상호의존적인 관계에 대한 극히 이례적이고 개인적인 지식을 갖게 되었다. 그는 이 행성의 모든 것을 포용하는 법을 알게 되었으며, 이를 통해 자신의 인생이 영원히 변했다고 고백했다.

 우주에서 보면 인간들이 싸우고 있는 틀과 경계는 실제로 존재하는 것이 아님을 알 수 있다. 우리가 살고 있는 행성을 하나의 전일체로 보는 경험을 통해 개인으로서의 책임감을 얻게 된다. 또한 오늘날 통신 속도와 우주 탐험과 여행, 인공위성과 같은 것을 고려할 때 이 행성 위에는 근본적으로 그들과 우리를 구분 짓는 개념이 더는 존재할 수 없음을 알게 된다. 또한 우리는 이 행성에서 살아가는 생명체로서 모두 긴밀하게 연결되어 있다는 사실과 우리의 행동과 시스템, 그리고 태도가 그 현실을 인식하고 반영하는 것임을 이해해야 한다.

 러셀과 그의 동료 우주비행사들은 휴머니티에 생명의 전일성과 우리를 지켜주는 하나의 전체적인 지구에 대한 새로운 관점을 제공했다.

그리고 당신의 상상은 이들 우주비행사들이 휴머니티에 기여해준 바와 같은 일을 당신 자신에게도 해줄 수가 있다. 상상력을 사용하면 당신 인생의 전일성을 이해하는 데 도움을 얻을 수 있다. 당신의 삶에 대한 커다란 그림을 그려볼 수 있다면 완전한 삶을 살아가도록 해줄 계획과 사명을 발전시켜 나갈 수 있다.

사명이란 무엇인가

당신의 신념과 가치, 행동, 그리고 나 자신은 누구인가에 대한 인식 모두가 사명을 통해 하나가 된다. 사명이란 흥미나 바람, 목표라는 이름을 가진 형형색색의 날실과 씨실로 짜인 직물에 비유할 수 있다. 때로 그것은 크고 종합적이며 심지어는 거대하다. 대부분의 경우 사명은 즐거운 것이다. 당신이 자신의 사명에 따라 살아간다면 "아침에 일어날 때면 너무나 흥분되어 아침 식사를 할 수가 없다."라고 한 스티븐 스필버그 감독의 말을 이해할 수 있으리라.

NLP는 위대한 성취를 이룬 사람들의 생각과 행동에 관한 연구이다. 이런 사람들의 명백한 특징은 삶에 목적과 방향성을 부여하는 사명감을 가지고 있었다는 점이다. 바로 이것이 성공한 사람들과 그렇지 못한 사람들의 결정적인 차이점이다.

지금까지 당신은 기본적인 NLP의 원리들과 자신이 사용하는 동기 전략에 대해 배웠다. 이제 중요한 것은 당신에게 주어진 사명을 찾아내는 것이다. 사명을 가진 사람들은 자신이 가진 기술을 발전시키는 데 주의를 집중한다. 그들은 미켈란젤로가 말했던 것처럼 '신성한 힘'을 창조해내는 '강렬한 욕구'를 느끼면서, '신경 하나하나를 곤두세워' 자신의 사명을 성취하기 위해 끈질기게 노력한다. 그들은 매일 이렇게 하면서 그 일을 온전히 즐긴다. 물론 당신도 할 수 있다.

일과 사명의 차이점

대부분의 사람에게는 사명감이 없다. 그들에게는 그저 일이나 직업이 있을 뿐이다. 그들은 학교에 다니고 일터로 나간다. 작가이자 저널리스트인 스터즈 터클(Studs Terkel)이 미국인들의 일에 대한 인식을 알아보기 위해 연구한 결과를 보자.

많은 사람이 자신의 불만을 감추려 하지 않는다. 화이트칼라 직종에 종사하는 사람들이 내쉬는 탄식 소리는 예전에 흔히들 말하던 블루칼라 직업인들의 구슬픈 노래 못지않게 슬프게 들린다. 한 용접공은 이렇게 말한다. "나는 기계에 지나지 않아요." 은행원과 호텔 직원은 "감옥에 갇힌 것 같아요."라고 말한다. 한 제련공은 "나는 노새처럼 일합니다."라고 한다. 접수처 직원은 "내가 하는 일은 원숭이라도 할 수 있는 일이에요."라고 말하고, 일용직 노무자는 "나는 농기구만도 못하죠."라고 한다. "나는 그냥 물건이에요." 잘나가는 패션모델이 하는 말이다. 블루칼라와 화이트칼라는 한목소리로 말한다. "나는 로봇입니다."

일에 대한 이런 불만을 느끼고 있는 대부분 사람이 자기 인생을 둘로 나눈다. 그들은 돈을 벌기 위해 일을 해야만 하는 시간과, 즐기기 위해 무언가를 하고 싶어 하는 시간을 분리한다. 이렇게 인생을 둘로 쪼개어 생각하는 행동은 초등학교 시절에 수업 시간과 쉬는 시간을 나누던 무렵부터 시작되어 정년퇴직으로 일자리에서 물러나는 날까지 계속해서 지속한다.

그러나 위대한 성취를 이룬 사람들은 일과 놀이에 대한 이런 이분법을 완전히 초월한다. 그들은 자기가 좋아하는 일을 하고, 자기가 하는 일을 좋아한다. 노라 왓슨(Nora Watson)은 스터즈 터클에게 다음과 같은 말을 했다. "나는 우리 대부분이 찾고 있는 건 일이 아니라 소명(召命: calling)이라고 생각해요. 대부분의 사람은 자기의 영혼에 비해 너무 작은 일을 하고 있지요. 일은 사람들에게 알맞을 만큼 충분히 크지 못해요." 그녀가 지적한 것은 추구하는바(quest), 혹은 소명(calling)이라고 부를 수도 있고 거대한 목적(grand purpose)이나 사명(mission)이라고도 부를 수 있다. 그 명칭이 무엇이건 간에 그것을 발견한 사람은 자신이 이 세상에 존재하는 지극히 감동적인 이유를 알게 된다.

잠들어 있던 열정에 불을 댕기고 온몸을 들뜨게 만들 만큼 매혹적으로 당신을 끌어당기는 사명을 찾아내야만 한다. 만일 그것을 찾아낸다면, 당신 안에 있는 무엇인가가 불타오를 것이다. 아침마다 왠지 흥분된 상태로 눈을 뜨게 될 것이다. 하루하루의 삶을 위대한 예술로 만들고자 노력하게 될 것이다. 바로 이것이 사명을 가지고 살아가는 사람들의 특징이다.

벌써 그 사명을 발견했는지, 아니면 아직 찾지 못했는지 어떻게 알 수 있을까? 그것은 삶을 바라보는 태도나 생활 스타일에 달린 문제다. 지금 당신은 일을 하고 있는가, 아니면 스스로의 꿈을 창조하고 있는가? 아침이면 직장에 갔다가 쉬는 시간이 생기면 재미있는 일을 하는가? 아니면 지금 하고 있는 일이 너무나 좋아서 휴가 중에도 머릿속은 여전히 일과 사명에 머물러있는가? 대답이 무엇이건 간에 이 장에서 다룰 내용은 당신에게 많은 도움을 줄 것이다. 만일 당신이 이미 사명을 좇는 삶을 즐기고 있다면, 이 장은 그것을 보다 명확하고 흥미진진하며 열정적으로 만들어줄 것이다.

반면 아직 돈을 벌기 위한 지겨운 시간과 놀러 다닐 수 있는 쉬는 시간을 나누면서 밋밋한 삶을 살고 있을 뿐이라면, 이 장에서 다룰 내용을 통해 당신의 사명을 발견할 수 있을 것이다.

어떤 사람들은 감히 자기에게 사명 같은 것이 있으리라는 생각조차

하지 못하기 때문에 사명에 대해 관심을 기울이지 않는다. 이런 말도 안 되는 생각을 극복하고 싶다면 지금까지 당신 자신이 얼마나 많은 것을 훌륭하게 배워왔는지 생각해보라. 탁월하게 잘 배우는 사람이라는 자기 이미지를 만들기 위해 다음에 나오는 연습을 해보자.

연습을 통해 당신이 만들어낸 이미지는 지속적이면서도 즉각적으로 이용할 수 있는 신념 체계로 변화한다. 당신은 이 신념 체계를 통해 모든 활동 영역에서 도움을 받을 수 있다.

당신은 배우는 사람이다

① **지난 시간 속으로 돌아가라:** 작은 아이였을 때, 얼마나 많은 것을 훌륭하게 배웠는지를 떠올려보자. 이제 타임머신을 타고 어린 시절로 돌아간다고 상상해보자. 어린아이였던 시절, 엄청난 속도로 배워가면서 행복해하던 시간으로 돌아갔다고 상상해보자. 어떤 기분이 드는가? 사람들은 모두 나보다 아주 커 보이고, 나는 고개를 들어 쳐다봐야 한다. 이런 여러 가지 상상들을 해보자.

② **당신의 학습능력을 확인해보라:** 당신은 지금 적극적으로 열심히 배우고 있다. 많은 새로운 것, 그중에서도 특히 말을 배우고 있다. 당신은 하루에 15개에서 30개나 되는 새로운 단어를 배운다. 특별히 의식하지 않으면서도 당신은 수백 가지의 문법 규칙을 배우고 있다. 그 학습능력은 지금도 당신 안에 남아있다.

③ **자기가 가진 뛰어난 재능을 적어보라:** 당신의 두뇌 안에는 150억 개 이상의 신경세포가 마치 수많은 도시의 불빛처럼 반짝거리며 작용하고 있다. 당신의 귀는 20Hz에서 20,000Hz 사이에 있는 1,600가지의 주파수를 들을 수 있다. 당신의 눈은 빛줄기 속의 단 하나의 광자도 찾아낼 수 있다. 1억 3,200만 개에 달하는 추상체와 간상체 세

포에서 들어온 시각 정보는 80만 개의 시각 신경 섬유를 타고 이 세상의 어떤 시각 컴퓨터 시스템보다도 뛰어난 당신의 두뇌로 전달된다. 당신의 폐 안에 있는 3억 개 이상의 폐포를 통해 온몸에 퍼져 있는 100조 개 이상의 세포가 산소를 공급받게 된다. 206개의 뼈와 656개의 근육은 이 세상의 어떤 생물보다 기능적으로 잘 정비된 형태를 갖춘다. 배우고 기능하기 위해 만들어진 이런 다양하고 거대한 능력은 여러 가지 방법으로 적용될 수 있다. 당신은 자신의 모든 능력을 이루 다 셀 수가 없다. 그만큼 많기 때문이다.

④ **하나의 이미지를 만들어라:** 이제 무엇인가를 배우기 위한 당신의 능력을 그림으로 나타낸다면, 그 다양한 능력을 인간의 신경계를 나타내는 하나의 단일하고 밝은 이미지로 만들어볼 수 있다. 이 시스템은 그 기능적인 능력 면에서 온 우주의 어떤 존재보다도 뛰어나다. 당신이 자신의 사명을 성취할 수 있는 능력을 의심할 때는 이 이미지를 떠올리면서 자기에게 주어진 뛰어난 능력들을 생각해보자. 그러면 의심은 확신으로 바뀔 것이다.

신념의 중요성

이 장에서 소개하는 연습들을 완전히 소화한다면, 자신만의 독특한 사명을 발견할 수 있을 것이다. 당신은 자기만의 흥미와 소망, 이전부터 계발해온 재능과 함께 지금까지 계발하지 못했던 거대한 재능의 독특한 조합을 이루고 있기 때문이다. 일단 당신이 자신의 사명을 찾아내서 그것을 좇아 살 수 있게 되면, 당신 내부에 있는 학습자가 활약하면서 당신이 가진 흥미와 재능이 포함될 것이다. 이 사실을 명심하면 당신은 인생의 어느 시점에서나 이런 배우는 능력을 이용할 수 있다. 또한 새로운 방향이나 행동 과정, 혹은 새로운 사명을 선택할 수 있다.

당신은 사명을 찾아내서 그것을 좇아 살 수 있다. 만일 그렇게 할 수 있다고 믿는다면 실제로도 할 수 있게 된다. 그 신념은 당신 안에서, 당신이 존경하는 위대한 성취자들에게서 일어났던 것과 똑같은 일을 일으킬 것이기 때문이다. 만일 누군가가 할 수 있는 일이라면 다른 사람도 배울 수 있다. 다음에 나오는 사명 발견 과정을 통해 우리는 과거와 현재의 위대한 성취자들에 대한 이야기를 다루게 될 것이다. 당신은 이를 통해 그들이 가졌던 동기의 기초적인 패턴을 배울 수 있다. 이런 패턴은 태도에 달린 문제이다.

벽돌 쌓는 직공 이야기

만일 수백 년 전 바티칸에서 성 베드로 대성당을 짓고 있던 벽돌공에게 "지금 무슨 일을 하고 있나요?"라고 물었다면, 그는 "벽돌을 쌓아 벽을 만들고 있습니다. 이게 내 일이지요."라고 대답했을 것이다. 이런 사람 역시 특정한 목표를 가진 사람으로 볼 수 있다. 어쩌면 그는 "나는 세계에서 가장 위대한 대성당을 짓고 있소. 이 대성당은 수 세기에 걸쳐 성령을 통해 인간이 이루어낸 것을 상징하는 기념비가 될 것입니다."라고 대답했을지도 모른다. 바로 이런 사람이 사명감을 가진 사람이다. 자신의 사명을 만들어낼 때 느낌에 초점을 맞추어야 한다.

사명이란 자기에게 강요해야 할 무엇이 아니고 억지로 관심을 가져야 할 무엇도 아니다. 사명은 그보다 크고 깊다. 사명은 당신이 자신 안에서 발전할 수 있는 것이다. 사명을 발견하면 당신이 추구하는 목표들이 온전히 자신의 목표임을 확신할 수 있게 된다. 어떤 일을 할 때, 그것을 성취하여 틀림없이 기쁨을 느낄 수 있다고 확신하게 된다. 앞으로 펼쳐질 인생 여정에서 당신 존재의 한올 한올에 강력한 힘을 부여하는 열정을 찾아낼 수 있다고 확신하게 된다.

좋아하는 일을 하기

모든 위대한 성취자가 남긴 근본적인 가르침은 "자기가 좋아하는 일을 하라."이다. 아주 간단하다. 그러나 때때로 사람들은 자기가 좋아하는 일을 하면서 돈을 벌 수 있다는 사실을 믿지 못한다. 또한 어떤 사람들은 자기가 좋아하는 것이 무엇인지조차 잊어버리고 산다. 아마도 사람들이 자기의 사명을 찾지 못하는 가장 중요한 이유는 어떻게 하는지를 모른다는 데 있을 것이다. 그들은 어떻게 근시안적인 목표와 가치, 흥미에서 흥분과 충만이 통합된 방향으로, 즉 사명을 좇아 살 수 있는지를 모른다. 그러나 단계적인 훈련을 통해 당신이 이 세상에서 성취하도록 태어난 그것을 찾아내도록 도와줄 수 있다.

당신 자신과 삶에 대해 생각할 때, 바로 이 시점까지 온전한 삶을 살아왔다고 볼 수도 있고, 아니면 그저 죽지 않고 살아남았다고 볼 수도 있다. 인생을 살아왔다고 보는가 아니면 그저 살아남았다고 보는가 하는 이 두 가지 관점에는 중대한 차이가 있다.

당신은 지금까지 그저 살아남기 위한 동기를 찾아왔을 것이다. 그렇지 않다면 지금 이 책을 읽고 있을 리가 없다. 당신의 삶을 되돌아볼 때, 살아남고자 하면서 스스로에게 아주 강한 동기를 부여했던 순간들이 있을 것이다. 이제 당신은 생존 본능의 에너지를 끌어내어 단순히 살아남기 위해서가 아니라 스스로가 선택한 인생을 살아가기 위해 그 에너지를 사용할 수 있다.

우리는 자신에게 배울 수 있는 능력이 있다는 사실을 기억함으로써 그런 삶을 성취한다. 이렇게 함으로써 자신의 생각하는 방식과 행동하는 방식, 다른 사람과 의사소통하는 방식을 변화시켜 우리 앞에 펼쳐진 사명을 달성할 수 있을 것이다.

사명 발견 과정

인생에 대한 열정을 확인해볼 수 있는 좋은 예로 수잔 버처를 들 수 있다. 수잔은 세상에서 가장 혹독하고 어려운 경주인 이디타로드(Iditarod) 개썰매 경주 선수다. 개썰매 경주는 알래스카의 춥고 황량한 들판 위에서 1,100마일을 달리는 경주다. 경주는 열흘 이상 계속되며, 완주한다는 것만으로도 놀라운 일이다. 수잔 버처는 이 경주에서 무려 네 번이나 우승했다.

수잔 버처는 어떻게 이 분야에서 뛰어난 선수가 될 생각을 할 수 있었을까? 1975년 무렵 그녀는 미국 동부 해안 지역에서 살고 있었다. 당시 수잔은 20세였고, 앞으로 인생에서 무엇을 해야 할지 알지 못했다. 그녀는 스스로에게 "어떻게 하면 내가 좋아하는 야생과 동물들을 접하면서 인생을 살아갈 수 있을까?" 하고 물어보았다. 그녀가 찾아낸 해답은 자기의 열정을 찾아내는 것이었다. 수잔은 이렇게 말했다.

"나는 언제나 개를 비롯해서 모든 동물을 좋아했어요. 내가 기르던 첫 번째 개가 죽었을 때, 그것을 대신할 만한 것을 찾고 싶었죠. 결국 태어난 지 6주된 시베리안 허스키를 입양했어요. 그리고 나는 '개가 썰매를 끌도록 하면 근사하지 않을까?' 하고 생각했어요. 그래서 취미로 그 일을 시작했지요. 네 달이 지나고 허스키를 한 마리 더 입양했고, 다시 두 달 후에는 허스키를 15마리나 기르고 있는 어떤 부인이 사는 데로 이사를 했어요. 그 후 본격적으로 개썰매를 시작한 셈이죠."

수잔은 이렇게 개썰매 경주를 시작하기로 결심했고, 조금씩 서쪽으로 그리고 북쪽으로 이사했다. 결국 그녀는 알래스카에 이르러 자기가 살 통나무집을 지었다. 그곳은 위험했고 꿈이 이루어진다는 보장도 없었지만, 어쨌든 포기하지 않았다. 그리고 이제 그녀는 이제껏 남자만의 분야였던 개썰매 경주에서 최고가 되었다.

수잔 버처의 경우를 보면 사명과 목표의 차이를 이해하기가 쉬워진다. 수잔이 그것을 어떻게 묘사했는지 보자.

"우리는 페어뱅크스에서 친구에게 이야기하고 있었어요. 그 친구가 우리에게 '앞으로 5년이나 10년이 지난 후 무슨 일을 하고 있을 것 같아?' 하고 물었죠. 우리(수잔과 남편인 데이비드)는 우리가 생각하는 것을 그에게 설명하려고 했어요. 친구는 우리에게 계속해서 인생의 목표가 무엇이냐고 묻더군요. 아마 우리가 이야기한 목표가 제대로 이해가 되지 않았던 모양입니다. 우리의 목표는 재정적으로 어떤 수준을 넘기고 나서 '아, 드디어 해냈구나!' 하고 말하는 게 아니었어요. 우리가 차이점이라고 생각했던 것, 그리고 그 친구에게 설명하려고 했던 차이점은 우리가 지금 하고 있는 일에 만족하고 있다는 사실이었어요. 그래요. 우리는 아주 열심히 일하고 있고 너무너무 바빠요. 그리고 당신도 아시겠지만, 미래에 대한 우리의 목표 중 하나는 조금 속도를 늦추는 것이죠. 뭔가를 바꾸는 게 아니고 말이죠. 개썰매 경주를 하다가 어느 날 갑자기 '나는 이제 돈을 충분히 벌었으니까 개썰매는 그만두고 다른 일을 할래.' 하고 말하는 게 아니라는 거죠. 우리는 지금 하고 있는 일을 좋아하고 이미 꿈을 이루며 살고 있어요. 그러니까 돈을 많이 벌거나 개썰매에서 어떤 상을 타거나 할 필요는 없죠. 우리는 이미 꿈을 이루었어요. 풀덤불 속에서 개들과 함께 살 수 있었으니 제 꿈은 벌써 13년 전에 이루어진 셈이죠."

그녀는 자기 인생에 대해 또 이렇게 말했다. "많은 사람이 제 삶을 보면서 너무나 힘들다고 생각할지도 모르죠. 하지만 제게는 그 일이 너무나 즐거운 일입니다." 바로 이것이 당신이 지금 자기의 사명을 좇아 살고 있는가를 확인해보는 기준이다. 당신의 목표를 추구하는 것이 즐거운가? 거기에서 삶의 열정을 발견할 수 있는가?

자기 인생에서 열정을 발견하고 추구하는 또 다른 성취자로 영화감독 스티븐 스필버그를 들 수 있다. 지금까지 스필버그만큼 많은 관객에게 자기 영화를 보여줄 수 있었던 감독은 없었다. 스필버그는 8세에 자기 영화를 만들기 시작했다.

그는 자기 인생의 사명이 필름이라는 매체를 통해서 사람들에게 이야기를 하는 것이라고 결정했다. 영화를 만드는 일은 그에게 놀이와 같았기 때문에 그는 계속해서 새로운 영화를 창조해왔다. 스필버그는 자신의 작업을 다음과 같이 설명한다.

"내 영화 속에서 나는 상상력을 위대한 창조의 도구로 찬양합니다. 나는 어떤 삶을 꿈꿉니다. 한 달에 한 번씩 하늘이 내 머릿속으로 쏟아집니다. 그러면 나는 또 만들고 싶은 영화를 떠올리죠. 때때로 머릿속에 볼 베어링이 들어있는 게 아닌가 생각합니다. 이런 여러 가지 생각이 항상 머릿속에서 왔다 갔다 하지요. 문제는 상상력이 꺼지지 않는다는 겁니다. 나는 아침에 잔뜩 흥분한 채로 일어나기 때문에 아침식사를 할 수가 없습니다. 한 번도 에너지가 바닥나본 적이 없어요."

스티븐 스필버그는 우리가 좋아하는 일을 할 때 어떤 일이 일어나는지를 보여주는 좋은 예이다.

인생에서 열정을 발견하기

① **당신을 흥분시키는 것을 찾아내라**: 스티븐 스필버그나 수잔 버처와 같은 위대한 성취자들처럼 자신의 흥미가 무엇인지를 찾아내라. NLP의 공동 창립자인 존 그라인더처럼 이런 질문을 해볼 수도 있다.

"돈을 지불하더라도 꼭 하고 싶은 좋아하는 일이 무엇인가?"

② **당신의 열정과 소망, 좋아하는 것을 알아내라:** 오직 당신만이 자신이 진실로 좋아하는 일이 무엇인지 알 수 있다. 그것은 납땜이나 사람들을 가르치는 일, 혹은 발명 같은 일일 수도 있다. 어떤 일이든 가능하다. 즐기고 있는 취미를 통해 힌트를 얻을 수도 있다. 사람이나 컴퓨터를 좋아할 수도 있고, 둘 다 좋아할 수도 있다. 이런 흥미나 소망, 열정 같은 것을 떠올리면서, 마음 깊숙한 곳에서 솟아오르는 흥분과 흥미의 내적 신호를 느껴보라. 지금까지 살아오면서 경험한 가장 재미있었던 일을 목록으로 만들어보자. 만일 천만 달러가 있다면 그 돈을 어디에 쓰겠는가?

③ **당신이 존경하는 사람들에게 초점을 맞춰라:** 당신이 좋아하는 영웅들과 존경하는 사람들, 닮고 싶은 사람들과 흉내 냈던 사람들의 모습을 떠올리고 그들의 소리에 귀 기울여보자. 이런 영웅들은 서로 비슷한 흥미와 소망, 목표를 가지고 있었을 수도 있다. 이들에게 주의를 기울이고 즐겨보자. 마음속 스크린에 비치는 그들의 모습을 보고 당신 내부에서 일어나는 흥분을 느껴보자.

④ **지속시켜라:** 당신이 열정을 가질 수 있는 일에 대해 풍부한 이미지가 생겨날 때까지 이 과정을 반복해본다

테드 터너 역시 열정적으로 사명을 좇아 사는 사람의 예가 될 수 있다. 그는 굿윌 게임즈(Goodwill Games)와 CNN, TNT, 헤드라인 뉴스(Headline News)의 창립자이며, 놀라운 케이블TV 제국의 창조자이기도 하다. 그는 케이블TV 뉴스를 미국에 도입했을 뿐만 아니라 전 세계에 보급했다. 그는 1991년《타임》지에서 올해의 인물로 선정되기도 했다. 테드 터너는 자신의 조직을 통해 마샬 맥루한이 주장한 지구촌이라는 개념을 우리의 일상 속으로 이끌어낸 장본인이기도 하다.

그는 처음에 어떻게 자기 사명을 시작했을까? 테드 터너는 24세 때 아버지가 자기 사업체를 팔 계획을 세우고 있다는 사실을 알게 되었다. 그는 이에 반대하면서 아버지와 말다툼을 벌였다. 그 와중에 그는 아버지가 세상을 살아가야 할 이유를 주장했다. 이렇게 다투고 나서 얼마 후, 아버지는 권총으로 자살했다. 이때부터 테드는 '결코 뒤돌아보지 않으면서 자신이 추구하는 것만을 좇았다.' 아버지의 죽음으로 그는 자신이 믿고 있던 중대한 가치를 다시 점검해보게 되었다. 그때까지 테드는 성공에 대한 자기 아버지의 생각을 그대로 이어받고 있었다. 테드는 말했다. "나는 내가 과연 성공했는지 여부를 판단해줄 사람이 아버지이길 바랐습니다."

그는 진정으로 중요한 것이 무엇인가를 다시 생각해보는 과정을 통해 성공에 대한 자기 기준을 수정할 수 있었다. "나는 과연 아버지께서 잘못하신 것이 무엇이었는지를 알아내려고 많은 시간을 보냈습니다. 아버지는 물질적인 성공을 너무나 강조하셨지요. 이제 나는 돈이 그리 중요한 것이 아니라고 말할 수 있습니다."

비극적인 일이 때론 우리 인생에서 다음 단계로 나아가기 위한 도약대가 될 수 있다. 아버지의 죽음에서 비롯된 고통을 통해 테드 터너는 자신에게 중요한 가치와 원칙에 대해 다시 한번 생각해보고 개선하는 기회를 가지게 되었다.

자신의 가치와 원칙에 대해 깊은 성찰을 했던 또 다른 인물로 UCLA 농구팀 코치였던 존 우든(John Wooden)을 들 수 있다. 그의 팀은 88연승이라는 스포츠 사상 전무후무한 기록을 세웠다. 그는 선수와 코치로서 명예의 전당에 헌정된 유일한 인물이다. UCLA에서 일한 27년 동안 그의 팀은 한 번도 슬럼프에 빠진 적이 없었다. 후반 12년 동안 UCLA 팀은 7번의 연승을 포함해서 10번이나 NCAA우승컵을 거머쥐었다. 다른 대학 농구팀은 이런 업적을 흉내도 낼 수 없었다.

팀에 대한 그의 철저한 헌신도 가히 전설적이었다. 27년 동안 UCLA에서 일하면서 우든은 한 번도 연습을 거른 적이 없었다. 또한 결코 승리를 입에 담지 않았다. 존 우든은 말했다.

"나에게 있어 성공이란 다른 사람보다 높은 점수를 내는 것이 아니라, 자신이 최선을 다했다는 사실을 알 때 느낄 수 있는 자기만족을 통한 마음의 평화입니다. 바로 이것이 모든 사람이 명심해야 할 사실입니다."

운동선수로서의 재능과 아버지에게서 물려받은 원칙에 대한 신념, 그리고 타인에 대한 애정을 통해 그는 세계에서 가장 존경받는 코치가 되었다. 그렇다면 그는 어떻게 자기의 사명을 만들었을까?

그가 자신의 사명을 좇아 살 수 있는 열쇠가 된 것은 아버지에게서 물려받은 신념이었다. 그 내용은 다음과 같다.

① 자신에게 솔직하라.
② 하루하루를 자신의 최고의 작품으로 만들어라.
③ 다른 사람들을 도와라.
④ 좋은 책을, 특히 성경을 음미하라.
⑤ 예술을 가까이 하라.
⑥ 비오는 날에 대비해서 피난처를 마련하라.
⑦ 끌어달라고 기도하고, 매일매일 축복에 대해 감사드려라.

자신의 신념에 따라 살았다고는 해도, 과연 그가 코치라는 사명을 가지도록 동기를 부여한 것은 무엇이었을까? 존 우든은 그에 대해 이렇게 말한다.

"나는 왜 코치라는 직업을 선택해서 오랫동안 그 일을 해왔느냐는 질문을 자주 받는다. 여기에 대해서는 시카고에서 풋볼 코치를 맡고 있었던 아모스 알론 스탁 씨가 했던 말로 답을 대신하고 싶다. 90세가 될 때까지 젊은이들과 함께 일하며 그들을 지도했던 스탁 씨는 같은 질문을 받았을 때 이렇게 대답했다. '코치라는 일을 해온 것은 하느님과 맺었던 약속 때문입니다.' 바로 젊은이들에 대한 나의 애정이, 보다 많은 돈을 벌 수 있는 일자리를 거절하면서 코치 일을 계속하도록 한 주요한 이유라고 생각한다."

그는 다른 사람의 가치를 따르지 않았다. 대신 자신의 내면을 깊이 들여다보았다. 그는 자기가 배웠던 가치와 원칙을 온전히 자기 것으로 만들었다. 당신도 테드 터너나 존 우든이 이루었던 것과 같은 일을 해낼 수 있다. 당신 역시 내면 깊은 곳에 자리한 가치와 원칙을 발견하고 그것을 포용할 수 있다. 그 방법이 여기에 있다.

가장 깊이 있는 가치와 원칙을 재점검하기

① **당신이 현재 추구하는 목표를 떠올려라:** 목표를 떠올린 다음 이번에는 미래로 가서 그 목표가 달성된 때를 보자. 이미 이런 생각을 많이 해보았을 것이다. 머릿속에 떠오르는 것 중에서 가장 중요하다고 여겨지는 것을 골라라. 둘이나 셋, 혹은 다섯 개일 수도 있다. 이런 목표들이 바로 당신이 바라는 특정한 미래이다.

② **당신의 가치와 원칙을 결정하라:** 앞에서 찾아낸 목표들을 가장 잘 즐길 수 있는 법으로 마음속에 담아두어라. 특정한 목표 각각을 하나씩 교대로 골라 보고 듣고 직접 경험해보아라. 그렇게 했으면 자신에게 '나는 이 목표에 대해 무슨 가치가 있다고 보는가?'라는 질문을 던져라. 만일 이 목표가 여행을 하는 것이라면 '배움'이나 '즐거움' 같은 것이 대답이 될 수 있다. 만일 새로운 직업이 목표라면 대답은 '흥분'이나 '도전'이 있을 것이다. 대답은 하나의 가치일 수

도 있고, 여러 개의 가치일 수도 있다. 테드 터너에게 있어 가치는 조화로운 것, 문제를 해결하는 것 또한 흥분이 될 수도 있다. 수잔 버처는 사랑과 보살핌, 인내를 가치 있게 평가했다. 대답하기가 어렵다면 다음에 나오는 가치와 원칙에 대한 정리된 표를 참고해 보자.

③ **당신의 가치와 원칙을 목록으로 만들어라:** 이제 다시 한번 마음속에 담아두었던 목표에 대해 '나는 이 목표의 가치를 무엇으로 보는가?' 라는 질문을 던지면서 계속 점검해보자. 그리고 목록을 작성한다.

④ **당신이 가장 중요하게 생각하는 가치들을 찾아라:** 목록을 작성하는 일이 끝나면, 깊이 있는 가치와 원칙에 대한 목록을 확인할 수 있을 것이다. 이제 자신에게 '이 가치 중 가장 중요한 것은 무엇인가?'라는 질문을 던져보자. 이때 머릿속에 떠오르는 대답이 더 중요한 가치이다. 당신의 중요하고 깊은 가치를 아는 것은 자신을 이해하는 데 있어 매우 중요하다. 어떻게 당신의 가치들이 당신의 성취, 그리고 일상적인 행동에 동기를 부여하는지 생각해보라.

⑤ **당신의 가장 깊이 있는 가치 혹은 원칙의 이름을 기록하라:** 나중에 참고로 하기 위해서 방금 찾아낸 가치와 원칙을 적어둔다.

사람들이 자신의 깊이 있는 가치를 발견하는 데는 세 가지 방법이 있다. 가장 일반적인 것은 가치가 침해당했을 때 그것을 깨닫게 되는 것이다. 뭔가 불편하고 화가 나거나 부적절하다고 느껴지는 일이 일어날 때, 그 경험 속에서 가치를 확인할 수 있다. 만일 누군가가 당신에게 버릇없이 굴어 화가 난다면, 이 분노는 다른 사람에게서 어떻게 존중받고 싶은가에 대한 당신의 가치를 반영한다. 앞으로 일어날 일에 대해서 잘 해낼 수 있을까 하는 불안한 느낌이 든다면 그 밑바닥에는 우수성에 대한 당신의 가치가 자리 잡고 있는 것이다. 인생에서 가장 고

가치와 원칙		
생기발랄	보살핌	창의성
자율성	도전	존엄성
아름다움	용기	우아
우수성	혁신	자기 신뢰
흥미진진	기쁨	봉사
공정	정의	우직
자유	배움	문제 해결
충족	사랑	변화 촉진
즐거움	세상을 더욱 나은 곳으로 만들기	상승 작용
(신의) 은총	숙달	진실
행복	정돈	독특성
조화로움	인내	자신의 능력 사용하기
도움	쾌활	생기
정직	변혁	현명
유머	안전	열정

통스러운 외상 경험이 무엇인가를 보면 그 사람이 가장 중요한 가치로 여기는 것이 무엇인지 알 수 있는 경우가 많다.

당신의 가치를 이해하는 두 번째 방법은 그것을 충족시켜주는 사건을 통해서이다. 만일 누군가 다른 사람의 도움을 절실히 필요로 하는 순간에 자기를 돌보지 않으면서 당신을 도와주려 한다면, 이런 극진하게 존중받는 경험을 통해 매우 좋은 기분을 느낄 것이다. 이런 느낌은 바로 당신 내부에서 올라온 존중이라는 가치를 반영하는 것이다. 좋아하는 스포츠나 예술 이벤트를 보면서 영감을 얻을 때 느껴지는 것이 바로 당신의 중요한 가치를 나타내는 지표이다. 당신은 이것을 우수성이나 숙달, 혹은 아름다움이라고 부를 수도 있고 얼마든지 다른 이름을 붙일 수도 있다. 중요한 것은 느낌 그 자체이지 그 이름이 아니다. 식당 메뉴판에 적힌 음식의 이름들이 그 음식을 나타내는 것에 지나지 않듯, 이런 단어들 역시 실제의 가치 자체는 아니다. 가치는 당신 스스로에게 중요한 것이 무엇인지를 알려주는 일종의 느낌들이다.

중요한 가치를 경험하는 세 번째 방법은 의식적으로 내면을 탐색하는 것이다. 깊은 명상을 통해 누구나 자신의 가장 중요한 가치를 발견하고 느껴볼 수 있다.

당신의 가치와 원칙과 관련해서 그다음으로 해야 할 일은 그것들을 당신 자신의 삶을 통일된 것으로 만들 수 있는 원대한 비전과 연결해 보는 것이다. 테드 터너의 이야기로 돌아가 보자. 터너는 자신의 가치와 원칙을 재검토하고서 본격적으로 자신의 사명을 좇기 시작했다. 새롭게 발견해낸 가치와 원칙은 그를 사명에 대한 원대한 비전으로 나아가도록 이끌었다.

예를 들어 왜 그가 굿윌 게임즈를 시작해서 1986년과 1990년에 8천만 달러 이상을 날려버리게 되었을까? 터너는 이 일에 관해 다음과 같이 말한다. "나는 두 나라가 다시 한번 필드 위에서 경기를 할 수 있도록 하기 위해 굿윌 게임즈를 만들었다. 소련 사람들 역시 우리 친구가 되고 싶어 한다는 것을 알 수 있었다."

왜 그런 방식으로 인생을 사느냐는 질문에 대해서 그는 이렇게 대답한다.

"나는 그저 콜럼버스가 그랬던 것처럼 우리가 그 일을 할 수 있는지를 알고 싶었습니다. 당신이 이전에 해본 적이 없는 것을 할 때는 미지의 바다에 배를 띄우고, 어디로 가는지도 모르면서 앞으로 나아갑니다. 이전에는 아무도 하지 못했던 일을 당신이 하고 있는 것입니다. 과연 어디에 이르게 될지, 거기서 무엇을 발견하게 될지 아무것도 알 수 없지만, 적어도 당신은 어딘가를 향해 나아가고 있습니다. 텔레비전 뉴스는 많은 돈을 벌 수 있게 해줄 뿐만 아니라 우리 사회 전반에 큰 영향력을 행사한다는 점에서 지극히 강력한 것이기 때문에 우리는 거기에 대해 책임을 져야 합니다. 그리고 사회는 단순한 지역 시장이나 우리만의 나라가 아니라 우리가 살고 있는 세계입니다.

왜 우리는 앞으로 다가올 10년 동안 이 지구상에 평화를 불러오기 위해 노력하지 않을까요? 만일 그렇게 할 수 있다면, 2000년이 되었을 때 모든 연도를 0으로 되돌려서 2000년을 기준으로 하여 평화 전(Before Peace: B. P.)과 평화 후(After Peace. A. P.)라는 명칭을 부를 수 있을 텐데 말입니다. 아마 이것은 우리가 후손들에게 물려줄 수 있는 최고의 명예가 될 수 있을 겁니다. 그러므로 만약 우리가 이 일을 이루어낸다면, 사람들은 지금으로부터 2000년 동안 평화 속에서 살아갈 것입니다."

위대한 성취자들이 추구했던 전형적인 사명이 그렇듯, 터너의 사명 또한 너무나 거대해서 마치 이룰 수 없을 것처럼 보인다. 그는 사람들이 결코 이룰 수 없는 목표를 세워야 한다고 믿는다.

"나는 이 세상의 모든 문제가 저절로 해결될 때까지 기다리고 있지만은 않을 겁니다. 부랑자나 에이즈 같은 문제에 대해 말입니다. 물론 허황된 꿈을 꾸고 있지는 않습니다. 나는 이러한 문제가 모두 해결할 수 없다는 사실을 알고 있습니다. 당연한 일이지요."

터너는 사명을 위해 자신이 얻을 수 있는 모든 자원을 모아왔다. 올림픽이 열리지 않을 때도 TV를 지켜보고 있는 수백만 명의 사람이 의사소통하며 친밀감을 느낄 수 있도록 하기 위해 굿윌 게임즈를 만들었다. 그리고 케이블TV를 통해 세계적인 커뮤니케이션 네트워크를 구축했다. 테드 터너의 사명은 가능성에 대한 원대한 비전을 통해 동기를 얻는다. 바로 이것이 그가 삶에서 흥분을 느끼도록 해주는 요소 중 하나이다.

위대한 성취자들에 대한 이야기를 하면서 버크민스터 풀러를 빼놓을 수 없다. 그는 지오데식 돔(geodesic dome)을 발명했으며, 최근에 발견된 중요한 분자족인 버크민스터풀러런스(buckminsterfullerene, 줄여서 buckyball이라고도 한다)의 이름은 그의 이름에서 따온 것이다. 또한 그는 다이맥시온 지도(Dymaxion Map)와 다이맥시온 자동차(Dymaxion car)를 만들었으며, 그 외에도 수많은 혁신적인 것을 발명했다. 그는 20세기의 가장 위대한 사상가이며, 비전 있는 발명가로 온 세상에 알려져 있다. 풀러는 1968년까지 매년 2,100가지가 넘는 물건을 발명해냈다.

버크민스터 풀러는 어떻게 이렇게 많은 것을 이루어낼 수 있었을까? 이 모든 것은 어느 외로운 밤 그가 발견했던 사명에서 비롯되었다. 그때 그는 고작 4살에 불과했던 딸 알렉산드리아를 병으로 잃고 하버드대학에서도 제명을 당했다. 그의 회사는 파산해 재정적으로 어려운 상황이었으며, 며칠 전에 둘째 아이가 태어났다. 그는 자기가 우울증으로 자살할 지경임을 깨달았다. 버크민스터 풀러는 어두운 미래의 발치에 서 있었다.

1927년 그 외로운 밤에 그는 미시건 호숫가에 서서 뚫어지게 어두운 물속을 들여다보고 있었다.

"나는 왜 이렇게 완전히 실패해버렸을까?" 그는 자신에게 물어보았다. 당장 물속으로 뛰어들거나 잠시 생각해보거나, 두 가지 선택이 남아있었다. 그는 생각해보는 쪽을 택했다. 그는 잠시 깊은 생각을 하고 나서 자기 혼자서는 이 우주에서 자신의 가치를 결정지을 권리가 없다고 결론지었다. 풀러는 자신의 운명을 신의 무한한 지혜에 맡겨야 한다고 생각했다. 그는 자신이 발견한 것에 대해 다음과 같이 설명했다.

"나는 우리가 '신'이라고 부르는 지적인 지혜의 통합체에 대한 믿음을 가지고 있다. (…) 내가 이 광활한 우주에서 가치가 있는 존재인지 아닌지에 대해 나 자신이 가장 잘 아는가, 아니면 신이 가장 잘 아는가? 그 대답은 '당신도 어느 누구도 알지 못하지만, 당신이 경험에서 얻은 믿음을 통해 당신의 존재 사실에 대한 선험적인 지혜를 알 수 있다'라는 것이다. 당신은 스스로를 죽일 권리가 없다. 당신은 당신의 소유물이 아니다. 당신은 우주에 속해 있다. 당신이라는 존재의 중요성은 스스로에게는 영원히 불확실한 채로 남아있겠지만, 만일 당신이 모든 경험을 다른 사람들에게 큰 도움을 주는 데 사용한다면, 자신의 중요성을 성취해낼 수 있을 것이다. 당신과 이 세상의 모든 사람은 자기 자신이 아닌 타인을 위해 존재한다."

이런 사명을 좇아 사는 동안 그의 전문가적인 정체성 역시 성장해갔다. 그는 자신을 '종합적이고 선행하는 설계 과학탐험가'라고 불렀다. 풀러는 사명을 발견하여 인간으로서 자기의 삶과 정체성에 대한 원대한 비전을 발전시켰다.

원대한 비전을 발전시키기

이 연습은 자연적인 환경 어디에서나 혼자서 해볼 수 있다.

① **자신의 흥미와 가치, 능력을 보라:** 다음 단계에서는 어떻게 자신의 흥미와 깊이 있는 가치가 서로 연결되어 사명을 형성하는지를 발견할 것이다. 당신이 인생에 기여할 수 있는 목적이 무엇인가에 대한 원대하고 통합적이며 의미 있는 이미지를 살펴보면, 사명을 발견할 수 있다. 이 이미지는 당신의 흥미와 가치, 목표에서 형성된다. 떠올릴 수 있는 이미지들로 어떤 것이 당신이 얻고자 하는 방향을 나타내주는지 살펴본다. 당신의 사명이 무엇인지를 알게 되면, 하고 싶어하는 일을 하고 있는 자신의 모습과 능력에 대한 다양한 스냅 사진

을 볼 수 있다.

② **닮고 싶은 영웅에게 초점을 맞춰라:** 당신이 가장 좋아하는 영웅들이 어떤 일을 하는지 살펴보자. 당신이 그 영웅들에 대해 생각할 때 느끼는 것과 같은 느낌이 드는 바로 그 일을 하고 있는 자신을 본다. 당신이 되고 싶어 하는 사람의 모습을 찍은 스냅 사진을 마음속으로 떠올려보자. 마음에 들지 않는 사진은 희미하게 사라질 것이다.

③ **자신의 영화를 감독하라:** 당신이 되고 싶은 모습, 자신이 좋아하는 일을 하고 있는 모습을 떠올려보자. 어떤 모습을 화면에 담건 당신은 스필버그이며, 이 영화의 감독이다. 열정을 느낄 수 있는 장면을 떠올려보자. 바로 눈앞에서 이 장면들을 가지고 놀 수 있다. 마음속에 커다란 3D 영화관을 만들고 그 안에 앉아있다고 상상해보자. 여기에서는 너무나도 생생한 장면을 보고 듣고 느낄 수 있다. 마음속에서 솟아 나오는 지혜가 당신 눈 앞에 펼쳐지는 장면을 이끌도록 하면서 얼마나 많은 것을 볼 수 있는지 주목하자. 눈앞에 떠올리고 느끼고 즐겨라. 그 이미지들은 종종 가깝고 화면에 가득하며, 풍부한 색감을 가지고 있다. 전율을 느낄 정도로 멋진 시나리오에 따라 살아가는 자신의 모습을 보라. 이 멋지고 즐거우며 흥분되는 자신의 미래의 모습들을 확대해볼 수도 있다.

④ **깊이 있는 가치들을 떠올려보라:** 당신의 사명에 대한 시나리오를 바라보면서 자신의 깊이 있는 가치 목록을 떠올려보자. 당신의 가치와 당신의 이미지가 얼마나 일관되게 어우러져 있는가?

⑤ **내면의 지혜에 도움을 청하라:** 당신 내면에 있는 지혜, 더 큰 힘, 혹은 신에게 당신의 원대한 비전을 이끌어달라고 부탁해보자. 이 비전은 만들어진다기보다는 발견되는 것에 가깝다. 좀 더 많은 이미지를 보라. 시간이 지나가는 것을 보라. 당신이 살아가면서 만들 수 있는 것

을 밝고 찬란하고 가깝고 화사하게 만들어보자. 이 이미지들은 특정한 방향으로 움직이면서 서로 통합되어 당신이 추구하고 있는 많은 목표와 원하는 것을 나타내기 시작할 것이다. 이 이미지들이 발전하여 당신의 목표와 사명을 나타내는 이미지의 원대한 비전으로 변하는 것을 보라.

⑥ **얻은 것을 행하라:** 5분이건 한 시간이건 필요한 시간을 투자하라. 이것은 당신이 창조해내고 있는 당신의 인생이며 미래이다. 이 과정을 마쳤으면 이제 그것을 적어보자. 그 이미지들은 아주 매력적이어서 힐끗 보기만 해도 당신의 사명이 무엇인지를 알 수 있다. 이제 당신은 그것을 더욱 완전하게 발전시킬 수 있다. 당신 안에 있는 공상가에게 이 원대한 비전의 선물을 얻게 해달라고 요구하라.

이제 당신은 스스로 헌신하고 싶은 것에 대한 원대한 비전을 볼 수 있다. 당신은 앞으로 이 비전을 가지고 노력을 기울일 특정한 방향을 향해 나아갈 수 있다. 우주비행사였던 러스티 슈바이커트는 우주에서 지구를 바라본 경험을 통해 자신의 사명을 발견할 수 있었다. 그는 이렇게 말한다.

"지구 전체가 필요로 하는 것을 목표로 봉사하는 기관들은 근본적인 제한점을 가지고 있다. 왜냐하면 그런 기관들은 그 목표 아래 있는 것에는 최고로 잘 봉사하지만 그 목표 위에 해당되는 것에는 봉사할 수 없기 때문이다."

우리는 가끔씩 우리의 생존이 자기 중심적인 것이 아니라 다른 존재들에게 의존하고 있다는 것을 느낀다. 그러나 이러한 기관들은 이런 이해를 할 수 있을 만한 지적인 도약을 이루지 못한다.

기본적으로 그런 종류의 기관들은 정부 기관이건 민간 회사이건 간에 한계가 있다. 따라서 이런 기관들을 변화시키는 방법은 오직 그 구성원 개개인이 개별적으로 혹은 집단적으로 자신을 표현하는 것뿐이다.

슈바이커트는 우주에서 바라본 지구 전체의 모습을 보고 얻은 비전을 실현하기 위해 우주탐사자연합을 창설했고, 여기에서 자신의 사명이 나아갈 바를 발견했다. 이 그룹은 혁신적인 계획을 많이 다룬《우리의 지구》라는 책을 발간했다. 원대한 비전을 가질 수 있다는 것은 정서적으로 원기를 돋우는 경험인데, 이는 특정한 방향을 향해 흘러갈 필요가 있다. 러스티 슈바이커트는 바로 그 일을 해냈다. 이 점이 사명을 가진 사람과 게으른 몽상가의 차이점이다.

원대한 비전을 위한 특정한 방향 찾기

① **당신의 내면에 부탁하라:** 당신의 내면에 있는 지혜를 모아 특정한 이미지 또는 짧은 비디오 같은 영상이 떠오르도록 해보자. 마음속 극장에 앉아 당신의 사명이 나아갈 방향을 보여주는 이미지들을 경험해본다. 즐겨라. 무슨 일이 일어나는지 보라. 이것은 당신의 내적인 지혜에서 솟아나는 것이다.

② **특수 효과를 첨가하라:** 스테레오나 배경음악을 더해본다. 음악을 고르기 위해 컴퓨터 창에서 사용하는 팝업 메뉴를 띄워 이용할 수도 있다. 당신이 인생에서 이 사명을 추구해가는 것이 얼마나 중요하고 의미 깊은지를 당신에게 전달해주는 음악이 있을 것이다.

③ **문장을 만들어라:** 처음에는 희미하게 들릴지도 모른다. 그렇다면 소리를 높여라. 이 이미지들을 바라보면서, 함께 들려오는 음악에 귀를 기울여본다. 그것을 보면서 당신의 사명을 묘사해줄 만한 한두 문장을 떠올려본다.

스티븐 스필버그라면 자기가 인생에서 이루고 싶은 것을 떠올리면서 '나는 이 지구상의 이야기꾼이다. 나는 사람들의 성장을 도와줄 수 있는 이야기를 할 것이다.'라고 말했을 것이다. 스스로 스필버그 감독이 되었다고 생각하고 그 느낌을 가져보자. 수잔 버처라면 '나는 야생에서 동물들과 살면서 그들이 잘 자라도록 돕고 싶다. 내가 하는 일에서 위대한 성취를 거둘 것이다."라고 말했을 것이다. 잠시 그녀가 되었다고 상상해보자. 테드 터너라면 자기 앞에 밝고 흥미로운 이미지가 파노라마처럼 펼쳐지는 것을 보면서 '나는 평화를 가져다주는 사람이다. 평화를 이루기 위해 사람 사이에 다리를 놓을 것이다.'라고 말했을 것이다. 스스로 테드 터너가 되었다고 상상해보자. 어떤 느낌이 드는가?

④ **가치와 원칙을 포함시켜라:** 당신의 사명을 묘사해주는 말을 찾는다. 당신의 전반적인 사명과 목적을 잘 보여주는 이미지들이 당신 앞에 있는 것을 보라. 그리고 자신을 이끌어주는 말로 된 원칙을 가지고 그 목적을 위해 살아가는 자신을 보라.

⑤ **그 느낌을 느껴라:** 이런 이미지들과 음악, 원칙과 단어들을 떠올리다 보면 당신의 아주 깊숙한 곳에서 심오한 감정이 솟아오르는 것을 느끼게 된다. 바로 이것이야말로 그 사명이 당신에게 얼마나 중요한 것인지를 알려주는 느낌이다. 이 느낌은 당신 안에서 솟아나 당신을 이끌어갈 것이다.

⑥ **사명이 갈 방향으로 전진하라:** 이제 이런 이미지들과 사명이 나아갈 방향을 떠올리면서 다음 단계로 나아간다. 사명을 향해 나아가는 것이다. 바로 지금, 사명을 향해 나아가 앞으로 펼쳐질 다양한 단계를 즐겨보자. 이 영광스러운 미래를 직접 살아가는 것이다. 충만하고 풍부한 미래의 순간 속에 있다고 상상하고 경험해보자. 그리고 그것을 즐겨보라. 미래로, 앞으로 펼쳐질 사명 안으로 뛰어들어 가보면,

당신은 그 사명이 자신의 목표와 내적인 가치를 얼마나 멋지게 표현해주는지 알 수 있다. 앞으로도 계속해서 그렇게 살아갈 수 있다. 당신은 즐거운 방식으로 마음을 훈련시키고 있다.

⑦ **지속하라:** 자신의 사명에 대한 원대한 비전 속에서 특정한 방향을 볼 수 있게 될 때까지 이런 정신적 과정을 반복한다. 이 사명 안으로 뛰어드는 상상을 통해 얻을 수 있는 느낌이야말로 사명을 성취할 수 있도록 도와줄 중요한 가치와 자원이다. 일기장에 내년에 이루어야 할 사명의 특정한 방향에 대해 기록해두고 항상 지니고 다니자.

이 장에서 언급했던 유명한 성취자들은 자신의 사명과 자기 자신을 일치시켰다. 만일 자기 내면의 일부가 특정한 사명을 수행하는 데 반대한다면, 그 부분과 타협하여 사명을 지지해줄 수 있도록 변화시켰다. 다음에 할 연습은 사명을 추구하면서 자신과 내적으로 일치하게 만들기 위한 방법이다.

사명과 자신을 일치시키기

① **자신에게 질문을 던져보라:** 스스로에게 아래에 나오는 질문들을 던지다 보면 자신의 사명을 지지해주는 느낌과 대답을 얻게 될 때도 있고 그렇지 않을 때도 있을 것이다. 당신 내면에서 어떤 부분이 '이런! 도대체 왜 자기 인생을 바꾸면서까지 이런 사명을 좇으려고 하는 거야?'라고 하며 반대할지도 모른다. 이런 모든 반대 의견에 부딪히게 될 때 거기에 귀를 기울이고 존중할 수 있다면, 사명을 실천하기 위한 중요한 정보를 얻을 수 있다.

다음에 나오는 것은 자신에게 물어봐야 할 질문들이다.

- 이 사명은 현재 나의 직업에서 져야 할 책임과 어떻게 연관되는

가? 이런 책임과 행동에 대해 생각해보자.
- 사명이 내 가족과는 어떻게 연관되는가? 당신 가족과 친한 친구들을 가만히 떠올려보자.
- 사명이 나 자신과 내가 하고 있는 다른 행동과는 어떻게 연관되는가? 이 사명이 당신에게 의미하는 바를 잘 생각해보자.
- 사명이 내가 속한 사회와 나의 미래와 어떻게 연관되는가? 이 사명은 내가 사는 이 도시와 내 나라와 내 인생에 어떤 관련이 있는가?

② **자기 안에서 반대하고 있는 부분과 타협하라:** 당신 내면에 있는 어떤 부분이 이 사명에 반대한다면, 그것에 귀를 기울이고 존중하고 주의 깊게 대답하도록 한다. 반대 의견이 떠오를 때는 그것을 듣고 대답한다. 이런 반대를 어떻게 다룰지가 당신이 당신의 사명과 일치하고 일관되게 하는 데 중요한 역할을 한다. 당신의 사명에 반대하는 부분과 타협을 해보자. 당신이 아주 중요하게 생각하는 사람을 설득하듯이 타협해보자. 그 단계는 다음과 같다.

ⓐ 반대 의견에 귀를 기울인다.
ⓑ 그 안에서 긍정적인 의도와 중요한 가치를 찾아낸다.
ⓒ 가치를 성취할 수 있는 다른 방법을 찾아본다.
ⓓ 당신 안의 모든 부분이 동의할 수 있는 대안을 이끌어낸다.

만일 "나는 내 아내나 남편이 이것을 어떻게 생각할지 모르겠어."라는 반대에 부딪히게 된다면 이런 걱정 속에서 찾을 수 있는 긍정적인 가치는 무엇일까 생각해본다. 만일 "나는 그/그녀가 내 사명에 전적으로 동참해주었으면 해."라는 대답을 듣게 된다면 솔직한 토론이나 세심한 타협을 통해 해결책을 찾아낼 수 있다. 그러면 당신과 그 반대하던 부분은 이런 대안 중에서 어떤 행동 하나를 하는 데 동의할 것이다.

③ **당신도 언젠가는 죽는다는 것을 생각하라:** 당신의 육체가 더 이상 존재하지 않게 될 때가 온다는 점을 생각해보자. 그전에 당신은 자기의 흔적을 남길 수 있다. 버크민스터 풀러가 호숫가에 섰던 그 순간을 떠올려보라. 바로 지금, 여기에서 해야 할 일에 대한 강렬한 욕구를 일으켜보자. 죽음을 의식함으로써 당신이 원대한 목표를 향해 살아가는 데 도움을 얻을 수 있다.

④ **지지를 얻을 수 있는 이유를 찾아라:** 당신 앞에 펼쳐진 사명을 보고, 그게 정말 원하는 것인가에 귀를 기울이고, 자신에게 다음과 같은 질문을 해보자. "이 사명이 내게 얼마나 좋은가? 이 사명은 내가 누구인지, 내가 무엇을 중요하게 생각하는지, 무엇이 의미 있는 것인지를 어떻게 나타내나?" 이런 질문들이 바로 당신을 훌륭히 이끌 수 있다. 이를 통해 사명을 좇는 삶에 대한 느낌을 강화하고 재검증해볼 수 있다. 다음 질문에 대해서도 생각해보자. "이 사명을 열정적으로 살아가는 삶이 나에게 어떻게 좋은 인생을 이끌어줄까?" 이런 질문을 하고 나면, 당신은 자신의 사명에 대한 느낌이 강해져서 자기 안에 있는 사명이 바로 자신과 일치함을 알게 될 것이다. 그 느낌은 '그래, 이 사명은 바로 내 것이야.'라고 말해준다.

⑤ **지속하라:** 이런 느낌을 얻을 수 있을 때까지 계속해서 질문한다. 새로운 사명이나 수정된 사명, 혹은 그 외의 어떤 변화 때문에 영향을 받을 당신의 모든 부분이 동의할 때라야 비로소 이런 느낌을 얻을 수 있다.

여기에 소개한 자기 일치를 얻기 위한 기본적인 방법(내적인 반대가 있나 물어보고 반대가 있으면 받아들이고, 당신 자신의 모든 부분이 만족할 수 있는 해결책을 얻기 위해 존중하면서 타협하는 것)은 진실과 존경, 겸손함을 가지고 실천하는 한 아주 유용할 것이다. 때때로 만족할 만한 결과를 하나도 얻지 못할 때도 있다. 그럴수록 반복해서 실천해야 한다.

당신의 모든 부분이 사명에 일치하고 있는지를 확실히 하라. 이렇게 모든 부분이 동의하면 자연스럽게 용감하고 열광적이며 엄청나게 효율적인 행동이 뒤따르게 된다. 또한 이런 내적인 동의를 얻게 되면 다른 사람들도 당신의 사명을 돕도록 할 수 있는 에너지를 얻을 수 있다.

당신의 사명에 헌신하겠다는 느낌과 그것을 실현시키는 특정한 행동을 이끌어내기 위해, 앞에서 나왔던 사명에 대한 문장을 떠올려보자. "내 인생에서 나의 사명은 내가 누구인지를 보여준다. 내 사명은 내적인 능력을 어떻게 사용할지 결정한다. 그리고 그 사명이 바로 내가 이 세상에서 어떻게 행동할지를 이끌어준다." 당신이 사명에 대해 헌신하도록 이끌어주는 또 다른 문장을 만들어볼 수도 있다.

통합된 동의를 얻기 위해 자신의 다양한 부분을 일치시키고 나면. 이제는 행동을 하는 단계로 나아가게 된다. 당신이 새로운 사명을 수행하는 동안 당신이 중요하게 생각하는 사람들에게서 지지를 얻는 것 역시 중요하다. 그들과 좋은 관계를 유지해야만 한다. 누가 알겠는가? 그들 중 누군가가 당신이 사명을 성취하는 데 도움을 주고 싶어 할 수도 있다. 당신은 아주 많은 사람과 연결되어 있으므로 다른 사람들에게서 지지를 얻기까지는 아직 완전한 동의를 얻은 것이라고 볼 수 없다. 자신의 사명을 타인에게 이해시키는 것 역시 중요하다.

버크민스터 풀러가 자기 사명을 좇기 위해서는 그저 먹고살기 위한 삶을 포기해야 한다는 결심을 했을 때, 그는 이 결정이 자기만의 것이 아님을 알았다. 그에게는 아내와 어린 딸이 있었다. 그는 아내의 동의를 얻으려고 집으로 돌아가 생계를 이어가는 데 집착하지 않고 인류에 봉사하고자 한 결심을 이야기했고, 아내는 거기에 동의했다.

스티븐 스필버그의 가족은 그가 영화를 제작하는 것을 일찍부터 지지했다. 스필버그 또한 다른 사람들에게서 도움을 받고자 했다. 이렇게 그는 자기 사명을 이루기 위해 주변 사람들의 동의를 얻을 수 있었기에 뛰어난 행동을 할 수 있었다.

17세 때 스필버그는 유니버설 스튜디오를 구경하러 갔다. 그곳에서 스필버그는 당시 국장이었던 척 실버즈를 만났다. 스필버그는 그때 일에 대해 이렇게 이야기한다.

"그는 경비를 불러 나를 쫓아내는 대신 한 시간이나 시간을 내서 나와 이야기했다. 그는 내가 만든 짤막한 영화를 보고 싶다고 하면서 이틀날 들어올 수 있는 출입증까지 주었다. 나는 내가 만든 8mm 영화 네 편을 보여주었고, 그는 깊은 인상을 받았다."

유니버설 스튜디오를 견학한 지 며칠 후, 스필버그는 아버지의 서류가방을 들고 버젓이 스튜디오 안으로 걸어 들어갔다. 누구의 허락을 받고 그렇게 한 게 아니었다. 그는 대학을 졸업하고 자기를 불러줄 때까지 기다리지 않았다. 그는 그저 걸어 들어갔다. 그는 이렇게 말했다.

"서류가방 안에는 샌드위치 하나와 캔디바 두 개밖에 들어있지 않았다. 그해 여름, 나는 매일같이 양복 차림으로 영화감독들과 작가들, 그리고 편집자와 녹음기사들과 함께 돌아다녔다. 아무도 사용하지 않는 허름한 방 하나를 발견하고 누구에게도 물어보지 않고 그곳을 차지했다. 나는 가게에서 플라스틱 명판을 사서 건물 안내판에 붙여놓았다. 거기에는 '스티븐 스필버그, 23C호'라고 적혀 있었다."

사명을 지지해줄 사람들의 명단 만들기

당신의 사명을 지지해줄 사람들의 명단을 작성하기 위해서는 먼저 당신의 새로운 사명으로 영향을 받게 될 중요한 사람들의 명단을 만들어야 한다. 그들 한 사람 한 사람과 약속을 잡아 당신의 사명이 그들에게, 그리고 그들과 당신의 관계에 의미하는 바가 무엇인가에 대해 이야기해본다. 당신의 인생에서 중요한 사람들과 이야기할 때, 당신의 사명과 그것을 발견하기 위해 겪었던 과정들을 자세하게 이야기해주어야 한다. 그 사람과 당신의 관계가 얼마나 중요한지를 이야기하라. 당신이 사명을 좇아 살면서 그 사람과 좋은 관계를 유지하고 싶다는 뜻을 전달하라. 그들에게 당신 인생의 새로운 방향을 지지해달라고 부탁하라. 당신의 사명과 그 사람의 계획과 목표 간에 상승 작용을 일으킬 만한 게 있는지 살펴보라.

이제 당신은 행동을 취할 단계가 되었다. 당신은 자신의 사명을 좇는 일을 즐기게 될 것이며 또한 다른 사람들을 돕는 데서 또 다른 무언가를 얻게 될 것이다. 다른 사람들을 위해 무언가를 남길 수 있다는 것은 믿을 수 없을 정도로 가슴 벅찬 경험이다. 당신이 살아있는 동안이건, 아니면 이 세상을 떠나고 나서이건 간에 말이다.

하나의 사명:
다른 사람들을 위해 무언가를 하기

이탈리아 출신의 유명한 르네상스 예술가인 미켈란젤로는 자신의 사명으로 수많은 사람에게 위대한 유산을 남긴 좋은 예이다. 교황은 미켈란젤로에게 시스티나성당 천장에 그림을 그리라고 명했다. 사실 그는 이미 위대한 예술가로서 자신의 꿈을 실현하여, 예술을 통해 다른 사람들의 삶을 풍성하게 만들고 있었다. 로마에 있는 바티칸 교황 궁전 내부에 있는 시스티나성당은 수백 년 전에 지어진 건물로 앞으로도 수백 년 동안 그곳에 있을 것이다.

미켈란젤로는 자신을 조각가라고 여겼다. 위대한 예술품을 창조하려는 그의 사명감은 일찍이 시작되었다. 그는 18세 때 인체의 구조를 알기 위해 시체를 해부하면서 한 해를 다 보냈다. 다음의 글은 미켈란젤로가 쓴 것으로, 그가 추구했던 사명의 본질을 잘 보여주고 있다.

예술가와 그의 작품

어떻게 저 작품이, 모든 사람이 오랜
경험으로 배울 수 있는 게 될 수 있을까?
단단한 대리석에 새겨진 살아있는 듯한 형상들은
세월로 먼지가 될 조각보다 오래 살아남을 거라네.

완주하면 예술품을 낳는다네. 예술에는 목적이 있고
예술은 자연을 뛰어넘네. 공들여 조각하는 나,
이것을 잘 알고 있어. 예술의 경이로움은
엄한 폭군인 시간과 죽음에도 살아남는다네.

그래서 나는 우리 둘에게 오랜 생명을 줄 수 있어.
색이든 돌이든, 어떤 방법으로든
당신의 얼굴과 내 얼굴 모양을 만들면서.

이 장에서 소개한 성취자들은 대부분 세계적으로 유명한 사람들이다. 그러나 위대한 사명을 좇아 살기 위해서 당신이 반드시 세계적인 명성을 얻어야 할 필요는 없다.

숭고한 사명에 관한 이야기

메리 제인 셰퍼드는 1992년 12월 18일에 세상을 떠났다. 그녀는 유명한 사람이 아니었다. 세상을 바꿀 만한 기술을 개발한 것도 아니었고 기업체를 세운 것도 아니었다. 그러나 그녀는 숭고한 삶을 살았다. 메리 제인 세퍼드가 추구한 사명, 즉 건강하고 사랑이 넘치는 가정을 이루는 것은 유명한 사람들의 사명 못지않게 중요한 것이었다. 해리 세퍼드의 아내이며 네 아이의 어머니로서 켈리포니아주의 샌 마테오에 살았던 그녀는 가족과 친구들에게 사랑의 빛을 비춰주는 존재였다.

그러나 메리 제인의 가족 구성원은 그녀의 직계 혈육만으로 제한되지 않았다. 그녀는 갈 곳이 없는 자기 아이들의 친구들이나 우연히 만난 사람들을 입양했다. 그녀는 사랑의 감정을 사방으로 퍼뜨렸다. 다른 사람에 대한 온정과 관심은 마치 자석처럼 친구들을 곁으로 끌어들였다. 남편 해리는 그녀를 성자라고 불렀고, 아들 찰스는 어머니를 일컬어 자기 인생에서 타인에 대한 연민을 발견하도록 도와준 위대한 스승이라고 불렀다.

메리 제인의 집에 가보면 부엌 한쪽 벽에 걸린 줄들을 볼 수 있다. 이 줄에는 색색의 빨래집게 수백 개가 달려 있는데, 각 집게는 그 집에서 밤을 보낸 손님들을 나타내는 것이다. 메리 제인의 확장된 가족은 하나의 커뮤니티를 이루었다. 메리 제인이 만든 커뮤니티의 멤버인 짐 콘로우는 〈만드는 이〉라는 제목으로 그녀에 대한 시를 썼다. 그녀를 묘사한 구절은 다음과 같다.

> 만드는 이는 가장 위대한 마법사이며 성자라네.
> 그녀는 사랑의 마법과 사람을 이어주는 삶을 만들었네.
> 빵을 굽고 정원을 가꾸며,
> 아이들과 그 아이의 아이들을 낳고 키우며,
> 연민을 실로 삼아 커다란 융단을 짠다네.

메리 제인은 젊은 시절에 앞에서 언급한 사명 발견 과정을 모두 거쳤다. 그녀는 사람들을 정서적으로 연결 짓는 일에서 대단한 열정을 발견했다. 그녀는 사랑과 연민이라는 자신의 중요한 가치를 발견했다. 그녀는 이런 열정과 가치를 합쳐 다른 사람에게 봉사하는 숭고한 삶에 대한 원대한 비전을 성취했다. 그리고 구체적인 방향을 정해 노력한 결과 가족과 친구로 이루어진 커뮤니티를 만들어냈다. 그녀는 자신의 사명과 자기 자신을 완전히 일치시키려고 깊이 생각했다. 자기 사명을 위해 살아가는 데 방해가 되는 것은 모두 옆으로 치워놓거나 피하곤 했다. 그중에서도 가장 뛰어난 점은 그 방해물들을 자원으로 바꿔 이용한 것이다. 그녀는 자기 자신에게서, 그리고 자신을 이끌어주는 주위 사람 모두에게서 동의를 얻을 수 있었다. 이런 과정을 통해 그녀는 자신의 친구들과 가족으로 이루어진 마을 형태로 된 유산을 남길 수 있었다.

암으로 투병하다 68세에 세상을 떠난 후에도, 타인에 대한 그녀의 사랑은 그녀를 명예롭게 기억하는 모든 사람을 통해 빛나고 있다. 메리 제인은 인생의 마지막 순간에 이르러 아들 찰리에게 이렇게 말했다. "나는 내가 하러 온 일을 모두 해냈단다."

자기 사명을 발견하는 데 주어지는 최상의 보상은 바로 이런 것이리라. 우리가 자기 사명에 따라 살아가고 있는지를 어떻게 알 수 있을까? 나 이외의 다른 사람은 누구도 말할 수 없다. 오직 자기 자신만이 자기의 사명을 발견하고 스스로에게 알려줄 수 있다.

요약

다음 장으로 넘어가기 전에 이 장에서 발견한 당신의 사명들을 적어 보라. 앞으로 그 사명은 변할 수도 있다. 다음 장을 완전히 이용하기 위해서는 우선 이 장에서 사용한 과정의 결과를 잘 정리해두는 것이 중요하다. 당신 삶에 대한 열정과 관심, 중요한 가치와 원칙, 원대한 비전과 특정한 방향 및 행동에 대해 참조할 수 있는 것이 포함되어 있는지 확인하라. 가장 중요한 것은 그것이 사명의 본질적인 핵심에 합치하도록 만드는 것이다. 즉, 매일같이 실천할 수 있지만 결코 끝나지 않는 일이어야 한다.

자기의 사명에 다가가기 위해 필요한 단계를 정리하면 다음과 같다.

- 삶에 대한 열정을 발견한다.
- 자신에게 가장 중요한 가치와 원칙들을 재점검해본다.
- 원대한 비전을 발전시킨다.
- 특정한 방향을 찾는다.
- 자신과 자기의 사명을 일치시킨다.
- 다른 사람들에게서 지지를 얻는다.

이제 당신의 사명을 성취하기 위한 특정한 목표를 설정하고, 그것과 관련된 현재의 목표들을 재검토해볼 시간이다. 그저 시멘트를 바르고 그 위에 벽돌을 쌓으면서 하나의 벽을 만들고 있는 벽돌공이 되고 싶은가? 아니면 인간이 이루어낼 수 있는 것에 대한 기념물을 짓고 싶은가? 사명이 없는 삶에는 열정과 깊은 의미가 없다. 그러나 사명 안에 있는 목표는 꿈을 현실로 바꾸어주고 당신이 하는 모든 일에 의미와 열광과 즐거움을 가져다준다.

> 당신이 할 수 있는 일이나
> 꿈꿀 수 있는 일을 무엇이든 시작하라. 그 안에서
> 용기는 재능과 힘, 마법을 가질 수 있다.
>
> 요한 볼프강 폰 괴테(독일 작가)

5

목표 성취하기

목표를 성취하기 위한 두 가지 방법

목표를 설정하고 성취하는 데는 두 가지 방법이 있다. 전통적인 방법에서는 밖에서 안으로 향하는 목표 설정법을 강조한다. 이것은 '만일 세상에서 어떤 위대한 일을 이루어내면, 당신은 성공한 사람이 되고 좋은 기분을 느끼게 된다.'라는 의미이다. 하지만 이런 식으로 목표를 설정하면 그 목표는 날마다 당신이 정말로 즐기면서 하는 것과는 동떨어진 것이 되기 쉽다. 또한 만일 그 목표가 즐거운 것이 아니라면 위대한 성취로 연결되기도 어렵다. 이제 이런 전통적인 접근 방법이 빠지기 쉬운 네 가지 함정에 대해 알아보자.

함정 1:
쉬기 위한 삶

목표를 정할 때 사명이 되지 못할 만한 것을 목표로 정하는 사람들은 쉬는 것을 가장 중요한 가치로 꼽기 쉽다.

"5년 내로 은퇴해서 요트를 타면서 살고 싶어"

"나는 호숫가에서 편하게 쉬면서 매일 낮 12시까지 잠을 잘 거야."

이런 종류의 목표는 오직 도망치고 싶도록 고통스럽고 부조화스러운 일상을 강조할 뿐이다. 만일 고통 때문에 아무것도 하고 싶지 않다면, 일단 잠깐 당신의 진짜 사명을 찾아내는 데 집중해본다. 고통이 사그라들면 그때 사명을 추구하는 일에 기꺼이 도전해본다. 존 우든 코치는 이렇게 말했다. "쉬운 일을 하면서 큰 즐거움이나 만족을 얻을 수는 없다."

함정 2:
물질적인 상태에만 관심이 있는 광고의 유혹

많은 사람이 처음에는 물질적인 상태에만 집착하는 고정된 이미지에 따라 목표를 택한다. "나는 수백 평짜리 집을 사서 근사한 성처럼 꾸밀 거야. 비싼 메르세데스 세단이랑 요트도 사야지."

물론 이런 것들을 즐길 수도 있다. 하지만 몇 년을 들여 이런 것을 이루려 하기 전에 먼저 그렇게 하면 정말로 누구의 욕구가 충족되는 것인지 확인해볼 필요가 있다. 혹시 당신의 물건을 가지고 즐길 사람은 당신이 아니라 가정부나 요트 선장이 아닐까?

오늘날 우리가 가지고 있는 목표에 대한 많은 많은 이미지는 광고에서 비롯된 것이 많다. 당신은 좋은 삶에 대한 이미지를 "옆집만큼은 살아야죠."와 같은 광고 문구에서 나온 사회계층 구조에서 영향을 받고 있음을 알게 될 것이다. 미국의 계층 구조 안에서 광고의 본질에 대한 흥미로운 탐색을 한 책이 있다. 폴 푸셀의《계층》과 대니얼 부어스틴이 쓴《이미지》라는 책은 이 문제를 다루고 있는 좋은 책이다.

만일 당신이 매스컴이 유도한 소비 가치가 당신의 사명을 지지해줄 깊이 있는 가치에 비해 훨씬 경박한 것임을 알게 된다면, 이런 물질적인 상태에만 관심을 두게 만드는 광고의 유혹을 뿌리칠 수 있을 것이다.

함정 3:
'만일/그렇다면' 식의 재정적인 목표들

"만일 내가 싫어하는 이 일을 하면서 충분한 돈을 벌 수 있다면, 나는 그 이후에 내가 정말 좋아하는 일을 할 수 있을 거야."

돈 그 자체를 목표로 삼는 사람들은 가치 있는 사명을 찾기가 어렵다. 죽음을 앞둔 사람이 그동안 돈을 많이 벌지 못했다고 슬퍼하는 일은 없다. 대개는 돈이나 권력, 사회적 지위, 명예 같은 것보다는 더 근본적인 가치를 아쉬워한다.

우리는 일해서 버는 돈으로 생계를 이어가지만 인생을 만들어가는 것은 우리가 남들에게 해줄 수 있는 봉사이다. 돈이 당신의 사명을 이루는 데 도움이 되도록 하려면 먼저 돈의 정의를 내릴 필요가 있다. 좋은 예는 이런 것이다. "돈은 우리 삶의 에너지를 주고 교환하기로 선택하는 무언가이다."

우리는 삶의 에너지를 돈과 교환하고 있으므로 돈은 중요하고 필수적인 요소가 될 수 있다. 우리 몸이 공기를 흡수해야 하듯, 우리의 사명도 돈이 필요하다. 그러나 돈은 그 자체가 목표가 될 수 없으며, 더욱 중요한 무엇인가를 성취하기 위해 필요한 수단이다. 어떻게 하면 가능한 한 많은 돈을 벌 수 있을까 하고 고민하는 것은 마치 시끄럽게 작동하는 환기장치에 앉아있는 것과 같다. 아마 당신은 어지러움을 느끼며 현실 감각이 무뎌질 것이다. 성공한 경우에는 더 그렇다.

돈 자체를 목표로 여기는 태도의 또 다른 문제점은, 당신이 좋아하지 않는 일을 해야 한다는 점이다. '만일/그렇다면' 식의 재정적인 목표를 가진 사람들은 일상적으로 일관성의 부족을 경험할 뿐만 아니라 자기가 생각하는 것보다 훨씬 늦게 재정적 보상을 받기 쉽다.

자신의 사명을 추구하면서 돈을 많이 버는 게 나쁘다는 이야기는 아닙니다. 많은 위대한 성취자가 돈을 벌기 위해 자기 삶의 일부를 사용했다. 어윙 카우프만은 이런 사명을 좇은 사람이다. 매리언 메렐 도우 제약회사의 창립자인 그는 수십억 달러에 달하는 돈을 벌었다. 그는 이 돈을 들여 사회 복지를 실천하고, 캔자스시티 야구팀에게 연습할 공간을 만들어주기 위한 재단을 설립했다. 이를 통해 카우프만은 다른 이를 돕는 일에서 즐거움을 얻는다는 자신의 사명을 실현했다. 예를 들어, 카우프만 재단은 캔자스시티 지역에 사는 수백 명의 젊은이가 대학 교육을 받을 수 있도록 도와준다. 카우프만은 이렇게 말했다. "우리는 남들에게 무언가를 줌으로써 인생을 창조합니다. 나는 살아있는 동안 내 돈으로 다른 사람들을 도우면서 즐거움을 느낍니다."

돈을 많이 버는 것은 결코 그의 주요 목표가 아니었다. 그는 사회를 개선하고자 했으며, 그의 유산은 미국에서 가장 활발한 재단의 형태로 세상에 도움을 주고 있다.

함정 4:
수단과 목표

어떤 영업사원이 일정한 기간 안에 정해진 만큼 물건을 팔아치우기로 목표를 세웠다고 하자. 이 목표를 이루기 위해 그 영업사원이 사용할 수단은 무엇일까? 만일 근본적인 가치와는 관계없는 이런 목표가 그 사람의 사명이 되면, 그는 고객을 대할 때 정직함과 성실함보다는 은근히 압력을 가하는 전략을 사용하고 싶어 할 것이다. 이 영업사원은 자기가 파는 물건에 대해 잘못되고 신빙성 없는 설명을 할 것이고, 그렇게 되면 결국은 수단과 목표가 뒤바뀌는 함정에 빠지게 된다.

이런 전략은 단기적으로는 판매량을 채울 수 있게 해주겠지만 결과적으로 볼 때 그 영업사원과 회사의 평판은 나빠진다. 만일 그가 이 사실을 모른다면, 무엇보다도 곤란해지는 것은 영업사원 자신일 것이다. 사명이 아닌 다른 것을 목표로 추구하는 사람들은 자기기만이라는 문제에 빠지게 된다. 그 영업사원은 진정으로 중요한 가치를 부인하면서 점점 중요한 것으로부터 멀어질 것이다. 캔자스시티에 위치한 록허스트 대학의 총장인 토마스 새비지는 "우리의 자기기만 능력에는 한계가 없다."라는 말을 했다. 이와는 반대로, 우리가 자신의 가장 깊이 있는 가치에 의해 정해진 윤리에 따라 행동하면, 우리의 목표는 깊은 생각을 통해 얻어진 사명과 잘 맞아떨어지게 되며, 성공과 복지와 사람들이 저절로 우리 곁에 다가올 것이다.

사명을 지향하는 목표는 성취할 만한 가치가 있다

그렇다면 어떤 목표가 실로 성취할 만한 가치가 있을까? 그것은 바로 우리가 사명(지향적인 목표)이라 부르는 것이다. 만일 당신이 앞장에 나온 연습들을 마쳤다면, 당신의 사명과 그것을 성취할 수 있는 방향이 당신의 가장 깊이 있는 가치에서 솟아 나왔을 것이다. 당신이 목표설정의 전통적인 네 가지 함정을 피해 의미 있고 재미있으며 열정적인 인생의 방향, 즉 당신의 사명을 알았다고 생각해보자. 이제 성취할 만한 가치가 있는 목표를 향해 의미 있는 행동을 시작해야 할 때이다. 위대한 사명은 언제나 특정한 목표를 성취할 때 비로소 의미가 있다. 사명 지향적인 목표들은 사명이 정의하는 다양한 역할을 당신이 행함으로써 달성된다. 사명을 이루기 위해 할 일은 당신의 내면에서 나와서 사명 속에 자연스럽게 나타나게 된다. 당신이 수행하는 각각의 역할들은 당신의 관심과 열정, 비전과 가치, 그리고 원칙을 표현하는 정체성을 제공한다. 이런 점에서 볼 때, 사명 지향적인 목표는 밖에서 안으로 향하는 전통적인 접근 방법과는 반대된다. 사명 지향적인 목표는 내면에서 비롯된다.

위대한 성취자가 가장 하기 어려운 것은 자기가 좋아하지 않는 일을 하는 것이다. 세계적인 개썰매 선수인 수잔 버처는 여기에 대해 이렇게 말한다. "나는 야생 속에서 살 수 있고 동물들과 함께 할 수 있는 곳으로 옮겨가고 싶었어요. 그리고 그건 하고 싶다면 그냥 하면 되는 것이죠."

사명은 의미 있는 행동을 만들어낸다

당신은 자기가 좋아하는 일을 하면서 큰 성취를 이루어 삶을 빛낸 위대한 성취자들을 모델로 삼을 수 있다. 또한 어떻게 하면 되는지 알고 있는 사람들을 흉내 내면서 그 방법을 배울 수도 있다. 영화제작자가 되고자 했던 스티븐 스필버그의 사명을 떠올려보자. 영화감독이라는 특정한 역할 속에서 그는 편집자들과 공동작업을 하면서 감독 일을 하기 위해 자신의 기술을 향상했다. 겨우 17세 때 유니버설 스튜디오로 걸어 들어가서 누구에게도 물어보지 않고 빈방을 하나 차지하고는 자기 이름이 적힌 명패를 내걸었다. 그는 사람들에게 자기가 만든 8mm 영화들을 보여주고 감독 기술을 발전시킬 수 있는 도움을 얻었다. 바로 이것이 목표를 성취하기 위한 용기 있는 행동이다!

그가 자신의 사명을 발견할 수 있었기 때문에, 영화감독이라는 명확한 정체성 속에서 자연스럽게 특정한 목표를 추구하는 용기가 생겨났던 것이다. 그가 이런 특정한 목표를 추구할 수 있었던 것은 내면에서 솟아나는 사명에 기반을 둔 깊은 정서적인 헌신 덕분이었다. 또한 그

랬기에 쉬지 않고 계속해서 노력할 수 있었다. 목표를 결정할 때는 반드시 그 목표가 성취할 만한 가치가 있는 것인지 확인해야 한다. 그것은 사명에 기반을 둔 목표여야 한다. 사명에 기반을 둔 목표는 어떤 느낌일까? 다음에 나오는 것은 이런 느낌을 가질 수 있도록 도와주는 연습 과정이다.

가장 좋아하는 특정한 인물이 되어보기

① **영웅을 떠올려라:** 당신이 아주 존경하는 인물을 한 사람 고른다. 그 사람이 한 일을 떠올릴 때면 흥분과 영감을 얻을 수 있는 그런 사람을 골라라. 어떤 사람들은 윈스턴 처칠이나 간디, 마틴 루터 킹, 수잔 B. 앤소니, 혹은 프랭클린 루스벨트 같은 역사적으로 유명한 인물을 선택한다. 또 어떤 사람들은 예수나 모세, 혹은 마호메트와 같은 종교 지도자를 고르기도 한다. 가족 중 한 사람, 직장 동료, 혹은 친구와 같이 개인적으로 알고 있는 사람을 고를 수도 있다. 아니면 로빈후드나 원더우먼처럼 지어낸 이야기나 전설 속에 나오는 사람을 골라도 상관없다. 그 사람들을 생각할 때 떠오르는 느낌이 당신을 이끌도록 하라.

② **특정한 목표를 보라:** 당신이 선택한 영웅이 사명을 좇아 이루었던 목표를 선택한다. 기간 산업을 일으켜 거기에서 얻은 부로 미국의 공공 도서관을 지은 앤드류 카네기일 수도 있고, 저항 운동에 참여했던 간디를 떠올릴 수도 있다. 세계인권선언문이 통과되는 데 기여한 루스벨트나 아이들 교육에 주의를 기울였던 마리아 몬테소리일 수도 있다. 아니면 MS DOS를 개발한 빌 게이츠라도 좋다. 당신이 마음속에서 본 것이 무엇이건 간에, 그 사람이 사명을 추구하면서 나타낸 특정한 행동들을 보라. 그 목표를 나타내는 30초짜리 영

화를 만들어보자. 그 이미지가 생생한 빛깔로 가까이 보이도록 만들어 마음속에서 관람해보자. 그 영화가 의미와 영감으로 가득 차도록 만들어보자. 그러고 나서 그 영화를 다시 앞으로 감아두고 잠시 쉰다.

③ **직접 역할을 맡아보라:** 이 영화에서 그 영웅이 맡았던 역할을 직접 연기해보자. 영웅으로 변신한 당신의 가치, 목표원칙들과 사명감을 느껴보자. 마음속 비디오 플레이어의 재생 버튼을 누르고 영화를 돌린다. 마음속으로 그 장면을 완전히 연기한다. 연기를 하는 동안 드는 느낌들을 놓치지 마라.

④ **자신에게 질문하라:** 이 역할을 연기하면서 자신에게 이런 질문을 해보자.
- 나의 동기는 무엇인가?
- 왜 나는 목표를 성취하기 위해 이런 행동을 했는가?
- 이 목표가 어떻게 더 큰 나의 사명과 합치하는가?
- 이 목표를 추구하는 동안 어떤 느낌이 드는가?

⑤ **다시 자신으로 돌아오라:** 영웅 역을 연기하는 동안 사용된 자원 중 무엇이 당신 자신의 사명을 성취하는데 필요한지 생각해보자. 이 연습을 통해 배울 수 있는 가장 중요한 점은 사명에 기반을 둔 목표들을 추구할 때 어떤 느낌이 드는가 하는 것이다.

위대한 많은 성취자가 자신이 좋아했던 성취자들의 전기를 많이 읽었다. 카우프만은 12세 때, 미국의 모든 대통령과 중요한 사업가들의 전기를 읽었다. 그는 영업사원, 기업가, 제약회사 중역, 지역사회 운동가, 야구팀 구단주, 아들, 아버지, 남편 그리고 박애주의자라는 다양하고 환상적인 역할을 추구하며 살았다.

당신 역시 전기들을 읽으면서 앞에서 배운 연습을 실행해볼 수 있다.

이 과정을 반복하다 보면 당신의 내적 자원이 삶의 역할들 속에서 효과적으로 기능하도록 만들 수 있다. 다른 사람들이 볼 때는 당신이 그저 책을 읽고 거기에 대해서 생각하는 것처럼 보일 것이다. 그러나 당신 안에서는 책을 읽으며 자신의 역할들에 대한 느낌이 크게 달라질 것이다. 계속해서 이런 연습을 반복하다 보면, 자신의 사명 지향적인 목표를 성취하는 데도 도움을 얻을 수 있게 된다.

역할이 중요한 이유

우리는 역할에 대해 많은 이야기를 했다. 왜 그 역할들이 중요한가? 자기 자신의 역할을 만들어내는 방법을 배우면 배울수록 스스로 선택한 인생을 보다 충실하게 살 수 있다. 역할 정체성은 우리 신념 체계의 중요한 측면이다. 이 정체성은 여러 가지 면에서 서로 다른 방법으로 구성된다. 인생에 대해 새로운 사명을 얻게 되면, 동시에 새로운 역할 정체성도 얻게 된다. 당신의 사명이 당신의 역할을 결정하며, 당신의 역할이 당신의 목표를 결정한다.

예를 들어 어떤 사람이 책을 아주 많이 읽는다고 치자. 그러나 만일 그 사람이 작가라는 정체성을 가지고 있지 않다면, 그 사람은 독서를 통해 글 쓰는 방법을 배우지는 못할 것이다. 하지만 '나는 작가다.'라는 강한 믿음을 가진 사람은 그렇지 않은 사람과는 아주 다른 방식으로 책을 읽는다. 작가는 독서를 통해 정보를 얻을 뿐만 아니라 거기에서 글 쓰는 기술을 배운다.

만일 어떤 사람의 사명이 최고의 자동차 정비공이 되는 동시에 공예 작품을 통해 자신의 예술성을 표현하고 가족과 친구들에게 사랑과 친절을 베푸는 것이라면 그가 사명을 이루기 위해서는 다양한 역할이 필요할 것이다. 이 경우 그는 회계사, 예술가, 형제, 아버지, 남편, 연구자,

문제 해결사, 서비스 공급자, 아들, 그리고 직장인이라는 다양한 역할을 수행하게 된다. 각각의 역할에는 특정한 목표가 있다. 각 역할을 어떻게 생각하느냐에 따라 그 역할을 어떻게 수행하는가 하는 데 큰 차이가 생긴다.

목표성취 과정을 위한 역할

당신이 살면서 맡게 되는 역할 몇 가지를 생각해보자. 이 장에서 우리는 인생의 역할을 다음과 같이 네 가지 주요한 타입으로 조직화했다. 개인으로서의 역할, 직업인으로서의 역할, 가족으로서의 역할, 시민으로서의 역할이 그것이다. 이런 역할 중 몇몇은 서로 겹치기도 하고 또 역할을 분류하는 데 많은 방법이 있겠지만 중요한 것은 당신의 사명과 관련해서 가장 중요한 역할을 결정한다는 점이다.

개인으로서의 역할

개인으로서의 역할은 다른 역할을 하기 위한 기반이 된다. 다양한 개인적 역할이 있다. 여기에서는 실생활에서 대표적으로 분류해볼 수 있는 역할의 일부를 소개한다.

당신의 사명에는 다양한 역할이 필요하다. 앞의 목록은 단지 당신 머릿속에 들어있는 역할에 대한 개념을 보다 명확하게 떠올릴 수 있도록 도와주는 대표적인 예일 뿐이다. 예로 제시한 사람들 역시 자기 사명을 좇기 위해 다양한 역할을 수행했다는 사실을 기억하라. 역할은 실제적이며 동시에 은유적으로 사용될 수도 있다. 예를 들어 만일 당신의 일부로서 현인 역할을 맡고자 한다고 해서 자기를 예수라

개인으로서의 역할	대표적인 예
예술가	피카소, 미켈란젤로
운동선수	마이클 조단, 마르티나 나브라틸로바
창조적인 일을 하는 사람	토마스 제퍼슨, 애모리 로빈스
발견자	니콜라우스 코페르니쿠스, 아이작 뉴턴
바보	스티브 마틴, 리어왕의 광대
자기 자신의 친구	휴 프래더
영웅	마틴 루터 킹, 수잔 앤소니
사냥꾼	톰 브라운 주니어
지도자	마하트마 간디, 윈스턴 처칠
배우는 사람	알베르트 아인슈타인
마법사	멀린
명상가	교황 요한 바오로 2세
현자(賢者)	예수
성자(聖者)	테레사 수녀
전사(戰士)	노만 슈바르츠 코프 장군

고 생각하며 세속의 인연을 끊고 온종일 기도만 해야 한다는 뜻은 아니다. 현자라는 역할은 당신 안에서 기본적인 정체성으로 사용될 수 있다.

"나는 현자다. 현자로서 어떻게 사랑과 연민 그리고 지혜를 나누어 주면서 살아갈 수 있을까?"라는 질문을 던질 수도 있다. 현자라는 정체성을 가진다는 것은 일상적인 기준에 맞추어 행동하거나 영적인 글을 읽기 전에 먼저 곰곰이 숙고하고 자기 자신에 대한 비전을 떠올린다는 것을 의미한다. 이런 행동들은 결국 현자라는 당신의 개인적인 역할을 이루기 위한 목표가 될 것이다. '만일 누군가가 할 수 있는 일이라면 다른 사람도 배울 수 있다'는 NLP의 기본전제를 기억하라. 다시 말하지만 당신이 믿는다면 그렇게 될 수 있다.

이런 개인적인 역할이 당신 자신과 사명을 위한 것이 되려면 어떤 역할이 당신의 사명과 잘 어울리는지 결정하는 일이 중요하다. 만일 아직 자신의 사명이 무엇인지 확신할 수 없다면 3장으로 돌아가 사명을 발견하기 위한 절차들을 반복하라. 사명을 발견한다는 것은 바로 당신 삶의 목적을 찾아낸다는 뜻임을 기억하라. 이 세상에 당신의 시간보다 더 값비싼 것은 없다.

개인으로서 가장 기본적인 역할이라 할 수 있는, 자신에게 좋은 친구가 되는 일부터 시작해보자. 모든 사람에게는 이런 역할이 필요하다. 이 역할은 어떻게 자기 자신과 우정이 깃든 의사소통을 하는가와 관련이 있다. 자신의 신체적인 건강, 정서적 건강, 영적인 안녕 등은 모두 얼마나 자기 자신과 건강하고 긍정적인 의사소통을 할 수 있는가에 달려있다. 당신은 자기 자신을 가장 소중한 친구로 대접해주고 있는가? 만일 이런 질문에 명확히 대답할 수 없다면, 지금부터라도 좀 더 자기에게 좋은 친구가 되도록 노력해야 한다.

우리는 단순히 거울에 비친 자기 모습과 의사소통하는 것 이상을 할 수 있다. 많은 사람이 자기 마음속에 있는 강력하고 현명한 친구와 직접 의사소통할 수 있다는 사실을 모르고 있다. 우리는 9장에서 이 방법을 좀 더 구체화해볼 것이다.

자기 안에 있는 다양한 부분과 의사소통하는 것은 흥미롭고도 재미난 과정이다. 당신 안에는 안전을 중요시하는 부분이 있을 수도 있고 좋은 인간관계를 원할 수도 있다. 서로 다른 부분이 각기 다른 필요와 욕구, 특성을 가지고 있다. 자기 자신과의 관계는 내적 의사소통을 통해 가까워질 수 있다. 어떤 사람들은 자기 자신을 잘 이해하고 사랑한다. 하지만 어떤 사람들은 자기를 비난하고 지치게 한다. 만일 당신이 두 번째 경우에 속한다면 그것을 변화시킬 방법을 생각해보자.

목표 성취 절차를 통해 이런 역할을 수행할 때는 자기 자신의 좋은 친구로서 효과적으로 임무를 다하기 위한 다양한 가능성이 생겨나게 된다. 당신은 자신과의 관계에서 어떤 가치가 가장 바람직한지를 확립할 수 있다. 당신이 원하는 변화도 포함해서 존경이나 신뢰, 사랑, 내적 조화, 협력, 그리고 집중과 같은 가치는 당신 손안에 달려있다. 다른 개인적인 역할 모두 당신의 사명에 중요한 것들이다.

이제 아래의 연습 과정을 통해 자신의 목표를 성취하기 위해 사용하게 될 역할들을 선택하는 과정을 경험해보자.

사명을 실현하기 위한 개인적인 역할 발견하기

① 개인으로서의 역할에 대한 목록을 읽어보고 자기 자신에게 물어보자. "훌륭한 _____가 되는 것이 내가 사명을 좇아 살아가는 데 꼭 필요할까?"
② 종이 위에 당신의 사명을 성취하기 위해서 꼭 필요하다고 여겨지는 역할들을 적어보자.
③ 만일 역할들을 적는 도중에 당신의 인생에서 중요하기는 하지만 사명과는 그다지 관계가 없는 역할이 있다면, 당신의 사명에서 그 역할이 중요한 위치를 차지하도록 변화시켜라. 그리고 이런 역할들을 목록에 포함시켜라.

직업인으로서의 역할:
고객에 대한 봉사

직업인으로서의 역할은 극적으로 변하고 있다. 특히 이전보다 더욱 자기계발을 추구하는 쪽으로 바뀌고 있다. 자신의 경력과 직업적 생활, 재정적 자원 등을 떠올리면서 어떤 변화를 원할 수 있다. 이때 머리에

직업적 역할	
예술가	보조자
전당포 주인	코치
동료	함께 일하는 사람
고객	의사
게으름뱅이	기업가
변호사	지도자
변화를 일으키는 사람	서비스 제공자
학생	하급자
관리자	교사
예언자	급료에 매인 노예
노동자	작가

떠오르는 이미지와 단어를 기억해두어라. 어떤 경력과 재정적인 성취가 당신의 특별한 사명을 더 잘 실현해줄지 생각해보자. 또한 거기에서 얻을 수 있는 즐거움에 대해서도 생각해보자. 전문적이고 생산적인 직업적 역할에는 많은 시간과 노력, 그리고 공부가 필요하다. 물론 다른 역할들도 그렇긴 하지만, 직업적 역할에는 보통 더 많은 것이 필요하다. 당신의 직업 생활에 어떻게 흥미진진한 변화가 일어날 수 있는지 상상해보고, 다양한 직업적 역할 목록을 훑어보자.

현재 당신의 직업적 역할에 대해 생각해보자. 만일 당신이 변호사라면 다음과 같은 다양한 역할을 선택할 수 있다. 고용된 총잡이, 약한 사람들의 보호자, 중계자, 교육자, 정의의 수호자, 돈벌이에 혈안이 된 사람. 모든 직업마다 다양한 역할을 맡을 수 있는 가능성이 열려있다. 현재 당신의 직업적 역할은 무엇인가? 당신은 급료에 매인 노예인가? 아니면 변화를 일으키는 사람이거나 지도자, 혹은 추종자인가? 고용인, 상담하는 사람, 일을 쉽게 만드는 사람, 기계 다루는 사람, 돈 버는 사람, 기업가인가?

당신의 현재 직업적 역할들을 종이 위에 적어보자. 당신은 그것들을 좋아하는가? 당신의 사명과 일치하는 것들인가? 만일 지금의 직업적 역할들이 당신의 사명과 잘 맞아떨어진다고 해도 이런 역할들을 수행하는 행동들을 더 세련되게 발전시키고 싶을 것이다. 만일 직업적 역할 중 일부가 정말 마음에 들지 않는다면 우선 머릿속에서 변화시켜라. 당신의 사명이 실현되는 동안 직업적 역할들은 어떻게 될 것인지 상상해보자. 이러한 직업적 역할을 당신의 현재 직장에서 해보든지 새로운 직장에서 해보든지 간에, 자신의 사명을 실현하기 위한 바람직한 역할 정체성을 만들어보자.

사명을 실현하기 위한 직업인으로서의 역할 발견하기

① 직업적인 역할들에 대한 목록을 읽어보고 나서, 자기 자신에게 물어보자. "훌륭한 _____가 되는 것이 내가 사명을 좇아 살아가는 데 꼭 필요할까?"

② 종이 위에 당신의 사명을 성취하기 위해서 꼭 필요하다고 여겨지는 역할들을 적어보자.

③ 만일 역할들을 적는 도중에 당신의 인생에서 중요하기는 하지만 사명과는 그다지 관계가 없는 역할이었다면, 당신의 사명에서 그 역할이 중요한 위치를 차지하도록 변화시켜라. 그리고 이런 역할들을 목록에 포함시켜라.

가족으로서의 역할

당신의 사명 속에서 좋은 가족관계는 어떤 위치를 차지하고 있는가?

사람과의 관계는 삶을 풍성하게 만들어준다. 많은 위대한 성취자가 자신의 삶을 뒤돌아보고, 직업적인 노력 때문에 가족 관계에서 친밀감을 느끼는 데 어려움을 겪게 되었다는 사실을 깨달았다. IBM사의 전임 사장이었던 토마스 J. 왓슨 주니어는 이 점에 대해 이렇게 말한다. "가족을 위해 충분한 시간을 낼 수 없는 관리자는 나쁜 관리자다."

배우자나 아이들, 부모, 형제자매처럼 가족 중 중요한 사람들과의 관계에 대해 생각해보자. 당신 인생에서 가장 중요한 사람은 누구인가? 만일 당신이 신장이식을 받지 않으면 죽을 상황이 된다면, 누가 신장을 기증해줄까?

가족으로서의 역할	
딸	매형이나 형부
사촌	삼촌
아들	양아버지
아버지	양어머니
어머니	이모나 고모
자매	장모
장인	조카
형제	

이 중에서 당신이 바라는 것만큼은 아니라 하더라도 중요한 역할을 하나 골라보자. 이 관계가 어떻게 변하기를 바라는지 생각해보자. 어떻게 하면 사명을 실현하며 이들과 원하는 관계를 이어갈 수 있을까?

사명을 실현하기 위한 가족으로서의 역할 발견하기

① 가족으로서의 역할에 관한 목록을 읽어보고 나서, 자기 자신에게

물어보자. "훌륭한 _____가 되는 것이 내가 사명을 좇아 살아 가는 데 꼭 필요할까?"
② 종이 위에 당신의 사명을 성취하기 위해서 꼭 필요하다고 여겨지는 역할들을 적어보자.
③ 만일 역할들을 적는 도중에 당신의 인생에서 중요하기는 하지만 사명과는 그다지 관계가 없는 역할이 있다면, 당신의 사명에서 그 역할이 중요한 위치를 차지하도록 변화시켜라. 그리고 이런 역할들을 목록에 포함시켜라.

시민으로서의 역할:
더 큰 커뮤니티와 자연과의 관계

당신의 삶과 일을 포함하는 더 큰 맥락, 즉 커뮤니티와 도시, 국가에 대해 살펴보자. 당신은 이 지구를 하나의 전일체로 생각할 수도 있다. 당신이 좋아하는 영웅들은 시민으로서의 역할을 다하며 살아갔는가? 당신의 사명 안에는 시민으로서의 역할이 포함되어 있는가?

사람들은 개별적인 존재로서 세상을 좀 더 나은 곳으로 만들기 위한 책임감을 가질 필요가 있다. 어떤 사람들은 자신의 직업적인 역할이나 부모로서의 역할 속에서 이러한 책임을 다하고 있다. 확실히 어머니와 아버지라는 역할은 시민으로서의 역할이라고도 볼 수 있다. 어떤 사람은 시민으로서의 역할이 자신의 직업적 역할과 가족적 역할 안에 추가되어야 한다고 여기기도 한다. 어떤 사람들은 자신의 직업적 역할을 시민으로서의 역할로 변화시키기도 한다. 마틴 루터 킹 목사는 성직자로서의 직업적 역할과 사회운동가라는 시민으로서의 역할을 함께했다. 이 역할을 통해 그는 1950년대와 1960년대에 남아있던 정의롭지 못한 인종차별주의와 분리주의에 비폭력적인 방법으로 도전했다. 우리는 모두 우리 밖에서 일어나는 일과 각 개인의 내면에서 일어나는 일 사이에 어떤 연결점을 느낄 필요가 있다. 훌륭한 문화사학자 모리스 버만(Morris Berman)은 그 필요성에 대해 다음과 같이 멋지게 표현했다. "내 몸의 살은 또한 이 지구의 살이기도 하다. (…) 당신 자신의 살과 그 안에 깃든 고통과 기쁨을 안다는 것은 그 자체보다 훨씬 큰 무엇인가를 알게 된다는 것을 의미한다. (…) 이것은 우리의 문명사회에서 계속해서 빠져나가는 것, 자연과 정신 간의 상호적인 관계를 포함하고 있는 그 무엇, 그리고 인간이라는 종이 살아남고자 한다면 가져야 할 그 무엇이다."

만일 당신이 야외 활동을 좋아하고 자연을 사랑하는 사람이라면, 환경과 관련된 역할을 떠올릴 수 있다. 당신은 지금 살고 있는 도시가 좀 더 맑은 공기와 좋은 대중교통 시스템, 자전거가 다닐 수 있는 길이 생기고 차량흐름이 더 나아지길 바랄 것이다. 아니면 인간이라는 종과 이 지구상에 있는 다른 생명체 간의 관계와 같은 더 크고 장기적인 주제를 고를 수도 있다. 많은 사람의 사명 중 일부가 이런 위대한 사명과 관련되어 있다. 당신이 이 세상을 바꿀 수 있다는 사실을 기억하라.

이 세상이 나아지게 된 힘의 원천은 언제나 개인과 작은 집단들이었다. 위대한 인류학자인 마가렛 미드는 이렇게 말했다. "작은 그룹들이 세상을 변화시켰고, 오직 그것만이 변화의 유일한 원동력이었다는 사실은 의심의 여지가 없다." 그리고 세상의 변화는 당신이 속한 집단의 변화에서부터 시작된다. 한 가족에서 다른 가족으로, 이 문제에서 저 문제로, 하나의 목표에서 다른 목표로 이렇게 점차적으로 일어난다.

여기에는 당신이 목표 성취 과정에서 이용할 수 있는 시민으로서의 역할을 선택하는 데 도움이 될 만한 예들이 열거되어 있다.

시민으로서의 역할	
대변인	환경미화원
코치	변화를 일으키는 사람
지역사회 운동가	위원회 멤버
범죄를 없애는 사람	원로
대서인	자연애호가
이웃	공무원
협동조합 발기인	박애주의자
혁명가	자원봉사자
투표자	

사명을 실현하기 위한 시민으로서의 역할 발견하기

① 시민으로서의 역할에 대한 목록을 읽어보고 나서, 자기 자신에게 물어보자. "훌륭한 _____가 되는 것이 내가 사명을 좇아 살아가는 데 꼭 필요할까?"

② 종이 위에 당신의 사명을 성취하기 위해서 꼭 필요하다고 여겨지는 역할들을 적어보라.

③ 만일 역할들을 적는 도중에 당신의 인생에서 중요하기는 하지만 사명과는 그다지 관계가 없는 역할이 있다면, 당신의 사명에서 그 역할이 중요한 위치를 차지하도록 변화시켜라. 그리고 이런 역할들을 목록에 포함시켜라.

사명을 좇아 살아가는 데 필요한 역할들을 목록으로 만들기

여기에는 사람들이 사명을 실천하며 살아가기 위해 필요한 역할들이 목록으로 정리되어 있다. 이 목록을 살펴보고, 당신의 사명에 필요한 역할들은 무엇인지 생각해보자. 당신의 목록에서 빠진 역할들을 추가시키자.

역할 정리

개인으로서의 역할	가족으로서의 역할
예술가	딸
운동선수	매형, 형부
창조적인 일을 하는 사람	사촌
발견자	삼촌
바보	아들
자기 자신의 친구	아버지
영웅, 사냥꾼, 지도자	어머니
배우는 사람	양아버지
마법사	양어머니
명상가	이모, 고모
현자(賢者)	자매
성자(聖者)	장모, 장인
전사(戰士)	조카, 형제
직업인으로서의 역할	**시민으로서의 역할**
예술가	지역사회 운동가
보조자	위원회 멤버
코치	범죄를 없애는 사람
동료	원로
함께 일하는 사람	대서인
고객	자연애호가
의사	이웃
게으름뱅이	공무원
기업가	협동조합 발기인
변호사	박애주의자
지도자	혁명가
변화를 일으키는 사람	자원봉사자

서비스 제공자	투표자
학생	
하급자	
관리자	
예언자	
급료에 매인 노예	
노동자	
작가	

역할과 가치들

당신 인생에서 각각의 역할은 특정한 목표를 성취하기 위한 한 영역에 속한다. 이런 목표들은 다른 사람과 차이를 만들어내고 당신 자신의 가치를 드러내게 한다. 당신의 사명이 실현될지 여부는 이런 다양한 역할이 당신의 삶에서 각각의 역할에 맞는 목표를 어느 정도 달성하는가에 달려있다.

형제나 자매, 의사, 노동자나 혁명가, 지식인, 친구, 학생 등 당신의 사명이 정의하는 역할들을 떠올려보고, 각각의 역할에 대해 다음과 같은 질문을 해보자. "내가 훌륭한 _____라는 증거는 무엇일까?"

물론 이 질문에 대한 당신의 대답은 당신 자신의 가치를 반영한다. 매일 실천해가야 할 사명이 당신의 가장 깊이 있는 가치 속에서 비롯되어야 한다는 점을 명심해야 한다.

앞선 연습에서 우리는 가장 깊이 있는 가치들의 목록을 작성했다. 그 목록과 다음에 나오는 역할 평가표 견본을 사용하여 당신의 역할들이 자신의 가치와 일치하는지 확인해보자. 당신의 가치들이 어떻게 배열되어 있는지 알고 나서 그 가치들에 적합한 이름을 붙일 수 있다면, 그것들을 당신의 모든 역할을 평가하기 위한 기준으로 사용할 수 있다.

역할들을 수행하는 데 얼마나 효율적인지 평가하기

당신이 자신의 사명을 수행하기 위해 중요한 열 가지 역할을 가지고 있다고 생각해보자. 이 역할에는 아버지, 형제, 삼촌, 친구, 동료, 관리자, 혁명가, 창조적인 일을 하는 사람, 자기 자신의 친구, 지역운동가 등이 포함된다. 또한 당신의 가장 깊이 있는 가치 중 네 가지가 성취와 즐거움, 사랑과 용기라고 생각해보자. 아래 표에 이런 역할들이 당신의 가치를 실제로 얼마나 잘 반영하고 있는지 검증해볼 방법이 나와 있다. 각각의 역할이 당신의 가치를 어떻게 나타내주고 있는지를 A에서 F까지 점수를 매겨가며 확인해보자.

역할 평가표 견본

가장 깊이 있는 가치들				
	성취	즐거움	사랑	용기
형제	B	B	A	B
동료	C	C	C	C
창조적인 일을 하는 사람	B	B	B	C
아버지	A	C	A	A
친구	B	C	B	D
자기 자신의 친구	D	D	D	C
지역운동가	A	A	A	A
혁명가	A	B	C	B
관리자	C	C	C	A
삼촌	B	B	A	B

표를 이용하는 방법

이 표는 평가 질문들을 정리하는 데 좋은 방법이다. 질문은 "나는 _____라는 가치를 _____라는 역할 속에서 얼마나 잘 드러내고 있는가?" 하는 것이다. 앞의 역할 평가표 견본에 나와 있는 역할들을 보면서 이런 질문들을 하나하나 던져보자. "나는 형제라는 역할 속에서 성취라는 가치를 얼마나 잘 나타내고 있는가?" 역할 평가표 견본을 보면서 어떤 역할들은 그 가치에 맞지 않는다는 것을 알 수 있다. 이 표에서 가장 맞지 않는 역할은 자기 자신의 친구이다. 이 사람이 "나는 나 자신의 친구라는 역할을 통해 성취, 즐거움, 사랑 그리고 용기라는 가치를 얼마나 잘 드러내고 있는가?"라는 질문을 해보지만 대답은 신통치 않다. 다음에 나오는 비어있는 표를 이용해서 자기 자신의 역할을 평가해보자.

자신의 역할 평가표

역할 \ 가치				

당신이 어떤 역할에 대해 A를 줄 수 있다면 이제는 다른 역할에 초점을 맞춰보자. 만일 모든 역할에 A를 줄 수 있다면 더 많은 가치와 역할을 추가해보자. 이 과정은 끊임없이 발전해가기 위한 것이다. 어떤 일을 추구하더라도 절정에 다다르게 될 때도 있고 아무런 호전도 없이 어떤 상태가 지속될 때도 있다. 각각의 역할을 능숙하게 다루게 된다면 그다음에는 좀 더 개선된 사명을 찾게 될 것이다. 잘 선택하면 보다 즐겁고 도전적이며 의미 있는 삶을 즐길 수 있다.

특정한 목표에 노력을 집중하기

자신의 사명을 추구하는 삶을 살기 위해서는 특정한 목표를 선택하는 것이 중요하다. 보통 처음 가보는 레스토랑에서는 메뉴를 주의 깊게 살핀다. 메뉴판에 적힌 음식 이름을 보며 상상해보고 맛을 음미해본다. 이렇게 음식 메뉴를 살펴보는 것처럼 당신 삶에서 주요한 역할들을 살펴볼 수 있다. 이런 과정을 통해 인생에서 특정한 역할을 선택하고 그 역할이 목표 성취 과정의 네 단계를 거치도록 한다. 이 과정은 음식 메뉴를 살피는 것과 비슷하다. 메뉴를 다 보고 나서 음식을 선택하듯이 당신의 삶에서 목표를 발전시키기 위한 특정한 역할을 선택하자.

천천히 시간을 들여 새로운 목표를 성취하고 싶거나 변화를 일으키고 싶다는 강한 느낌을 주는 역할을 하나 선택해보자. 만일 역할 평가표 견본이 당신 자신의 것이라고 생각해본다면, '자기 자신의 친구'가 선택의 대상이 될 것이다. 이 역할은 당신의 가치들을 잘 반영해주지 못하기 때문이다.

당신은 이미 사명에 대한 열정을 발전시켰으므로 이제는 행동할 때가 됐다. 사명을 보다 명확히 알게 되면 당신의 역할은 보다 확실하고 자연스러워진다. 다음에 나오는 목표 성취 과정을 통해 당신의 역할로 새로운 삶을 이루어갈 것이다. 당신이 이전에 맡아왔던 역할들은 이제부터 놀랍도록 발전해 매일의 일상 속에서 꽃을 피울 것이다. 이제 개선하고 싶은 역할을 골라 그 과정을 살펴보자. 역할들은 목표를 설정하기 위해서만 필요한 것이 아니다. 종합적으로 볼 때, 당신의 역할들과 당신이 그것들을 어떻게 수행하는가 하는 방식이 바로 삶 속에서 당신 자신이 누구인지를 보여주는 것이다.

목표 성취 과정

당신이 원하는 것이 무엇인지 아는 것은 NLP의 기본이다. 그 목표를 성취하고 나서 만족을 얻으려면, 지금 원하는 것이 정말 그럴 만한 가치가 있는지를 확인하는 일이 중요하다. 다음에 나오는 질문을 통해 정말 추구할 만한 가치가 있고 당신이 되고 싶은 모습과 잘 어울리는 목표를 찾아내는 데 도움을 주는 것을 NLP에서는 잘 형성된 '목표 조건(Well-Formed Conditions)'이라고 부른다.

구체적인 목표 선택하기

우선, 당신은 무엇을 원하는가? 이 장에서 떠올렸던 목표나 소망을 하나 골라보자. 너무 많은 목표가 떠오른다면 그것들이 서로 비슷한 것들인지 살펴보자. 예를 들어 당신이 원하는 것이 제시간에 맞춰 프로젝트를 수행하고, 주어진 과제를 마치고, 운동을 시작하는 것이라면 이 모든 것은 동기를 얻는 것과 관련된다. 만일 서로 비슷하지 않은 다양한 목표들이 떠오른다면 먼저 하나만 골라보자.

NLP에서는 목표를 생각하는 방식에 따라 큰 차이가 생긴다는 점을 발견했다. 같은 목표라도 그것을 쉽게 성취할 수 있는 방식으로 생각할 수도 있고, 거의 불가능한 방식으로 생각할 수도 있다. 다음에 나오는 질문들은 당신이 자신의 목표를 좀 더 쉽게 성취할 수 있는 방식으로 생각하는지 확인하기 위한 것이다.

당신의 목표를 하고 싶지 않은 것이 아니라 하고 싶은 것으로 표현해보자. 예를 들어 당신의 목표가 "나는 내 동료들이 그만 좀 징징거렸으면 좋겠다." "나는 내 제안서가 거절당했을 때 기분이 나빠지지 않았으면 좋겠어." "나는 발표할 때 너무 빨리 말하지 않았으면 좋겠어." 같은 것이라면 그 목표를 떠올릴 때, 하고 싶지 않은 일을 먼저 생각하게 된다.

이런 생각은 간단하게 다음과 같이 바꿀 수 있다. "나는 내 동료들이 자기가 맡은 일에 책임감을 가지길 바란다." "나는 그 피드백을 나의 제안서와 의사소통 기술을 발전시키는 기회로 받아들이고 싶다." "나는 말을 할 때 내 목소리를 들으면서 좀 더 여유롭게 말하길 바란다."

사람들이 자기가 하고 싶지 않은 일이나 피하고 싶은 일을 생각할 때는 초점을 맞추게 되므로 오히려 그런 일을 더 많이 하게 된다. 이것은 앞에서 살펴보았던 부정적인 언어의 효과이다.

당신의 목표를 스스로 이룰 수 있는 방식으로 표현해보자. 만일 목표를 성취하기 위해 다른 사람들을 변화시켜야 한다면 비록 그 변화가 좋은 것이라고 해도 당신은 불리한 입장에 서게 되고 그 사람을 변화시키지 못하면 당신이 원하는 것을 얻을 수 없게 된다. 우리 모두 다른 사람에게서 무언가를 얻고 그들을 위해 무언가를 해주고 싶어 한다. 그러나 다른 사람과는 상관없이 우리 스스로 도달할 수 있는 목표를 설정하는 게 중요하다.

처음에는 불가능하거나 자기중심적인 것처럼 보일 수도 있겠지만 그렇지 않다. 우리가 자기 자신의 능력과 힘을 인식할 수 있다면 엄청난 변화가 생길 것이다. 예를 들어 당신의 목표가 "상사가 나를 그만 좀 비난했으면 좋겠다."라는 것이라면, 이 목표를 이루기 위해서는 상사를 변화시켜야 하므로 그 목표가 당신의 통제하에 있다고 할 수 없다. 이 목표는 상사의 변화에 달려 있기에, 당신은 불리한 입장에 서게 된다.

만일 그 목표를 상사가 어떻게 생각하건 상관없이 "내가 여전히 수완 좋고 능력 있는 사람으로 남을 수 있는 방법은 무엇일까?"라는 식으로 바꿀 수 있다면, 그 목표는 당신의 통제하에 있게 된다. 이렇게 생각하면 상사가 비난할 때도 자신의 능력과 가치에 대해 좀 더 자신감을 유지할 수 있다. 아마 당신은 비난받을 때, 스스로 인정할 수 있는 부분은 받아들이고 그렇지 않은 부분은 흘려넘길 수 있는 능력을 가지고 싶을 것이다. 이렇게 할 수 있다면, 아무리 상사가 당신을 비난한다 해도 자신이 원하는 것을 얻으면서도 자신 있고 자원이 풍부한 상태를 유지할 수 있다.

다른 예를 들어보자. 당신이 "나의 가장 뛰어난 직원이 그만두려고 한다. 그녀가 돌아와 줬으면 좋겠다."라고 생각한다고 가정해보자. 당신은 그녀를 돌아오게 할 수 있는 통제력이 없으므로 그저 자신에게 "어떻게 그녀가 돌아와서 나를 위해 일하도록 할 수 있을까?"라는 질문을 던질 뿐이다. 아마 그녀는 능률적으로 일하며 당신의 지시가 명확하지 않을 때는 이를 정확히 지적해주었을 것이다. 그녀에게 일을 맡기면 마음이 편하고 결과에도 만족할 수 있었다.

이제 당신은 자신의 통제하에 있는 목표들로 목록을 만들었다. 이제 인생을 보다 효율적으로 만들고 의사소통 기술을 높일 수 있는 다른 방법들을 찾아볼 수 있다. 능력 있는 다른 사람에게 일을 맡기면서 마음을 편하게 먹을 수 있는 다른 방법을 찾아볼 수도 있다. 그 직원이 돌아올지 여부와는 상관없이 이런 일들을 시도해볼 수 있다.

이제 필요하다면 자신의 목표를 이런 식으로 바꿔보자. 자신의 목표가 긍정적이고 스스로 성취할 수 있는 방식으로 묘사되도록 만들어보자.

목표가 성취되었다는 증거는 무엇인가?

목표가 성취되었을 때 어떻게 그 사실을 알 수 있을까? 어떤 사람들은 목표가 과연 이루어졌는지 전혀 알지 못한다. 그들에게는 일상적인 행동들이 자기 목표 가까이 데려가 주는지 아니면 멀리 떨어뜨리는지를 알 방법이 없다. 그들은 무언가를 성취했다는 만족감을 느끼지 못한다. 예를 들어 당신의 목표 중 하나가 보다 성공하는 것이라고 가정해보자. 만일 당신이 특정한 감각적인 증거를 가지고 있지 않다면, 즉 성공했을 때 무엇을 보고 듣고 느낀다는 것을 생각하지 않는다면, 대단한 성취를 이루고도 성공을 느끼지 못한 채 그저 계속 일만 하고 있을 것이다. 어떤 사람은 미소짓는 것, 특정한 일자리를 얻는 것, 정해진 급료를 받게 되는 것 또는 어떤 구체적인 것을 달성하는 것을 성공이라고 정의하기도 한다.

만일 당신이 성공을 정의하지 않는다면 당신은 성공을 잡을 수 없다.

앞에서 선택한 목표를 떠올려보자. 목표를 성취했다는 증거가 그 목표와 밀접하게 관련이 있는가? 그 증거가 당신의 목표가 성취되었는지에 대한 정확하고 현실적인 대답을 해주는지 확인해보자. 예를 들어 목표가 효율적인 관리자가 되는 것이고, 그 증거는 하루가 끝날 때 좋은 기분이 드는가에 달려있다고 가정해보자. 이런 경우 하루가 끝날 때 드는 좋은 느낌은 물론 멋진 것이기는 하지만 효율적인 관리자가 되는 것과 크게 관계가 있는 것은 아니다. 이런 경우에는 좀 더 효율적으로 일하는 사람들을 관찰하고 더 나은 증거를 찾아야 한다.

당신의 목표가 효율적인 관리자가 되는 것이고, 일하는 사람 모두 당신에게 일을 잘하고 있다고 말해주는 것이 그 증거가 된다고 생각해보자. 이 경우 역시 좋은 증거라고 할 수는 없다. 만일 당신 밑에서 일하는 모든 사람이 "잘하십니다."라는 말만 해주기를 바란다면, 너무 안이해진 나머지 자신을 발전시킬 수 있는 기회를 잃게 되기 쉽다. 이런 경우에는 향상된 생산성이나 작업수행과 만족도를 직접 보고 듣는 쪽이 더 나은 증거가 될 수 있다.

목표에 대한 증거를 정할 때 있을 수 있는 또 다른 전형적인 어려움은 그 증거를 너무 먼 미래에 둘 때 일어난다. 너무나 많은 회사 중역이 이런 실수를 하고, 먼 미래에 얻게 될 좋은 집과 배우자, 높은 연봉을 행동과 만족의 지표로 삼는다. 물론 이런 것들도 멋지긴 하다. 하지만 과연 그때까지 행복을 멀리해야 할 만큼 그것들이 중요한 것일까?

대부분의 사람은 중간에 보상을 받을 수 있을 때 더 많은 동기를 얻는다. 좀 더 쪼갠 단계별로 목표 수행에 대한 증거를 얻는다면 목표 달성도 더 쉬워진다. 만일 최종 목표가 봉급 인상이라면, 먼저 당신은 보고서와 제안서를 작성하고 계약을 체결해 자신이 이전에 세웠던 기록을 경신해야 한다. 이런 경우 봉급이 아직 오르지 않았더라도 보고서를 작성했을 때는 자신에게 스스로 좋은 보상을 해주어야 한다. 아마 봉급이 오르는 경험보다는 보고서를 완성하는 경험을 더 자주 할 수도 있다. 만일 보고서를 완성할 때마다 보상을 해주어 좋은 기분을 느낀다면 봉급 인상 역시 더 빨리 일어나게 될 것이다.

이제 당신 자신의 목표를 다시 들여다보고, 그것을 달성해서 행복해지려면 얼마나 오랜 시간이 필요한지 확인해보자. 그리고 거기서 충분한 동기를 얻도록 계획을 수정하자. 큰 성취를 이루는 과정에서 이를 위한 작은 목표들을 설정할 수 있는지 생각해보자.

언제 어디서 누구와 함께
목표를 성취하고 싶은가?

당신이 자신의 목표를 원할 때와 그렇지 않을 때를 알고 있는 것은 무척 중요하다. 예를 들어 당신의 목표가 자신감이 생기는 것이라고 해도 과연 언제나 자신감을 느끼고 싶을까? 비행 훈련이나 높은 곳에서 외줄타기를 한 적도 없는데 비행기를 탈 수 있는 자신감이 필요하겠는가? 사람들은 종종 자신이 그럴 수 있다고 믿지도 않으면서 어떤 느낌을 항상 가질 수 있었으면 하고 바라곤 한다. 당신이 그런 기술을 가지고 훈련했을 때 자신감은 보다 확고하고 적절한 것이 된다. 이 외에도 호기심이나 소망, 경쟁심, 연민, 섬세함, 신뢰, 끈기, 사랑 등등 다양한 감정의 가능성을 탐색해볼 수도 있다.

언제, 어디서, 누구와 함께 목표를 이루는 것이 적절한지 알게 된다면 그 목표를 이루는 일이 더욱 쉬워진다. 만일 어떤 목표가 당신 삶 전반에 관련된다면, 먼저 그것이 당신 삶의 어느 부분에 가장 큰 변화를 일으킬 수 있는지 찾아내서 거기서부터 시작해보자. 무엇을 보고 듣고 느끼면 목표를 성취할 때라는 것을 알 수 있을까?

이제 당신이 성취하기를 바라는 목표를 언제, 어디서, 누구와 함께 이루고 싶은지 생각해보자.

큰 대가를 치르고 성공을 얻을 필요는 없다

때때로 우리는 목표를 이루기 위해 서두르는 와중에 인생의 다른 부분을 놓치고 만다. 이런 일들은 '어떤 대가를 치르고서라도'라는 문장으로 요약된다.

'어떤 대가를 치르고서라도' 목표를 추구하는 사람들의 이야기는 다르다. 이런 사람들의 과거를 들여다보면 망가진 결혼 생활의 흔적과 실패한 우정, 그리고 멀어진 자녀들에 관한 이야기를 찾아볼 수 있다. 마침내 성공하더라도 그동안 일을 위해 인생의 너무나 많은 부분을 희생해왔기 때문에 이제는 그 성공을 즐길 수 있는 능력조차 잃어버리게 된 것이다. 3장에서 해보았던 사명 연습들은 당신의 삶과 세상 속에서 자신의 위치에 대해 보다 넓은 관점을 제시해주기 위한 것들이었다.

이제는 당신 인생에서 타인을 염두에 두어야 할 때이다. 당신이 목표를 이루게 되면 그들에게는 어떤 영향을 끼치게 될까? 긍정적인 영향과 부정적인 영향을 모두 생각해보자. 목표를 성취하기 위해서 다른 일에 투자할 시간을 가질 수 없게 될까? 동료들이나 친구, 가족과의 관계는 어떻게 변할까? 당신의 꿈을 포기하라는 이야기가 아니다.

꿈이 성취되었을 때 일어날 문제점들에 대해 생각해보고 미리 준비하자는 것이다. 어떻게 하면 목표를 좀 더 수정하고 조정해서 부정적인 결과를 긍정적인 기회로 변화시킬 수 있을까? 이런 문제는 그저 당신의 성공 속에 다른 사람들을 포함하는 것만으로도 간단히 해결된다. 대부분의 사람은 성공에 동참하고 싶어 한다. 당신의 목표를 수정해서, 정말 그 목표를 이루었을 때 즐거운 마음으로 즐길 수 있도록 만들어보자.

아래에 나오는 연습을 통해 목표 성취 과정을 경험해볼 수 있을 것이다. '강력한 미래 그려보기'는 앞으로 당신이 살아가며 이루어야 할 목표에 초점을 맞추고 있다.

강력한 미래 그려보기

① **무대를 보라:** 내일 당신이 어디에 있을지를 생각하고 머릿속으로 그려보자. 어떤 모습인지, 색깔은 어떤지 구체적으로 떠올려보자. 미

래의 이 이미지가 당신 마음속 극장에 있는 특정한 위치에서 떠오르도록 만들어보자. 마음속에 있는 이 극장은 3D로 되어있고 심지어 당신 스스로 그 무대 위에 올라가 있게 할 수도 있다.

② **당신이 선택한 역할을 하고 있는 미래의 자기 자신을 보라:** 이제 마음속 극장에서 목표를 성취하고 있는 미래의 자기 모습을 생생하게 보라. 미래는 바로 그 자리에서 일어나고 있는 것처럼 가깝고 밝고 색깔도 선명하다. 시간의 장벽을 넘어 당신은 지금 특별한 목표를 성취한 순간의 자기 자신을 지켜보고 있다. 그 순간이 너무나도 즐거운 방식으로 눈 앞에 펼쳐지는 광경을 자세히 지켜보고 귀 기울여보자.

③ **목표를 잘 설정하라:** 역할을 잘 수행하고 있는 당신 자신을 보면서 아래에 나오는 여섯 가지 조건에 합치하는지 살펴보자. 이 조건들은 당신의 목표가 과연 잘 만들어진 것인지를 확인해보기 위한 것이다.

- 당신이 보고 있는 목표는 긍정적인 것이다. 무언가를 피하기 위해서가 아니라 하고 싶은 일에 관한 것이다.
- 당신은 그 목표를 이루고 싶어 한다. 이루고 싶은 것이지 이루어야만 하는 것이 아니다.
- 그 목표를 이루는 것은 다른 누구도 아닌 당신 자신이다.
- 당신은 할 수 있다. 불가능한 일이 아니다
- 목표는 구체적인 것이지 일반적인 것이 아니다.
- 목표의 효과가 적절하다. 목표가 가져올 효과를 예측하고, 목표 성취로 인해 영향을 받게 될 사람에게 미치는 효과가 긍정적인지 확인한다.

④ **떠올린 이미지를 강력하게 만들어라:** 이제 목표를 성취한 미래의 자기 모습을 보면서 다양한 시각적 특수효과를 사용해서 꾸며보자. 머릿속이나 몸속에서 일어나는 일들을 보기 위해 X-ray 등을 사용할 수도 있다. 목표 성취를 즐기고 있는 마음 상태를 나타내기 위해 특정

한 색깔을 사용할 수도 있다. 동시에 여러 개의 화면을 띄워 특정한 목표와 관련된 여러 장면이 한꺼번에 보이도록 할 수도 있다. 목표를 밝고 생생한 장면으로 떠오르게 만들고 입체적으로도 바꿔보자. 이렇게 자기 목표가 성취되는 장면을 크고 가깝게, 그리고 활기 있고 강력하게 만들어가면서 어떤 느낌이 드는지 온몸으로 느껴보자. 천천히 시간을 들여 이 과정을 즐겨보자. 이 작품은 당신이 바라는 대로 만들고 감독한 멋진 예술 작품이다.

⑤ **앞으로 걷게 될 길에 주목하라:** 무엇을 이루었는지, 그리고 그것이 얼마나 매력적인지에 주의를 기울여보자. 지금 이 순간부터 목표가 이루어질 미래의 그때까지 어떤 길을 걷게 될지 주목하자. 이것이 미래에 당신이 걷게 될 길이다.

이제 당신은 강력한 미래, 다시 말해 어떤 역할에 대한 목표를 보고 듣고 느낄 수 있다. 이 매력적인 목표는 당신의 사명에 어울린다. 또한 거기로 가는 길은 분명히 존재한다. 특정한 역할을 잘 수행할 수 있게 될 때까지 아는 것만으로는 부족하다. 거기에 다다를 수 있는 길을 찾아내고, 어떻게 그 길을 따라 걸어갈 수 있는지를 배울 필요가 있다. 게으른 몽상가와 비전 있는 성취자를 구별하는 기준은 현실적이고 실천할 수 있는 계획을 발전시키는지 여부에 달렸다. 다음의 연습을 통해 당신은 비전 있는 성취자가 되기 위한 다음 단계로 나아갈 수 있다.

계획 발전시키기

① **당신이 목표한 상황에 가보라:** 특정한 역할을 하면서 이제 막 목표를 성취한 순간을 상상해보자. 이 미래의 순간에 당신이 이루어낸 것을 즐겨보라. 주위를 둘러보면서 느껴지는 느낌에 주목한다. 머릿속

에 떠오르는 생각에도 귀를 기울여라. 당신은 지금 목표가 성취되었다는 사실에 스스로를 축하하고 있다. 시간과 날짜까지 자세하게 상상해보자. 당신 사명에 있는 이 단계를 이루어냈다는 사실에 얼마나 즐거워하고 있는지를 느껴보자. 목표를 이루었다는 사실이 얼마나 달콤하게 느껴지는지 맛보자.

② **더 먼 미래를 보라:** 이번에는 목표가 성취된 순간보다 더 멀리 있는 미래를 보라. 그리고 이미 성취된 사명이 미래에 어떻게 계속되고 있는지를 보라.

③ **과거를 보라:** 이제 눈을 돌려 과거를 본다. 어떤 길을 거쳐 거기에 도달했는지 그 길에 주목한다. 바로 조금 전에 이 책을 읽고 있는 과거 속의 어린 나를 본다. 그 사람을 보라. 그리고 그때 그 자리에서 지금 여기까지 걸어온 길을 떠올려보라.

④ **걸어온 길을 옆으로 따라서 되돌아가 보라:** 당신의 지혜롭고 무의식적인 마음은 이번에는 당신이 목표를 성취하기 위해 그 길옆으로 따라가면서, 그 길을 보면서 시간을 거슬러 가보자. 그 길을 걸어오면서 어떤 일을 해왔는지를 보여줄 것이다. 어떻게 목표를 이룰 수 있었는지 보고 들을 수 있다. 누군가 도와주었을 수도 있고, 특별한 가르침이나 깨달음이 있었을 수도 있다. 어떤 행동이 목표를 이룰 수 있게 해주었는지 눈으로 보고 귀로 들으며 즐겨보자. 지금 당신 눈앞에는 자신이 해왔던 행동들과 거쳐온 단계들이 펼쳐있다. 명확하게 보이는 것은 그리 많지 않을지도 모른다. 아니면 거의 모든 것을 다 볼지도 모른다. 만일 그 일부가 흐릿하다면 좀 더 많은 정보를 얻을 필요가 있다.

⑤ **그 길에 있었던 특정한 단계들에 주목하라:** 지나온 길을 보면서 많은 특정한 단계를 주목할 수 있을 것이다. 스스로에게 '어떻게 내가 이 목표를 완전히 수행할 수 있는 능력을 얻고 행동할 수 있었을까?'

라는 질문을 던져보자. 당신의 목표를 향해 한 걸음씩 다가갈 수 있도록 만들어준 자원과 능력, 행동, 다른 사람들과의 접촉, 그리고 그 외 많은 요소를 직접 보고 들어보자. 천천히 시간을 들여 그렇게 해보자. 당신이 목표를 달성하기 위해 한 일들을 보면서 즐겨보라. 그 후에는 어떤 일이 일어나는지를 주목하라. 많은 행동, 새로운 자원, 그리고 새로운 능력이 생겨나는 것을 보라. 이런 단계를 밟아가는 당신을 보면서 그것이 어떻게 앞으로 펼쳐질 자신의 사명의 일부를 이루는지 본다. 그 길을 따라 옆으로 걸으면서 자신이 했던 여러 행동과 능력들을 관찰한다. 그리고 나서 사건들이 어떤 순서로 일어났는지 그 단계에 어느 정도의 시간이 걸렸는지 주목해보라.

⑥ **현재로 되돌아오라:** 당신의 목표에 이르는 단계들을 기억하면서 현실 속의 지금으로 돌아오자.

⑦ **목표를 즐겨라:** 당신의 목표를 내다보면서 그것이 얼마나 매력적인지에 주의를 기울여보자. 만일 이 목표를 좀 더 강력하고 매력적으로 만들고 싶다면 그렇게 해보자. 할 때는 여러 가지 문제점에 부딪히게 될 것이다.

처음 이 과정을 시행할 때는 여러 가지 문제점에 부딪히게 될 것이다. 이때 만나게 되는 문제점은 특정한 단계를 넘어서기 위해 책이나 친구들, 컨설턴트 등 어떤 외부 자원으로부터 더 많은 정보를 얻을 필요가 있는지를 보여준다. 만일 그렇다면 다시 한번 시도해보자. 중요한 점은 이런 일련의 과정들이 자동적인 정신적 소프트웨어 프로그램이 되도록 반복해야 한다는 것이다. 다음에 있는 두 가지 연습은 당신 두뇌 속에서 마치 나사(NASA)의 프로젝트 관리 소프트웨어 프로그램처럼 될 필요가 있다. 매일 아침 또는 필요할 때마다 언제든지 이 연습을 반복해볼 수 있다.

이런 목표를 달성하기 위한 길을 따라 거꾸로 여행하면, 당신의 현명한 무의식적인 마음이 목표를 달성하는 방법을 알려줄 것이다. 그 역할 속에서 목표를 달성하기 위한 길을 순서대로 밟아가는 단계를 더 잘 이해하려면, 우선 당신이 수행할 순서대로 이 활동을 머릿속으로 예행 연습하면서 그 길을 따라 차근차근 밟아 나가는 것이 중요하다.

예행 연습 빠르게 해보기

① **역할을 상상하라:** "훌륭한 _____라는 역할 속에서 나는 가장 의미 있는 가치들을 행동으로 실현하고 싶다."라고 말해보자. 장차 이 역할에 대한 목표를 이루게 될 때가 언제인지를 생각해보고, 그 목표를 보라.

② **갈 길을 따라 걸어라:** 목표를 이루기 위해 당신이 택할 길을 보라. 그 길을 따라 일어나는 일들을 순서대로 빠르게 예행 연습하기 위해 빠른 속도로 걸어보자.

③ **현재로 돌아오라:** 당신이 목표를 이루고 나면 그것이 언제 끝나는지 주목해본다. 그리고 현재의 시간으로 돌아온다.

이제 당신은 중요한 역할에 대한 강렬한 미래를 만들어내고 미리 그 목표를 향해 여행해보았다. 거기에 다다르기 위한 길도 보았고 그 목표를 예행 연습해보기도 했다. 상상력은 놀라운 힘을 가지고 있다! 이제는 스타트렉에 나왔던 피카드 선장이 했던 대사대로 그것이 "이루어지도록" 행동할 순간이다. 행동은 당신 자신의 상상 속에서 튀어나와야 한다. 만일 게으른 몽상가가 아니라 비전 있는 성취자가 되고자 한다면, 여기에서 한 걸음 더 나아갈 단계가 있다.

행동 취하기

① **완료 시일을 현실적으로 정하라:** 목표가 성취될 날을 정하고 달력에 적어보자.

② **나아갈 단계의 계획표를 짜라:** 목표를 이루기 위해 나아갈 길 위에서 각각의 단계에 적절한 시점을 찾아 스케줄을 짜서 달력에 적어보자.

③ **사명을 꾸준하게 지켜보라:** 이제 당신의 사명을 언제나 마음의 눈으로 지켜본다는 사실을 기억하라. 이 마음의 눈을 통해 자신에게 힘을 주고 앞으로 이끄는 강렬한 목적의식을 얻을 수 있다. 자신의 역할과 목표 그리고 그 목표를 어떻게 이루어갈지에 대한 비전을 떠올리고 즐겨보자. 이 비전을 여러 가지 관점에서 감상해볼 수도 있다. 현재와 미래, 그리고 지금 겪고 있는 단계에서 그 비전을 살펴볼 수 있다. 그 미래 속으로 들어가서 과거를 되돌아보고 어떻게 거기에 이르게 되었는지 볼 수 있다. 또한 관찰자의 관점에서 그 길을 따라 걸으면서 당신이 어떤 일을 해왔는지를 살펴볼 수도 있다.

④ **실천하라:** 이제 당신이 달력에 표시해두었던 날이 다가왔다. 자신이 지금 즐거운 마음으로 빛나는 미래로 가는 길 위를 걷고 있다는 사실을 명심하고 계획했던 단계를 실행에 옮겨라. 이제는 이 우주에 있는 모든 존재 중에서 가장 지적이고 풍부한 자원을 가진 존재, 즉 바로 당신이 행동을 시작할 때이다.

요약

그저 몽상가로 남는 것과 단련된 성취자가 되는 것 사이에는 차이점이 있다. 성취자들은 행동을 통해 자기 꿈에 힘을 부여한다. 행복이란 꿈을 꾸면서 그 꿈을 이루기 위한 일을 정확하게 실천에 옮기는 사람들에게 찾아온다. 이번 장에서 살펴본 중요한 개념은 다음과 같다.

사명: 인생의 목표를 발견해내는 일
역할: 사명을 이루기 위해 가져야 할 여러 가지 정체성
가치: 자신에게 중요한 의미가 있는 것으로, 어떻게 역할을 수행할지에 대한 정서적인 반응을 통해 드러나는 것
목표: 자신의 사명과 가치에 일치하는 방식으로 맡은 역할을 잘 수행하며 살아가기 위해 당신이 원하는 특정한 결과들

목표 성취 과정의 단계들을 이용하면 당신의 사명을 성취하는 데 도움을 받을 수 있다. 그 단계는 다음과 같다.

- 잘 만들어진 목표를 설계하기
- 강력한 미래 창조하기
- 계획을 발전시키기
- 빠른 예행 연습을 해보기
- 행동 취하기

이 절차를 몇 번이고 반복하다 보면, 어느새 당신의 사명과 이루어야 할 특정한 목표들이 놀라운 속도로 발전해가고 있음을 알게 될 것이다. 또한 내면의 음성을 듣고, 그 사명을 향해 끌어주는 원리들을 알 수 있게 된다. 그리고 목표와 그 중요성, 당신의 깊이 있는 가치들에 대한 내적인 신호가 가슴속 깊은 곳에서 솟아오르는 것을 느낄 것이다.

당신의 목표가 사명이라는 더 큰 목적으로 향할 때 비로소 특별한 의미를 가지게 된다. 이 목표들은 재미있으면서 동시에 중요한 것이기 때문에 그것들을 추구하는 데 힘을 얻을 수 있다. 사명에 기반을 둔 목

표들은 당신이 누구인가 하는 데서 비롯된다. 목표란 해야 할 일들의 목록이 아니다. 목표는 당신의 가치들과 사명을 추구하는 동안 자연스럽게 생겨나는 것이다. 당신의 영웅들처럼 사명을 적극적으로 좇는 삶을 산다면, 어쩌면 조금 더 일찍 이 특별한 감정을 느낄 수 있을 것이다.

당신이 대접받고 싶은 대로 다른 사람들을 대하라.
사람들이 관심을 두는 데 주의 깊게 귀를 기울이고, 당신이 그것을
가치 있게 생각한다는 것을 보여줘라.

메리 케이 애시(미국의 기업인)

라포와 강한
인간관계 형성하기

좋은 인간관계의 중요성

자신의 분야에서 성공한 전문가들은 삶과 직업적 경력에 있어 다른 사람들과 우호적 관계를 유지하는 것이 얼마나 중요한지 잘 알고 있다. 우리가 가진 가장 값진 자원은 바로 사람이라는 말은 과장이 아니다. 그만큼 인간관계는 모든 활동에서 중심이 된다. 또한 어느 분야에서든 가장 성공한 전문가들은 지속적으로 끈끈한 인간관계를 유지하는 방법을 알고 있다. 우리는 그 사람들이 어떻게 그런 관계를 유지하는지 알 필요가 있다.

많은 자기계발 훈련 프로그램은 이 주제를 다루기 위해 여러 성공한 사람의 예를 든다. 그중 어떤 프로그램들은 구체적으로 어떤 기술을 익혀야 할지도 가르쳐준다. 그러나 신체를 이용한 새로운 활동을 한 번이라도 배워본 사람들은 이런 방식에 어떤 문제점이 있는지 알고 있다. 그것은 그 일을 어떻게 해야 하는지를 아는 것과는 또 다른 문제이다. 골프를 칠 때를 예로 들어보자. 사람들은 골프채를 잡은 뒤쪽 손을 앞으로 밀어내지 말라고 알려준다. 이것은 해서는 안 되는 것이다. 아마 골프를 해본 사람이라면 누구든 당신에게 그렇게 말해줄 것이다. 하지만 무엇을 해야 하는지를 알 수 있다면 더욱 유용하다. '앞쪽 손으로 리드하라.' 그러나 이렇게 간단한 지시를 통해 실제로 어떻게 해야 하는지를 말해주는 사람은 많지 않다. 만약 모든 기술을 완전히 익히고 싶다면, 무엇을 해야 하고 또 그 일을 어떻게 해내야 하는지를 알아야 한다. 이 장에서는 성공한 사람이 되기 위해서는 어떻게 해야 하는지에 대한 특정한 방법을 살펴볼 것이다.

한 연구에 따르면 모든 판매에서의 83%가 고객이 물건을 파는 사람에게 호감이 있는지와 관련이 있다고 한다. 또한 대부분의 사람은 연봉이 높은 직장보다는 직장 동료들과 사이가 좋고, 자신이 한 일을 인정해주는 직장에 더 오랫동안 근무하는 경향이 있었다. 리 아이아코카나 메리 케이 애시 같은 유명한 성취자들은 사람들과의 관계가 얼마나 중요한지를 알고 있다. 사람들은 흔히 아이아코카를 가리켜 개방적이고 함께 있기 편한 사람이라고 말한다. 그는 개인적인 접촉을 통해 사람들이 그를 좋아하게 만들고 그들에게서 신뢰를 얻는다. 사람들은 그의 주위에 있으면 기분이 좋아진다. 메리 케이가 거둔 엄청난 성공은 '사람'이라는 주요한 사업적 관심에서 비롯된 것이다. 그녀는 이렇게 말한다. "직업적인 것이든 아니든 간에 당신이 대접받고 싶은 대로 다른 사람들을 대하라. 사람들이 관심을 두는 데 주의 깊게 귀를 기울이고 당신이 그것을 가치 있게 생각한다는 것을 보여줘라." NLP 연구 결과에 따르면, 많은 성취자가 매우 짧은 시간 동안 다른 사람들과 호감과 친밀감을 쌓는다고 한다. 그들은 자연스럽게 주위 사람들을 편안하게 만들고 그들의 가치 기준에 관심을 보인다. 아슬아슬하게 성공하지 못하는 사람들은 보통 이런 능력이 부족하다.

여러 의사소통 훈련에서는 라포(주로 두 사람 간 상호 신뢰 관계를 나타내는 심리학 용어—옮긴이)를 중요하게 다루고 있다. 이런 훈련과정에서는 라포를 형성하는 방법으로 다른 사람들의 옷이나 생활 습관을 따라

해보라고 한다. 만일 상대가 야구를 좋아한다면 당신도 야구를 좋아하도록 해보라고 권한다. 이 접근방식은 때때로 효과가 있다. 그러나 어떤 사람들은 야구처럼 흥미를 공유할 수 있는 대상이 하나도 없는 상황에서도 끈끈한 인간관계를 형성하곤 한다.

우리는 일상생활에서 라포라는 용어 대신 인간관계라는 말을 사용하고 있는데 그 이유는 라포는 모든 인간관계에서 중요한 여러 부분 중 하나에 불과하기 때문이다. 라포를 형성하고 유지하는 일은 너무나도 중요하기 때문에 그것을 성공적으로 실천할 수 있는 다양한 방법을 배워야만 한다. 요즘 라포와 관련된 기술을 가르치는 일이 큰 인기를 끌고 있다. 사실 일시적인 라포는 꽤나 효과가 있다.

그러나 대부분의 관계는 이보다 오래 지속된다. 만약 당신이 언제나 새로운 사람만을 대상으로 판매하거나 관리하고자 하는 계획을 세우는 게 아니라면, 그리고 당신의 사업에서 소개받는 사람이 큰 비중을 차지하지 않는다면, 당신은 지속적인 인간관계 속에서 일어나는 일을 신중하게 고려해볼 필요가 있다. 성공하는 사람들은 오랫동안 끈끈하게 관계를 유지하는 능력을 갖추고 있다.

관계를 형성하는 방법

전문적인 비지니스맨이라면 다음과 같은 질문을 스스로에게 던져서 도움을 받을 수 있다. '나는 어떤 일에 종사하고 있는가?' 물건을 파는 사람은 자기가 판매업에 종사한다고 생각한다. 그러나 사실은 그렇지 않다. 그 인간관계를 형성하는 일에 종사하고 있는 것이다. 왜냐하면 인간관계야말로 물건을 판매하기 위한 수단이기 때문이다. 경영직에 있는 사람들 역시 일하는 방식을 고려해본다면 결국은 인간관계를 형성하는 일에 종사하고 있다고 볼 수 있다.

가장 성공적인 회사들은(물론 그 안에 있는 개인들 역시) 이런 특성이 얼마나 중요한지 알고 있다. 맥도날드는 패스트푸드를 판매한다. 그러나 동시에 판매하는 제품의 가치와 그것을 먹으면서 느끼는 즐거움을 통해 인간관계를 증진시킨다. IBM은 컴퓨터를 팔고 있지만 그들이 수십 년 동안 시장에서 우위를 점유할 수 있었던 것은 고객에게 수준 높은 서비스를 제공했기 때문이었다. 경영 분야에서 인기 있고 유용한 많은 책은 소비자와의 관계에 초점을 맞추고 있다. 이런 관점이 조직의 성공을 끌어냈듯이 성공한 사람들은 무슨 일을 하든지 인간관계가 중요하다는 점을 잘 알고 있다.

한 분야에서 성공한 전문가들이 인간관계를 형성하는 3단계는 다음과 같다.

① 서로가 만족할 수 있을 만한 목표를 정하라.
② 비언어적인 라포를 형성하고 유지하라.
③ 다른 사람이 내게 긍정적인 감정을 갖게 만들라.

1단계:
서로가 만족할 수 있을 만한 목표를 정하라

성공적인 인간관계를 형성하는 첫 번째 단계는 목표를 정하는 것이다. 당신은 어떤 종류의 관계를 원하는가? 사람들은 자신이 어떤 관계를 원하는지 잘 모르는 경우가 많다. 이런 이유로 사람들은 서로를 이해하지 못하거나 중요한 기회를 놓치곤 한다.

직장에 들어가기 위해 했던 첫 면접 인터뷰를 생각해보자. 아마도 그때의 목표는 오직 그 직업을 얻는 것이었을지 모른다. 그래서 그 인터뷰에서 가장 중요한 목표는 면접관들이 당신을 좋아하게 만드는 일이었다. 아니면 면접관에게 당신이 그 회사에 얼마나 도움이 될 수 있는지를 보여주어야만 했다. 이 목표를 성취하면 그 직업을 얻을 수 있는 좀 더 나은 기회를 잡을 수 있는 것이다.

다음에 예로 드는 성공한 부동산 중개업자는 이런 원칙을 잘 이해하고 있다. 그녀는 어떤 사람을 처음으로 만나 그 사람과 함께 일을 하겠다고 결정하고 나면, 마음속으로 확실한 목표를 하나 정한다. 그녀는 그 사람이 자신에게 기분 좋은 경험을 하게 돕고 앞으로 다시 만나는 데 동의하도록 라포를 형성하기 위한 계획을 세운다.

성공에 기여할 수 있는 인간관계를 맺기 위해서는 당신이 살면서 만나는 다양한 관계에 대한 목표를 제대로 알아야 한다. 당신은 지금까지 삶에 대한 목표를 크게 발전시켜 왔을 것이다. 이런 목표들을 생각해볼 때, 당신은 그 목표를 달성하는 데 필요한 사람들까지 목표에 포함하고 있는가? 예를 들어 당신의 마음속에 어떤 판매 목표가 들어있다면 그것도 좋다. 그러나 이런 목표를 떠올릴 때 단지 팔아야 할 제품이나 서비스만을 생각한다면 당신은 중요한 사실을 놓치고 있는 것이다. 어떤 사람들은 목표를 떠올릴 때 자기 자신만이 마음의 눈 바로 앞에 서 있고, 목표 성취에 도움이 될 사람들은 그다지 중요하지 않은 듯 저 멀리에 있는 모습을 본다. 이것은 잘못된 일이다.

리 아이아코카나 메리 케이처럼 인간관계에 능통한 사람들이 자신의 생각을 의식적으로 이해하고 있었다면 자신의 비밀을 이야기해주었을 것이다. 그들은 다른 사람들과의 관계를 통해 당신의 목표를 달성할 수 있다는 점을 일깨워주었을 것이다. 그리고 마음의 눈에 비치는 다른 사람들의 모습을 가깝고 생생하게 만들어보라고 알려줄 것이다.

베스트셀러인 《상어와 함께 수영하되 잡아먹히지 않고 살아남는 법》의 저자이자 뛰어난 사업가인 하비 맥케이는 고객과의 관계가 얼마나 중요한지 잘 알고 있다. 그는 자기 회사 제품의 잠정적인 수요자와의 관계를 좋게 하기 위해 노력했으며, 이를 통해 판매업계에서 전설적인 존재가 되었다. 그는 모든 판매사원에게 고객에 관한 세세한 사항들을 알아내도록 훈련시킨다. 직원들은 개인적, 그리고 직업적인 삶의 66가지 측면을 배우게 된다. 즉 고객이 어디에서 휴가를 보내고 여가일 때는 어떤 일을 하며, 개인적으로 중요하게 여기는 것은 무엇이고 판매사원과의 관계에서 어떤 점을 중요시하는지 등을 배운다. 그리고 사원들은 카드나 감사의 말이 적힌 쪽지, 혹은 그 고객이 관심을 가질 만한 새로운 정보들을 발송하도록 교육받는다. 하비 맥케이는 자기 회사의 직원들이 이 모든 일을 완벽히 해낼 수는 없다는 사실을 알고 있다. 그러나 많은 자료를 모음으로써 그의 직원들은 고객과의 관계를 좀 더 의미 있게 발전시키는 기회를 갖게 되었다. 하비 맥케이는 인간관계를 통해 성공할 수 있다는 사실을 알고 이것을 이용해서 사업을 번창시켰다.

다른 사람들을 목표의 일부로 만들기

① **목표를 선택하라:** 달성하고자 하는 구체적인 목표를 하나 선택하라. 이미 어느 정도 친숙해진 일을 골라도 좋고 새로운 것을 택해도 좋다. 잘 생각이 나지 않으면 4장에서 배운 목표 달성 과정을 사용해 보자.

② **목표와 관련된 이미지를 찾아내라:** 마음의 눈으로 이 목표가 어떻게 보이는지 떠올려보자. 이 목표를 생각할 때 어떤 그림이 떠오르는가? 어떤 소리가 들리고, 스스로에게는 어떤 말을 하는가? 이 목표를 떠올릴 때 어떤 느낌이 드는가?

③ **관련된 사람들을 결정하라:** 이제 이 목표를 이루기 위해 필요한 사람

들을 떠올려보자. 그 사람들이 당신 마음속에 보이는 그림과 소리, 그리고 느낌의 일부로 포함되어 있는가? 만약 그렇지 않다면 그 사람들을 포함해보자. 이 목표를 달성하기 위해 누구와 관계를 맺어야 할까? 또 머릿속에 떠오르는 이미지 속에 이 사람들의 이미지와 목소리를 적절하게 하여 그들이 당신의 목표 성취를 위해 도와주도록 표현되고 있는지 확인해보자.

④ **그 사람들이 당신의 목표에 어떻게 관련될지를 정하라:** 이제 이 사람들과 당신의 목표 사이의 관계에 주목하라. 그들이 마음속 이미지에서 전경으로 나타나는가? 배경으로 나타나는가? 컬러로 보이는가, 흑백으로 보이는가? 주위 사물보다 그 사람들의 크기가 커 보이는가 작아 보이는가? 그 사람들과의 관계를 통해 당신의 목표를 성취할 수 있으므로 되도록 그들이 보다 생생하고 선명하게 화면에서 나타나도록 한다. 목표를 나타내는 장면을 조정해서 사람들과의 관계가 필수 불가결한 것이 되도록 만들어라.

⑤ **계획을 세워라:** 실제로 이 특정한 목표를 이루기 위해 노력할 날들을 떠올려보자. 그 상황을 반복해 연습하면서 앞에서 의도적으로 사람들의 존재와 그들과의 관계의 중요성을 강조하는 방식으로 그 목표를 생각하라.

다른 사람들이 포함된 목표 설정하기

일단 목표를 달성할 수 있는 효과적인 방법을 배우면, 당신은 목표를 추구하는 데만 지나치게 집중할지도 모른다. 다른 사람들의 목표를 성취하도록 도와주기 위해 나 자신을 희생하는 것은 그다지 기분 좋은 일이 아니다. 그러나 우리는 NLP 연구를 통해 자신의 성공에 기여하면서 동시에 다른 사람의 목표를 고려하는 아주 이기적인 동기, 즉 당신을 더욱 성공하게 만드는 방법을 발견했다.

성공적인 거대한 조직들은 고객에게 황금률을 적용한다. 업계에서 큰 신뢰를 얻고 있는 전략적 계획 수립 기관은 PIMS라 불리는 데이터베이스를 만들어냈다. PIMS에는 모든 경제 분야에서 3,000개 이상의 기업체로부터 수집한 시장 전략의 이익 효과(Profit Impact)가 기록되어 있다. 경영자에게 PIMS는 엄청난 자료의 원천이며, 피터스와 워터맨은 경영 실무에 대한 자신들의 책에서 이 데이터베이스를 언급하기도 했다. PIMS 자료에 따르면 제품의 품질이라는 측면에서 상위 3위 안에 있는 회사들은(이 회사들은 고객의 목표와 자신들의 목표를 동일시한다) 투자한 금액의 30%를 회수하는 데 비해 하위 3위 안에 있는 회사들은 겨우 5%만을 회수한다. 여기에서 얻을 수 있는 교훈은, 사업에 있어서나 인간관계에 있어서나 고객의 목표를 자신의 목표처럼 소중히 여기는 사람만이 성공할 수 있다는 것이다.

엄청난 양의 자료가 보여주듯이 사업에서는 장기적인 판단이 중요하다. 바로 눈앞에 놓인 거래만을 생각하는 판매원은 미래를 고려해 지속적인 판매와 함께 다른 사람에게도 입소문이 나도록 노력하는 판매원보다 장기적인 관점에서 성공하기 어렵다.

목표에 다른 사람을 포함하기 위해서는 다른 사람의 관점도 고려해야 한다. 이는 최근의 세일즈 모임에서 들을 수 있는 "금(돈)을 가진 사람이 규칙을 정한다."라는 규칙과는 다른 것이다. "내가 원하는 것이나 자신뿐만 아니라 다른 사람들에게도 득이 되는가?" 만약 그렇지 않다면, 자기 목표가 다른 사람들에게도 득이 되도록 변화시켜야 한다. 동료나 동업자, 의뢰인, 고객들의 이익을 고려하지 않는 사람은 그렇게 하는 사람보다 성공하기 어렵다.

언제 어디서 이 규칙을 유용하게 이용할지를 생각해보자. 어떤 특정한 맥락 속에서 그 목표를 원하게 되는가? 앞에서 예로 들었던 성공적인 부동산 중개업자는 고객과 자신이 원하는 바가 무엇인지를 잘 알고 있었다. 그는 당연히 고객이 자신에게서 부동산을 구입하면서 만족하기를 바란다. 또한 그 고객이 자기 친구들에게 새집을 보여주면서 자랑할 때, 그 친구들 역시 집을 사거나 팔고 싶어 한다면 그때 자기 이름을 알려주기를 바란다. 그는 매우 주의 깊은 방식으로 고객들에게 자신에 대해 좋은 소문을 내고 다른 고객을 연결해달라는 의사를 전달했다.

이때 사용하는 방법 중 하나는 자신이 새집 열쇠를 고객에게 건네줄 때 활짝 웃는 고객 모습을 사진으로 찍는 것이다. 그는 이 사진을 몇 장 현상해서 액자에 넣어 짧은 메시지 카드와 함께 고객에게 보낸다. 그러면 그 사진은 몇 년 동안 고객의 책상 위에 놓여 있게 된다.

인간관계를 분명한 목표로 설정하기

① **관계를 정의하라:** 이전부터 알고 있었던 사람을 한 명 떠올려보자. 혹은 지금 막 알게 된 사람을 골라도 좋다. 이 사람과의 관계에서 당신은 무엇을 원하고 있는가? 당신의 목표와 그 사람과의 관계는, 당신의 목표와 당신 자신과의 관계와는 상당히 다를 수 있다. 이제 이 사람에게 집중해보자.

② **목표 성취 과정을 이용하라:** 4장에서 배운 목표 달성 과정을 이용해 이 목표를 실행해보자. 앞서 이 과정에서 배웠던 중요한 요소들이 어떻게 반복되는지 주목한다. 구체적인 성공을 원한다면, 3단계에 나오는 잘 짜인 목표를 위한 다섯 가지 조건을 충족시켜야 한다.

③ **당신의 조건을 결정하라**

A. **원하는 것:** 이 인간관계에서 당신은 무엇을 원하고 있는가? 그 목표는 무엇인가? 당신이 원하는 것을 긍정적인 단어로 표현해야

한다는 사실을 명심하자. 원하지 않는 것을 목표로 삼는 것이 아니라, 하고 싶은 일을 택해야 한다는 점도 잊지 말자. "나는 내 고객들이 자기가 아는 사람들을 소개해주기 바란다." 혹은 "나는 특별한 친구를 원한다."와 같은 목표를 세워야 한다. 반대로 "나는 모르는 사람에게 판촉 전화를 걸고 싶지 않다."거나 "나는 혼자 있기 싫다."와 같은 목표를 세워서는 안 된다.

B. 행동: 이 목표를 이루기 위해 어떤 일을 할 수 있는가? 만약 그 인간관계에서 원하는 것이 당신이 통제할 수 없는 영역에 속한다면 실망하기 쉽다. 예를 들면 갈등이 생겼을 때 당신이 상대방을 통제할 수 없으므로 그/그녀가 좀 더 당신이 원하는 방식으로 행동해주기를 바랄 수는 없다. 대신에 유용한 목표라면 당신이 풍부한 자원 상태에서 침착하게 대응할 수 있다. 그래서 상대방이 정말 원하는 게 무엇인지 알아내기 위해 적절한 질문을 던질 수 있다. 당신이 통제할 수 있는 것이란 바로 이런 것이다.

C. 증거: 당신이 목표를 이루었을 때 어떤 증거를 통해 그 사실을 알 수 있을까? 당신이 무엇을 보고 듣고 느끼면 과연 당신이 추구하는 목표를 이뤘다는 것을 알 수 있을까? 가능한 한 구체적이고 현실적인 증거를 떠올려보자.

D. 맥락: 이런 목표가 언제, 어디에서 유용할지를 생각해보자. 어떤 특정한 맥락에서 그 목표를 이루고 싶은가?

E. 결과: 만약 이 관계에서 성공적으로 목표를 달성한다면, 당신은 어떤 영향을 받게 될까? 또한 상대방은 어떤 영향을 받을까? 이 관계에 대한 목표가 이루어졌을 때를 고려하면, 지금 당장 그 결과가 어떤 것이기를 기대하는가? 여섯 달 후나 일 년 후에는 어떤 결과를 바라게 될까? 그보다 더 이후에는 어떨까? 필요하다면 목표를 수정하도록 하자.

이제 당신이 성공하는 데 도움을 줄 인간관계를 발전시킬 수 있는 간단하고도 효과적인 방법에 대해 생각해보자.

중요하게 여기는 다양한 인간관계를 떠올리면서 아래 질문에 답해보자. 첫째, 이런 긍정적인 관계 속에서 내가 원하는 것은 무엇인가? 둘째, 이런 인간관계를 맺기 위해 내가 할 수 있는 일은 무엇인가? 셋째, 무엇을 보고 듣고 느끼면 목표를 달성했다는 것을 알 수 있나? 넷째, 언제 어디서 누구와 어떤 상황에서 내가 이 목표를 원하는가? 다섯째, 이 목표를 이루면 나와 다른 사람에게 장·단기적, 혹은 그 이상으로 어떤 영향을 미치게 될까?

인간관계에 대해 생각할 때마다 이 다섯 가지 조건을 충족시킬 수 있는 목표를 세워보자. 또한 그 사람과의 관계를 발전시키면서 서로가 원하는 바를 이루어내려면 방금 정리한 목표를 언제나 염두에 두어야 한다.

2단계:
비언어적 라포를 형성하고 유지하라

라포가 얼마나 중요한 것인지 느낄 수 있는 짤막한 실험을 해보자. 다른 사람과의 관계에서 당신이 원했던 것을 얻지 못했던 상황을 하나 떠올려보자. 갈등이 있었던 상황이라도 좋고, 그저 기분이 나빴던 상태라도 좋다. 그리고 이번에는 당신과 다른 사람이 모두 결과에 만족하면서 원하는 바를 성취할 수 있었던 상황도 떠올려보자. 이제 이 두 상황을 비교하면서 거기에 라포가 형성되어 있었는지를 살펴보자. 몇 가지 경험을 비교하다 보면 사람 간의 의사소통의 성공 여부는 라포에 달려있다는 사실을 알 수 있을 것이다. 라포는 효율적인 의사소통을 하기 위해 꼭 필요하다. 라포 없이는 다른 사람들과 잘 지낼 수 없다.

라포는 매우 중요한 능력이다. 우리는 다양한 방식으로 자연스럽게 라포를 형성한다. 오랜 시간을 함께한 커플을 보면 서로 비슷한 느낌이 든다. 그리고 실제로 닮아가기도 한다. 정신적으로 어떤 사람에게 지도를 받는 사람을 관찰해보면, 그가 자기 스승과 비슷한 옷을 입거나 비슷한 말투를 쓰는 것을 알 수 있다. 비즈니스맨들은 자기 회사의 분위기에 맞는 옷을 골라 입는다. 인간은 자기가 속한 문화에 어울리고자 하는 강한 욕구를 가지고 있다. 누구나 이런 행동을 해본 적이 있으므로 자기 경험 속에서 쉽게 이러한 예를 찾아볼 수 있다. 이런 행동은 모두 기본적으로 서로 친숙한 존재가 되고자 하는 시도이다. 서로 닮아가면서 차이를 줄이고 인간관계의 기초를 형성하기 위한 공통의 토대를 발견하는 것이다.

특별히 의식하지 않으면서도 당신은 매일 수백 번 이상 라포를 경험한다. 물론 라포에서 벗어난 순간도 있다. 이렇듯 라포를 가진 때와 그렇지 않은 때를 구분하는 것은 중요하다. 만약 라포가 없을 때 그 사실을 알지 못한다면, 당신은 어떤 일도 제대로 할 수 없다.

라포가 있는지 여부는 어떻게 알 수 있을까? 기회가 되면 다음과 같은 실험을 통해 그 방법을 확인해보자. 이미 라포가 형성되어 있는 친구나 동료와 함께 있는 상황을 골라보자. 그냥 일상적이고 특별히 중요한 일이 일어나지 않는 상황을 말한다. 어떤 사람을 방문하는 상황을 생각해보자. 어느 정도 이야기를 하다가 대화가 무르익고 라포가 생겨나면 그 사람이 앉아 있는 자세와 전혀 다른 자세로 앉아본다. 또 상대방과는 다른 속도와 어조로 말해보자. 이렇게 하면서 그 사람과의 관계가 어떻게 변하는지 느껴본다. 아마도 대화가 자주 끊어질 것이다. 당신 친구는 무슨 문제가 있는 게 아닌지 걱정할지도 모른다. 당신 자신에게는 어떤 느낌이 드는지도 주목해보자. 바로 이때 느껴지는 불편한 느낌이 바로 그 순간 라포가 없다는 신호이다. 많은 사람은 라포가 없는 상황을 묘사하기 위해 '불편'이라는 단어를 사용한다. 라포가 없을 때 경험하게 되는 일들을 적어보자. 앞으로는 라포가 필요한 순간에 이 느낌을 신호로 사용할 수 있다. 이런 느낌은 '라포 상실을 탐지하는 알람'이 된다. 이 실험의 목표는 알람이 울릴 때 그것을 느끼고 라포를 형성하도록 훈련하는 것이다. 만일 이 실험을 하는 동안 그 친구와의 라포가 깨져버렸다면, 다음에 나올 기법 중 하나를 사용해 신속하게 라포를 형성하자.

라포는 다음과 같은 두 가지 방법으로 이용할 수 있다. 첫 번째는 당신이 어떤 사람과 상호작용을 통해 성공적으로 의사소통을 하고 싶을 때마다 의도적으로 라포를 발전시키는 것이다. 두 번째 방법은 이미 라포가 형성된 관계에 대해 라포 상실을 탐지하는 알람을 아주 민감하게 작동시켜 만일의 경우를 대비하는 것이다. 두 가지 방법 모두 유용하지만 처음 라포 기술을 익힌다면 첫 번째 방법이 더 유용하다.

어떤 방법을 먼저 익히든 간에 라포 상실을 탐지하는 알람은 언제나 켜두어야 한다. 예를 들어 집을 사고파는 경우에는 판매하는 사람과 고객 사이의 관계가 몇 주 혹은 몇 달 동안 지속된다. 처음에는 라포 수준이 높은 상태에서 시작했다고 해도 갑자기 문제가 생겨 라포를 잃게 되는 일이 흔히 일어난다. 이때 라포가 없어졌다는 사실을 알아채고 신속히 회복하는 방법을 알아야 한다. 그렇지 못하다면 고객을 놓치게 될 것이다. 사업 관계나 개인적인 인간관계에서도 마찬가지이다. 결혼한 지 얼마 안 된 사람이라면 누구나 처음에 자신들의 관계가 라포를 통해 시작되었다는 사실을 알고 있으며, 계속해서 그렇게 되기를 바라게 마련이다. 우리는 대체로 라포에 기반해서 편안하고 순조로운 의사소통을 하기를 바란다. 그러나 아무리 좋은 인간관계라도 라포를 잃어버리고 재형성해야 할 순간들이 있다. 사업상의 관계나 결혼 생활,

혹은 친구 관계에 있어 공통된 기반을 회복하기 위해 라포 기술을 사용하라.

라포를 형성하는 간단한 방법

라포를 형성하지 못할 때, 당신은 상대방과는 다른 방식으로 행동한다. 라포를 회복시키는 방법은 그 사람과 더욱 비슷해지는 것이다. 사람들과 효율적으로 의사소통을 하는 전문가들은 비언어적인 행동을 일치시켜 라포를 형성한다. 이런 방법을 일컬어 일치시키기(matching), 따라 하기(mirroring), 혹은 보조 맞추기(pacing)라고 부른다. 예를 들어 당신이 다른 사람의 사무실을 방문해서 서로 마주 보며 앉아있다면 당신은 다음과 같은 방법으로 라포를 형성할 수 있다.

이때 상대방의 자세를 따라 해보면 두 사람 모두 더욱 편안한 느낌을 받을 수 있다. 간이 의자에 앉을 때 앞에 앉아있는 사람이 어떤 자세를 취하고 있는지 잘 관찰해보고 천천히 그 자세를 모방해보자. 그 사람의 허리가 어느 쪽으로 기울었는지를 잘 살펴보자. 허리를 꼿꼿이 세우고 있는가? 약간 옆이나 앞으로 몸을 기울이고 있는가? 상대방의 머리가 한쪽으로 기울어져 있는지 똑바로 향하고 있는지를 살펴보자. 갑자기 똑같이 흉내 내려고 하다가는 상대방이 알아채서 라포가 깨질 수 있다. 천천히 눈에 띄지 않도록 자세를 맞추는 것을 목표로 하자. 이것은 결코 새로운 기술이 아니다. 조금만 신경을 쓴다면 다른 사람과 상호작용이 잘 이루어지고 있을 때, 자기도 모르게 상대방과 비슷한 자세를 취하게 된다는 것을 알 수 있다.

라포 상태에 있을 때 두 사람은 자연스럽게 서로 어울린다. 그러나 라포를 형성하고 쌓기 위해 의식적으로 일치시키기 기법을 사용할 수도 있다. 당신은 관찰할 수 있는 모든 행동을 말 그대로 일치시킬 수 있다. 자세와 표정, 숨 쉬는 속도나 목소리의 톤과 속도, 음조 등 모든 것은 상대방과 일치하기 위해 이용할 수 있는 강력한 수단이 된다. 이런 방법을 사용해서 다른 사람과 자신을 일치시키다 보면, 상대방의 정신세계로 들어가 볼 수 있다. 모든 비언어적인 행동은 사람의 마음 상태를 반영하기 때문에 이것이 가능하다. 일치시키기는 다른 사람을 통제하기 위한 수법이 아니다. 이것은 다른 사람과 주파수를 맞추기 위해 자기 행동을 조절하는 구체적인 방법이다. 우리는 이 과정을 통해 상대방의 입장에서 느끼고 생각해볼 수 있다. 의식적으로 라포를 형성하기 위해 노력하면 놓쳤던 인간관계를 다시 회복할 수 있다.

목소리 톤과 리듬을 일치시키기

가끔은 상대방과 자세나 표정을 일치시킬 수 없을 때도 있다. 예를 들어 전화상으로 이야기할 때는 상대방의 자세나 표정을 따라 할 수가 없다. 하지만 목소리 톤이나 속도, 리듬을 일치시키면 직접 대면하는 자리에서나 전화 통화 중이거나 상관없이 언제나 라포를 형성할 수 있다. 그냥 상대방과 같은 목소리 톤과 속도, 리듬으로 반응해보자. 이렇게 하면 상대방 생각의 리듬과 운율에 자신을 맞출 수 있다. 뭔가 흥미로운 일이 떠올라 신나서 거침없이 그 일을 생각했던 순간이 있는가. 만일 이런 상태에서 당신이 무슨 생각을 하고 있는지 모르는 사람과 이야기를 나눈다면 아마 서로 공감대를 형성하기가 어려울 것이다.

라포를 쌓는 가장 쉬운 방법은 상대방의 리듬에 주목하는 것이다. 그 사람이 말할 때의 리듬이 계속해서 빠른 속도로 유지되는지 아니면 일정한지 느릿느릿한지를 살펴보자. 어떤 사람들은 때때로 잠시 말을 멈췄다가 계속하기도 한다.

반면 어떤 사람들은 숨 쉴 틈도 없이 계속해서 말을 한다. 그 패턴을 알아내면 적절하게 자신을 일치시킬 수 있다. 이 기술이 효과가 없다고 말하는 사람은 실제로 상대방에게 맞춰 자신의 패턴을 완전히 바꾸지 않기 때문이다. 그들은 단지 자기가 그렇게 하고 있다고 생각만 한다. 천천히 시간을 들여 다른 사람이 말할 때 느껴지는 미묘한 특징을 찾아내고 그 특징에 자신을 맞춰보는 연습을 하는 것이 중요하다.

다음에 살펴볼 사례는 콜로라도주 덴버에 있는 한 국유 전화 회사에서 있었던 일이다. 이 사례를 통해 말하는 속도가 얼마나 중요한 것인지를 알 수 있다. 고객 서비스 담당 직원이었던 메리는 뉴올리언스에서 덴버로 이사와 새로운 전화번호를 개통하려는 고객을 위한 일을 처리하고 있었다. 메리는 기록 변경과 관련된 이야기를 하기 위해 제인이라는 직원에게 전화를 걸었다. 메리와 제인은 그전에 이야기해본 적이 없었고, 따라서 서로에 대해 전혀 모르고 있었다. 그러나 두 사람은 전화를 통해 즐겁게 이야기를 나누고 일을 잘 끝낼 수 있었다. 이는 두 사람이 서로 매우 비슷한 어조와 적당한 빠르기로 말했기 때문이다.

제인과 통화하고 나서 잠시 후에 메리는 뉴올리언스의 기록을 변경하기 위해 루실이라는 사람에게 전화를 걸었다. 루실은 메리보다 낮고 부드러운 톤으로 이야기했다. 메리와 루실 역시 서로 모르는 사이였고 두 사람은 일과 관련된 것 외의 이야기는 전혀 하지 않았다. 그런데 대화를 시작한 뒤 몇 분이 지나자 두 사람 사이에는 팽팽한 긴장감이 생겨났다. 또한 목소리를 통해 두 사람 모두 기분이 상했다는 사실을 알 수 있었으며 결국은 화난 상태로 대화를 끝냈다. 이렇게 두 상황이 다르게 전개된 단 하나의 이유는 말하는 속도와 목소리의 톤이 서로 크게 달랐기 때문이다.

벨 시스템(Bell System)이 많은 지역 경영 회사(regional operating company)로 구성되어 있을 때 있었던 일 중에서도 비슷한 사례를 찾아볼 수 있다. 만족 수준이 가장 낮은 지역 회사가 있었다. 그 회사에

근무하는 사람들은 콧소리가 들어간 단조로운 톤으로 말을 하고 있었다. 컨설턴트는 직원에게 고객의 말하는 속도와 목소리의 톤에 자신의 목소리를 맞추는 것이 얼마나 중요한지 알려주고 이를 훈련시켰다. 9개월 동안 이렇게 훈련하고 나서 그 회사의 고객 만족 수준이 상위 2위로 올라갔다. 말하는 속도와 목소리의 톤을 바꾸는 훈련으로 이렇게 커다란 변화가 일어난 것이다.

목소리를 일치시키는 훈련하기

① **중요하지 않은 상황을 하나 떠올려라:** 그냥 알고 지내는 동료를 만나는 것이나 공공장소에서 낯선 사람을 만나는 것처럼 평범한 상황을 하나 골라보자. 아니면 친구와 등을 맞대고 앉아 연습해볼 수도 있다. 이 연습은 상대방이 당신이 무엇을 하려고 하는지 전혀 모르고 있을 때 가장 효과적이다

② **일치시켜보라:** 상대방과 이야기하면서 그 사람의 말하는 속도와 목소리의 톤에 집중하자. 그리고 되도록 상대방과 비슷한 방식으로 말할 때까지 조금씩 자기 음성을 조정해보자. 의사소통이 잘되고 있는지에 관심을 기울여라. 서로 간에 정보가 매끄럽게 흘러가는가, 그렇지 않은가? 라포가 있다는 느낌이 드는가?

③ **불일치시켜보라:** 몇 분 동안 자연스럽게 대화가 진행되고 나서 이번에는 자신의 말하는 속도와 목소리의 톤을 상대방과 전혀 다르게 바꿔보자. 이런 변화가 상대방과의 의사소통에 어떤 영향을 주는지 관찰하자.

④ **다시 일치시켜라:** 다시 상대방의 목소리 특징에 자신의 목소리를 맞춰보며 어떻게 라포가 다시 생기고 의사소통이 자연스러워지는지를 관찰해보자.

이 연습을 하는 동안 상대방의 비언어적인 신호를 통해 라포가 깨졌음을 민감하게 알아챌 수 있다면 좋겠지만, 그렇지 못한 경우라면 상대방에게 직접 각 단계에서 어떻게 느끼는지를 물어볼 수도 있다. 사람들은 보통 정확한 이유는 모르더라도 대화가 잘 흘러가고 있는지 그렇지 않은지를 알기에 당신에게 말해줄 수 있다.

이 이외에 상대방의 움직임도 일치시켜볼 수 있다. 말하는 것과 마찬가지로 신체적인 움직임에도 패턴이 있다. 어떤 사람은 많이 움직이고 어떤 사람은 거의 움직이지 않는다. 어떤 사람은 크고 부드럽게 움직이지만 어떤 사람은 작고 갑작스럽게 움직인다. 상대방의 움직이는 리듬에 자신을 맞추면 그 사람과의 관계를 증진시키기 위한 기초를 마련할 수 있다. 앞에서 배운 연습 과정을 응용해 상대방의 움직이는 리듬에 자신을 일치시키는 훈련을 해볼 수 있다.

이런 기술을 연마하면 라포를 빠르게 형성할 수 있을 뿐만 아니라 라포를 잃었을 때도 빠르게 회복할 수 있다. 다음 단계에서는 라포를 유지하는 방법을 생각해본다. 라포에 대한 일관된 느낌을 가질 수 있다면 수준 높은 인간관계를 발전시킬 수 있다.

신체적으로, 물리적으로 일치시키는 법 배우기

라포가 형성된 상태에서 사람들은 상대방과 자신을 신체적으로 일치시키려고 한다. 즉 같은 태도를 취하려는 것이다. 이 사실은 간단한 예를 통해 확인해볼 수 있다. 막 사람이 참여하기 시작한 모임에 참석했다고 생각해보자. 몇 분 동안 어떤 일이 일어나는지를 관찰하면, 사람들이 서로 자세나 움직임을 자연스럽게 일치시키면서 라포를 만들어나가는 것을 볼 수 있다. 공동의 관심사를 나누고 가까워지는 동안 몇 단계에 걸쳐 일치 과정이 일어나게 된다. 그런가 하면 비행기 옆자리에 앉은 사람과 이야기를 하다가 그가 같은 고향 출신임을 알게 되면, 서로가 가진 공통점을 바탕으로 비행기를 타고 가는 동안에 심심찮게 이야기를 나눌 수 있을 것이다.

다른 사람과 자신을 일치시키는 보다 강력한 방법은 그들의 물리적인 공간을 잘 사용하는 것이다. 자기 집 거실에 앉아 친구에게 사진첩을 보여줄 때는 보통 친구가 옆자리에 앉게 된다. 이런 자세에서는 자연스럽게 함께 있다는 느낌과 함께 무엇인가를 나누고 있다는 느낌을 받게 된다. 어떤 비즈니스맨들은 동료와 테이블에 앉을 때 보통 서로 마주 보는 자리에 앉는다. 어떤 사람은 마주 보는 자리가 아니라 상대방에게 좀 더 가까운 테이블 옆쪽에 앉기도 한다. 이런 다양한 선택이 어떤 영향을 미치는지는 언어적인 표현 속에서도 찾아볼 수 있다.

상대방에게 이를 드러내고 공격할 자세를 취하는 것을 좋아하는가? 우리는 옛날 서부극 영화를 통해 그 결과가 어떠한지 잘 알고 있다. 그렇다면 다른 사람과 같은 공간에서 같은 방향으로 있는 것은 어떨까? 몸을 움직여 다른 사람과 말 그대로 같은 방향을 향하게 되면 그 사람과 같은 방식으로 사물을 보면서 좀 더 친밀감을 느낀다. 앉아있을 때나 서 있을 때나 상대방과 자세를 일치시키면 그 사람과 같은 공간을 나누면서 같은 방향을 바라볼 수 있게 된다. 자연히 당신과 이야기를 나누고 있는 상대도 같은 쪽으로 제스처를 쓰게 된다. 만일 그 사람의 의견에 동의하는 반응을 보이면 더 쉽게 일치감을 느낄 수 있다. 갈등 상황이거나 공통의 관심사를 쌓아가는 도중이라면 이런 방법을 통해 좀 더 친밀해질 수 있다.

다음에 예로 드는 작은 용역회사의 한 관리인은 이 원칙을 현명하게 이용했다. 그녀는 책상과 자기가 앉을 의자를 일반적인 방식으로 놓고 책상 앞쪽에 의자 두어 개를 더 배치했다. 사람들과 일정한 거리를 유지하고 싶을 때, 혹은 윗사람의 위치에서 곤란한 소식이나 피드백을 주어야 할 때는 사람들을 책상 앞자리에 앉도록 하고 작은 책상 뒤에 앉아 마주 보는 자세를 취했다. 그러나 라포를 형성하거나 기존의 관계를 발전시키고 싶을 때는 책상 앞에 있는 의자를 책상 오른쪽으로 옮겨놓았다. 이런 방법으로 그녀는 다른 사람들과 같은 공간을 쓰면서 서로를 더 잘 일치시킬 수 있었다.

일본의 몇몇 회사는 다른 사람과 자신을 일치시킴으로써 얻을 수 있는 강력한 효과를 현장에서 실천했다. 하루 업무를 시작하기 전에 모든 직원을 한자리에 모이게 해서 같은 동작으로 체조를 하도록 한 것이다. 그러자 회사의 생산성과 직원들의 직무 만족도가 높아졌다. 최근에는 부상이나 사고도 줄어들었다고 한다. 일을 시작하기 전 서로의 행동을 일치시키는 과정을 통해 직원 간의 라포가 높아졌기 때문에 이런 결과를 얻을 수 있었던 것이다.

친밀한 인간관계를 위해 공통된 토대를 형성하기를 원할 때는 말 그대로 다른 사람과 자신을 일치시키는 것이 도움이 된다. 당신은 상대방과 관심사나 몸의 방향, 마음 상태 등을 일치시킬 수 있다.

라포를 이용해 화난 사람 진정시키기

우리는 화난 사람의 감정 상태와 자신을 일치시켜 그 사람의 화를 가라앉히고 라포를 형성할 수도 있다. 때로 어떤 심리 훈련 기법에서는 화난 사람을 대할 때 냉정함을 유지해야 한다고 말한다. 하지만 누군가 "너 때문에 화가 나서 미칠 지경이야! 왜 그런 짓을 한 거야?"라고 소리 지를 때, 과연 냉정하게 "문제가 무엇인 것 같은데?"라고 물어볼 수 있을까? 이런 소리를 듣고 상대방이 진정하게 될까? 자기는 화가 났는데 당신은 냉정함을 유지하고 있는 것을 보면 기분이 나아질까? 아마도 그렇지 않을 것이다. 그런 경우 대부분의 사람은 더 화를 내게 된다.

감정적으로 스트레스를 받은 사람을 대할 때는 그 사람이 표현하는 감정에 자신을 일치시키는 것이 더 효과적이다. 그렇다고 상대방이 하는 말에 무조건 동의하라는 뜻은 아니다. 상대방이 느끼는 게 무엇인지를 이해해보라는 것이다. 그 감정을 언어적으로건 비언어적으로건 이해할 수 있으면, 왜 그 사람이 그런 기분에 빠졌는지를 모른다고 해도 그 감정에 자신을 일치시킬 수가 있다.

그러므로 누군가 "너 때문에 화가 나서 미칠 지경이야!"라고 말할 때는 "너 정말 나 때문에 화가 많이 났구나. 내가 어떻게 해야 하겠니? 걱정스럽네."라고 대답해주어야 한다. 물론 당신이 걱정스럽다고 느끼는 그 감정이 진심이어야만 하며, 당신의 목소리 톤을 통해 말하는 바와 일치하는 메시지가 전달되어야 한다. 언어적으로나 비언어적으로 상대방의 정서 상태를 살피고 반응하면, 당신이 그들을 있는 그대로 수용하고 있다는 것을 알려줄 수 있다. 이와 같은 무조건적인 수용이야말로 우리가 다른 사람에게 줄 수 있는 가장 큰 선물이다.

다음 단계로는 당신이 상대의 말을 잘 경청하며 잘 이해하고 있다는 것을 상대방이 느끼도록 하는 것이다. 사람들은 보통 자신의 감정에 동조하는 말을 들으면 긴장을 조금 풀고 눈에 띄게 화를 누그러뜨린다. 대부분의 사람은 남들이 자기 이야기를 제대로 듣지 않고 관심도 보이지 않는다고 느낄 때 화를 내므로, 당신이 그 사람을 이해하고 있다는 사실을 알게 되면 화난 감정도 수그러들게 된다.

당신이 상대방을 이해한다는 말이 상대에게 제대로 전달되었다는 것을 확인한 후에야 문제를 해결하기 위해 접근해볼 수 있다. 잠시 앉아서 "네가 왜 화났는지 좀 더 자세히 이야기해줄래? 이 문제를 함께 나누고 우리 관계를 좀 더 친밀하게 유지하고 싶은 거지? 그렇지?"라고 부드럽게 상대방과의 대화를 유도한다. 이런 말에 반대하기는 쉽지 않다. 또한 이런 이야기를 들으면 당신이 정말로 자기 이야기를 들어주고 이해해준다는 믿음을 갖게 된다.

이런 반응은 상대방이 소리치는 데는 사실 긍정적인 의도가 숨겨져 있음을 전제로 한 것이다. 그 사람이 당신에게 소리지르는 진짜 이유는 그 문제를 해결하고 당신과의 관계를 유지하고 싶기 때문이라고 전제한다. 이런 전제는 당신과 상대방이 비록 그 시점에서는 당장 그렇게 보이지 않는다고 해도 모든 사람의 의도는 언제나 긍정적이라는 것을 기억하게 도와준다. NLP 기법 중 상당수가 이런 생각에 기초를 두고 있다. 사람들의 의도가 언제나 긍정적이라는 말이 정말로 사실이건 아니건 간에 그것이 사실이라고 믿고 행동하면 당신의 의사소통과 그에 따르는 삶의 질은 틀림없이 나아질 것이다. 이 사실이 진실이라고 믿고 행동하고 말하면 아무리 심각한 갈등이라도 대부분 해소할 수 있다.

3단계:
다른 사람이 내게 긍정적인 감정을 갖게 만들기

친밀한 인간관계를 위해 세 번째로 고려해야 할 사항은 서로가 상대방의 인생에 어떤 의미를 지닌다는 사실을 아는 것이다. '나는 그 사람에게 어떤 의미를 주고 싶은가?' 당신의 존재가 무엇과 연관되기를 바라는지 결정할 수 있다. 아마도 당신은 특별한 몇몇 상황을 제외하고는 사람들이 당신에 대해 긍정적인 느낌을 갖기를 원할 것이다. 당신에 대해 다른 사람들이 어떻게 반응하는지 테스트해보는 것도 좋은 방법이다. 당신이 아는 누군가의 방에 불쑥 들어가거나 우연히 마주쳤을 때(특히 예상치 못한 경우), 바로 그 순간 상대방의 반응을 주의 깊게 살펴보자. 그 사람이 당신을 보았을 때 어떻게 반응하는가? 그 사람의 눈동자가 기쁨으로 밝아지는 것을 볼 수 있는가? 금방 미소가 떠오르는가, 아니면 얼굴을 찌푸리는가? 이 테스트를 통해 의사소통을 하기 전에 당신이 그 사람에게 어떤 의미를 지니는지를 확인해볼 수 있다.

MBWA(manage by walking around: 여기저기 돌아다니는 관리자)가 되는 훈련을 받은 중견 관리자인 밥은 회사 내에서 다른 부서로 옮겨가게 되었다. 그는 다른 사람들이 자기에게 자유롭게 보고할 수 있도록 하고, 거기에서 무언가를 배우는 게 얼마나 중요한지를 잘 이해하고 있었다. 발령받은 첫날부터 여기저기를 돌아다니며 사람들과 라포를 형성한 밥은 부서 사람들이 관리자가 돌아다니는 일에 익숙하지 않기 때문에, 비록 그의 태도가 온화하고 친절했지만 다소 위협적인 느낌이 든다는 사실을 미처 몰랐다. 금방 짐작했겠지만 이 위협적인 느낌의 원천은 바로 밥의 선임자였다. 밥은 사람들의 반응을 주의 깊게 살폈기 때문에 금세 이런 사실을 깨달았다. 다음날 밥은 사람 사이를 돌아다니며 갓 구운 따뜻한 도넛을 권했다. 사람들이 도넛을 먹는 동안 밥은 그들이 하는 일과 걱정거리 등을 들어볼 수 있었다. 며칠에 걸쳐 도넛을 나누어주면서 이야기하는 동안 그는 사람들이 자기를 대하는 태도가 이전과는 달라졌음을 알 수 있었다. 밥은 사람들이 자기를 받아들이는 방식을 변화시킨 것이다.

다른 사람들에게 좋은 느낌을 주는 존재가 되는 방법은 간단하다. 당신 자신이 스스로 연관시키고 싶은 정서적인 상태나 느낌을 떠올려보자. 그리고 이런 마음 상태를 반영할 수 있는 존재가 되어 다른 사람들에게도 그 마음 상태를 전달해보자. 이때 만일 스스로가 진실하지 않다면 말과는 정반대되는 신호를 비언어적인 행동으로 드러내게 된다. 따라서 진실한 것이 결정적인 요소이다. 최근 많은 연구에 따르면 말과 비언어적인 행동을 일치시키는 것이 아주 중요하다고 한다. 조사에 답한 고용자들은 자기 상사의 언어적 메시지와 비언어적 행동이 일치하지 않을 때 혼란스러움을 느낀다고 말했다. 또 이런 경우 대부분 목소리나 표정과 같은 비언어적인 메시지 쪽에 맞춰 반응하게 된다고 한다. 아주 어린 아이들조차도 말로는 거짓말을 할 수 있지만 눈을 마주치지 않는다거나 몸을 흔드는 등의 비언어적인 행동은 자신이 통제하기 어렵기 때문에 들통나고 만다. 대부분의 사람이 언어적인 메시지보다 비언어적인 메시지를 신뢰하는 것은 바로 이런 이유 때문이다. 만일 강력하게 메시지를 전달하고 싶다면, 당신의 소리를 통해 언어적인 메시지 내용이 진실하게 전달되어야 한다. 진실한 사람은 자연스럽게 모든 행동이 일치되고 같은 메시지를 전달하기 때문이다.

다른 사람들이 당신을 좋은 감정과 확실하게 연관 짓도록 하기 위해서는 한 가지 요소가 더 필요하다. 바로 당신의 유능함이다. 명확하고 잘 조율된 목적을 설정하고 다른 사람의 행동(특히 비언어적인 행동)과 자신을 일치시키고 그 사람이 당신이라는 존재를 좋은 기분과 연관하도록 만들면, 이제 그 사람과 수준 높고 강력한 인간관계를 형성하기 위한 기반은 마련한 셈이다. 라포 기술 하나만 가지고도 단 몇 초 만에 다른 사람이 당신 뜻대로 반응하도록 만들 수 있다. 그러나 오랫동안 지속되는 인간관계를 가지기 위해서는 능력을 보여줄 필요가 있다. 당신은 유능해야 한다. 아무리 많은 도넛과 커피로도 부족한 능력을 대신할 수는 없다.

어느 소규모 하이테크 회사 사장은 뛰어난 라포 기술을 이용해 처음에는 직원들의 존경을 받을 수 있었다. 그러나 미숙한 경영으로 회사가 파산 위기에 처하자 직원들이 그에게 가졌던 신뢰는 극도의 분노와 배신감으로 바뀌게 되었다.

사업적인 관계에서 라포를 오랫동안 지속할 수 있는 원동력은 바로 유능함에 있다. 개인적인 관계에서도 마찬가지이다. 당신이 유능해야 서로 약속한 바를 제대로 지킬 수 있다. 고객이나 동료, 상급자 혹은 친구 등 모든 사람은 의식적이건 무의식적이건 간에 자기 나름대로 목표를 가지고 우리와 관계를 맺는다. 궁극적으로 그 사람이 당신과의 관계에 만족할지를 결정하는 것은 바로 당신에게 상대방이 원하는 것을 제공할 만한 성실함과 기술이 있느냐이다. 아무리 뛰어난 라포 기술로 다른 사람들을 기분 좋게 만든다고 해도 당신이 그들이 원하는 가치를 제공하지 못한다면, 사람들은 당신과의 관계뿐만 아니라 당신 자체에 대해서도 혼란스러움을 느낄 것이다. 인간관계와 관련된 기술은 유능함 위에 더해질 때 빛이 나기 마련이다.

요약

이 장에서는 다른 사람들과의 관계에서 라포를 형성하는 기술과 그 중요성에 대해 알아보았다. 서로를 존중하고 귀 기울이는 상호작용을 통해 모든 인간관계가 원활해질 수 있다. 이때 중요한 세 가지 기술은 다음과 같다.

- 상대방의 관점에서 바라보는 태도를 가지자. 서로 만족할 수 있는 목표를 정하라. 상대방의 느낌과 반응을 주목하고 알아차리자. 당신이 하는 이야기가 상대방에게 제대로 전달되는지 확실히 해야 한다. 그 사람의 행동 속에서 긍정적인 의도를 찾아내라. 인간관계 속에서 당신의 목표를 명확히 하기 위해 4장에서 배웠던 목표 성취 과정을 이용해보자.
- 상대방이 있는 위치와 자신을 일치시키면서 비언어적인 라포를 형성하고 유지해보자. 이 방법을 통해 말 그대로 상대방의 관점에서 세상을 바라볼 수 있다. 상대방의 목소리 톤과 말하는 속도를 모방해 라포를 형성하면서 두 사람 사이의 거리를 좁힐 수 있다. 그와 같

은 방법으로 상대방과 감정적인 상태를 일치시켜보자.
- 상대방이 당신을 떠올리면 좋은 느낌을 가질 수 있도록 행동하여 그 사람 안에서 당신에 대한 긍정적인 느낌을 만들어내자.

이 세 가지 기술은 당신을 좀 더 친밀하고 자연스러운 사람으로 만들어줄 것이며 살면서 큰 성공이나 성취, 행복, 만족을 얻도록 도와줄 것이다. 당신 자신과 함께 일하는 사람들의 인생을 더 나아지게 만들어주는 인간관계를 맺는 연습을 해보자. 좋은 관계를 맺을 자신이 없는 상대나 새로운 인간관계를 꼭 맺어보고 싶은 상대를 떠올려보라. 그리고 그들과 라포를 형성하기 위해서 방금 배운 새로운 기술을 이용해보라.

NLP는 개인의 변화를 위해 어떻게 해야 하는가를 제시하는
새로운 성취의 기술이다.

마음을 사로잡는
설득 전략

설득에 대한 잘못된 믿음들

 설득을 잘하는 사람들에 관한 잘못된 믿음 중 하나는 그들이 태어날 때부터 원래 그런 능력을 가지고 있다고 생각하는 것이다. 과연 그럴까? 태어나자마자 말을 할 수 있는 사람이 있는가? 물론 없다. 설득하는 능력도 마찬가지이다. 설득하는 능력 역시 다른 것처럼 배울 수 있는 기술 중 하나일 뿐이다. 누구나 몇 가지씩은 특별한 기술을 익히는 소질이 있다. 그러나 훈련 없이 완벽히 마스터할 수 있는 기술은 없다. 가장 뛰어난 의사소통 능력을 가진 사람들은 그렇게 되기 위해 무언가를 하고 배우는 데 노력을 기울였다. 왜냐하면 그들은 전문가가 되기 위해서는 그렇게 노력해야 한다는 사실을 알고 있었기 때문이다. 배움과 그로 인해 얻을 수 있는 이익 사이에는 직접적인 관계가 있다. 경제적인 면에서뿐 아니라 개인의 만족감에 있어서도 더 많이 배울수록 더 많은 것을 얻을 수 있다.

 뛰어난 설득 능력을 가진 사람들에 대한 두 번째 잘못된 믿음은 그들이 말재주가 뛰어날 것이라고 생각하는 것이다. 물론 그런 사람도 있다. 그러나 그보다 훨씬 더 중요한 것은 그 사람들이 남의 이야기에 귀를 기울이는 데 뛰어난 능력을 갖추고 있다는 사실이다. 뛰어난 컨설턴트나 동기부여 연설가들은 이미 오래전에 이 비밀을 발견해냈다. 남의 말에 귀를 기울이는 것은 적어도 두 가지 이유에서 매우 중요하다. 첫째, 사람들은 누군가가 진심으로 자신의 말을 듣고 있다는 것을 알게 될 때 기분이 좋아진다. 대부분의 판매 현장이나 심지어는 일상적인 관계 속에서도 사람들은 보통 우리가 하는 말에 실제로는 귀를 기울이지 않는다. 대부분의 사람은 자신과 아주 특별한 관계를 맺은 사람들만이 자기 이야기를 들어준다고 느낀다. 다른 사람이 자신의 이야기에 귀 기울여주는 것은 누구나 좋아하고 바라는 특별한 경험이다.

두 번째, 다른 사람의 이야기를 들어보면 그 사람에게 중요한 것이 무엇인지 발견할 수 있다. 이 정보를 통해 내가 제공할 수 있는 것을 상대방이 필요로 하거나 원하는지도 알 수 있다. 어떤 사람이 원하고 필요로 하는 것을 알 수 있을 때는 당신이 줄 수 있는 제품이나 서비스가 이들의 필요에 알맞거나 그렇지 않은 두 가지 경우이다.

만약 그 사람이 그것을 필요로 한다면 당신은 자신이 줄 수 있는 것이 실제로 그가 요구하는 바와 딱 맞다는 것을 강력히 증명해주는 정보를 갖게 되는 것이다. 반대로 그렇지 않다면, 그저 사실대로 그에게 이야기하고 아주 우아하게 다음 잠재 고객한테 갈 수 있다. 이렇게 하면 당신과 고객 모두 괜히 서로 기분이 상하거나 쓸데없이 시간 낭비를 하지 않아도 된다. 한 유능한 부동산 중개인은 구매자가 원하는 것과 매매 가능한 것이 잘 맞지 않을 때 다음과 같이 말하곤 한다.

"손님께서 찾고 계신 집에 대해 제게 말씀해주셨습니다. 그리고 제가 손님이 원하시는 집과 가장 유사한 집 세 채를 보여드렸죠. 지금 나와 있는 집 중에는 손님의 요구에 들어맞는 물건이 없습니다. 저는 손님이 만족하시지 않을 집을 손님에게 팔아 나중에 서로의 시간을 낭비하는 것을 원치 않습니다. 손님의 기록카드를 제가 항상 사용하는 파일에 저장해두었다가 만족할만한 집이 나오는 즉시 알려드리겠습니다."

많은 판매 훈련과 의사소통 프로그램은 상대방이 원하지 않을 때조차 당신이 원하는 바를 이루기 위해 사람들에게 동기를 불어넣어야 한다고 가르친다. 하지만 어떤 사람에게 적합하지 않은 것을 제공하면 다음과 같은 두 가지 불이익을 감수해야 한다. 우선 실제로는 적합하지 않은 것을 사도록 설득시키기 위해 많은 시간과 노력이 필요하다. 두 번째로 비록 상대방이 속았다는 느낌은 받지 않았다고 하더라도 결국에는 만족하지 못할 것이다. 대부분의 장사에서는 이전에 상대했던 고객이 다시 찾아오도록 만들고, 그 손님의 입소문을 통해 다른 손님을 끌어모으는 게 중요하다. 따라서 고객이 제품을 사면서도 만족하지 못하는 것보다는 제대로 대우하거나 아니면 당신의 제품이 그 사람에게 맞지 않는다고 정중하게 말하는 편이 낫다. 앞에 나온 부동산 중개인을 거쳐 간 손님들은 비록 그 사람에게서 집을 사지는 않았더라도 다른 손님들을 소개해주곤 한다.

이런 접근 방법의 장점은 〈34번가의 기적〉이라는 영화에서 잘 묘사되어있다. 백화점에서 아이들과 놀아주는 산타클로스가 사람들에게 다른 백화점에 가면 더 싼 가격으로 좋은 제품을 살 수 있다고 말해준다. 백화점 매니저는 이 사실을 알고 화가 나서 그 산타클로스를 해고하려고 한다. 하지만 그때 사람들이 몰려와 그토록 정직하고 도움이 되는 산타클로스를 고용했다며 감사의 뜻을 표하고, 앞으로는 이 백화점에서 물건을 사겠다고 약속하게 된다.

설득이란 다른 사람들에게 강력한 가치를 제공할 수 있는 능력이다. 이때 중요한 점은 그 가치가 당신의 것이 아닌 상대방의 것이라는 점이다. 설득을 잘하는 사람은 상대방이 어떻게 자신의 가치를 표현하는지를 보고 들을 수 있는 사람이다. 또한 그렇게 하기 위해 결정적인 질문을 던질 수 있는 사람이다. 이런 사람들은 자기가 제공할 물건이 어떻게 상대방의 가치를 실제로 만족시키고 이익을 줄 수 있는지를 정확히 설명할 수 있다.

어떠한 면에서 설득은 사람들에게 동기를 부여하는 능력이라고도 볼 수 있다. 2장에서 배웠던, 자신에게 동기를 부여하는 기법과 같은 방식을 적용해서 상대방이 원하는 것, 그들이 가장 흥미를 느끼고 있는 것, 그들의 가치를 만족시키는 것을 실제로 행동에 옮기도록 동기를 부여할 수 있다.

가장 뛰어난 의사소통 능력을 가진 사람들, 즉 뛰어난 커뮤니케이터들은 이미 이 사실을 알고 있다. 그들은 손님이나 동료, 친구가 원하는 것을 알아내려고 노력한다. 그들은 강한 동기를 가지고 있으며 고객이 원하는 것을 제공해서 도움을 줄 때 행복을 느낀다. 이런 원리를 기억하고 있으면 잠재 고객이 가장 큰 흥미를 느낀 것을 사도록 설득하는 일이 훨씬 쉬워진다. 이를 위해서는 고객이나 내담자, 동료, 친구가 원하는 것을 재빨리 발견할 수 있어야 한다. 즉 그들이 가치 있다고 여기는 것을 알아낼 수 있어야 한다.

상대방의 가치 발견하기

우리는 여러 간단한 방법을 통해 상대방의 가치를 발견할 수 있다. 옷이나 소유물, 습관, 혹은 사람을 대하는 방식을 통해 자신이 가치 있다고 여기는 것에 대한 수많은 단서를 드러낸다. 이는 단정함, 세밀함, 나약함, 동료에 대한 따뜻한 관심, 사생활 보장과 같은 개인의 특징을 보여준다. 이런 점들은 자연스럽게 알아차릴 수 있다.

여러 상황에서 다른 사람들이 결정을 내리는 데 사용하는 가치들을 발견해낼 수 있다. 이런 가치들을 발견하는 것은 어렵지 않다. 그냥 직접 물어보면 된다. "지금 중요한 점은 무엇입니까?" "직원에게 중요하게 생각하는 점은 무엇입니까?" "당신 회사에서 능력 있는 직원이란 어떤 사람을 의미합니까?" "당신이 생각하는 가장 훌륭한 매니저를 떠올려보십시오. 그 사람이 훌륭한 매니저가 될 수 있는 특성은 무엇이며, 다른 매니저들과는 어떤 점에서 차이가 있습니까?"

이 질문은 모두 당신이 영향을 미치고자 하는 사람이 갖고 있는 가치와 그가 결정을 내릴 때 사용할 수행 기준에 대해 묻고 있다. 이것은 당신 자신의 동기 전략을 발견하고 자신에게 동기를 부여하기 위해 스스로 하는 질문과 동일하다.

유능한 판매원들은 다음과 같은 접근 방법을 사용한다. "저는 저희 상품의 서비스가 아주 우수하다고 분명히 말할 수 있습니다. 그러나 또한 이 상품(서비스)을 원하고 필요로 하며 가치 있다고 여기는 분들에게만 적절하다는 것도 알고 있습니다. 어떤 사람들은 저를 판매원으로 여기지만 저는 스스로를 컨설턴트라고 생각합니다. 즉 고객의 필요와 우리 상품(서비스) 간에 적절한 연관성이 있는지를 발견하는 것이 컨설턴트로서 제가 하는 일입니다. 그러기 위해 저는 지금 당신이 원하시는 게 무엇인지 알 필요가 있습니다."

당신의 잠재 고객이 무엇을 사길 원하는지 당신에게 말하도록 하라. 당신이 그것을 갖고 있다면 고객은 그것을 구매할 것이다.

설득과 가치 간의 관계

이제 사람들의 욕구와 가치가 아주 다양하다는 사실을 알게 되었을 것이다. 두 가지 종류의 목표를 구분하는 것이 중요하다. 그중 하나는 제품명세서라고 부를 수 있다. 제품 또는 서비스를 이용하기 위해 중요한 것이 무엇인지 물어보면 매우 구체적인 답을 얻을 수 있다. 이것은 일정 온도에서 작동시켜야 하고 어떠한 결과물을 내며 어떠한 공간에 적합하다는 등의 답이 나올 수 있다.

일단 제품이나 서비스가 제품명세서에 제시된 조건을 충족하거나 그 이상을 충족하면, 이번에는 기준(criteria)이라 부를 수 있는 두 번째 종류의 가치를 고려해보아야 한다. 기준은 보다 일반적인 가치를 구체화하는 방법이다. 예를 들어 제품명세서에 맞추기 위해서는 어떤 부분이 정확히 어떤 크기여야 한다고 생각해보자. 그 크기 때문에 그 부품의 수명이 더 오래 가고(이것은 하나의 기준이다) 수리를 덜 해도 되며(이것은 또 다른 기준이다) 재고를 줄일 수 있다(이것 역시 다른 기준이다). 이 모든 기준은 이익을 증대시켜줄 것이다. 당신이 내세우는 기준이 중요할수록, 그 기준은 더 포괄적이고 가치 있는 것이 된다. 보통 고객이 말하는 크기에 정확히 맞는 제품보다는 오래가는 제품이 중요하고, 오래 가는 제품보다는 이익을 극대화해주는 제품이 더 중요하다.

예를 들어, 자동차에 끼울 타이어를 살 때는 규격을 정확하게 맞춰야 한다. 이것이 바로 제품명세서에 해당한다. 또한 당연히 가격이 싸고 오래 가는 타이어를 선호할 때 기준은 보다 일반적이며 덜 구체적인 것이 된다. 그러나 그것보다는 안전이 훨씬 더 중요한 문제이다. 어떤 타이어가 다른 것들보다 더 안전하다는 사실을 알고 있다면, 대부분의 사람은 그 타이어의 수명이 다른 것보다 짧다고 해도 상관하지 않고 더 많은 돈을 지불해가면서 그것을 구입할 것이다. 미쉐린 타이어 회사는 광고에서 "타이어 위에는 많은 것이 실려 있으니까."라고 말한다. 이 문구는 대부분의 사람에게 무척 중요한 가치인 가족의 안전이라는 기준을 드러내 보이는 것이다.

안전처럼 고객들이 가장 중요하게 여기는 기준을 알아낼 수 있다면 다음과 같은 두 가지 이유로 보다 쉽게 물건을 팔 수 있다. 우선 당신의 제품이나 서비스가 고객의 높은 기준을 제대로 만족시킨다면 고객이 그 물건을 구매하고 싶어 할 것이다. 두 번째로는 앞에서 보았던 안전이라는 가치를 판매하려고 할 때 구매자가 이전에는 생각지도 못했던 여러 가지 방법으로 다른 제품을 판매할 수도 있다.

예를 들어 어떤 고객이 특정한 규격에 맞는 특정한 종류의 타이어를 찾는다고 하자. 만약 그 사람이 가장 관심을 기울이는 것이 안전이라는 가치라면, 당신은 그 규격에 맞는 제품 중 가장 안전한 타이어를 찾아내 고객에게 구입하도록 권해줄 수 있다. 그러나 이게 다가 아니다. 상대방의 필요를 정확하게 알 수 있으면, 다른 크기의 휠로 사용하는 게 더 안전할 경우 그 사실을 알려주고 타이어뿐만 아니라 휠까지도 판매할 수 있다. 또한 아무리 좋은 타이어를 쓴다고 해도 잠김 방지 브레이크 시스템을 사용하는 편이 훨씬 더 안전하다는 사실을 지적해줄 수도 있다. 이제 새로운 장비를 갖추게 된 차는 그 고객이 처음에 요구했던 것보다 안전에 대한 필요를 더 잘 충족시켜줄 것이다. 물건을 팔 기회가 늘어나면 자연히 판매량도 늘어난다.

여기에서 다룬 내용은 단순하지만 매우 중요하다. 상대방이 어떤 것을 더 중요하게 여기는지를 안다면, 당신은 그 기준을 만족시킬 기회를 더 많이 가지게 될 것이다. 또한 그럴수록 당신이 제공할 수 있는 제품이나 서비스를 통해 그 가치를 제공하기도 쉬워진다. 이 사실을 명심하라. 상대방의 가치를 만족시킬 수 있으면 당신의 설득력도 높아진다.

예를 들면 아래와 같은 고객과 금융 상담가 사이의 대화를 상상해볼 수 있다.

"나는 돈을 투자하고 싶다"	기준
ⓠ 퇴직금을 투자해서 무엇을 하고 싶으신가요? ⓐ 국공채나 재무부 중기 증권을 사려고요.	국공채와 증권
ⓠ 국공채가 어떤 이익을 줄까요? ⓐ 실적이 좋고 보험에 가입되어 있죠.	실적과 보험
ⓠ 실적이나 보험이 당신에게 왜 중요하나요? ⓐ 그래야 제 퇴직금이 안전하지요.	안전성
ⓠ 그렇다면 이번 투자에서 당신에게 중요한 것은 안전성이군요. ⓐ 글쎄요, 이익이 많으면 좋겠지요. 그렇지만 안전이 가장 중요합니다. 저는 위험을 무릅쓰다가 지금 가진 것을 잃고 싶지는 않습니다.	

대화 속의 금융 상담가는 이제 그 고객에게 가장 중요한 기준이 '안전'임을 알았고 고객이 필요로 하는 것을 얻는 데 더욱 큰 도움을 줄 수 있다. 그는 더 많은 다양한 제안을 할 수 있는데 그중에는 고객이 처음에 요구하였던 국공채나 증권보다 훨씬 괜찮은 것들도 포함되어 있을 것이다.

전문 분야의 경험을 통해 당신은 고객이 본질적으로 어떤 가치를 가장 중요하게 생각하는지 알아낼 수 있다. 이런 정보를 가지고 있으면, 당신이 지금 가지고 있는 제품이나 서비스를 조정해서 고객의 필요에 맞게 만들 수 있다.

동기 전략 탐색하기

사람들이 가치 있다고 여기는 것에 대해 어떻게 생각하는지 탐색해 보면, 보다 많은 정보를 얻을 수 있다. 2장에서 우리는 지향적 혹은 회피적 동기에 대하여 살펴보았다. 지금부터는 당신 주변에 있는 사람들과 당신이 영향을 미치고자 하는 사람들에 대해 어떤 전략을 사용해야 하는지 알아볼 것이다. 누군가에게 "그것을 얻는 것이 당신에게 어떤 의미가 있나요?"라고 물어보면, 그 사람은 자신의 가치를 설명해줄 단어들을 사용해 대답할 것이다. 또한 그 속에서 그 사람의 동기 전략이 어떤 쪽을 향하는지 알아낼 수도 있다.

예를 들어 집을 사려는 사람 대부분은 넓은 공간을 원한다. 만일 중개인이 "넓은 공간이 무엇에 좋습니까?"라고 물어본다면, 어떤 고객은 "자유롭게 이리저리 움직일 수 있겠죠."라고 대답할 것이다. 또 다른 고객은 "공간이 좀 넓어야 어수선한 느낌을 피할 수 있지요."라고 대답할 수도 있다.

이 두 고객은 서로 반대되는 두 가지 유형의 동기 방향의 예를 나타낸다. 지향적으로 동기화된 사람은 달성한다, 얻는다, 성취한다, 보상받는다 등의 단어를 사용한다. 반면에 회피적으로 동기화된 사람들은 피한다, 진정시킨다, 긴장을 푼다, 벗어난다 등의 단어를 사용한다.

이것은 신경 언어 프로그래밍의 언어 부분 중 하나이다. 실제로 어떤 사람이 사용하는 언어를 살펴보면 이런 차이를 찾아낼 수 있다. 몇 가지 가치를 나타내는 단어들이 그 사람의 동기 방향을 명확하게 보여준다. 예를 들어 '재미'는 지향적 동기 방향을 갖는 가치이다. '도전' 또한 지향적이다. '안전'은 회피적 방향을 갖는 가치이다. '자유'는 양쪽 모두로 향할 수 있다. 따라서 다음과 같은 질문을 던져 그 사람에게 자유가 어느 쪽을 향하고 있는지 확인해보는 것이 중요하다. "자유가 당신에게 어떤 것을 가져다줍니까?"라는 질문에 만약 그 사람이 "여러 가지 제약으로부터 벗어나게 해준다."라고 말한다면 '자유'는 회피적 가치가 된다. "자유를 통해 더 많은 것을 경험할 수 있을 겁니다."라고 대답한다면, 이때 자유는 지향적 가치가 된다.

많은 사람이 성공을 원한다고 말한다. 그런데 "성공을 통해 무엇을 얻을 수 있습니까?"라는 질문을 던졌을 때, 어떤 사람은 성공을 통해 어떤 쪽으로 향할지를 말한다. "성공하면 마음대로 여행을 할 수 있어." "성공하면 결혼을 할 수 있어." 또는 "성공하면 목장을 하나 사서 말을 기를 수 있지." 반면에 어떤 사람들은 성공을 통해 어떤 것에서 벗어날지를 말한다. "성공하면 지금 하고 있는 일을 그만둘 수 있어." "성공하면 이혼을 할 수 있지."

돈은 지향적으로도 회피적으로도 사용될 수 있는 가치이다. 상대방의 동기 방향을 알고 있으면 설득하기가 훨씬 쉽다. 그러므로 상대방의 동기 방향을 알아내면 꼭 기억해두거나 어디에 적어두도록 하자.

누군가에게 동기를 부여하거나 설득시키려고 할 때는 반드시 그 사람의 기준을 나타내주는 단어를 사용해 알맞은 동기 방향을 제시해야 한다. 만약 회피적인 단어를 사용하는 경향이 있는 사람에게 물건을 팔고자 한다면, 그 제품을 샀을 때 무엇을 피할 수 있는가에 대해 지적해주어야 한다. "이 차를 사시면 수리하고 유지하는 데 드는 추가 비용을 피하실 수(회피적 단어) 있습니다." 한편 지향적인 단어를 통해 동기를 얻을 수 있는 사람에게는 그 동기를 증가시키는 긍정적인 결과를 이야기해주어야 한다. "차를 볼 줄 아는 사람이라면 누구나 다들 이 차를 보고 당신을 존경할 겁니다."

사고 전략 결정하기

상대방과 같은 사고 전략을 사용하는 것 역시 그 사람에게 동기를 부여하고 설득할 수 있는 하나의 방법이다. 어떤 사고 전략을 사용해야 할지를 어떻게 알 수 있을까? NLP에서 가장 널리 사용하는 방법은 눈동자의 움직임과 사고할 때 많이 쓰는 감각양식과 관련된 언어이다. NLP 공동 창립자인 리처드 밴들러와 존 그라인더는 당시 학생이었던 로버트 딜츠와 함께 내면의 사고 전략이 눈동자의 무의식적인 움직임에 반영된다는 사실을 발견했다. 눈동자의 움직임과 신체 움직임에 대한 기본적인 지식을 알면 설득력을 더 높일 수 있다. 왜냐하면 사람들은 때때로 특정한 사고 양식에 잠깐씩 머물러있기 때문이다. 2장에서 우리는 다섯 가지 감각체계에 대해서 배웠다. 그러나 생각을 할 때는 시각, 청각, 촉각을 주로 사용한다. 누군가 무의식적으로 위쪽을 쳐다본다면 그는 정보를 시각적으로 처리하고 있는 것이다. 즉 외부에 있는 무언가를 보고 있는 것이 아니라 자기 내부의 무언가를 보고 있는 것이다. 그 외의 추가적인 단서들은 다음과 같다. 어떤 공간에서 한 지점에 시선이 머물러 있을 때, 서로 관련 없어 보이는 얘기들을 아주 빠른 속도로 이야기할 때, 그림이나 이미지 혹은 영화를 보는 것과 관련된 단어를 사용할 때 이런 행동을 몇 초 동안 계속한다면 그 사람은 경험을 시각적으로 처리하고 있는 것이다.

이와 달리 어떤 사람들은 순서를 손가락으로 세면서 이야기하거나, 혼자서 중얼거리거나, 얼굴을 만지거나 쓰다듬으면서 단조롭고 큰 소리로 말하거나, 사람들이 말하고 듣고 읽는 것에 대해 이야기할 때, 왼쪽 아래에 시선이 머물러 있는 사람들도 있다. 몇 초 동안 이런 식으로 반응하고 있다면 그 사람은 주로 소리와 말, 즉 청각적으로 정보를 처리하고 있는 것이다.

사람들이 계속해서 오른쪽 아래를 보거나, 한숨을 짓거나, 심장이 있는 왼쪽 가슴 부위를 만진다거나, 팔이나 허벅지에 손을 대고 부드럽게 문지를 때는 세 번째 범주에 속하는 것으로 볼 수 있다. 때때로 그들은 느리게 이야기할 때 아주 구체적인 방식으로 자신이 세상을 어떻게 느끼고 이해하며 접촉하는지와 같은 말을 사용한다. 이런 식의 반응을 몇 초간 계속한다면 그들은 주로 촉각을 사용하여 경험을 처리하고 있는 것이다.

대부분의 사람은 생각하는 동안 이런 여러 가지 하위 감각양식을 사용할 수 있고 또 그렇게 한다. 우리는 보통 경험이 바뀔 때마다 재빨리 이 감각에서 저 감각으로 이동한다. 상대방이 잠시 이런 감각양식 중 하나를 사용하고 있음을 알아차린다면, 당신은 그 사람의 사고 스타일과 당신을 일치시킬 수 있고 라포를 더 깊이 형성할 수도 있다.

주로 시각적인 사고방식을 쓰는 사람과 말할 때는 그림이나 영상을 보여주며 이렇게 말해보자. "제가 보기에는, 손님께서 이 물건을 보시는 방식에~" 주로 청각적인 사고방식을 사용하는 사람에게는 이런 식으로 말해보자. "손님의 말씀을 들어보니, ~라고 이야기하시는군요." 촉각을 중요시하는 사고방식으로 말하는 사람에게는 어떤 느낌을 줄 수 있는 단어들을 사용하라. "제가 손님 말씀의 요점을 제대로 파악한 거라면, 손님은 이 상황에 대해서 ~라고 느끼시는군요." 당신의 말에 고객이 미소를 짓는다면, 고객이 하고자 하는 것을 쉽게 이해시키고 반응을 끌어낼 수 있을 것이다.

동기의 방향에
하위 감각양식들을 첨가하기

앞 장에서 우리는 마음의 눈으로 보는 하위 감각양식들을 어떻게 더 생생하게 만들고 그것을 통해 어떻게 보다 강력한 동기를 얻는지 배웠다. 어떤 대상을 보다 가깝고 크고 컬러풀하고 입체적인 것으로 만들면, 당신이 끌리거나 피하고자 하는 것을 더 강하게 만들 수 있다. 설득을 잘하는 사람들은 사람을 설득할 때 이런 강력한 방법을 자연스럽게 사용한다. 우리는 의식적으로 그렇게 하는 방법을 배울 수 있다. 예를 들어, 회피적인 동기를 가진 고객에게는 "피하고 싶은 문제가 있다고 말씀하셨죠? 회사가 잠시 문을 닫거나, 생산성이 떨어지거나, 비용이 너무 많이 들게 될지도 모른다고요. 그럼 제가 도움이 될 만한 몇 가지 제안을 해보지요."라고 이야기할 수 있다.

지향적인 동기를 가진 고객에게는 이렇게 말하는 것이 좋다. "당신이 꿈꾸는 이 회사의 미래는 화려하고 활력이 넘치네요. 당신의 계획이 얼마나 큰지, 제가 어떻게 그 계획을 확장하고 차원 높게 만들 수 있을지 이야기해보죠."

이런 식으로 단어를 사용하여 당신의 고객이나 고용자가 기존에 반응하고 있는 가치와 이미지의 하위 감각양식을 보다 풍부하고 생생하게 만들면 설득력이 강해진다. 이렇게 하면 당신이 제공하는 제품과 서비스가 더욱 강렬하고 매력적인 것으로 보이고 영향력을 갖게 된다.

가장 쉬운 방법은 자기 자신의 내부에서 하위 감각양식들을 조절하여 그 이미지와 소리를 보다 강렬하게 만드는 것이다. 자기 마음속에서 크고 강력하고 적극적으로 느껴지는 것들은 자연스럽게 당신의 행동과 말, 표정, 몸짓, 목소리 톤에 드러나게 된다.

다른 사람들이 말할 때, 무언가를 들을 때는 머릿속으로 그것의 이미지를 보고 소리를 듣게 된다. 설득을 잘하는 사람들은 직관적으로 이 사실을 안다. NLP에서도 그 사실을 강조한다. 당신은 의사소통을 안 할 수 없다. 즉, 우리는 항상 의사소통을 하고 있다. 문제는 얼마나 우아하고 의도적으로 하는가이다.

그저 다른 사람들에게 당신의 제안을 보여주고 싶은가? 아니면 당신의 제안으로 그 사람의 중요한 목표가 명확해지고 보다 큰 이익을 얻을 수 있다는 사실을 깨닫게 해주고 싶은가? 앞에서 배운 하위 감각양식을 나타내는 단어들을 사용해 말을 더욱 생기있고 화려하게 만들면 더 큰 영향력을 행사할 수 있다.

약간만 연습해보면 이런 단순한 설득 방식을 고도의 기술이 필요한 면접이나 새로운 사업적 미팅, 그리고 일상 속에서 쉽게 이용할 수 있다. 또한 이를 통해 당신은 효율성을 크게 변화시킬 수 있다. 그리고 얼마 지나지 않아 다른 사람들에게 영향을 미칠 수 있는 능력이 당신 자신의 타고난 재능처럼 될 것이다.

기억해두자. 상대방의 말에 귀를 기울이면 고객을 기분 좋게 만들 수 있고, 그 사람의 필요와 가치에 대해 알 수 있는 기회를 얻게 된다. 가치에는 규격, 색깔, 결과물과 같은 특정한 명세서와 함께 내구성이나 수익성, 안정성과 같은 보다 일반적인 기준이 모두 포함된다. 그 사람의 가치를 알아보기 위해 "~에 대해서 가치 있게 여기는 것은 무엇입니까?"라고 질문해보자. 좀 더 중요한 기준을 알고 싶다면 "당신에게 가장 중요한 것은 무엇입니까?"라고 질문해보자. 가치를 알고 있다면, 당신이 제공할 수 있는 제품이나 서비스의 기준을 좀 더 자유롭게 고객이 필요한 부분과 맞출 수 있다. 고객의 동기 방향이 지향적인지 회피적인지 파악했다면, 그 고객의 사고방식과 일치하는 방식으로 제품에 대해 설명하라. 지향적일 때는 "이 제품은 ~라는 이익을 가져다줄 것입니다." 회피적일 때는 "이 제품을 사면 ~라는 문제를 피할 수 있을 겁니다."라고 말하자. 고객의 주된 정보처리 방법을 알면 그들에게 사건을 가장 강력하게 경험하는 방식으로 말할 수 있다. 당신이 팔려고 하는 제품의 품질과 그를 통해서 얻을 수 있는 이익을 묘사하기 위해 하위 감각양식의 언어를 사용하면, 구매자의 마음속에서 그 제품에 대한 이미지가 더 크고 밝고 화려하게 강렬한 매력을 지니도록 해준다.

개인적 일치감

이제 지금까지 배워온 것에 더해 한 가지 더 영향력 있는 패턴을 배울 때가 되었다. 이 방식은 사실 지금까지 다룬 모든 방법의 기저에 깔린 것으로, 견고한 초석처럼 모든 것을 지지해준다. 이것은 기법이 아니다. 그보다는 다른 모든 것에 에너지를 공급하는 역할을 한다. 어떤 사람들은 이것을 흥분, 열정, 카리스마, 개인적인 힘 등의 여러 다른 이름으로 부르기도 한다. NLP에서는 이것을 '개인적 일치감(personal congruence)'이라고 부른다. 개인적 일치감이란 당신의 모든 부분이 그 순간 자기가 행하고 있는 것과 전체적으로 일치한다는 의미이다. 그것은 당신이 자기 자신과 라포를 잘 형성해 자기 내면의 깊은 곳에서 강력하게 솟아나는 것을 말하고, 그 말을 통해 다른 사람들을 매료시키고 영향을 끼치는 것을 뜻한다.

반대로 불일치감에 대해 생각해보면 일치감이 무엇인지 더 잘 알 수 있다. 만약 당신이 지불해야 할 청구서와 아이들의 학교생활에 대한 걱정 등으로 머릿속이 어지러운 상태에서 회의를 해본 적이 있다면, 그 회의를 제대로 할 수 없었다는 것도 알 것이다. 정신을 집중해야 하는 일과 이후에 해도 되는 걱정 양쪽에 주의가 분산되어 있기 때문이다.

일치감이란 당신이 바로 그 순간 하고 있는 일에 대해 모든 주의를 기울이는 것을 뜻한다. 로버트 A. 하인라인이 쓴 고전적인 공상 과학소설《낯선 땅 이방인》을 보면, 주인공 마이클 발렌타인 스미스가 '모든 주의를 기울이는 데' 대해 한 여인이 이렇게 묘사한다. "나에게 키스할 때 그는 키스 외에 다른 것은 아무것도 하지 않아요!" 우리의 내면이 일치하지 않는 상태에 있을 때 발로 바닥을 두들기거나, 창문을 흘긋 바라보는 것, 높은 목소리나 긴장된 목소리로 말하는 것과 같은 비언어적 행동이 나타난다. 그 문제에 대해 집중하지 않는 우리의 일부분이 자신을 드러내는 방식이다. 이런 행동을 한다면 당신 앞에 앉은 고객의 주의는 분산되고 혼란스러워진다. 최악의 경우 그 고객은 이런 신호를 통해 당신이 무능하거나 뭔가를 속이고 있다고 생각할 수도 있다. 많은 연구에 따르면 대략 80%의 의사소통이 비언어적이라고 한다. 또한 사람들은 비언어적 요소들과 언어적 메시지가 일치하지 않을 때,

예를 들어 비웃는 듯한 목소리로 "당신을 존경합니다."라고 말하면 사람들은 보통 비언어적 메시지에 더 반응한다. 심지어 이런 불일치를 의식적으로 인식하지 못하는 경우조차도 그렇다. 사람들은 불일치감에 너무나 강력하게 반응하므로, 그러한 불일치만으로도 모든 의사소통을 망칠 수 있다.

어떤 현명한 사람이 이렇게 말했다. "당신이 매일 함께할 사람, 깨워야 할 유일한 사람은 당신 자신이다. 그리고 남은 인생 내내 그렇게 해야 하니 좀 더 즐겁고 기분 좋게 생각하는 편이 낫다." 우리는 어떤 일을 계속하도록 밀어붙이기 위해 때로는 자기 자신을 압박하곤 한다. 애써 자기감정에 저항하거나 억눌러야 할 때도 있다. 그러나 그러다가는 쉽게 질려버리고 만다. 또한 지금보다 자기 자신에게 좀 더 주의를 기울이고 싶을 때도 있을 것이다.

그런가 하면 라포를 형성하기보다는 깨버리는 경험을 더 많이 한 사람도 있을 것이다. 직관적으로 그것이 옳다는 사실을 알면서도 무시했을 때, 즉 스스로 매우 가치 있다고 여기는 일을 하지 않았을 때를 떠올려보자. 아마도 그때는 일이 잘 풀리지 않았을 것이다. 때때로 당신의 한 부분은 어떤 일을 원하는데 다른 부분은 다른 것을 원할 때 자기 자신과의 라포에서 벗어났다는 느낌을 받을 수 있다. 종종 사람들은 일이 잘못되고 나서야 "사실 나는 그때 그 상황이 참 우습다고 느꼈어." 하며 이런 느낌을 알아차리곤 한다. 일치감을 다루는 첫 번째 단계는 일이 잘못되어가는 그 당시에 그것을 명확하게 알아차리고 너무 늦기 전에 대비하는 것이다.

일치감과 불일치감에 대한 신호 찾기
① **불일치감의 기억을 떠올려라:** 자신과의 관계를 회복하는 첫 번째 단

계는 일치감을 느끼지 못할 때가 언제인지 아는 것이다. 자신과의 라포에서 벗어났던 기억을 떠올려보자. 당신은 불일치한 상태에 있었다. 매우 큰 갈등을 느꼈거나 모든 상황이 제대로 돌아가고 있지 않았을 때를 떠올려보자. 그런 상황이 어떤 것이었는지 기억해볼 때 무엇이 보이는가? 누가 거기 있고 어떤 일이 일어나고 있는가? 또 당신은 무엇을 선택했으며 자신에게 무엇을 소리내어 말하고 무엇을 마음속으로 말하는가? 다른 사람들은 어떤 말을 하고 어떤 일을 하고 있는가? 이러한 각각의 사항에 주목해보자.

② **불일치감의 신호를 찾아라**: 이제 당신이 어떻게 느끼는지 주목해보자. 문자 그대로 자신의 몸의 변화를 의식적으로 느껴보고, 당신이 자신과 완전하게 일치되지 않는다는 것을 알아낼 방법이 있는지 살펴보자. 이런 갈등상태에 놓였을 때 그것을 알아내는 방식을 말로는 옮길 수 없을지도 모른다. 하지만 이런 불일치를 알게 해주는 느낌이나 감각을 알아내는 것은 중요하다. 종종 불쾌한 형태로 불일치에 대한 신호가 나타날 수 있다. 가슴이나 배가 뭔가 뻐근하게 느껴질 때가 있다. 이럴 때 사람들은 가슴이나 배의 왼쪽과 오른쪽이 서로 다른 느낌이 든다고 한다. 그 두 가지 느낌이 만나는 중앙선 부위에서 뭔가 일치하지 않는다는 느낌이 드는데, 대개 불편하게 느껴진다. 당신이 불일치의 느낌이 드는 부위는 어디인가? 그리고 그 느낌은 정확히 어떤 느낌인가? 이제 이 느낌을 기억해두자. 이 느낌을 잘 기억해두면, 앞으로 자신과 불일치하게 될 때마다 알아내는 신호로 사용할 수 있다. 이제 잠시 긴장을 풀어라.

③ **일치감의 기억을 떠올려라**: 다음 단계에서는 완전히 일치했던 기억을 찾아내 그것을 마음속에 되살려보자. 이 상황에서 당신은 무엇을 보는가? 무엇을 듣는가? 무슨 일이 일어나고 있는가?

④ **일치감의 신호를 찾아내라**: 어떤 느낌이 드는가? 모든 시스템이 잘

돌아가고 있다는 것을 알려주는 느낌은 무엇인가? 보통 일치감에 대한 신호는 몸 전체로 적절한 흥분이나 긴장감을 기분 좋게 느끼는 것이다. 사람들은 다양한 방식으로 이런 일치감의 느낌을 묘사한다. 어떤 사람들은 "설명할 수가 없어. 그저 알 뿐이야. 하나의 직관이라고 할 수 있지."라고 말하고 어떤 사람들은 내면의 강한 음성이 "좋아, 하자!"라고 말하는 것을 듣기도 한다. 거의 모든 사람이 '그것을 좋아하는' 것을 나타내는 감각을 수반하는 어떤 신체적 감각에 대해 말한다. 전체적으로 대칭적이고 일렬로 배열된 듯한 신체적 느낌이 드는 경우도 있다. 가슴이 활짝 열린 느낌을 받는 경우도 있다. 무언가를 향해 이끌리는 느낌이 들게 되는 경우도 있는데, 이 역시 주로 가슴 부위에서 느껴진다. 신체의 어느 부분에서 일치감에 대한 신호를 느낄 수 있는지 확인해보자. 이러한 느낌을 잘 나타내주는 단어를 찾아내어 그 느낌과 단어를 모두 기억해두자. 앞으로 자신의 모든 부분이 잘 일치되어 있을 때 이를 나타내는 강력한 신호로 그 단어들을 사용할 수 있다.

⑤ **느낌을 비교하라:** 방금 경험했던 일치감의 느낌과 바로 전에 경험했던 불일치감의 느낌을 비교해보자. 그리고 서로 어떻게 다른지 살펴보자. 두 가지 느낌을 비교해보면 각각의 느낌을 더욱 명확하게 확인해볼 수 있다. 두 가지 느낌이 신체의 다른 부분에서 느껴진다면 그 둘을 동시에 느끼면서 비교해볼 수 있다. 그러나 대부분의 사람은 빨리 이쪽저쪽으로 옮겨가면서 연속적으로 그 두 느낌을 비교하는 것이 더 쉽다고 한다. 이 두 가지 느낌을 세부적으로 비교하고 그 차이점들을 기억해두면, 앞으로 자신이 언제 불일치감이나 일치감을 느끼는지 알 수 있다. 또한 이 느낌들을 피드백으로 사용할 수도 있다. 일치감과 불일치감이 어떻게 다른지를 잘 모르겠다면, 아마도 각각의 경험을 떠올리는 데 충분한 시간을 들이지 않았기 때문일

것이다. 모든 감각과 느낌을 되찾고 그것들을 비교하기 위해서는 당신이 그 두 가지 경험 속으로 실제로 돌아갈 필요가 있다.

자신과의 라포 회복하기

이제 언제 자신과 라포를 형성하고 있는지, 또 그렇지 않은지를 알았으므로 다음으로 해야 할 일은 불일치감을 느낄 때 무엇을 해야 할지 배우는 것이다. 많은 의사소통 프로그램과 자기계발 프로그램에서는 '저항을 헤치고 나아가는 것'과 '극복하는 것'을 다룬다. 우리는 때때로 한 가지 일을 하기 위해 그 일에 저항하는 다른 부분은 잠시 무시하거나 억제한다. 그러나 대부분의 사람은 이런 식으로 자기의 일부를 헤치고 나아가고자 할 때, 보다 큰 저항을 경험하게 된다고 말한다. 만약 친구나 회사와 갈등을 겪고 있을 때 그들이 당신의 반대를 헤치고 나아가려고 한다면, 아마도 당신은 좋은 느낌을 받을 수 없을 것이다. 대부분의 사람은 무시당하고 짓밟히고 있다거나 그보다 더 나쁜 느낌을 받는다. 그럴 경우 당신 내부의 여러 부분 역시 그렇게 느낄 것이다. 이럴 때 내부와의 갈등을 다루기 위한 더 나은 접근 방법이 필요하다.

당신이 보고서를 작성하기 위해 앉아있다고 생각해보자. 그러나 어느 순간 창문에 비치는 햇빛을 응시하고 있는 자신을 발견할 수 있다. 당신은 숲속에서 하이킹을 하거나 호수에 가는 생각으로 일에 집중하지 못하고 있다. 이런 내부 갈등은 어떤 경우에든 상황을 해결하는 데 도움이 되지 않는다. 이것은 견인차가 자동차를 끌고 가려고 하는데 차를 반대쪽 방향으로 운전하려고 하는 것과 같다. 어떤 사람들은 갈등이 언제나 혼란을 의미한다고 생각하지만 그것은 때때로 서로 갈등하는 부분들을 통해 우리 자신을 복잡하고 유일하며 특별한 개인으로 만들어주는 잠재적인 행동들을 확인하도록 해준다. 이러한 내부의 갈등을 줄이면 정신 건강이 향상되고 장기적으로는 육체적 건강도 향상된다는 것 또한 사실이다.

개인의 발전을 위해 자기 자신을 엄격하게 훈련하는 것이 자신을 무시하고 짓밟아도 된다는 뜻은 아니다. 자신의 일부를 억제하면 그 부분은 반드시 되돌아온다. 그리고 대부분의 경우 훨씬 더 강해져서 돌아온다. 당신이 아무리 억제하려 해도 계속해서 돌아오는 자신의 일부분 뒤에는 많은 에너지가 숨어있다.

역설적이게도 갈등을 일으키는 생각들을 즉시 이해하고 좀 더 많은 주의를 기울이면 그것을 다루기가 쉬워진다. 숲이나 호수에 대한 생각에 잠시 자리를 양보함으로써, 당신은 이런 생각들이 오랫동안 잊고 있었던 중요한 욕구를 표현하고 있다는 사실을 깨달을 수 있다. 당신이 지금 휴식과 즐거움, 숲과 호수가 제공하는 편안함과 운동을 매우 필요로 한다는 것을 내면의 일부분은 알고 있는 것이다.

이렇게 갈등을 일으키는 부분이 사실은 매우 가치 있는 무언가를 원하고 있음을 인식하면, 당신은 다음 주 혹은 그날 저녁에 숲이나 호수에 가겠다는 계획을 세울 수도 있다. 이렇게 확실한 계획을 세우면 대개 자신 속에 있는 그 부분은 주말이 될 때까지는 만족한 상태로 있을 것이고, 당신이 약속을 지킬 것을 알고 안심할 것이다. 그러면 그 부분이 지금 하고 있는 일을 방해할 필요가 없어진다. 이런 식으로 당신의 어떤 부분에 속해있는 모든 에너지가 서로 적대 관계가 아닌 동맹 관계를 맺게 된다. 사람들은 당신의 가장 훌륭한 자원이므로 당신은 그들을 당신 편으로 만들기 위해 노력할 것이다. 이와 마찬가지로 당신 자신의 모든 부분이 최고의 관심사를 위해 함께 일할 수 있는 동맹 관계를 이룰 수 있다. 내부의 동맹은 외부에서의 동맹과 마찬가지로 아주 중요하다.

내부에 갈등이 없을 때도 당신은 삶에서 가장 중요한 사람인 당신 자신과 가능한 한 가장 강력한 관계를 맺길 원할 것이다. 지신과의 관계를 친밀하게 하기 위해 앞장에서 배웠던 다른 사람과의 관계에 대해 사용했던 것과 똑같은 단계를 사용할 수 있다. 다른 사람과 친밀한 관계를 맺을 때와 마찬가지로 첫 번째 단계에서는 서로 존중하고 만족할 만한 목표를 설정한다. 당신 자신과의 관계를 위해서 어떤 목표를 갖고 있는가?

다음 단계에서는 그 부분들을 더욱 중요하게 만들어 더 잘 인식할 수 있도록, 목표를 계획할 때 좀 더 앞쪽에 놓을 것이다. 예를 들어 재미를 관심에 둔다면 당신의 모든 활동을 보다 놀이처럼 만들 수 있다.

그리고 나면 다른 사람과의 관계처럼 목표 성취 과정을 이용해 이 부분과 관련해 어떤 관계를 가질지에 대한 목표를 설정할 수 있다. 당신이 원하는 것을 긍정적인 단어로 생각하고 이를 위해 할 수 있는 것을 상상하라. 그리고 당신이 그 목표에 성공하고 있음을 보여줄 증거가 무엇인지 알고, 언제 어디에 이것이 일어나길 원하는지 계획하라. 모든 이익과 결과를 생각하고, 필요하다면 수정을 할 수도 있다.

당신 자신과 좋은 관계를 시작하는 방법은 당신의 삶과 당신의 사명을 위해 스스로 하고 있는 일이 무엇인지를 명확히 하는 것이다. 자신이 마음 먹은 대로 산다는 느낌을 완벽하게 나타내주는 단어가 어떤 것들인지 살펴보자. 당신이 지금 여기 이 땅에서 하는 것이 어떻게 느껴지는지 스스로에게 질문해보라. 당신 자신을 사명을 성취하는 방향으로 저절로 움직이는 사람으로 보라.

내면의 목소리와 일치시키기

이전 장에서 우리는 라포를 얻기 위해 다른 사람과 신체적으로 일치시키는 방법을 배웠다. 자기 자신과 친밀한 관계를 형성할 때도 이와 비슷한 방법을 쓴다. 이것은 코니레 안드레아스가 계발한 '지각 위치 일치시키기(Aligning Perceptual Positions)'라고 부른다. 여기서는 이 과정에 있는 중요한 한 단계를 배울 것이다. 바로 당신 내면의 목소리를 일치시키는 것이다.

많은 사람이 비판적인 내면의 목소리를 듣는다. 때때로 우리는 자신에게 이렇게 이야기한다. "정말 멍청하군!" "또 그런 짓을 했다는 게 도저히 믿기지가 않아!" "더 잘했어야 했다고!" 대개 이런 목소리는 크고 빠르며, 거칠고 비웃는 듯한 음조를 띤다.

또 어떤 사람들은 다른 방식으로 곤란을 일으키는 내부 목소리를 듣는다. 그 목소리는 다른 사람을 판단하고 책망하고 비판하기도 한다. "저 녀석이 저렇게 바보 같지만 않다면!" 어떤 목소리는 모든 것을 분석하여 우리 자신과 다른 사람 사이에 거리를 만든다. "여기서 진짜 일어나고 있는 일은 x, y, z로 결코 가까워질 수 없다." 때때로 어떤 목소리는 반복적으로 부정적인 미래를 예언한다. "나는 결코 성공할 수 없을 거야."

이런 목소리에 제대로 귀를 기울여보면 매우 흥미로운 사실을 발견할 수 있다. 이 음성들은 실제로 목소리가 나오는 곳, 즉 가슴이나 목구멍, 입을 통해 나오는 것이 아니다. 이런 목소리들은 다른 부위에서부터 나와 밖으로 나가는 게 아니라 우리 자신을 향하여 온다. 종종 이러한 목소리가 자기 몸 밖에 있는 것처럼 느껴지기도 한다. 이럴 때는 주로 머리 위나 오른쪽 혹은 왼쪽에 있는 것처럼 들린다. 목소리가 내부에서 나오는 것처럼 느껴지는 경우에는 주로 한쪽 귀나 머리의 뒤쪽, 이마 등에서 나오는 것 같다. 목소리가 자신과 잘 일치되어 있으면 자기 자신이 말할 때 들리는 자신의 목소리처럼 들리기도 한다. 그러나 내면의 목소리가 이런 방식으로 일치되는 경우는 거의 없다. 만일 시간을 들여 그 목소리를 다시 일치시키면 여러 긍정적인 변화가 자동으로 일어난다. 보통 그 목소리는 더 부드럽게 들린다. 이제 그 목소리는 자신을 비판하는 적대자가 아니라 믿을 만한 친구처럼 일부가 된다. 다음 연습을 통해 이런 내면의 일치를 경험할 수 있다.

내면의 소리와 일치시키기

① **골치 아픈 목소리:** 내면의 목소리가 당신을 비판하거나 곤란하게 만들 때를 떠올려 다시 한번 그 상황으로 돌아가 보자. 그 상황 속에서 들리는 내면의 목소리에 귀를 기울이고 무슨 말을 하고 있는지, 그 소리가 어떻게 들리는지, 어디에서 오는 소리인지, 소리의 방향은 어디인지 주목해보라.

② **목소리를 당신의 목구멍으로 이동시켜라:** 천천히 그 목소리를 당신이 실제로 말할 때 목소리가 나오는 곳으로 이동시켜라. 목소리가 당신의 가슴과 목구멍을 통해 나오는 것처럼 되어갈수록 그 목소리가 저절로 어떻게 바뀌는지 주목해보자. 대개는 그 목소리가 말하는 단어와 음조와 목소리 크기가 어떤 식으로든 변하게 된다.

③ **차이점을 알아내라:** 이제 목소리가 목구멍 부위로 완전히 이동하여 실제로 말할 때 나오는 목소리의 위치와 같아졌을 때 그것이 어떻게 달라졌는지 살펴보자. 보통 목소리는 더 부드러워지고 음조는 보다 친근하게 느껴진다. 때때로 그 말은 비판적인 비난이 아닌 실제적인 데이터나 도움이 될 만한 제안으로 바뀌게 된다. 그리고 그 말은 당신이 어떻게 느끼는지, 당신이 무슨 생각을 하는지 혹은 당신이 원하는 게 무엇인지를 명확하게 진술하는 것으로 바뀔 수 있다.

④ **나-너의 차이를 확인하라:** 자신을 괴롭히는 목소리는 대개 '너'라는 말로 시작한다. '너'라는 말로 시작하는 목소리가 당신의 몸 안으로 들어오면 자연스레 '나'로 시작되는 말을 하라. '나는 그 일이 싫어. 나는 당신이 다르게 반응했으면 좋겠어.'라는 식으로 말이다. 만약 그 목소리가 이런 식으로 바뀌지 않았다면 그렇게 하도록 권해본다. 그리고 이런 변화들이 좋지 않은 경험을 어떻게 바꾸는지 집중해보자. 그렇게 당신의 목소리가 '나'로 시작할 수 있도록 만들어보자.

⑤ **미래를 계획하라:** 이제 당신이 이런 내면의 일치를 원하게 될 상황을 떠올려보자. 이런 상황에 자신을 집어넣고, 빠르게 다시 한번 위의 네 단계를 반복해보자. 그리고 이런 재일치 경험을 통해 자신이 어떻게 더 완전하고 자원이 풍부한 느낌을 받게 되는지를 살펴보자. 그 상황이 어떻게 변화되어 좀 더 해결하기 쉬워지는지 생각해보자.

대부분의 사람은 내면의 목소리와 잘 일치되어 있을 때 훨씬 더 많은 자원을 가지고 있다는 느낌이 들게 된다. 사람들은 그 목소리를 통해 자기가 생각하고 느끼는 것을 보다 명확하게 알게 되고 적절한 행동을 취할 수 있다. 또 어떤 사람들은 혼란과 좌절, 긴장 대신에 편안하게 마음이 열리는 느낌, 있는 그대로 받아들여지는 완전한 느낌을 받기도 한다.

그러나 어떤 사람들은 이런 과정을 사용할 때 불편한 느낌이 남는다고 말한다. 만약 당신도 그렇다면, 이것은 당신이 완전하고 편안하게 일치된 느낌이 들기 위해 '지각 위치 일치시키기'의 전체 과정을 다시 경험해야 할 필요가 있음을 의미한다. 이제 그 목소리를 원래 찾아냈던 곳으로 다시 돌려놓아도 좋다.

개인적 일치감의 중요성

성공, 효율성, 성취감 등에 대해 더 많이 공부할수록 개인적 일치감이 왜 그토록 중요한지 분명히 알 수 있다. 많은 경우 우리를 과거에 묶어두는 것은 능력이나 기술이 부족해서가 아니라, 우리 자신 때문이다. 만약 내 삶이 어떻게 되었으면 하고 꿈꾸면서도 그 삶을 진심으로 가치 있게 느끼지 못한다면 우리는 그 꿈을 이루기 위해 필요한 일들을 어느 순간부터 하지 않게 될 것이다.

사람들은 때때로 앞으로 나아가는 데 방해가 되는 지극히 감정적인 반응을 한다. 이것은 우리가 어떤 상황에서 적절한 행동을 취하지 못하게 만든다. 질투, 독선, 불안감 등은 우리가 선택한 방향이나 길을 방해하는 몇 가지 조심해야 할 감정의 예이다. 때때로 다른 사람들에게서 우리는 이러한 감정을 쉽게 발견한다. 당신은 회사에서 왜 당신이나 다른 사람들이 함께 일을 잘하지 못하는지 추측해볼 수 있다. 마찬가지로 자기 자신 안에서 일어나는 이런 것을 알아차리면 큰 도움이 된다.

우리는 이런 자신이 느끼는 감정을 억지로 짓밟으려고 했던 경험이 있다. 그러나 두려움과 분노, 불안감은 결코 밀쳐낼 수 있는 것이 아니다. 우리 자신을 둘러싼 모든 감정을 존중하고 받아들여야 한다. 그래야만 진정한 성공과 성취를 할 수 있는 가장 좋은 기회를 가질 수 있다.

이 장에서 소개한 방법을 사용하면 당신의 내면이 더 잘 일치되고, 자신과 더욱 조화로운 관계를 가질 수 있을 것이다. 만약 내면에 있는 보다 깊은 조화를 원한다면, NLP 컴프리헨시브 공동 창립자인 코니레 안드레아스가 최근에 발견한 것이 도움을 줄 수 있다. 그녀의 '핵심 변형(Core Transformation Process)'은 NLP의 꽃이라 할 수 있다. 이 방법을 사용하면 심오하고 특별한 방법으로 개인적인 일치감을 얻을 수 있다. 이전에는 단점이라고 생각했던 것들이 가치 있는 친구로 변할 것이다. 몸과 마음이 하나로 일치된 느낌을 갖게 될 때, 우리는 모두 자기 삶의 꿈을 실현할 수 있다.

신체적인 일치감 발달시키기

자기 내면의 목소리를 일치시키는 것은 개인적인 일치감을 향상하는 아주 강력한 방법이다. 마찬가지로 당신의 행동이 자신의 가치와 일치하도록 하면, 더 큰 자기 자신과의 라포 형성과 내부의 조화, 자기 성취감을 얻을 수 있다. 사람들은 흔히 좋은 삶을 원한다고 말한다. 그리고 그것을 위해 희생을 감수할 것이라고 말한다. 희생이 아주 어렵거나 확신이 들지 않는 일을 하는 것을 말한다면, 성공하기 위해서 어느 정도의 희생은 필요하다고 볼 수 있다. 그러나 성공하기 위해 자신의 가치 중 많은 부분을 무시하고 부정해야 한다면, 다시 생각해보는 게 좋다. 어떤 사람들은 성공을 위해 결혼 생활이나 아이들과의 관계, 또는 신체적인 건강을 희생한다. 만약 당신이 배우자나 아이 등과의 관계에 별 가치를 느끼지 못하고 건강에도 큰 가치를 두지 않는다면 그냥 무시하고 일치감을 가질 수도 있다. 그러나 그것을 가치 있게 여긴다면 당신은 그런 가치들을 품고 그것을 하면서 시간을 보내며 자신의 삶 속에 충분히 포함하려 할 것이다.

그 가치들과 자신을 일치시켜 어떻게 그 가치들을 존중할 것인지를 나타내어야 한다. 그 가치들을 추구하는 데 시간을 투자하라. 만약 당신이 신체에 가치를 둔다면 몸을 돌보는 데 적절한 일을 하라. 만약 아이들과 좋은 시간을 갖는 것을 가치 있게 여긴다면, 아이들과 좀 더 많은 경험을 함께하라. 배우자와 친밀한 시간을 갖기 원한다면, 배우자와 좀 더 많은 대화를 하라. 자신과 일치하는 과정을 성취하는 데는 사실 특별한 기술이 없다. 그것은 오히려 인식의 문제이다. 당신이 가장 가치 있게 여기는 목표와 목적이 무엇인지 알고, 그것과 자신을 일치시키기 위해 행동하는 게 중요하다. 일단 가치를 인식하게 되면 그다음은 당신의 내부에서 자신과의 신뢰를 쌓는 일이 중요하다. 자신과의 라포를 너무 자주 깨뜨린다면, 더 엄격한 테스트를 거친 후에야 신뢰를 다시 얻을 수 있다. 이런 과정에는 시간이 걸리게 마련이며 인내와 겸손, 보상을 통해 의미를 얻을 수 있다.

자신을 제대로 대우해주기

개인적인 일치감을 만드는 세 번째 단계는 당신 자신과 좋은 느낌을 연합시키는 것이다. 내면의 목소리를 일치시키고 당신의 행동을 자신의 가치와 일치시키는 것은 모두 이 세 번째 단계에 이르기 위한 과정이었다.

항상 자신을 제대로 대우해주어야 한다. 지금 이 순간 할 수 있는 일을 하면서 스스로를 잘 대우하라. 이 책에서 배운 방법들을 통해 자신을 제대로 평가하는 방법을 알게 되었다면 자신을 위해 때때로 좋은 운동화와 좋은 화장품, 초콜릿을 사는 비용은 아무것도 아님을 알게 될 것이다. 주말 휴가, 영화 관람 같은 것도 우리가 스스로에게 감사를 표시하는 또 다른 방법이다. 자신을 대접하는 데 중요한 것은 값비싼 돈을 들이거나 남들에게 보여주거나 하는 것이 아니다. 또한 누구나 하는 일이라서 하는 것도 아니다. 당신이 얼마나 자신에 대해 신경 쓰고 있는지를 기억하기 위해 하는 것이다. 자신이 진정으로 원하는 게 아니라면 결코 가치 있는 것이 아니다.

자신의 목표와 가치에 주의를 기울이고, 스스로에게 가장 좋은 친구처럼 다정하게 이야기를 걸고, 기분 좋게 만들어줄 만한 크고 작은 일을 하는 것만으로도 당신은 살면서 대단한 개인적 일치감을 발전시킬 수 있다. 이러한 개인적인 일치감을 통해 자기가 하는 모든 일이 자신의 모든 부분에서 완전한 지지를 받고 있음을 느낄 것이다.

요약

이번 장에서는 설득의 힘 뒤에 숨겨진 몇 가지 비밀을 배웠다. 경청하는 방법을 배우면 상대방에게 강력한 가치를 제공하는 데 필요한 숨겨진 정보를 얻을 수 있다. 이것은 모두 성공적인 의사소통의 핵심이다. 당신이 배운 것은 이런 것들이다.

- 상대방이 자신이 원하는 것을 하도록 동기를 부여하는 설득 기법
- 설득과 가치가 어떻게 서로 관련되어 있는가
- 올바른 질문을 함으로써 상대방의 가치를 발견해내는 방법
- 상대방을 설득하기 위하여 어떻게 하위 감각양식들을 사용하고, 동기 전략이나 사고 전략과 함께 그것을 이용하는가 하는 방법
- 강력하게 설득하는 데 개인적인 일치감이 지닌 중요성과 당신 자신과의 라포를 회복하는 방법

당신을 좀 더 설득력 있는 사람이 되도록 만들어줄 마술적인 말이나 구절은 없다. 다른 사람의 말에 귀를 기울인다는 단순한 기법이 설득의 가장 중요한 핵심이다. 기억하라. 다른 사람의 가치와 당신이 제공할 수 있는 것을 성공적으로 일치시키기 위해 필요한 정보를 끌어낼 수 있다면 잠재 고객에게 가장 큰 영향력을 미칠 수 있다. 이를 통해 당신의 제품이 고객에게 이익을 줄 수 있을지 없을지를 알 수 있다. 그

러나 무엇보다도 중요한 것은 당신 자신의 개인적인 일치감이다. 이것은 다른 사람들에게 영향을 미칠 수 있는 가장 중요한 밑바탕이 될 뿐만 아니라 당신의 전 생애와 사명에 기초가 될 것이다.

전통적인 임상심리학은 주로 문제를 묘사하고 분류하며
과거를 통해 그 원인을 찾아내는 데 집중한다.
그러나 NLP는 바로 이 순간 생각과 행동이나 느낌이 어떻게 작용해서
어떻게 경험을 만들어내는가에 관심을 갖는다.

두려움과 공포증 없애기

자신감을 얻기 위해
객관적 관조 기법 이용하기

공포는 자연스러운 감정이다. 파도를 가르며 다가오는 상어와 마주칠 때, 한밤중에 혼자 음침한 동네를 걸을 때, 길에서 사나운 개를 볼 때, 모여있는 동네 건달들을 볼 때, 무시무시한 핵무기의 위력을 생각할 때 느끼는 두려움은 지극히 당연하다. 우리 안의 어떤 부분이 위험을 인식하는 것이다. 이때 느끼는 불안을 통해 우리는 불필요한 위험을 피하고 그 상황을 변화시키기 위한 동기를 얻게 된다.

그러나 때때로 사람들은 위험하지도 않은 상황이나 대상을 두려워한다. 이런 두려움을 가리켜 '공포증(Phobia)'이라 부른다. 이 'Phobia'란 말은 그리스어로 공포를 뜻한다. 공포증은 주변에 있는 어떤 불쾌한 대상에 대해 극도로 강한 두려움을 느끼고 피하고자 하는 것이다. 공포증의 대상이나 상황은 다양하다. 어떤 사람은 대중 앞에서 말해야 할 때 공포증을 느끼고, 어떤 사람은 높은 곳이나 폭풍우를 두려워하기도 한다. 병원에 가거나 비행기 타는 것을 겁내는 사람도 있고, 고속도로에서 운전하거나 직장 상사를 만날 때, 혹은 물건을 팔기 위해 낯선 사람에게 전화를 걸 때 공포증을 느끼는 사람도 있다. 직장을 얻기 위해 면접을 보거나, 처가나 시댁 식구를 대하는 데 어려움을 느끼는 사람도 있다. 어떤 상황이건 그 상황을 두려워하는 사람이 있을 수 있다.

모든 두려움이 꼭 이성적이지는 않다. 만일 당신이 머릿속으로 어떤 상황의 위험성을 과장하거나 다른 사람들은 두려워하지 않는 상황을 두려워하고 있다면, 당신도 공포증 혹은 비이성적인 두려움을 가지고 있는 것이다.

심리학자 제럴드 로젠은 《두려워 마세요: 두려움과 공포증을 극복하기 위한 프로그램》이라는 저서에서 이렇게 말했다. "버몬트 대학 연구자들은 미국인 10명 중 1명은 심각한 공포로 인해 고통받고 있다는 사실을 발견했다. 만일 그보다 덜한 불안까지 고려한다면 그 비율은 더 높다." 로젠에 따르면 버몬트 대학 연구팀은 공포증이 어떻게 진행되는지를 알아보기 위해 5년에 걸쳐 많은 환자를 연구했다. 연구자들은 어린아이들이 가지고 있는 공포증은 대부분 특별한 치료 없이도 낫는다는 사실을 발견했다. 아이를 키워본 적이 있다면 아마 당신도 이런 경험을 해보았을 것이다. 아이가 자라는 동안 어떤 때는 어두운 곳을 무서워하고, 그다음 해에는 낯선 사람을 두려워하다가 또 그다음 해에는 개를 보고 질겁한다.

하지만 어린아이와는 달리 성인의 공포증은 저절로 사라지지 않는다. 버몬트 대학 연구팀에 따르면 절반 이상의 성인 환자는 5년 동안 전혀 나아지지 않았고 이 중 3분의 1은 오히려 공포증이 심해졌다. 10명 중 1명 정도가 심각한 공포로 어려움을 겪는다고 하지만, 사실 대부분 사람이 자신의 능력을 제대로 발휘하지 못하게 만드는 두려움의 대상을 몇 개쯤 가지고 있다. 대중 앞에서 말하기를 두려워할 수도 있고 데이트 신청했을 때 거절당할까 봐 겁낼 수도 있다. 혹은 회의에 참석하거나 낯선 사람에게 전화를 걸어 물건을 파는 일을 두려워하는 사람도 있다. 결국 누구나 실제보다 더 큰 두려움을 느끼는 상황이 있게 마련이다.

누구나 때때로 지나친 두려움으로 인해 고통을 받는다는 점에서 당신 역시 이런 상황에서 느끼게 되는 불안이나 격심한 두려움(공황), 불편함을 잘 알고 있다. 그러나 이런 공포나 자신감 부족까지도 편안하게 행동을 취하는 능력으로 바꾸는 방법이 있다는 사실은 모르기 쉽다. 당신은 이미 이런 능력을 가지고 있지만 적절히 사용하지 못하고 있을 뿐이다.

NLP 기본 원리 중 '지도는 영토와 다르다.'는 전제를 기억하라. 뉴욕의 지도는 맨해튼 거리 한가운데 서서 하늘을 향해 치솟은 마천루들을 바라볼 때 당신 눈에 비치는 모습과 똑같지 않다. 당신의 느낌은 당신이 사람들이나 사건, 환경이나 주위 사물을 어떻게 느끼는가에 달렸지 그 사람, 사건, 환경, 사물 자체를 그대로 반영하지는 않는다.

NLP 트레이너이며 《마음의 심장부》의 공동 저자이기도 한 코니레 안드레아스는 많은 사람 앞에서 이야기해야 할 때면 돌처럼 굳어버리곤 하는 여성에게 도움을 준 적이 있다. 코니레는 그녀에게 두려움을 느낄 때 마음속에 어떤 그림이 떠오르는지 의식적으로 주목하라고 했다. 그 여성은 발표하는 동안 커다랗고 비판적인 눈으로 자신을 바라보는 사람들에게 둘러싸여 있는 자신을 상상하고 있음을 깨달았다. 그녀는 코니레의 지도에 따라 자기 자신을 그 상황에서 분리하여 한 걸음 떨어진 곳에서 자신을 바라보았다. 그 순간 그녀의 모든 두려움은 사라졌다. 비로소 그녀는 자기를 둘러싼 그저 평범한 사람들을 볼 수 있었다. 문자 그대로 문제를 다른 관점에서 바라볼 수 있게 되었고 이로 인해 그녀의 내부 지도는 바뀌었다.

이 장에서 다룰 방법들을 연습하면 두려움이나 공포증, 불안하게 만드는 기억과 경험에 대한 새로운 관점을 선택하는 방법을 배울 수 있다. 이런 과정을 통해 더욱 강한 자신감과 풍부한 자원을 가지고 효율적으로 행동하게 된다.

새로운 관점 만들어내기

오랫동안 사람들은 보는 '관점'에 대해 이야기해왔다. 대부분의 사람은 이 표현이 그저 비유적일 뿐이라고 여긴다. 하지만 우리는 말 그대로 공간적으로 여러 관점에서 대상을 바라볼 수 있다. 어디에서 상황을 바라보는지에 따라 서로 다른 정보와 느낌을 얻는다.

1장에서는 롤러코스터 타는 장면을 떠올리면서 직접 그것을 타는 듯한 생생한 경험을 해보기도 하고, 먼발치에서 그 장면을 바라보는 경험도 해보았다. 이때 자신의 관점에서 자신의 눈으로 바라보는 것을 '주관적 몰입'이라고 불렀고, 놀이기구를 타고 있는 자신을 바라보는 것을 '객관적 관조'라고 불렀다.

이런 객관적 관조 기법을 통해 관찰자적인 관점을 사용하여 자신의 주관적 느낌에서 벗어날 수 있다. 앞서 연습했던 빠르게 공포증을 극복하는 방법을 이용하면 지금까지 당신의 발목을 잡아 왔던 공포감을 즉시 누그러뜨릴 수 있다. 회의장에서 자기 의견을 발표할 때 느끼는 두려움이든, 판촉 전화를 걸 때 느끼는 두려움이든, 공공장소에서 발표를 할 때 느끼는 두려움이든 상관없다. 당신을 괴롭히는 모든 종류의 두려움을 없앨 수 있다.

어떤 상황이나 대상에 대해 두려움을 느낄 때 대부분 사람은 그 상황으로 직접 들어가 마치 그 일이 눈앞에서 일어나듯 생생하게 상상하곤 한다. 그러나 같은 장면을 상상하더라도 그 속에 있는 자신을 관찰한다면 달라진다. 객관적 관조 기법을 사용하면 어떤 종류의 불쾌한 경험이건 그것을 경험하고 있는 자신을 바라보고 관찰자의 입장에서 그 상황을 다룰 수 있다.

신체 자세를 통해 마음상태 바꾸기

객관적 관조 상태에서 이미지를 볼 때, 관찰자적인 관점을 사용하는 것만이 마음 상태를 통제할 수 있는 유일한 방법은 아니다. 신체의 자세 역시 주관적 몰입과 객관적 관조라는 두 가지 다른 마음 상태를 갖게 하는 데 중요한 역할을 한다. 다음과 같은 간단한 실험을 해보자. NLP는 머리로 아는 게 아니라 직접 경험해보는 것이 중요하다는 사실을 명심하라. 이 연습을 해보면 이 말의 뜻을 잘 알 수 있다. 우선 등받이가 달린 의자에 앉아 기대지 않고 등받이에서 10~13센티미터 정도 떨어져 앉는다. 등을 똑바로 편다. 그리고 천천히 편안하게 등받이에 기대고 어깨를 살짝 뒤쪽으로 젖혀보자. 이 자세를 취하면서 아무것도 응시하지 않도록 한다. 턱을 살짝 위로 들어 올리는 기분으로 머리를 뒤로 기대자. 온몸이 편안한 상태가 되도록 한다. 이 자세를 취한 채, 세상을 대하는 관점이 어떻게 변하는지 느껴보자. 지금의 상황에 초연해지는 듯한 느낌을 느껴보자. 이것은 객관적 관조를 경험하는 동안의 생리적 상태이다.

이번에는 의자를 뒤로 밀고 등 아랫부분만 등받이에 닿은 상태로 어깨를 조금 앞으로 숙이자. 좌우를 살피면서 갑자기 공이 당신에게 날아오면 어떻게 잡아야 할까 하는 상상을 해보자. 지금 당신은 좀 더 상황에 몰입하고 있는 생리적 상태를 경험하고 있다. 이것이 주관적 몰입을 하는 동안 일어나는 생리적 상태이다.

당신의 생리적 상태는 당신이 객관적으로 관조하거나 주관적으로 몰입하는 능력과 깊은 관련이 있다. 주관적 몰입이나 객관적 관조를 사용하는 기법이나 과정을 행할 때는 각 단계에 적절한 상태를 이용할 수 있다.

대하기 어려운 사람들과 의사소통할 때는 주관적으로 몰입하기보다는 한 걸음 물러서서 객관적으로 관조하는 것이 큰 도움이 된다. 객관적 관조 상태에서는 경험을 분석하고 그것에 대해 생각하기가 수월하다. 반면 주관적으로 몰입하고 있을 때는 직접 그 경험 안으로 들어가서 생생한 느낌을 받을 수 있다.

자신의 마음 상태에 접근하는 방법

다른 간단한 실험을 해보자. 지난 일 중에서 즐거웠던 일과 불쾌했던 일을 하나씩 떠올려보자. 두 가지 기억을 하나씩 떠올리면서 천천히 다시 경험해보자. 이 경험들을 어떻게 떠올리는지 주목해보라. 그것을 다시 경험할 때 주관적으로 몰입하는지, 아니면 그저 객관적으로 관조하면서 멀리 떨어진 곳에서 영화의 한 장면을 보듯 자신을 보는지 주목하자.

그런 즐거운 기억과 불쾌한 기억을 자연스럽게 떠올리고 나서 이번에는 그 기억을 뒤로 되돌려보자. 만일 불쾌한 기억을 객관적으로 관조하고 있다면 이번에는 그 이미지 안으로 들어가 느낌이 어떻게 변하는지 알아보자. 만일 그 기억 속에 주관적으로 몰입하고 있다면, 거기에서 벗어나 자신을 객관적으로 관조하면서 느낌이 어떻게 달라지는지 알아보자.

자, 이번에는 즐거운 기억을 어떻게 떠올리는지 생각하자. 만일 즐거운 기억을 객관적으로 관조했다면 그 기억 속으로 들어가 지금 눈앞에서 벌어지고 있듯이 경험해보자. 만일 즐거운 기억에 주관적으로 몰입했다면 잠시 거기서 벗어나 관망하듯이 그것을 보라.

어떤 기억에 주관적으로 몰입하고 있을 때는 즐거웠던 일이건 불쾌했던 일이건 간에, 원래 그 일이 일어났던 무렵의 느낌을 다시 경험하는 경향이 있다. 객관적으로 관조하고 있을 때는 그저 관찰자로서의 느낌만을 가지게 된다. 이 간단한 실험을 통해 과거의 일을 기억하기 위해 어떤 방법을 사용해야 할지 잘 알았을 것이다. 긍정적인 경험은 주관적으로 몰입된 방식으로, 부정적인 경험은 객관적으로 관조하는 방식으로 기억하는 편이 좋다.

다음에 소개할 이야기는 이런 기술을 사용할 줄 모르는 한 사람을 보여주는 예이다. 그녀는 새해 전날 밤 한 파티에 참석하여 멋진 시간을 보냈다. 몇 시간 동안 사람들과 즐겁게 어울리며 춤도 췄다. 심지어 사람들을 위해 노래까지 불렀다. 사람들은 그녀가 그날 파티에 참석한 사람 중에서 가장 유쾌한 사람이라고 말했다. 그런데 새벽 2시쯤 모든 사람이 돌아가려 할 즈음에 누군가 그녀 곁을 지나다 실수로 커피잔을 들고 있는 그녀의 팔을 건드렸다. 그녀의 하얀 드레스 위에 커피가 엎질러졌다. 그녀는 너무나 놀라 펄쩍 뛰면서 말했다. "오늘 밤은 완전히 망쳤어!" 몇 달 후 그녀는 슈퍼마켓에서 그날 밤 파티에 참석했던 사람을 만났다. 그 사람이 파티에 대해 이야기하려 하자 그녀는 화난 목소리로 그의 말을 끊었다. "제발 그 파티에 대해서는 말하지 말아요. 그날은 너무나 끔찍했어요!"

이 여성은 몇 시간 동안 파티를 즐기고 나서 단지 한순간의 기분 나쁜 경험으로 인해 파티에 대한 모든 기억을 망쳐버렸다. 그녀는 그날 밤 일어났던 모든 즐거운 기억을 즐기는 대신 파티가 끝날 무렵 커피가 엎질러진 경험에만 지나치게 주관적으로 몰입했다. 반면 즐거웠던 시간은 오히려 자기와 분리해 객관적으로 관조했다. 이런 식으로 파티를 기억하는 것은 결코 현명한 방법이라 할 수 없다. 또한 인생을 살아가는 데 유용한 방법이라고도 할 수 없다.

우울한 사람들을 떠올려보자. 그런 사람 대부분은 긍정적인 경험은 객관적으로 관조하고, 부정적인 경험은 주관적으로 몰입하는 경향이 있다. 또 감정 변화가 심한 사람을 떠올려보자. 이런 사람들은 한순간 흥분했다가 다음 순간에는 금방 축 가라앉는다. 긍정적이거나 부정적인 자기의 모든 경험에 지나치게 주관적으로 몰입하고 객관적으로 관조하지 않기 때문이다.

그런가 하면 인생 경험을 관찰자적 관점에서 바라보는 사람들도 있다. 이런 사람들은 엔지니어링이나 컴퓨터 프로그래밍처럼 분석하는 능력이 필요한 일에 매력을 느낀다. 그들은 사람보다는 개념이나 정보, 대상에 더 관심을 가진다.

만일 정말 자신의 인생을 즐기고 싶다면 지난 기억 속에 주관적으로 몰입할 수 있어야 한다. 감정들을 다시 즐기고 그것을 미래를 향한 보다 긍정적인 태도를 지지해주는 자원으로 쓸 수 있다.

즐거운 기분을 느낄 때의 생리적 상태는 불쾌한 일로 스트레스를 받을 때보다 건강에 훨씬 유익하다. 우리 몸은 보통 불쾌한 사건에 대해 싸우거나 도망치는 생리적 반응을 나타낸다. 이 반응은 정말로 위험한 상황에서 벗어나는 데는 도움이 된다. 그러나 일반적인 불쾌한 상황에서는 그저 긴장을 유발하고 혈압을 높이는 등의 스트레스 반응을 유발할 뿐이다. 이런 신체적 반응은 처음 스트레스를 받았던 순간에 경험하는 것만으로도 충분하다.

그런데 왜 우리는 이런 나쁜 기억을 반복해서 경험할까? 불쾌한 기억에서 벗어나 객관적으로 관조한다면, 그 상황에서 괴로워하는 자신을 보면서 앞으로 다시 겪고 싶지 않은 경험에 대해 알 수 있다. 가치 있는 정보는 놓치지 않으면서도 지난 경험에 대한 중요한 교훈을 얻게 된다. 자신의 생각과 창조력을 제한하는 불쾌한 기억들을 가장 필요한 순간에 객관적으로 관조할 수 있다면, 좀 더 많은 내적 자원을 이용해 창조적으로 현재의 문제를 해결할 수 있다. 언제 주관적으로 몰입하고 객관적으로 관조할지를 결정하는 방법을 배우면 인생은 크게 달라진다.

다음 단계에서는 자신의 무의식을 훈련하여 이런 선택을 자동으로 할 수 있도록 연습한다. 만일 이미 그렇다면 이 단계는 넘어가도 좋다. 그러나 이 과정은 즐거운 경험이며 인생에서 중요한 차이를 만들어낼 수 있다.

주관적 몰입과 객관적 관조 연습하기

주관적 몰입

① **신체 자세:** 앞에서 배운 주관적으로 몰입하기 위한 신체 자세를 취해보자. 몸을 앞으로 기울이면서 좌우를 살피자. 바로 이 순간의 경험을 느껴보자. 그리고 어떤 일이 생기든 즉각 반응할 수 있도록 움직일 준비를 하자.

② **즐거운 기억 속에 주관적으로 몰입하라:** 이제 즐거운 기억을 하나 떠올려 천천히 그리고 완전히 그 속으로 몰입하자. 그런 상태에서 자신의 눈으로 보고, 자신의 귀로 듣고 느껴지는 모든 좋은 느낌을 즐기자.

③ **2단계를 반복하라:** 다른 즐거운 기억들을 떠올리며 주관적 몰입 상태를 유지하자. 여러 다양한 상황에서 일어났던 즐거운 기억들을 생각해보자. 직장에서 있었던 일, 놀러 다니는 동안 있었던 일, 집에서 일어난 일, 운동과 관련된 일 혹은 관능적이거나 자기에게 만족했었던 경험도 좋다. 하나하나에 완전히 주관적으로 몰입하고, 모든 정적이고 풍부한 느낌을 완전히 즐겨보자.

④ **앞으로 긍정적인 경험에만 주관적으로 몰입할 것을 자기 마음에 부탁하**

라: 눈을 감고 자신의 무의식에게 필요할 때마다 이 모든 긍정적인 기억에 자동으로 몰입하도록 도와줄 수 있는지 물어본다. 이 현명한 선택을 통해 보다 인생을 즐기고 시간에는 도움을 얻을 수 있다는 점을 명심하라. 마음속에서 울리는 메시지에 귀를 기울이고 긍정적인 대답을 얻을 수 있는지 확인해보자. 잠시 휴식을 취한다.

객관적 관조

① **신체 자세:** 앞에서 배운 객관적 관조를 위한 신체 자세를 취해보자. 등을 의자에 기대고 어깨는 살짝 뒤로 뺀다. 머리를 약간 뒤로 젖히면서 턱은 살짝 위로 올리자. 온몸을 편안하게 기댄다.

② **불쾌한 기억에서 벗어나 객관적으로 관조하라:** 이제 그리 심하지 않았던 불쾌한 기억을 하나 떠올린다. 충분한 시간을 가지고 거기에서 완전히 벗어나도록 한다. 마치 영화나 TV 화면을 보듯 그 기억 속에 있는 자기 모습을 바라본다. 화면을 흑백으로 만들거나 멀리 밀어내도 도움이 된다. 이렇게 해서 화면을 흐릿하고 불명확하게 만들어라. 만일 거기에서 벗어나기 어렵다면 이번에는 두꺼운 유리창을 사이에 놓고 그 장면을 바라본다고 상상하자. 그 상황에 대한 흥미와 호기심은 놓치지 않으면서도 관찰자가 된 느낌을 즐겨보자.

③ **2단계를 반복하라:** 너무 심하지 않은 불쾌한 기억을 다양하게 선택해서 2단계를 반복하자. 직장에서 일어난 일이건 집에서 일어난 일이건 상관없다. 혼자 있을 때 일어난 일, 다른 사람과 있을 때 일어난 일 등 어떤 경험도 좋다. 어떤 일에 대해 실망했거나 실수를 저질렀던 경험도 괜찮다. 각각의 불쾌한 기억에서 완전히 벗어나 객관적으로 관조하라. 그 상황에 여전히 흥미와 호기심을 느끼면서 관찰자가 된 느낌을 즐기자.

④ **앞으로 불쾌한 경험에는 객관적으로 관조해달라고 마음에게 부탁하라:**

이제 눈을 감고 자신의 무의식에게 기꺼이 당신을 위해 긍정적인 자원이 될 것인지 물어본다. 이 현명한 선택을 통해 보다 인생을 즐기고 힘든 순간에는 도움을 얻을 수 있다는 점을 명심한다. 그러면서 불쾌한 기억이 떠오를 때마다 객관적인 관조를 해달라고 무의식에게 부탁한다. 마음속에서 울리는 메시지에 귀를 기울이고, 긍정적인 대답을 얻을 수 있는지 확인해보자.

불쾌한 기억을 긍정적인 자원으로 바꾸는 또 다른 유용한 방법이 있다. 그 기억을 앞으로 돌려보는 것이다. 다음 연습을 통해 이 방법이 얼마나 유용한지 알아보자.

영화를 앞으로 되감기

① **불쾌한 기억을 떠올려라**: 심하지 않은 불쾌한 기억을 하나 떠올려 머릿속에서 영화처럼 상영해보자. 이 영화를 보면서 생겨나는 불쾌한 느낌들을 기억하자. 처음부터 끝까지 깨끗한 화면으로 영화를 상영한다.

② **앞으로 되감아라**: 이제 그 영화의 마지막 장면 속으로 직접 들어가 영화를 앞으로 되감아 보자. 이때 화면은 컬러로 맞추고 아주 빠른 속도록 되감아 전체 영화를 1~2초 만에 맨 앞으로 되돌린다. 이렇게 빠르게 되감는 동안 일어나는 일들을 직접 경험해보자. 필요하다면 두세 번 반복해도 좋다.

③ **시험해보라**: 이제 1단계에서 했던 것처럼 다시 한번 영화를 상영하면서 어떤 느낌이 드는지 확인해보자.

대부분의 경우 이 연습을 마치고 나면 불쾌한 경험에 대한 느낌이 중화된다. 지난 경험을 빠르게 되감는 과정을 통해 당신 기억 속에 있던 경험의 순서가 바뀌면서 거기에 담겨있던 두려움이 조금은 사라진다. 이제 그 경험에 대해서는 더 이상 예전만큼 큰 두려움을 느끼지 않는다. 이 과정을 통해 경험에 붙어있던 두려움을 머릿속에서 밀어낸 것이다. 어떤 상황에 들어가 그 장면이 앞으로 되감는 경험은, 당신이 실제로 그 사건의 끝에 뛰어 들어가서 모든 행동을 거꾸로 하는 상상, 즉 뒤쪽으로 걷고, 말도 거꾸로 하고, 뒤로 움직이는 것과 같다. 모든 과정이 거꾸로 행해졌다. 마치 DVD를 보다가 되감기 버튼을 누르고 화면이 되돌아가는 장면을 지켜보듯이 말이다. 당신은 마지막 장면에서 시작해서 그 사건이 일어나기 전의 시작 장면으로 돌아갔을 것이다.

만일 이 연습이 효과가 없었다면 당신이 직접 그 경험 안으로 들어가지 않고 그냥 영화를 앞으로 되감았기 때문이다. 그저 그 장면을 지켜보는 것만으로는 충분치 않다. 영화 속으로 들어가 모든 것이 처음으로 되돌아가는 감각을 느껴보아야 한다. 영화의 시작 장면으로 돌아가는 과정에서 마치 거대한 힘에 이끌려 뒤로 튕겨 나가는 듯한 느낌이 든다. 영화 되감기 기법과 관조 기법을 결합하면 이 중 하나만을 사용할 때보다 강력한 효과를 얻을 수 있다. 이 기법을 사용하면 가장 심각한 공포증이나 정신적인 외상 기억도 완화할 수 있다. 이 기법은 리처드 밴들러가 존 그라인더와 함께 개발했던 초기 기법을 토대로 발전시킨 결과이다.

엘리베이터에 공포를 느끼는 보험 판매원이 있었다. 만일 고객의 사무실이 고층에 있다면 그는 아예 방문하지 않거나 아니면 계단으로 올라갈 정도였다. 이런 공포로 인해 계단을 오르는 운동은 많이 하게 될지 모르지만, 그의 수입은 줄어들 것이다. 도대체 그 공포가 어디서 시작되었느냐고 물어봐도 그는 아무 대답을 할 수가 없었다. 언제가 처음이었는지는 모르지만 어렴풋이 기억하기는 한다. 그는 언제나 엘리베이터 타는 것을 두려워했다. 그는 어린 시절 7층에 있는 치과에 가기 위해 엘리베이터를 탈 때면 너무 무서워서 계단으로 올라갔던 기억을 떠올릴 수 있다. 아직도 그때 일을 생각하면 몸이 떨린다. 이런 두려움을 극복하기 위해 엘리베이터를 타고 있는 자신을 바라보도록 상상하게 했다. 관찰자 시점에서 바라보는데도 그는 자신이 엘리베이터를 타고 있는 장면을 흑백으로 떠올리면서 공포에 질렸다. 엘리베이터를 타고 있는 자신을 보는 것만이 아니라 흥분한 작은 소년이 울고불고하는 소리를 귀로 듣는 것 역시 중요했다. 그는 내적인 대화를 통해 이 장면에서 분리되어 객관적으로 관조할 수 있다. "저 아이는 겁에 질려 있다. 저 작은 아이는 겁에 질려 있다."

어린 시절의 자기가 엘리베이터를 타고 맨 위층에 올라가서 거기도 여전하다는 사실을 깨닫는 장면을 상상하고 나서, 이 보험 판매원은 다음과 같은 방법으로 그 상황 속에 주관적으로 몰입했다. 그는 영화의 마지막 장면 속으로 들어가 모든 장면을 아주 빨리 앞으로 되감았다. 이 과정 동안 화면을 컬러로 유지했고 되감는 과정은 아주 빨라 영화가 불과 1~2초 만에 첫 장면으로 되돌아갔다.

이 영화를 완전히 되감고 나서 그는 사건이 다시 일어나기 전인 첫 장면에서 빠져나왔다. 이후 6년 동안 그는 문제없이 지내고 있다. 이 기법을 실행한 후 그는 자신의 공포가 잘 치료되었는지 시험해보기 위해 유리로 된 엘리베이터를 타고 13층에 있는 레스토랑으로 갔다. 거기에서 그는 자신의 성공을 축하하는 와인 한 잔을 즐길 수 있었다.

시각화를 통해 정신적인 충격에서 벗어나기

방금 배운 기법은 공포증을 유발하지 않는 충격적인 외상 경험에도 효과가 있다.

인생에서 너무나 힘든 일을 겪었던 남자가 있었다. 그는 예기치 않게 직장에서 승진하게 되었다. 그 기쁜 소식을 집에서 기다리고 있는 아내에게 전해주려고 일찍 직장을 나섰다. 그는 집에 도착하여, 아내가 뒷마당에서 정원 일을 하곤 했으므로 그곳으로 갔다. 하지만 그는 거기서 아내의 시신을 발견했다. 그녀는 35세의 나이에 심장마비로 세상을 떠났다.

이 장면은 그 뒤로도 그의 마음속에 남아 강력한 영향을 미쳤다. 아내를 떠올릴 때마다, 그녀와 함께했던 10년 동안의 결혼 생활을 떠올릴 때마다 그는 뒷마당에 쓰러져있던 아내의 모습이 너무나도 생생히 떠올라 계속해서 힘들어했다. 이 외상 경험을 변화시키기 위해 그에게 똑같은 경험을 마치 그가 수십 미터 떨어진 공중에서 이 장면을 내려다보는 것처럼 보게 했다. 그는 뒷마당으로 걸어 들어가 아내의 시신을 발견하는 자신의 모습을 보았다. 그는 자리에 주저앉아 그녀의 얼굴에 손을 대고 몇 분 동안 움직일 줄 모르는 자신의 모습을 보았다. 그러고 나서 구급차가 도착하자 그는 울음을 터뜨렸다. 그는 이 영화의 마지막 장면 속으로 들어가 거대한 진공청소기에 빨려 들어가듯 눈 깜짝할 사이에 이 모든 경험이 되돌아가는 상상을 했다. 이 과정을 통해 그는 자신의 기억을 충격과 공포로부터 분리할 수 있었다. 그리고 아내와 함께했던 삶을 보다 편안하게 떠올릴 수 있었다. 이제야 그는 아내와 보냈던 즐거운 기억 속에 주관적으로 몰입하게 되었다.

참혹한 경험을 했던 베트남전 참전 군인이나 경찰관이 겪는 '외상후 스트레스 장애(PTSD)'에도 이 기법을 적용할 수 있다. 격심하고 순간적인 두려움이나 불쾌한 반응을 경험한 사람은—비록 공포증이라 여겨지지 않는다 해도—누구나 이 기법을 이용할 수 있다.

공포증이란 실제로 무엇인가

 만일 어떤 것에 대해 두려움을 가지고 있다면, 다음과 같은 두 가지 사실을 명심해야 한다. 공포증을 가진 사람들은 무엇보다 자기에게 문제가 있거나 혹시 내가 미친 게 아닐까 하는 생각을 한다. 또한 때때로 그런 두려움이 너무나 바보 같다고 생각하기도 한다. 그러나 사실 무언가에 대한 공포증은 당신의 두뇌가 무척 빠르게 학습하는 능력을 가지고 있음을 보여준다. 공포증은 보통 단 한 번의 경험만으로도 유발된다. 예를 들어 어릴 때 어떤 아이가 자기한테 딱 한 번 뱀을 던진 경험을 한 뒤로 뱀 공포증을 가지게 된 여성이 있다. 의식적으로 노력해도 뱀을 보거나 생각할 때마다 그것이 자기 쪽으로 날아오는 무서운 영상을 떠올리게 되었다. 단 한 번의 경험으로 생겨난 두려움은 20년이 넘도록 계속되었다. 결국 그녀는 뱀을 볼 때마다 공포를 느꼈다. 이는 그녀가 매우 빨리 학습하는 능력이 있음을 보여주는 강력한 증거이다.

 두 번째로 중요한 사항은 공포란 자신의 무의식과 의사소통하기 위한 수단이라는 점이다. 당신의 무의식은 공포가 현재 눈앞에 있으며 조심해야 할 필요가 있다는 사실을 전달한다.

 다음 연습에서는 빠르게 공포증을 극복하는 기법을 다루겠다. 이 연습 과정에서는 각 단계를 정확하게 진행하는 것이 중요하다. 이 연습은 앞에서 했던 두 가지 연습과 공통점이 많다. 이전 연습에서 그 효과를 경험했다면 이제 그것들을 하나의 과정으로 통합할 준비가 되었다. 이 기법을 이용해서 이전의 두려웠던 경험들을 관조하는 기억으로 바꿀 수 있다. 이 방법은 부정적인 느낌이 강력했던 상황이나 기억, 사건에 모두 적용해도 효과가 있다. 그보다 덜한 불쾌한 기억에 대해서도 물론이다. 만일 불쾌한 기억이 너무나 강력하다면 다른 사람에게 연습

과정을 옆에서 도와달라고 부탁해도 좋다.

빠르게 공포증을 극복하는 기법

이 방법은 아주 강력한 공포나 두려움에도 효과가 있다. 하지만 처음에는 우선 심하지 않은 공포 상황을 이용해서 연습할 것을 권한다.

① **두려운 상황을 떠올려라:** 너무 심하지 않으면서 두려움을 일으키는 상황을 떠올려보자. 모르는 사람에게 판촉 전화를 걸어야 하는 상황이나 발표를 해야 하는 상황 등이 당신을 두렵게 만들 수 있다. 그중 약간 두려운 느낌이 들도록 하는 상황을 하나 골라보자. 너무 심하게 두려워서 미처 중요한 부분까지 접근할 수조차 없는 상황은 적당치 않다.

② **마음속 영화관을 떠올려라:** 이제 마음의 눈으로 커다란 극장에 앉아 있는 자신의 모습을 떠올리자. 최초로 공포에 대한 반응을 보이기 직전의 자기 모습을 스크린 위에서 정지 화면으로 보자(만일 그 두려움을 처음 느꼈던 시점을 기억해낼 수 없다면 지금까지 가장 두려웠던 순간을 생각하자).

③ **영사실로 들어가라:** 이제 영사실 안으로 들어가는 장면을 상상해보자. 당신은 그 안에서 스크린을 바라보고 있는 자신을 멀리서 볼 수 있다. 고소공포증이 있다면 영사실 안으로 들어가는 대신에 옆으로 열 좌석쯤 옮겨가는 상상을 해도 좋다. 떠나라는 지시가 있을 때까지 영사실 안에서 머물러라.

④ **영화를 보라:** 영화를 보고 있는 자신을 바라보면서 실제 공포 상황이 일어났던 장면을 흑백 영화로 만들어 상영하라. 그리고 그 경험 속으로 들어가는 자신을 바라보라. 영상이 끝나서 그 상황의 끝에

올 때까지 영사실에서 영화가 상영되는 것을 지켜보자. 이제 당신은 다시 안전해졌음을 알 수 있다. 이 시점에서 영화를 멈추고 그 사건이 끝난 다음에 자신의 모습을 정지 화면으로 만들자.

⑤ **영화를 앞으로 되감기 하라:** 이제 영사실에서 나와 스크린에 비치는 정지화면 속으로 들어가 보자. 그리고 영화를 컬러로 만들어 앞으로 되감자. 마치 거대한 진공청소기 속으로 빨려 들어가듯 시간을 되돌리자. 아주 빠른 속도로 진행해서 모든 과정을 1~2초 내에 끝낸다. 이 과정이 도움이 된다는 느낌이 들 때까지 반복해서 실행한다. 다 마치고 나면 실제로 몸을 움직여 자리에서 일어나 주변을 걸어보자. 양팔을 가볍게 흔들면서 깊게 숨을 들이쉰다.

⑥ **체크해보라:** 이제 그 경험을 다시 떠올리면서 자신이 어떻게 반응하는지 느껴보자. 공포감의 가볍고 심한 정도에 따라 1~10점까지 점수를 매겨보자. 가장 심한 두려움을 느끼는 상태를 10점으로 할 때, 2점 이상의 점수가 나오면 앞에서 했던 전체 과정을 주의 깊게 다시 반복한다.

자신이 현실 세계 속에서 만들어낸 변화를 체크할 때는 주의를 기울여야만 한다. 예를 들어 이전에 고소공포증을 가지고 있었다면 직접 높은 곳으로 올라가 창밖을 내다보면서 두려움이 줄어들었다는 사실을 확인해야 한다. 자신을 안전하게 지키고자 하는 무의식적인 의도를 충분히 존중하면서 조심스럽게 확인해보자. 위험한 상황에 대해서도 적절한 주의를 기울이자. 그동안에는 두려움 때문에 이런 상황을 피해왔으므로 아직 그 상황을 어떻게 다루어야 하는지 잘 알지 못한다는 사실을 잊어서는 안 된다. 여전히 위험할 수 있다. 당신은 이제 그 사실을 명심하면서 조심스럽게 접근하는 법을 익혀야 한다.

빠른 변화의 필요성

대부분의 사람은 자기가 가진 강렬한 두려움이나 불쾌한 사건에 대한 반응이 이렇게 쉽고 빠르게 변화할 수 있다는 사실을 잘 믿지 못한다. 많은 사람이 변화하기 위해서는 길고 지루한 과정이 필요하다고 믿지만 사실은 그렇지 않다. 변화하기 위해서 많은 시간이 필요한 유일한 이유는, 사용한 방법이 원시적이고 부적절했기 때문이다. 적절한 방법을 이용하면 좀 더 빠르게 변화할 수 있다.

사실, 오히려 천천히 변화하는 게 어떤 면에서는 더 어려울 수도 있다. 당신의 두뇌는 매우 빠르게 학습한다. 만일 당신이 매일매일 영화의 한 장면씩을 5년에 걸쳐 본다면 다른 사람들에게 그 영화의 줄거리를 설명해주기 어려울 것이다. 영화의 각 장면을 빠른 속도로 보았을 때만 그 영화의 의미를 알 수 있다. 리처드 밴들러가 이야기했듯이 무언가를 천천히 변화시키고자 하는 것은 하루에 한 단어씩만 사용해서 대화하는 것과 같다.

사람들은 흔히 "효과를 보려면 이 과정을 얼마나 자주 연습해야 할까요?"라고 질문한다. 이 과정을 한 번만 완벽히 익히면 두 번 다시 연습할 필요가 없다. 그 변화는 꽤 영구적이다. 불쾌한 기억이나 공포증을 가지게 되는 데 한순간이면 충분했듯이 그것을 변화시키는 방법 역시 금방 배울 수 있다.

지금까지 공포증을 극복하는 기법이 어떤 효과를 가지고 어떤 원리로 작용하며 어떤 증상에 유용하게 쓰이는지에 대해 설명했다. NLP에서는 모든 기법에 그 용도와 효과에 따라 정확한 이름을 붙인다. 하지만 그 기법이 할 수 없는 일과 사용되어서는 안 될 상황에 대해서도 정확히 알아야 한다.

만일 즐거운 경험에 대해 공포증 극복 기법을 사용한다면 그 경험 역시 중화되고 강도가 줄어들 것이다. 이런 효과는 긍정적이라고 볼 수 없다. 만일 어떤 사람과 가진 즐거웠던 경험에 대해 이 기법을 사용한다면, 좋았던 감정이 많이 사라지게 된다.

이 기법은 앞에서 설명한 사례처럼 어떤 사람이 죽는 장면을 보고 충격이나 정신적인 외상을 받은 상황에 유용하게 적용해볼 수 있다. 이런 반응은 소중한 인간관계나 그 사람과 가졌던 멋진 시간들을 잃어버려 느끼는 슬픔과는 다르다.

이 공포증 극복 기법을 죽은 사람에 대한 상실의 슬픔을 극복하기 위해 이용해도 역시 좋지 않다. 별다른 효과를 보지 못하거나 오히려 상황을 나쁘게 만들 수 있다. 슬픔을 구성하는 정신적 구조는 공포를 구성하는 그것과는 정반대이기 때문이다. 공포증을 가진 사람은 아주 불쾌한 기억에 주관적으로 몰입하지만, 소중한 사람을 잃어 슬퍼하는 사람은 아주 즐거웠던 기억을 객관적으로 관조한다. 두 가지 문제는 서로 정반대의 구조를 가지고 있으므로 해결하는 방법 역시 정반대이다. 이런 점을 통해서 주관적 몰입과 객관적 관조 방법이 NLP 기법에서 어떻게 이용되는지에 대해 또 다른 힌트를 얻을 수 있다.

세상을 보는 세 가지 입장

지금까지 당신은 주관적 몰입과 객관적 관조라는 두 가지 생각하는 방식을 배웠다. 그리고 이 두 가지 방식을 적절하게 사용해 당신의 삶에 큰 변화를 일으킬 수 있다는 사실도 알았다. 지금부터 소개할 세 번째 방식을 사용하면 개인적인 효율성과 삶의 지혜를 크게 높일 수 있다.

우선 주관적 몰입과 객관적 관조라는 용어를 새롭게 바꿀 필요가 있다. 개입되어 있다는 말은 '자기 입장(self position)에 서 있다'는 말로도 바꿀 수 있다. 자신의 눈을 통해 보고, 자신의 몸으로 느끼며, 자신의 정신적인 과정을 거쳐 생각한다는 뜻이다. 자기 입장이란 세상을 보는 하나의 관점이다. 이에 비해 객관적 관조라는 관점을 사용하면 관찰자의 입장에서 자신을 바라볼 수 있다. 한 걸음 떨어져 자신을 보는 것 역시 자연스러운 방식이다. 이 위치에서는 상황을 객관적으로 바라볼 수 있다.

여기서 소개할 새로운 세 번째 관점은 다른 사람의 입장(other position)에서 보는 것이다. 이 관점에서는 자신이 아닌 다른 사람의 경험을 대신해볼 수 있다. 누군가가 당신에게 동의하지 않거나 논쟁하게 될 때는 다른 사람의 입장에 서 보면 큰 도움이 된다. 다른 사람의 입장에서는 말 그대로 그 사람의 눈으로 문제를 바라볼 수 있다. 다른 사람의 입장에서 상황을 바라본다고 해서 꼭 그 사람의 의견에 동의하거나 자기 관점을 포기해야 한다는 뜻은 아니다. 이런 과정을 통해 더 많은 정보를 얻을 수 있다면 문제를 해결하기 위해 공통된 토대를 찾기도 쉽다.

다른 사람의 입장에 선다는 것은 그 사람의 경험 속에 들어가 본다는 의미이다. 이런 점에서 공감과도 유사하다. 이 관점은 다른 사람의 입장에 서서 그 사람의 눈을 통해 상황을 보고, 그 사람의 몸을 통해 느끼며, 그 사람의 정신적인 과정과 개인적 과거를 경험해보는 것이다. 대부분 사람은 자기가 깊은 애정을 가지고 있는 사람에 대해서는 자연스럽게 그 사람의 입장에서 보게 된다. 상대와 연결되어 있다는 느낌의 일부는 바로 이렇게 그 사람이 진짜 바라는 것을 직접 느껴보는 데서 비롯된다.

누군가에게 우리 입장에서 생각해보라고 요청하는 것은 어떤 문제에 대해 우리의 입장, 즉 그 사람에게 있어서는 다른 사람의 입장에 서서 우리와 같은 경험을 해보라는 뜻이다. 우리에게 깊이 공감해달라는 요청이다. 비록 적은 수의 사람만이 철저하고 일관된 방식으로 다른 사람의 입장에 서는 방법을 배울 수 있다. 하지만 이 능력은 당신의 행동이나 주위 상황을 보는 새롭고도 유용한 관점을 제공해준다.

다른 사람의 입장에 선다는 말의 의미를 좀 더 분명하게 이해하기 위해서 이런 상상을 해보자. 당신은 지금 극장에 앉아 좋아하는 영화를 보고 있다. 자연스럽게 등장인물의 감정에 동화되어 마치 스스로 그 인물이 된 것처럼 몰입한다. 예를 들어 등장인물이 누군가에게 쫓기고 있다면 실제로는 극장 안에 안전하게 앉아있는 당신 역시 그런 급박한 기분을 느끼게 된다. 땀이 배어나고 심장박동은 빨라진다. 바로 그 순간, 당신은 다른 사람의 입장에 서 있다.

뛰어난 연기자는 자기가 연기하는 인물의 입장에 서서 그 인물 자체로 변신할 수 있는 능력을 가진 사람이다. 한 유명한 배우는 연기할 때 완전히 그 인물로 변하는 자신을 마음의 눈으로 볼 수 있다고 말했다. 그는 연기할 때 평소와는 다른 세상을 보고, 다른 방식으로 세상을 이해하고, 평소의 자신이라면 하지 않겠지만 그 배역의 인물이라면 할 수 있는 일을 자연스럽게 한다.

간디는 다른 사람과 협상하기 전에 우선 힌두교도나 이슬람교도, 그리고 영국 사람의 눈으로 상황을 파악해본다고 썼다. 그는 각각의 관점을 대표한다고 여겨지는 실제 인물을 떠올리고 그들의 몸짓을 흉내 내면서 사고방식을 이해하려고 시도했다.

간디와 일했던 사람의 말에 따르면, 간디는 협상을 하기 전에 자기가 만나게 될 영국인처럼 손짓을 하면서 집 주위를 걷곤 했다고 한다. 이 말은 간디가 늘 다른 사람의 입장에 서 있었다는 좋은 증거이다. 또한 간디는 자신의 협상이 관찰자의 관점에서 나온 산물이라고 생각했다. 그는 이렇게 여러 가지 다른 관점을 취해보는 기술을 사용해서 좀 더 현명한 판단을 내릴 수 있었다. 다른 사람의 입장에 서 보면 그 사람이 상황을 어떻게 경험할 것인가에 대한 새롭고 유용한 정보를 얻을 수 있다.

어느 누구도 남의 입장에 서려고 하지 않는다면 어떻게 될지 상상해 보면, 다른 사람의 입장에 서는 것이 얼마나 중요한지 잘 알 수 있다. 무척이나 제한적이고 해가 될 수 있는데도 얼마나 많은 사람이 중요한 결정을 내릴 때 자신의 입장에서만 문제를 바라보는지 생각해보자. 단기적인 이익을 위해 물과 공기를 오염시키고 열대 우림을 파괴하는 회사의 예를 들어보자. 이런 회사들은 오직 자신의 관점에서만 결정을 내린다. 당신이 경험했던 독단적이고 아랫사람을 괴롭히는 직장 상사를 떠올려보자. 아마도 그 사람 역시 다른 사람의 입장에는 서 보려고 하지 않고 오직 자신의 입장에서만 결정을 내리곤 했을 것이다.

사람들이 다른 사람의 입장에 서서 그 상황의 다른 면을 이해하고자 하지 않을 때 우리는 불쾌한 경험을 한다. 서로가 상대의 입장에 서서 이해할 수 있다면 문제는 훨씬 쉽고 간단해진다. 다음에 나오는 연습을 통해 다른 사람의 입장에 서서 그 사람의 경험을 이해할 수 있는 능력을 발전시키자.

다른 사람의 입장에 서 보기

① **갈등을 일으키는 상황을 떠올려라:** 다른 사람과 너무 심하지는 않은 갈등을 일으켰던 특정한 상황을 떠올려보자.

② **자기 입장에서 상상하라:** 자신의 입장에서 이 상황을 영화로 만들어 상영하자. 자신의 눈으로 보고 들으며 경험하는 것처럼 생생하게 상상해보자. 귀에 들리고, 몸으로 느껴지는 모든 정보를 머릿속에 담아두자. 영화가 끝나면 다시 앞으로 되감아 갈등 상황이 시작되기 직전에 정지 버튼을 누른다.

③ **다른 사람을 연구하라:** 영화를 시작 부분에 정지시킨 채로 다른 사람

을 살펴본다. 그의 호흡과 자세, 표정과 움직이는 방식, 말하는 습관이나 목소리의 억양과 빠르기, 그리고 모든 정보를 관찰한다. 그래서 과연 그 사람은 어떤 식으로 그 상황을 경험하고 있을지 생각해본다. 또한 그 사람과 경험했던 과거의 일들, 그 사람이 좋아하는 것과 싫어하는 것, 그 사람의 태도, 개인적인 역사와 같은 그 사람 특유의 사항들을 정리한다.

④ **다른 사람의 입장에서 보라:** 자신의 의식이 천천히 떠올라 몸에서 벗어나는 장면을 상상해보자. 떠오른 의식은 다른 사람 곁으로 가서 그 사람 뒤에 선다. 이제 당신은 그 사람이 보고 듣는 것을 똑같이 경험할 수 있다. '나는 ~한 사람이다.'라고 되뇌면서 그 사람이 좋아하는 것과 싫어하는 것, 그리고 지난 과거의 경험들을 자기 것으로 만들자. 당신이 그 사람에 대해 알고 있는 모든 사실을 떠올려보자. 이 과정이 끝나면 이제 자신의 의식이 그 사람의 몸 안으로 들어가 그의 움직임과 자세, 그리고 그 외의 모든 비언어적인 행동을 직접 해보게 한다. 이런 연습을 반복하면 정말 자기가 그 사람이 된 것 같은 느낌이 든다.

⑤ **다른 사람의 입장에서 영화를 상영하라:** 이제 아까 보았던 갈등 상황에 대한 영화를 다시 상영해보자. 이번에는 다른 사람의 관점에서 이 영화를 보게 된다. 다른 사람의 입장에서 보면 똑같은 갈등 상황이 어떻게 달라 보이는가? 당신은 이 상황에서 무엇을 두려워하는가? 당신의 긍정적인 의도는 무엇이고, 이런 어려운 상황을 다루기 위해서는 어떻게 해야 할까? 이 사람의 입장에서는 당신 행동이 어떻게 비춰지는가? 이 사람의 경험을 통해 무엇을 배울 수 있는가?

⑥ **자기 입장으로 돌아오라:** 당신의 의식이 다시 떠올라 원래의 몸으로 돌아오도록 하자. 눈을 뜨기 전에 다른 사람으로서 느꼈던 모든 느낌은 그 자리에 남겨두고 원래의 자신으로 돌아오자.

충분한 시간을 가지고 이 연습을 마친 사람이라면 다른 사람의 입장에서 보는 경험을 통해 그 사람에 대해 새로운 사실들을 알게 될 뿐만 아니라, 자기가 남들에게 어떻게 보이는지에 대해서도 많은 것을 배우게 된다. 이런 정보는 특히, 갈등 상황에서 이를 해결하기 위해 어떻게 해야 할지에 대해 중요한 메시지를 담고 있다.

이 연습을 통해 당신은 자기 자신의 입장에서 벗어나 완전히 다른 사람의 입장에 서서 상황을 경험하는 방법을 배웠다. 또한 그에 앞서 불쾌한 느낌에서 벗어나기 위해 자기 자신의 경험을 존중하면서 관찰자의 입장에 서 보는 방법도 배웠다. 그러나 관찰자의 입장을 이용하는 또 다른 방법이 있다. 그것은 바로 당신과 다른 사람 사이에서 일어나는 일을 관찰하는 것이다. 다음의 연습으로 이 방법이 얼마나 유용한지 알아보자.

중립적인 관찰자 되기

① **갈등을 일으키는 상황을 떠올려라:** 앞에 나온 연습에서 떠올렸던 상황을 다시 한번 생각해보자.

② **자신의 입장으로 들어가보라:** 다시 한번 자신의 입장으로 들어가보자. 그 상황 속에 완전히 되돌아갈 수만 있다면 이번에는 영화 전체를 처음부터 상영할 필요는 없다.

③ **다른 사람의 입장이 되어보라:** 자, 이제 같은 방법으로 다른 사람의 입장을 취해보자. 여기서도 이 상황에서 완전히 그 사람의 입장이 될 수만 있다면 영화를 모두 상영할 필요는 없다.

④ **관찰자의 입장에서 보라:** 이번에는 상대의 몸에서 빠져나와 당신과 그 사람 모두 잘 보고 들을 수 있는 자리에 서 보자. 당신 자신과 상대방 모두에게서 비슷한 정도로 떨어진 위치에서야 한다. 또한 두

사람 모두의 눈높이와 같은 위치가 되도록 하자. 너무 높아도 안 되고 너무 낮아도 안 된다.

⑤ **관찰자의 입장에서 영화를 돌려라:** 영화를 처음부터 상영하면서 이 상황을 처음 보는 관찰자처럼 눈앞에서 일어나는 일들을 살펴보자. 중립적인 관점에서 두 사람에게서 일어나는 일들을 주의 깊게 관찰하자. 어떻게 한쪽을 자극해서 화를 돋우는지, 어떤 행동이 상대방의 기분을 나쁘게 만드는지, 혹은 상대방의 어떤 행동이 자신의 기분을 나쁘게 만드는지 등을 잘 살펴보자. 관찰자의 입장에 서서 이런 상호작용을 통해 무엇을 배울 수 있는가? 관찰자의 입장에서 볼 때 지금 일어난 일들에 대해 어떤 느낌이 드는가?

이 연습을 통해 많은 사람이 어떻게 다른 사람의 반응을 유발하는지 반대로 다른 사람의 반응에 스스로가 어떻게 자극받는지에 대해 중요하고 유용한 정보를 얻을 수 있다. 또한 갈등을 일으킨 두 사람 모두에게 깊이 공감하기도 한다.

지혜와 재능을 발휘하기 위한 기초

앞에서 설명한 자기 자신, 다른 사람, 그리고 관찰자라는 세 가지 입장은 각각 독특한 정보를 제공해서 상황을 잘 이해하게 도와준다. 이 세 가지 입장을 마음대로 바꿀 수 있다면 이것들을 종합해서 진정한 지혜를 얻기 위한 토대로 사용할 수 있다.

NLP 개발자 중 한 사람인 로버트 딜츠는 "우수성이란 자신의 입장에서 무언가를 열정적으로 헌신하는 것이다. 이에 비해 지혜란 의식적으로 자기 자신, 다른 사람, 관찰자의 입장을 오갈 수 있는 능력이다."라고 말했다. 세 가지 입장을 보다 잘 오갈 수 있게 되면 개인적인 효율성 역시 향상된다. 또한 다른 사람과 협상을 하거나, 많은 사람 앞에서 발표를 하거나, 새로운 고객을 만나거나, 자기 아이에게 올바른 지도를 해야 할 때도 보다 풍부한 자원을 이용해서 사고할 수 있다. 그리고 이 과정을 잘 이용하면 정신적 유연성과 다양한 사람과 다양한 상황에 긍정적인 방식으로 적절하게 대응하는 능력을 키울 수 있다.

자기 자신, 다른 사람, 관찰자의 입장을 모두 잘 취할 수 있는 능력을 가진 사람은 드물다. 아인슈타인, 간디, 모차르트, 월트 디즈니 같은 천재들이 남긴 글을 보면 그들이 사고 과정의 일부로서 서로 다른 관점을 사용했음을 알 수 있다. 예를 들어 아인슈타인은 상대성 원리를 만들기 위해 자신의 입장과 관찰자의 관점을 이용했다. 그는 자신이 1초에 186,000마일의 속도로 움직이는 빛줄기 끝에 올라탄다면, 관찰자적 입장에 서 있는 또 다른 아인슈타인의 눈에는 그 모습이 어떻게 보일까 상상했다. 바로 이런 생각들이 온 우주의 구조에 대한 우리의 생각을 완전히 뒤바꾼 이론의 토대가 되었다.

월트 디즈니 역시 이야기를 만들어내기 위해 상상 속에서 서로 다른 관점을 이용했다. 그는 자기가 만들어낸 이야기가 관객의 입장에서 어떻게 보일지를 알아보려고 이야기를 만든 후 그것을 관객의 입장에서 바라보곤 했다. 이렇듯 의식적으로 세 가지 관점 사이를 오갈 수 있는 능력은 매우 중요하다. 그러므로 천천히 시간을 들여 앞선 연습들을 완벽히 익혀보자. 이 과정을 완전히 마치고 나면, 각각의 입장에서 보는 게 얼마나 유용한지 깨닫게 된다.

배운 기법 실천하기

세 가지 관점이 얼마나 중요한지 이해하는 가장 좋은 방법은 갈등을 해결할 때, 협상 기술이나 고객서비스 기술을 다뤄야 할 때, 그리고 당신이 속한 그룹에서 효율적인 팀을 구성해야 할 때 이 기술을 사용해보는 것이다. 이런 상황에서 당신이 의식적으로 자신과 다른 사람, 관찰자의 관점을 오갈 수 있다면 다른 사람들과의 관계에서 지혜롭고 자신감 있는 태도로 계획을 세우고 실천할 수 있다.

바로 지금, 마주할 때마다 두려움을 느끼거나 더 융통성 있게 행동해야 하는 어떤 사람과 관련된 상황을 하나 떠올려보자. 예를 들어 사이가 좋지 않은 사람을 만나는 일에 두려움을 느낄 수 있다. 아니면 당신은 승진해야 한다고 믿지만 상사에게 승진을 요구하는 일에는 두려워할 수 있다. 어쩌면 당신에게 친밀감을 표시하는 고객을 만나는 일을 두려워할 수도 있다. 두려움을 느낄 때는 언제나 몇 분 정도 시간을 내어 이 장에서 배운 세 가지 입장을 떠올려보자. 이 방법을 이용하면 그때 느낀 두려움을 효율적으로 변화시킬 수 있다. 당신은 이전에 가능하다고 상상했던 것 이상으로 두려움과 불안이라는 느낌을 더 잘 통제할 수 있다.

요약

두려움과 공포증을 없애는 방법을 다른 쉬운 NLP 기법만큼이나 간단하게 배울 수 있다. 이 장에서 우리가 다루었던 기법들을 정리해보면 다음과 같다.

- 자신을 멀리서 바라보는 객관적 관조 기법을 이용하여 불쾌한 사건들에 대한 느낌에서 자신을 분리하는 방법
- 주관적 몰입과 객관적 관조라는 두 가지 정신 상태를 통해 즐거웠던 경험은 다시 즐기고 불쾌했던 경험은 누그러뜨리는 방법
- 불쾌한 사건들을 중화하기 위해 그 사건을 영화로 만들어 앞으로 되

감는 방법
- 자신이 가지고 있는 두려움을 한순간에 없애기 위해 빠르게 공포증을 극복하는 방법
- 자기 자신, 다른 사람, 관찰자라는 세 가지 관점을 의식적으로 이용해서 다른 사람과의 관계를 개선하며, 지혜롭고 창의적인 결정을 내리기 위한 토대를 마련하는 방법

두려움과 불쾌감을 없앤다는 것은 그 자체로도 가치 있는 목표이다. 이런 과정을 통해 자신의 능력을 온전히 발휘해서 자신감을 가지고 앞으로 나아갈 수 있다. 그러나 이런 목표들은 살아가면서 세 가지 관점을 이용하여 얻을 수 있는 지혜에 비하면 사소하다. 이 장에서 배운 연습들은 그저 당신이 아직 이뤄내지 못한 과제를 성취하기 위하여 정신적인 근육들을 유연하면서도 강하게 만들어주는 도구에 지나지 않는다는 점을 명심하라. 이런 연습을 자주 할수록 당신의 두뇌는 한층 유연해진다.

위대한 예술은 어떤 형태든 확고한 기법의 토대 위에 놓여있다.
예를 들어 발레를 하려면 플리에와 피루엣을 숙달해야 한다.

로라 유잉(국제적인 경영 컨설턴트)

자신감 쌓기

자신을 어떻게 평가하는가 이해하기

성공하는 데 공포와 불안이 방해가 될 수 있듯이 우리 자신을 판단하고 비판할 때 느끼는 불쾌함 역시 우리가 성공하는 것을 막을 수 있다. 매섭고 부정적인 자기 평가만큼 자신을 약하게 만드는 것도 없다. 우리가 낙담할 때는 주로 두 가지 과정을 거친다. 실패하거나 엉망이 되는 상황을 떠올리거나 자신이 하고 있는 일이 잘못되고 있다고 스스로에게 말하는 내부의 목소리를 듣는다.

이제 막 시작하려는 프레젠테이션을 앞두고 여러 사람 앞에 불안해하면서 서 있고 모든 사람의 시선을 받으며 바보가 되는 상상을 해본 적은 없는가? 당신이 누군가에게 말을 하고 있을 때 머릿속에서 "너, 도대체 그걸 말이라고 하고 있어?"라고 돌발적으로 말하는 목소리를 들어본 적은 없는가? 우리 대부분은 자신에게 최대의 적이 되는 이와 비슷한 상황을 겪곤 한다. 이런 정신 과정은 실패하도록 미리 준비하는 것과 같다.

빌을 예로 들어보자. 그에게 가장 큰 문제는 자신을 부정적으로 평가하는 것이다. 그는 여러 해 동안 기분이 처져있었고 우울했다. 그는 자신의 사고 과정을 살펴보면서 자기가 늘 잘못하고 있는 상황에만 집중해왔다는 사실을 발견했다. 그리고 앞에서 언급했던, 낙담으로 자신을 이끄는 두 가지 과정 모두를 사용하면서 자신이 얼마나 못난 인간인지 마음속으로 평가하곤 했다. "당신이 잘하는 것에 대해서는 어떻게 생각해요?"라고 물었을 때, 그는 자신의 성공이 머릿속에 있기는 하지만 거기에 주의를 기울일 수는 없다고 대답했다. 그는 이 장에 나오는 기법들을 이용해서 자신의 내적 이미지와 마음속 목소리를 새로운 것으로 선택하고, 우울한 기분을 자신감으로 대체했다. 이렇게 하여 직장과 가정에서 활기를 되찾고 성공하였다.

비판적인 목소리의 위치 알아내기

우선 내부의 목소리부터 다루어보자. 마음속에 있는 목소리가 자신을 비판하거나 나무라던 과거의 특정한 상황으로 돌아가 보자. 우선 자신을 그 상황으로 돌아가게 해서 잠깐 그때 겪은 것을 다시 경험해 본다. 그 경험을 회상하면서 비판적인 목소리에 주의를 기울여본다.

6장에서 자신을 괴롭히는 목소리의 위치를 변화시켜서 그 목소리를 당신으로 통합하는 방법을 배웠다. 이번에 우리는 당신에게 다른 접근법을 말하려고 한다. 내부의 목소리는 크거나 부드러울 수 있다. 또한 빠르거나 느릴 수도 있다. 목소리 억양이 자조적이거나 귀에 거슬릴 수도 있다. 어쩌면 당신 자신의 목소리처럼 들릴 수도 있다. 아니면 당신과 가까운 사람이면서 당신에 대해서 비판적이었던 사람, 예를 들어 부모나 언니, 오빠 또는 가까운 친척의 목소리일 수도 있다. 그 목소리를 들으면서 당신의 기분이 어떤지 주의를 기울여본다.

이제 다른 목소리 톤으로 실험해보자. 그 목소리를 빠르게 하거나 느리게 만들어 어떤 변화가 일어나는가 주목해본다. 목소리를 엘머 푸드

(루니툰 만화에 나오는 캐릭터 중 하나—옮긴이)나 미키 마우스와 같은 만화영화의 주인공 또는 컴퓨터에서 나오는 소리처럼 들리게 만들어본다. 우습게 들리거나 졸라대는 듯하게, 또는 유혹적으로 들리게도 만들어본다. 목소리의 빠르기, 억양을 변화시키면서 자신의 정서적 반응이 어떻게 달라지는가 주목한다. 비록 같은 말이지만 느낌은 달라지지 않았는가?

긍정적인 의도 찾기

이제 비판적인 목소리의 의도를 찾아보자. 그 목소리에게 당신을 위해서 긍정적인 어떤 것을 해주려고 그러는 것인지 물어본다. NLP의 전제 중 하나는 '모든 행동의 기저에는 긍정적인 의도가 있다'는 것이다. 만일 그렇지 않다면 그렇게 계속하려고 하지 않을 것이다. 비판적인 목소리가 당신을 위해 어떤 긍정을 발견하는 것이 중요하다.

다시 마음속에서 자신을 비판하는 목소리를 듣고, 그 목소리가 사람인 것처럼 목소리에게 말해본다.

"당신은 나를 위해 어떤 의도를 가지고 있지?" "당신은 나를 위해 무엇을 이루려고 하는 거야?" "당신은 어떤 목적으로 이토록 나에게 비판적이지?"

질문 중에서 하나를 한 후에는 아무 말도 하지 말고, 그 목소리의 반응에 귀 기울여본다. 흔히 나오는 대답은 이렇다.

"당신을 바보로 만들지 않으려고 그래." "당신을 보호해주고 싶어." "당신이 옳은 일을 했으면 좋겠어." "당신이 될 수 있는 것 중에서 최상이 되기를 원해."

목소리의 대답을 듣고 난 후, 그 의도에 대해 당신이 어떻게 반응하는지 주목해본다. 아마 당신은 그 목소리가 당신에게 말하는 내용에 대해서나 그 목소리의 말투에 대해 고마워하지 않을지도 모른다. 그러나 그 목소리의 의도에 대해서는 고마워할 것이다. 만약 그 대답이 긍정적이라는 것을 받아들이기 어렵다면, 자신이 동의할 수 있는 긍정적인 의도를 발견할 때까지 계속해서 목소리에게 물어본다.

예를 들어 그 목소리가 "나는 당신이 동기를 가지게 하려고 해."라고 말한다면, 당신은 "내가 동기를 가지면 어떤 면에서 좋은 거지?"라고 물어볼 수 있다. 그러면 목소리가 "당신이 동기를 가지게 되면 일을 모두 순조롭게 처리할 것이고 그러면 돈을 더 많이 벌 수 있지."라고 대답할지도 모른다. 그러면 당신은 또 물어본다. "내가 일을 다 처리하고 돈을 많이 벌면 그게 나한테 어떻게 좋은데?" 목소리는 대답할 것이다. "당신은 성공한 사람이 될 것이고 자신에 대해 좋은 기분을 느낄 거야."

만약 목소리가 처음에 "나는 당신에게 벌을 주고 싶어."라고 말한다면, 당신은 그 의도에 동의하지 않을 것이다. 당신은 다시 "나를 벌하는 목적이 뭐지?"라고 물어볼 수 있다. 목소리가 "그러면 나에게 주의를 기울일 것이고 내가 하는 말을 기억하겠지."라고 대답할지도 모른다. 다시 긍정적인 의도를 물어보았을 때, 목소리는 "당신이 실패해서 기분 나빠지지 않았으면 해."라고 대답할 수도 있다. 이쯤 되면 그 의도가 부정문으로 진술되었다는 사실만 제외하면 우리 대부분이 동의할 만하다. 그 목소리는 실제로 긍정적인 것을 원한다. 당신이 성공해서 좋은 기분을 느끼기를 바란다.

일단 비판적인 목소리의 긍정적인 의도를 알았으면, 그 후의 첫 번째 단계에서는 의도에 동의하고 그 목소리에게 감사를 표현한다. 자신을 위한 그 의도의 가치를 확실히 인정해야 한다. "당신이 나를 위해 그런 긍정적인 의도를 가진 것을 기쁘게 생각해. 나를 위해 이런 것을 원하다니 감사해." 이렇게 말하면 당신은 결정적으로 중요한 단계를 행한 것이다. 당신과 그 목소리는 모두 긍정적인 의도에 동의했기 때문에 이제는 적이 아니다. 이제 동맹자가 되어 남아있는 문제를 함께 해결할 수 있다.

비판적인 목소리와 협상하기

당신과 목소리 모두 긍정적인 의도에 동의했기 때문에, 이제 모두가 원하는 결과를 얻기 위해 더 수월하고 효과적인 방법을 찾아볼 수 있다. 이 과정의 다음 단계에서는 목소리에게 다음과 같이 물어본다. "만약 당신이 하고 있는 것만큼 좋거나 그보다 더 좋은 방법으로 이 긍정적인 의도를 달성할 수 있다면, 한번 시도해볼 마음이 있어?"

이것은 목소리가 거절할 수 없는 제안이다. 만약 목소리가 다른 더 좋은 선택을 시도하는 데 동의하지 않는다면, 그 제안을 충분히 이해하지 못한 것이다. 때때로 어떤 목소리는 지금 하고 있는 방법을 포기해야 한다고 생각하든지, 자신이 동의하지 않는 선택사항을 사용해야 한다고 생각한다. 목소리가 거절한다면 그 제안을 다시 말해준다. 당신은 이런 부가적인 선택사항들을 찾길 원할 것이다. 그리고 목소리가 선택사항들이 지금 행하고 있는 방법보다 더 낫다고 동의할 때만 당신은 그 선택사항에 만족할 수 있다. 또한 그 목소리가 새로운 선택사항들을 함께 찾는 데 동의할 때만 다음 단계로 나아가라.

이제 당신의 창조적인 부분에게서 도움을 받을 필요가 있다. 창조적인 부분이란 계획을 세우고 새로운 아이디어를 생각해내는 내면의 부분이다. 그 창조적인 부분에게 목소리의 긍정적인 의도를 달성할 수 있는 방법에 관한 아이디어를 많이 생각해달라고 부탁한다. 그리고 목소리에게, 목소리가 현재 하고 있는 것과 같거나 그보다 더 좋은 결과를 내는 방법 중에서 좋아하는 방법 세 가지를 선택하라고 한다. 당신은 자신을 끌어내리기보다는 자신감을 주는 새로운 행동 방식을 원한다. 창조적인 부분이 가능성 있는 수많은 방법을 생각해내면 당신과 목소리 모두 좋은 방법이라고 함께 동의한 것만 선택한다.

이 과정이 어떻게 효과를 나타내는지 한 가지 예를 들어 살펴보자. 어느 날 밤에 존은 최근 들어 기분이 좀 나쁘고 우울하다고 불평했다. 그는 이 문제를 탐색하다가, "당신은 나쁜 사람이야."라고 말하는 내부의 목소리를 들었다. 그는 목소리에게 "그렇게 말하는 당신의 의도가 무엇이지?"라고 물었다. 그 대답은 "나는 당신이 사람들을 대하는 방법에 주의를 기울였으면 좋겠어. 당신은 최근 다른 사람들에게 너무 부정적이야. 이제 그러지 말았으면 좋겠어."였다.

존은 그 대답에 놀랐지만 곰곰이 생각해보니 목소리가 옳다는 것을 깨달았다. 그는 최근 다른 사람들에게 부정적으로 대해왔다. 존은 다시 "내가 다른 사람들에게 좋지 않게 대하는 것을 그만두면 나한테 뭐가 이롭지?"라고 물었다. 그리고 나서 "그러면 당신은 자신을 더 존경할 수 있고 자신에 대해 더 좋은 기분을 느낄 수 있어."라는 대답을 들었다. 존은 "나 자신을 더 존중한다고 해서 나한테 뭐가 이로운데?"라고 물었다. "당신이 자신에 대해 좋게 느끼면 다른 사람들에 대해서도 좋게 생각할 거야. 그러면 친구가 더 많아지고 친구들과 사이도 좋아지지."

존은 이 대답을 대단히 가치 있는 정보라고 생각했다. 그는 습관적으로 다른 사람에게뿐만 아니라 자신의 삶에서도 잘못된 것에만 주의한다는 사실을 깨달았다. 자신을 존중하고, 나아가서 다른 사람들과 사이가 좋아지길 원하는 목소리를 가지고 있다는 사실이 얼마나 가치 있는가를 깨달았다.

그는 목소리에게 "그 의도를 달성할 수 있는 다른 방법들에도 관심이 있어?"라고 물어보았다. 서로 다른 방법을 찾기로 동의한 후, 그는 자신의 창조적인 부분에게 새로운 행동에 대한 아이디어를 생각해달라고 부탁했다. 그 목소리도 동의한 세 가지 선택은 심호흡을 하고 다른 사람에게 대답하기 전에 미소 짓기, 다른 사람이 하는 긍정적인 행동에 관심을 갖고 그것에 대해 말하기, 자기 행동의 긍정적인 면에 주목하면서 잘하고 있는 일에 대해 스스로 격려하기였다. 존은 이러한 선택들이 비판적인 목소리보다 자신에게 더 좋은 결과를 준다는 사실을 깨달았다.

내부의 목소리가 자신에게 피드백을 주는 시간에 대해서도 목소리와 타협할 수 있다. 어떤 일을 하는 도중에 피드백을 받으면 일을 제대로 하지 못하게 된다. 똑같은 피드백이라도 하던 일을 마치고서 받으면 더 유용하다. 목소리에게 당신이 하던 일을 완전히 끝낸 후에 피드백이나 제안을 해달라고 부탁하라. 대부분의 훌륭한 운동선수는 내부의 목소리가 자신을 방해하지 못하게 콧노래를 흥얼거린다든지, 계속해서 긍정적인 단어나 구절을 반복하면서 높은 자신감을 유지한다. 이런 운동선수들은 경기를 하는 도중에 자신의 내부에서 즐거운 소리가 들리면 비판하는 목소리는 거의 들리지 않는다는 사실을 알고 있다.

다음은 리처드 밴들러와 존 그라인더가 개발한 6단계 리프레이밍(Six-Step Reframing) 과정을 당신이 연습할 수 있게 응용하고 요약한 것이다.

내부 목소리를 리프레이밍하기

① **중요한 내부의 목소리:** 내부의 목소리가 당신을 비판하는 어떤 상황을 떠올린다. 그 상황으로 되돌아가서 목소리가 하는 말에 주의를 기울이고 목소리의 억양, 빠르기, 리듬에 주의를 기울인다.

② **긍정적인 의도:** 그 목소리에게 "당신의 긍정적인 의도가 무엇인가?" "이런 식으로 나를 비판해서 이루려는 게 뭐지?"라고 물어본다. 그러고는 목소리가 하는 말에 귀를 기울인다. 그 목소리의 긍정

적인 의도에 당신이 완전히 동의할 때까지 계속해서 묻는다.
③ **긍정적인 의도를 인정하고 고맙다고 말하라**: 목소리의 긍정적인 의도를 인정하고 동의한다. 그리고 당신을 위해 그런 긍정적인 의도를 가진 목소리에게 감사를 표한다.
④ **목소리에게 다른 방법들을 함께 찾자고 청하라**: "지금 당신이 하고 있는 것만큼 좋거나 그보다 더 좋은 방법으로 이 긍정적인 의도를 달성할 수 있다면, 한번 시도해볼 마음이 있어?"라고 물어본다. 그리고 찬성하는 대답을 기다린다.
⑤ **창조적인 부분**: 당신에게 있는 창조적인 부분, 즉 계획을 세우는 부분에게 긍정적인 의도를 달성할 수 있는 행동에 대해 생각해달라고 부탁한다. 그런 다음 목소리가 지금 자신이 하고 있는 것만큼 좋든지, 더 좋은 방법 중에서 세 가지를 선택하게 한다.
⑥ **미래를 계획하라**: 새로운 방법을 적절한 상황에서 수행하는 것을 차례차례로 상상하면서 그 각각이 얼마나 잘 적용되는지 살펴본다. 만약 어떤 방법이 기대했던 것만큼 효과가 좋지 않다면 5단계로 되돌아가서 다른 것을 더 생각해달라고 부탁한다. 당신과 목소리 모두 좋아하는 새로운 선택을 세 가지 했으면 목소리에게 적절한 상황에서 이 선택 중 하나 이상을 실제로 사용할 것인지 물어본다.

이 과정에 능숙해지면 당신이 주의 깊게 각 단계의 기능을 유지하는 한, 앞에서 나온 단계를 몇 개 뛰어넘을 수 있다. 예를 들어 어떤 목소리가 좋은 충고를 하지만 그 말투가 당신을 비웃는 듯하고 기분 나쁘게 만들어 듣고 싶지 않다면 "당신의 충고는 고맙지만, 당신이 내 친구처럼 부드럽고 친근하게 말해준다면 더 좋겠어."라고 말할 수 있다.

만약 당신이 어떤 실수를 저질렀을 때 목소리에게 이렇게 말할 수도 있다. "당신은 이 상황에서 내가 저지를 수 있는 실수에 대해 많이 알고 있어. 또 내가 언제 그런 실수를 하는지도 알고 있어. 내가 실수를 하기 전에 미리 무엇을 해야 한다고 말해주고 나에게 친구처럼 격려해 줄 수 있겠어? 그래서 내가 더 자주 성공할 수 있게 도와줘."

리프레이밍은 당신의 내면에서 이루어지는 다양한 협상에 사용할 수 있는 간결하면서도 효과적인 과정이다. 또한 사람들이나 조직체 사이에서 협상하거나 중재할 때 대단히 효과적이다. 먼저 어떤 긍정적인 의도나 목표에 대해 서로 동의한다. 그리고 함께 팀이 되어 대안이나 해결책을 탐색한다.

이제 자신에게 말하는 내부의 목소리에 관심을 가지고, 자신의 효율성에 방해되는 언어 패턴에 귀 기울이기가 쉬워질 것이다.

부정문으로 말하는 문제

1장에서 부정문의 영향력을 지적했다. 부정문은 우리가 생각하지 않으려고 하는 바로 그것을 생각하게 만든다. 당신이 다른 사람에게 부정문으로 말하면 그들은 당신이 생각하지 않기를 바라는 바로 그것을 생각하게 된다. 이와 똑같은 과정이 자신감에도 해당된다. 다음에 나오는 문장을 반복하면서 각 문장이 어떤 그림과 느낌을 연상시키는지 살펴보자.

"내일 미팅에서 당신이 어떤 실수를 할지는 생각하지 마."
"상관이 당신 보고서에 대해 어떻게 생각하든 신경 쓰지 마."
"이번 휴가를 어떻게 보낼지 너무 걱정할 필요 없어."

1장에서 말했듯이 이런 문장들을 당신이 원하는 것을 나타내는 문장으로 바꾸면 자신감이 생긴다. 이 문장에서 당신이란 말을 나라는 말로 바꾸면 더욱 좋다. 당신이라고 하면 다른 사람에게서 나온 말 같다. 그리고 우리의 과거 경험 때문에 그런 말을 종종 기분 나쁜 느낌으로 듣는다. '나'라는 말은 자신에게서 나온 말이므로 힘과 능력을 더 많이 느끼고, 긍정적인 느낌으로 받아들이기 쉽다.

"내가 내일 미팅에서 얼마나 잘할까 기대돼."
"우리 상관은 내 보고서에서 어떤 부분을 가장 좋아할까?"
"휴가 동안 어떤 일이 특히 재미있을지 미리 알아봐야겠어."

지나치게 일반화하는 용어를 바꾸기

자신감을 갖지 못하도록 방해하는 또 다른 내적 언어 패턴으로는 지나친 일반화가 있다. "나는 단 한 번도 옳게 해본 적이 없어." "나는 정말 형편없는 부모야." "모든 사람이 다 나를 멀리해." "포기하는 게 낫겠어, 나는 완전히 실패작이야." 이런 말들은 흔히 자신감을 위축시키곤 한다. 왜냐하면 그 말에는 부정문이 숨어있기 때문이다. '결코'에는 '…해본 적이 없다.', '형편없는'에는 '좋지 않은', '멀리해.'에는 '받아들일 수 없는', '실패'에는 '성공하지 못한'과 같은 부정의 의미가 있기 때문이다.

위의 말 중에서 하나를 골라 자신에게 말해보라. 기분이 어떠한가? 당신은 희망이 없다고 느낄 것이다. 부정문뿐만 아니라 지나치게 일반화하는 말에도 대단히 안 좋은 면이 있다. 만약 모든 사람이 나를 멀리한다면, 나는 정말 힘든 상황에 있게 되고 희망이 없다고 느끼게 된다. 만약 내가 단 한 번도 옳게 한 적이 없다면 나는 정말 실패작이다. 만일 당신이 이런 보편적 일반화를 할 때는 내부에서 하는 말에 의문을 던지기 위해 다음과 같은 방법을 사용할 수 있다. 다음 예문을 통해 당신의 내적인 이미지가 어떻게 변하는지 주목해본다.

만약 내부의 목소리가 "나는 단 한 번도 옳게 해본 적이 없어."라고 말하면 "정말? 잘한 적이 단 한 번도 없어? 내가 이제까지 한 번도 옳게 한 적이 없다고? 구체적으로 무엇이 잘되지 않은 거지?"라고 물어본다. 그러면 "내가 옳게 한 적이 있긴 있어. 사실 여러 번 일을 잘했어. 단지 몇 번만 실수했지."라는 사실을 깨닫게 된다.

당신이 스스로에게 의문을 던지는 것이 어떻게 내적인 그림의 내용과 하위 감각양식을 변화시키는지 주목해보라. 스스로 이런 질문을 해봄으로써 당신은 보편적 일반화에서 만족스럽지 못한 어떤 상황을 떠올릴 수 있고, 특정 상황에 초점을 맞춰 그것을 변화시킬 수 있다.

또 다른 예를 보자. 당신 내부에서 이런 말이 들려온다. "모든 사람이 나를 멀리해." 이때 스스로에게 "당신은 그런 말을 할 때 나를 멀리한 사람을 얼마나 많이 떠올리지?"라고 물어보라. 생각보다 많지는 않을 것이다. 그렇다면 자신에게 다음과 같이 물어본다. "구체적으로 누가 나를 멀리하지?" 그러면 나를 멀리하는 특정한 한 사람이 떠오른다는 사실을 깨달을 수 있다.

자신을 멀리하는 수백 명의 사람보다는 한 사람에게 반응하기가 더 쉽다. 단 한 명이 당신을 멀리한다는 사실을 생각하면 상당히 많은 자신감을 느낄 수 있다.

긍정적인 자기대화

긍정적인 자기 암시(affirmations)란 자신에 대해 긍정적으로 하는 말이다. 당신이 원하지 않는 것이 아니라 당신에게 일어나기를 원하는 것을 표현한 말이다. 긍정적인 자기 암시를 할 때는 마치 지금 일어나고 있는 것처럼 현재시제로, 또는 곧 일어날 것처럼 미래시제로 표현한다.

현재시제만큼이나 강력한 또 다른 방법은 '~하고 있다.'라는 식으로 표현하는 것이다. 마음속으로 다음과 같이 말하면서 그 차이를 느껴보자. "나는 느낀다."와 "나는 느끼고 있다." 또는 "내 목소리가 들린다."와 "내 목소리가 들리고 있다." 간에 어떤 느낌의 차이가 있는가? 동사를 '~하고 있다.'는 형태로 쓰면 당신의 경험이 더욱 생동감 있고 더 현실적으로 느껴지고, 바로 지금 일어나고 있는 것처럼 느껴져 그 경험에 주관적으로 몰입하기가 쉬워진다. 또한 이런 형태는 마음속에 있는 정지된 그림을, 정보를 더 많이 가지고 있는 움직이는 그림으로 만든다. 또 한 가지 생각해야 할 기준이 있다. 만약 자신에 대한 생각과 반대되는 긍정적 자기 암시를 말한다면 당신은 그것을 비현실적으로 여길 것이다. 그러면 실제로 그 말은 효과가 없거나 당신에게 도리어 해가 될 수 있다.

예를 들어 당신이 다른 사람들을 평소 신경 쓰지 않는다면 '나는 다른 사람들을 고려하는 사람이다.'라고 긍정적 자기 암시를 하는 것은 시간 낭비일 뿐이다. 그러나 그 긍정적 자기 암시를 '나는 다른 사람들을 고려하도록 배울 수 있다.'라고 바꾸면 다른 사람들을 신경 쓰지 않는 당신의 평소 모습과도 모순되지 않는다.

다음은 유용한 긍정적 자기 암시의 사례들이다.

나는 쉽게 배울 수 있다.
나는 매일 다른 사람들에게 친절하고 사랑을 베푸는 사람이 되고 있다.
나는 스스로를 돌볼 만한 가치 있는 사람이다.
나는 책임감 있게 행동하는 법을 배울 수 있다.
나는 자신을 사랑할 수 있다.
나는 다른 사람과 교제하면서 진실하게 행동하는 일을 즐길 수 있다.

우선 충분한 시간을 갖고 당신이 되고 싶어 하는 그런 사람이 되기 위해 중요한 긍정적 자기 암시를 만든다. 그러고는 그것을 자신에게 말하면서 자신이 원하는 결과인지 아닌지를 확인한다. 만약 원하는 게 아닐 때는 긍정적 자기 암시를 다시 써서 충분히 반응하고 자신에게 적합한 것이 될 때까지 여러 번 쓴다. 또는 당신에게 거꾸로 해를 끼치는 그런 부분과 타협할 수 있다.

긍정적 자기 암시는 내부의 자기대화를, 어떤 상황에서 스스로를 자신감 있게 만드는 내부의 대화로 바꾸는 데 도움이 된다. 종종 자신에 대해 확신이 서지 않는 상황에 처하면 내부의 대화는 당신을 지지하지 않는다.

벤저민 프랭클린은 자신에 대한 느낌을 좋게 만들기 위해 날마다 규칙적으로 긍정적 자기 암시를 사용했다. 그는 끊임없이 13가지의 미덕을 추구했다. 그것은 절제, 침묵, 정돈, 결의, 검소, 근면, 신중함, 정의, 중용, 청결, 평정, 순결, 겸손이다. 그는 이 미덕에 관한 긍정적 자기암시를 종이에 적어 시계 속에 넣어 주머니에 지니고 다녔다. 그래서 시계를 볼 때마다 자신의 인생을 나아지게 하는 미덕들을 떠올렸다. 이것이 그가 계속해서 높은 자신감을 가질 수 있었던 한 가지 방법이다.

비록 프랭클린의 긍정적 자기 암시가 그에게는 효과가 좋았지만, 다른 사람에게는 나쁘게 작용할 수 있다. 그리고 실제로 그 상황을 더 어렵게 만들 수도 있다. 우리 대부분은 내부 목소리를 한 가지 이상 가지고 있다. 그리고 그 목소리 중 몇몇은 대단히 자조적이고 회의적이다. 만약 당신이 자신에게 좋은 긍정적 자기 암시를 말하는데 다른 목소리가 "그래, 참 좋네."라고 조롱하듯이 말한다면, 아마 자신이 바라는 것을 얻는 데 전혀 도움을 주지 못할 것이다.

만약 자신의 내적인 경험에 신중히 주의를 기울인다면 긍정적 자기암시가 당신이 달성하고자 하는 것에 작용할지 아닐지를 알 수 있다.

예를 들어 만약 자신에게 "나는 다른 사람을 더 잘 배려하는 것을 배울 수 있어."라고 말할 때 마음속에 어떤 반응이 일어나는가? 자신이 다른 사람에게 더 주의를 기울이고 있는 어떤 이미지를 본다든지, 남을 잘 배려하는 사람에게 어떻게 그렇게 하는지 물어보는 이미지들을 볼 수 있다. 당신은 그러면서 좋은 기분을 느낄 것이다.

반면 킬킬거리는 목소리를 듣고 당신이 다른 사람에 대해 전혀 신경 쓰지 않고 지냈던 대학 시절의 큰 대학 건물을 보면서 기분이 나빠질 수도 있다. 이런 반응이 일어난다면 그것을 변화시키기 위해서 앞에서 배운 리프레이밍 기법을 사용할 수 있다. 킬킬거리는 목소리의 긍정적인 의도는 아마도 당신이 잘못된 낙관론으로 인해 실망하는 것을 막기 위한 것일 수 있다. 내면의 목소리를 변화시키기 전까지는 긍정적 자기암시를 섣불리 사용하지 마라. 왜냐하면 그 긍정적 자기 암시가 자신에게 도리어 해로운 영향을 미칠 수도 있다.

우리는 이미 긍정적 자기 암시의 두 가지 기준을 말했다. 우선, 긍정적으로 말한다. 둘째, 현재시제나 미래시제로 말한다.

좌절을 융통성으로 바꾸기

다음 연습을 통해서는 다른 대안적인 행동을 체계적으로 더 다양하게 시도해볼 수 있다. 이 방법은 특히 당신이 좌절하고 암담한 상황에 있을 때 유용하다. 그럴 때는 긴장을 풀고 다른 것을 시도해보는 것이 더 효과적이다.

협상과 관련된 훈련을 받으면서, 어떤 매니저는 상사를 대할 때 자신이 하고 싶은 것만큼 융통성 있게 행동하지 못한다고 불평했다. 그 매니저는 자신은 사람들에게 개방적이고 말을 많이 하는 편인데 상사에게는 그렇게 하지 못한다고 했다.

그녀는 최근에 겪은 경험에 대해 자세히 이야기했다. 상사가 사무실로 그녀를 부르더니 현재 맡고 있는 업무에 일어날 몇 가지 큰 변화에 대해 말했다. 그녀는 그냥 조용히 앉아서 듣고만 있었다. 반박할 만한 말을 할 용기가 없었다. 상관이 이를 알면 결정을 바꿀 수 있을 텐데도 말이다. 그녀는 그 상황에서 수동적으로 되는 자신을 느끼고 불편해하면서도 의견을 전혀 말하지 못했다. 그녀는 자신을 더 잘 통제하고 중심이 잡힌 지적인 사람이 되고 싶었다.

자신이 그러한 사람이라고 느끼기 위해서, 그녀는 그 상황에서 할 수 있는 세 가지 다른 행동에 대한 역동적인 이미지를 만드는 기법을 시도했다. 첫 번째 그림에서 그녀는 심호흡을 하면서 "정신은 바짝 차리고 몸은 평온하게."라고 스스로에게 반복해서 말하고 있는 자신을 보았다. 두 번째 그림에서는 상사와 공감을 형성하기 위해 상대방의 입장으로 관점을 바꾸는 자신을 상상했다. 세 번째 그림에서 그녀는 직무를 바꾸게 하려는 상사에게 의도를 묻고, 그의 의견을 바꾸는 데 필요한 정보를 제공하고 있었다.

그녀가 각 영화에 주관적으로 몰입하여 상사의 사무실에서 세 가지 선택을 한 가지씩 해보면서, 이완하기 위해 심호흡하는 첫 번째 선택이 가장 편안하다는 것을 발견했다. 그 후 세 번째 선택을 행동으로 옮겨볼 수 있었다. 두 번째 선택은 유용하긴 했으나 그 상황에서는 그리 도움이 되지 못했다.

이 새로운 행동을 하기 위한 단서로 그녀는 상사가 책상 맞은편에서 자신에게 말하는 것을 내부 그림으로 보았다. 그리고 이 과정을 충분히 생생하게 상상하고 "나는 이렇게 할 거야. 나머지도 잘해낼 수 있어."라고 말하는 목소리를 들었다. 이 기법을 연습한 뒤, 자신에 대한 느낌, 상사를 대할 때의 느낌이 극적으로 변했다.

좌절을 융통성으로 바꾸기

① **자원이 없는 상황:** 과거에 자신의 내적 자원이 원했던 것만큼 없었던 상황을 떠올린다. 우선, 자신의 느낌을 알 수 있을 정도로 충분한 시간을 두고 그 상황으로 되돌아가 본다. 그리고 그때 자신의 느낌에 대해 혼란, 불안함, 걱정스러움, 두려움과 같은 이름을 붙인다.

② **관찰자 시점:** 그 사건을 대할 당시 행동하고 있는 자신을 객관적으로 편안하게 관찰한다. 이 이미지를 관찰하면서 의식적으로 또 무의식적으로 정보를 수집할 것이다.

③ **느낌을 선택하라:** 그 장면을 바라보면서 자신에게 그 상황에서 어떤 정서나 느낌을 갖고 싶은지 물어본다. 그리고 그런 느낌에 균형, 확고함, 평온, 흥분, 끈기와 같은 이름을 붙인다.

④ **새로운 행동을 재검토하라:** 그 긍정적인 정서를 마음속에 유지한 채 위를 쳐다보면서 자신이 원하는 느낌을 주는 행동을 하고 있는 자신을 본다. 충분히 시간을 가지고 그 상황에서 적어도 세 가지 방법으로 과거와는 다르게 행동하는 자신을 본다. 세 가지 방법 중 적어도 한 가지는 당신이 이전에 전혀 고려해본 적 없는 터무니없으면서도 유머러스한 것으로 선택한다. 그것을 굳이 실행할 필요는 없다. 그러나 그런 방법을 생각하면 유연성을 기르는 데 도움이 된다. 충분한 시간을 가지고 세심히 재검토해보자.

⑤ **새로운 행동을 마음속으로 시연하라:** 자신이 첫 번째로 생각한 행동을 하는 장면에 주관적으로 몰입하여 그 상황에서 행동하고 있는 모습을 상상한다. 그러면서 자신의 느낌에 대해 의식한다. 그렇게 행동할 때 원하는 정서가 얼마나 강렬하게 느껴지는가? 이제 그 행동을 잠깐 옆으로 밀쳐두고 상상했던 두 번째 행동에 주관적으로 몰입해본다. 그러면서 그렇게 행동하는 것이 자신이 원하는 정서를 얼마나

강하게 일으키는지 검토한다.

⑥ **선택한 행동들을 비교하라:** 이 두 가지 선택 중에 어느 것이 당신에게 더 강한 정서를 주거나 더 좋은 것으로 보이는가? 하나를 선택했으면 나머지는 잠깐 옆으로 밀쳐놓는다. 이제 마지막으로 선택한 행동을 상상하면서 일어나는 정서의 강도를 점검한다. 이 행동을 앞에서 결정된 방법과 비교하여, 둘 중에서 당신이 끌리는 것을 선택한다. 셋 중에서 어느 것도 썩 마음에 들지 않는다면, 다시 돌아가서 당신이 정말 좋아하는 것을 떠올릴 때까지 다른 행동들을 생각해낸다. 당신이 가장 좋아하는 것을 선택한 후에는 '이것을 내가 꼭 할 거야.'라고 말하는 열정적인 내면의 목소리를 듣는다.

⑦ **미래를 계획하라:** 그 상황이 시작할 때 있었던 외부단서를 생각함으로써 새롭게 선택한 행동이 자동으로 일어나게 만든다. 예를 들어 여러 사람 앞에서 말하는 상황이라면, 많은 사람을 보면서 자신이 말할 때를 기다리는 것, 또는 자기 앞에 있는 연단을 보는 것이 외부단서가 될 수 있다. 만약 상사와 말하는 상황을 다룬다면, 그 사람을 보는 것이나 듣는 것이 단서가 될 수 있다. 전화로 화난 고객과 말해야 한다면 전화를 듣는 것이 단서가 된다. 우선 그 단서를 상상하고 나서 자신이 선택한 새로운 방법으로 행동하고 있는 바로 그 상황 속에 주관적으로 몰입한다. 이렇게 함으로써 그러한 새로운 행동을 미래의 그 상황에서 일어나도록 프로그램한다.

능력을 발휘하기 위해 필요한 것

이 연습과 이전의 많은 연습에서 2단계 과정을 사용해왔다. 어떤 목표나 미래의 행동을 시각화할 때, 관찰자 입장에서 시각화하면 편리하다. 관찰자 입장에서는 역동적 이미지의 영화가 좋게 보일 때까지 여러 시나리오를 빨리 돌려보면서 잘 작동하지 않는 부분은 잘라내고 새로운 부분은 덧붙이면서 편집하는 게 더 쉽기 때문이다. 그리고 자신이 그 상황 속에 들어가면 어떻게 느끼는가에 대해 꽤 많은 정보를 얻을 수 있다. 왜냐하면 영화가 돌아가는 것을 보면서 자신과 다른 사람의 얼굴에 나타나는 표정을 볼 수 있기 때문이다.

이 관찰자 입장에서 만든 영화를 실제 행동으로 옮기기 위해서는 그 속에 주관적으로 몰입하여 자신의 관점을 취하면서 영화 속에서 경험하는 느낌이 어떤지 알아내는 것이 꼭 필요하다. 이렇게 하면서 다음 세 가지를 한다. 첫째, 이 시나리오가 객관적으로 봐도 좋은지 확인한다. 둘째 그것을 해보면서 아직도 어떤 부분들을 고치고 싶을 수도 있고 우발적인 사건에 대한 계획이 없음을 깨닫고 다시 편집하기를 원할지도 모른다. 마지막으로 이 새로운 행동을 시연해보면서, 그 경험들을 충분히 현실적이고 강력하게 만들기 위해서 느낌, 맛, 냄새를 더한다. 그리고 적절한지에 대해 관찰자 시점에서 훑어본 방식으로 자동으로 반응하도록 프로그램한다.

앞에서 우리는 어떤 사람이 편안함을 느끼고 자신의 유능한 점을 발휘하도록 동기화되기 위해서는 자신감이 필요하다고 말했다. 무대 공포증의 경우도 여기에 해당된다. 어떤 사람은 평소에는 유창하게 말을 잘하면서도 여러 사람 앞에만 서면 긴장되어 말을 잘하지 못한다.

자신감은 우리가 가진 능력을 발휘하는 데 기초가 되지만, 때때로 그럴듯한 이유 때문에 자신감이 부족한 경우도 있다. 예를 들면 어떤 사람은 한 번도 해본 적이 없는 일을 하려면 자신감이 부족하다고 느낀다. 어떤 연사가 자신감은 있는데 말하는 주제를 제시하는 능력이 없어서 듣는데 지루했던 적은 없었는가?

유능한 사람이 되려면, 즉 정말 무엇을 잘하려면 무엇이 필요할까? 당신이 처음으로 자동차를 운전했던 때를 생각해보자. 아마 거리로 나가서 처음으로 차를 운전했을 때는 자신이 해야 할 것을 의식적으로 하면서 당황했을 것이다. 특히 그 차가 오토매틱이 아니라면 더욱 그랬을 것이다. 운전대에 앉아 사이드미러와 백미러를 보면서 변속기를 바꾸고, 동시에 교통법규를 생각하려고 했을 것이다. 아마도 시동을 걸다가 몇 번이나 꺼뜨린 적도 있을 것이다. 얼마 후 당신은 운전을 능숙하게 할 수 있게 되고 운전하는 데 의식적으로 주의를 기울일 필요가 없게 되었다. 이제 운전 경험이 쌓이면서 자신이 무엇을 하고 있는지, 어디로 가는지 별 의식을 하지 않아도 빠른 속도로 운전을 할 수 있다. 그렇게 당신은 의식적으로 생각하지 않고도 안전하게 운전하는 능력이 생겼다. 어떤 것을 숙달할 때마다 다음과 동일한 학습단계를 거치게 된다.

무능함을 알지 못하는 단계: 무언가를 배우려고 생각하기 전에 자신이 그런 기술에 얼마나 무능한지 알지 못한다. 즉 당신은 그것에 대해 생각조차 하지 않았다.
무능함을 아는 단계: 새로운 기술을 처음으로 배우기 시작할 때 자신이 그것에 대해 무능하다는 사실을 알게 된다.
유능함을 의식하는 단계: 몇 번 연습을 하고 나면 어떤 기술을 잘하게 된다. 그러나 많은 부분을 아직도 의식하면서 한다. 자신이 하고 있는 것에 대해 생각해야 한다.
유능함을 의식하지 않는 단계: 결국에는 그 기술이 의식적인 주의를 기울이지 않고도 자연스럽게 하는 수준까지 도달한다.

무언가를 배울 때 언제나 이 순서를 꼭 거친다는 사실을 알면, 우리는 길을 따라가면서 피할 수 없는 실수를 받아들이고 참을 수 있다.
많은 사람이 처음부터 너무 높은 기준을 세우고는 새로운 것을 시도하지 못하게 스스로를 막는다. 왜냐하면 자신이 처음에는 그것을 완벽하게 잘하지 못할 것을 알기 때문이다. 우리가 어렸을 때, 자신이 새로운 것을 시도하지 못하게 막았다면 인생이 어떻게 되었을지 생각해보라. 걸음마를 배울 때 의자를 잡고 몸을 일으키고 비틀비틀 앞으로 걸어나가다가 넘어졌을 때 "다시는 이런 시도를 하지 않을 거야. 틀림없이 내가 바보처럼 보일 거야."라고 생각했다고 상상해보자. 만약 당신이 그렇게 했다면 인생은 그렇게 흥미롭지 않았을 것이다. 또한 당신은 아직도 기어다니고 있을 것이다. 어린 시절 우리는 잘할 때까지 계속해서 시도했다. NLP 시각화 과정은 즉각적으로 당신을 완벽하게 만들지는 않는다. 그러나 당신을 철저히 준비시키고 계속해서 배울 수 있는 상황에 효과적으로 대처할 수 있도록 한다. 당신이 새로운 무언가를 배울 때마다 당신이 받는 피드백을 사용하는 것이 배움에서 가장 중요한 요소 중 하나라는 사실을 명심하라.

NLP의 또 다른 전제는 '실패는 없다'는 것이다. 단지 피드백만 있을 뿐이다. 로버트 딜츠에게는 발명가인 친구가 한 명 있었다. 그 친구는 너무나 많은 것을 시도했는데 그중 대부분이 제대로 되지 않았다. 한 번은 로버트가 "그 많은 것을 만들었다가 그것들이 작동되지 않을 때 어떻게 하면 실망하지 않을까?"라고 물었다. 발명가는 "내가 어떤 것을 했는데 제대로 작동되지 않을 때는, 그것이 다른 문제에 대한 해결책이라고 생각하지."라고 대답했다.

NLP에서는 때로는 좋지 않은 결과가 어떤 상황에서는 유용할 수 있다고 말한다. 당신이 새로운 행동을 프로그램해서 넣었는데 제대로 작동하지 않는 상황이라면 다른 것을 시도해봐야 한다. 어떤 사람은 "좋은 판단은 경험에서 나온다. 경험은 좋지 않은 판단에서 나온다."라고 말했다.

날마다 자신감 쌓기

　당신이 계속해서 새로운 선택을 하면서 자신감을 확실히 느끼기 위해서는 좌절을 융통성으로 바꾸는 과정을 매일 연습해 생활 속에 스며들게 만들어야 한다. 이제 그 방법을 알아보자.

　잠으로 빠져들기 전에 그날 하루와 그날 당신이 한 일들을 영화처럼 떠올려라. 썩 마음에 들지 않는 행동 장면이 있으면 그 장면에서 정지시킨다. 그 장면을 훑어보면서 무슨 일이 일어났는지, 당신의 목표와 의도가 무엇인지 정보를 수집한다. 그리고 자신이 마음에 드는 식으로 행동하여 좋은 결과를 낳는 영화를 상영한다. 그러고 나서 외부 환경에 있는 어떤 단서를 보거나 듣는다. 다음으로 자신이 그 상황에서 새로운 행동을 하고 있는 것을 상상한다. 이 과정을 수행함으로써 당신은 미래에 대해 자원이 더 풍부한 새로운 행동을 만들게 된다.

　이것은 항상 자신의 행동을 재검토하면서 효과가 신통치 않은 행동을 변화하는 방법이다. 이 방법은 특히 실패할 것 같다고 생각하는 행동을 변화와 개선을 위한 피드백으로 바꾼다. 방금 묘사한 것과 같은 방식으로 꾸준히 복습하면 자신이 행동하는 방식에 대해 큰 자기 만족감을 얻을 수 있다.

희망과 기대

　행동을 변화시키기 위해서 배운 여러 종류의 시각화를 조사해보면, 어떤 사람들은 시각화를 통해서 놀라운 변화를 겪기도 하지만 어떤 사람들은 시각화를 사용하면서도 거의 변하지 못하거나 전혀 효과가 없다는 사실을 발견한다. 성공적으로 변화하는 사람에게는 중요한 차이점이 있다.

그 이유를 알아보기 위해 자신의 사고 과정을 탐색해보자. 내일 일어날 수 있는 일에 대해 생각해보자. 예를 들면 내일 소풍 가기로 계획을 세웠고 일기예보에서 내일 날씨가 좋을 것이라고 했다고 상상한다. 자신에게 "내일 날씨가 맑았으면 좋겠어."라고 말하고는 자신이 희망을 어떻게 그림이나 소리 또는 단어로 나타내는지 주목한다. 이제 "내일 날씨가 맑을 것으로 기대해."라고 말해본다. 그러고는 자신의 머릿속에서 기대를 어떻게 나타내는지 주목한다.

이 두 가지 경험을 대조하면서 다음과 같은 세부사항에 주의를 기울이자. 떠오르는 그림이 하나인가 둘인가? 그림이 정지되어 있는가, 영화처럼 움직이는가? 그림이 나타나는 위치, 밝기, 선명도, 색은 어떤가? 평면인가 입체인가? 일정한 형식이 있는가? 진행되는 상황을 자신의 눈으로 보고 있는가, 아니면 관찰자 시점에서 보고 있는가?

자신의 사고 속에 어떤 소리나 단어가 있으면 거기에 주의를 기울여본다. 목소리가 하나인가 둘인가, 아니면 더 많이 있는가? 목소리의 위치, 방향, 속도, 톤, 세기 등에도 주의를 기울여본다. 무언가 일어나기를 희망하는지 아니면 일어난다고 기대하는지에 따라, 특히 위와 같은 하위 감각양식이 어떻게 다른지 주목한다. 당신이 희망할 때, 또는 기대할 때, 내일 날씨가 맑을 것이라는 데 대한 믿음이 얼마나 강하게 느껴지는가? 기대와 연합된 감각양식의 질을 마음속으로 새기거나 적어본다. 왜냐하면 새로운 행동을 프로그램하는 데 그런 것이 꽤 중요하기 때문이다.

많은 사람이 기대를 하나의 그림으로 나타낸다. 대부분 객관적 관찰로 시작했다가 주관적인 몰입으로 끝난다. 즉 자신의 눈으로 보게 된다. 종종 그 그림은 실물 그대로의 색, 밝기, 선명도로 그려져 있고 그속에 움직임이 있다. 소리가 있다면 뚜렷하고, "물론, 그럴 거야."라고 실제의 목소리로 말하는 것도 들을 수 있다. 기대를 실제로 일어나는 것처럼 느낀다.

이와는 대조적으로 대부분의 사람은 희망에 대해서는 두 개의 그림으로 나타낸다. 하나는 일어나는 것에 대한 그림이고 또 하나는 일어나지 않을 것 같은 그림이다. 그리고 목소리는 "아마 일어날 수도 있고 어쩌면 일어나지 않을 수도 있어."라고 말한다. 때때로 희망이 하나의 그림으로 나타나지만 흐리고 움직임이 없으며 그렇게 화려한 색은 아니다. 어떤 장면을 그와 같은 감각양식의 질을 사용하여 생각하면, 그때 당신은 그것이 일어날지, 일어나지 않을지를 의심하게 된다. 반면 기대는 당신 마음속에서 더욱 확고하고 현실적이다.

그와 같은 사항을 기억하고 다음 과정을 따라해보자. 우선 특정 상황에서 더욱 자신감을 느끼는 것과 관련된 구체적인 목표를 세운다. 당신이 생각하고 있는 그 상황에서 어떻게 행동하기를 원하는가? 어쩌면 당신은 직장에서 면접을 볼 때 더욱 자신감을 느끼고 싶을 것이다. 그 상황에서 당신이 어떻게 행동하기를 원하는가 생각해본다. 아마 당신은 침착하고 자신감 있게 보이고 싶을 것이다. 겨드랑이에서는 땀이 나지 않고 자세는 유연하며 얼굴에는 기분 좋은 미소를 띨 것이다. 분명하면서도 부드럽게 말하지만 자신감 있게 들릴 것이다. 균형잡힌 느낌과 스스로를 통제할 수 있는 느낌을 원할 것이다. 정말 그것을 원한다면 당신의 구체적인 목표를 글로 적는다. 목표를 주의 깊게 살펴보면서 정말 당신이 원하고 할 만한 가치가 있는 것인지를 확인한다. 스스로에게 "이 목표를 세우지 않아야 할 어떤 이유가 있는가?" 또는 "그것을 목표로 삼는 데 조금이라도 걸리는 것은 없는가?"라고 물어본다. 만약 마음에 걸리는 부분이 있다면 당신은 그런 부분들과 협상하기를 원할 것이다.

일단 목표가 확고하고 구체적으로 결정되었다면, 긴장을 풀고 수용하는 마음을 가져본다. 이제 앞에서 말한 기대했을 때의 하위 감각양식을 사용해서 자신의 목표를 시각화하기 시작한다. 시각화는 이 과정에서 가장 중요한 부분이다. 기대의 하위 감각양식들을 사용함으로써 자신의 마음에 이것이 실현될 것이라는 강한 메시지를 주게 된다. 직장 면접에서 자신감을 가지는 예를 생각해보자. '기대'에 대한 자신의 하위 감각양식을 사용하여 자신이 바라는 대로 자신 있게 행동하고 있는 장면을 만들어서 면접의 전 과정을 처음부터 끝까지 영화처럼 볼 수 있다. 그 장면이 완벽하다고 느껴질 때까지 자신의 목표를 '기대'하는 식으로 시각화한다. 그리고 그냥 그것이 일어나기를 기대한다. 목표를 세울 때, 이런 과정을 규칙적으로 사용함으로써 자신의 개인적인 발전에 적극적으로 개입할 수 있다.

요약

이 장에서는 자신감을 쌓기 위해 당신이 사용할 수 있는 많은 기법을 알아보았다. 어떻게 다음과 같은 것을 하는지 구체적으로 배웠다.

- 자신을 비판하는 내적 목소리의 긍정적인 의도를 발견해냄으로써 그것을 자신을 도와주는 동맹자로 만든다.
- 목소리의 긍정적인 의도를 충족시키도록 여러 가지 방법을 생각해 낸다.
- 부정문으로 된 자기와의 대화를 구체적이고 긍정적이며, "나는 ~ 다."라는 긍정적인 자기 암시로 바꿔 말한다.
- 창조적인 시각화를 사용하여 좌절을 일으키는 상황을 선택의 기회로 만든다.
- 확고하고 납득할 수 있는 긍정적인 기대로 만든다.

당신의 뇌는 항상 최선을 다하고 있다. 또한 당신의 뇌가 배운 방법들을 실행하도록 하려면 자신을 믿어야 한다는 것도 알았다. 당신만의 언어를 사용하여 그 프로그램을 바꿈으로써 원하는 것을 더 많이 이룰 수 있다. 자신감을 높이기 위한 이 효과적인 기법을 사용하기 위하여 날마다 그 시간을 달력에 표시한다. 당신을 위해 그렇게 해줄 사람은 아무도 없다. 오직 당신, 그리고 당신 속에 있는 자신의 모든 부분만이 그렇게 할 가치가 있다.

우리는 자신이 생각하는 대로 된다.

얼 나이팅게일(미국 사업가, 저술가)

나에게 감사하는
마음 갖기

감사하는 자세의 힘

자아존중(Self-esteem)이란 무엇인가? 정의하자면 우리의 모든 경험에 영향을 미치는 자신에 대한 객관적이며 좋은 인상이다. 심리학자, 상담가, 동기부여 전문가, 성공한 사업가, 정신건강의학과 전문의 등 모든 정신건강 전문가는 자아존중이 마음의 평화와 개인적 만족에 가장 중요한 요소라는 의견에 동의할 것이다.

물론 자존감이 높을수록 당신의 삶은 더 나아질 것이다. 긍정적인 자아존중은 자신을 좋게 느끼고, 진정으로 인정하게 하는 데 큰 영향을 미치는 태도이다. 이것은 지금 있는 그대로의 상태에 만족하도록 만든다. 그리고 당신이 안전하고, 유능하다는 느낌이 들게 만든다. 자아존중은 당신이 새롭게 도전하고 이제껏 탐색해보지 않았던 영역에 용감하게 들어가도록 에너지를 주며 모든 경험에 풍부한 맛과 멋을 준다.

자신에 대해 특히 기분 좋게 느꼈던 때를 떠올려보자. 그 경험이 언제 일어났든 간에 그때로 돌아가서 당신이 보고 있었던 것을 보고, 듣고 있었던 것을 듣고, 느꼈던 것을 다시 느껴보자. 그때 얼마나 좋았는지, 그리고 지금 얼마나 좋은지에 주의를 기울여본다. 단지 그 느낌에 대해 생각해보라. 당신이 원할 때마다 당신 자신을 좋게 느끼고 더욱 사랑한다면 인생이 어떻게 변화할지 생각해보라. 그리고 다음과 같이 물어보라. 무엇이 그렇게 하지 못하도록 방해하는가? 무엇이 높은 자존감을 느끼는 것을 방해하는가? 대부분의 사람은 단지 자존감을 느끼는 특정한 단계들을 모르기 때문에 자존감을 가지지 못한다. 실제로 인간의 행동을 연구하는 많은 전문가가 개인적인 자존감의 가치와 중요성에 대해 동의한다. 하지만, 어떻게 해야 자존감을 가질 수 있는지 가르쳐줄 수 있는 사람은 거의 없다. 모든 사람이 자아존중에 대해 이야기하지만 효과적으로 자아를 존중하는 방법을 알려줄 수 있는 사람은 거의 없다.

NLP 프로그램이 실제로 빛을 발하는 부분이 바로 이것이다. 당신은 NLP를 이용해 자존감을 쌓도록 두뇌를 사용하는 특정한 단계들을 쉽게 배울 수 있다. 이를 통해 높아진 자존감은 개인적인 성취수준에 영향을 미친다.

의지의 힘과 자아존중

의지는 당신의 자존감을 높이는 데 큰 힘을 발휘하지 못한다. 나에 대해 생각하는 방법을 바꾸기 위해서 정신적으로 긴장할 필요는 없다. 사실 의지력은 자존감을 만드는 데 충분하지 않다. 의지력만으로 자신의 모든 경험에 영향을 미치는 좋은 자존감을 만들 수는 없다. 자존감을 쌓기 위해서 의지력을 사용하는 것은 별 효과도 없으며 때때로 우리를 완전히 녹초로 만든다.

NLP에서는 높은 자존감이 자신에 대한 내적인 지도, 즉 표상에 의한 것이라고 말한다. 자존감은 실제로 우리가 어떻게 하느냐에 달려 있는 것이 아니라 자신에 대한 내적 표상, 즉 우리 자신에 대해서 어떻게 생각하느냐에 달려있다. 당신은 바라는 대로 되려고 무리하게 노력할 필요가 없다. 단순히 그것을 생각하는 것만으로 충분하다.

형태와 내용

NLP에서는 자신에 대해 시각적으로 생각하는 방법이 우리 것만으로 어떻게 느끼는가에 큰 영향을 준다고 본다. 구체적으로 말하자면, 우리 자신에 대한 내적 그림의 형태와 내용이 높은 자존감과 낮은 자존감의 시각적 구성요소가 된다. 다른 경험과 마찬가지로 자아상의 강도는 시각적 하위 감각양식으로 결정된다. 즉 어떤 이미지의 구조나 형태를 제공하는 시각적 구성요소에 의해서 결정된다. 작고 어둡고 멀리 떨어져 보이는 상은 크고 밝고 가까이 있는 것보다 덜 강하고 덜 현실적으로 보인다.

반면, 자아상의 내용은 그것이 긍정적인지 부정적인지를 결정한다. 자아상에 있는 당신의 모습이 삐뚤어져 있거나 어떤 방식으로든 온전한 상태가 아니라면, 자아상이 긍정적이고 전체로 보이며 온전하게 보일 때에 비해 자신에 대한 느낌이 달라진다.

약한 자아상

낮은 자아상은 대부분 그 형태가 시각적으로 강하면서도 그 내용이 대단히 부정적인 것과 관련된다. 예를 들어, 진은 30대 초반의 전문직 여성인데 자신이 할 수 있다고 생각했던 재정보증인이 될 수 없었다. 매우 열심히 일했으나 항상 무언가가 자신을 뒤에서 잡아당기고 있다고 느꼈다. 시간을 내어 내적인 자아상에 대한 표상을 살펴보았더니 부정적이고 엉망이었다. 진은 부자연스럽게 뒤틀리고 공허한 자신을 보았다. 그런데 그게 전부가 아니었다. 이것은 선명한 색으로 된, 크고 밝은 장면이었는데 얼굴에 매우 가까이 있었다.

낮은 자아상의 내용이(신체가 뒤틀리고 속이 빈) 보기에 엉망이면서 그 형태가 강했기 때문에(크고 밝고 가까이에 있음), 진은 자신의 가치를 생각할 때마다 정서적으로 불안했으며 결국에는 낮은 자존감을 가지고 있었다.

자연스럽게 그녀는 동료들이 자신의 일에 대해 무슨 말을 하든, 사람들이 다가와서 관심을 표현하거나 칭찬을 해도 자신이 가치 있는 인간이라고 믿지 않았다. 그녀는 자신을 그런 방식으로 보지 않았다. 진은 마음속으로 본, 그리고 자신에 대해 대단히 기분 나쁘게 느꼈다. 강한 형태와 사람들이 자신에 대해서 말하는 것을 비교할 때마다 마음에서 본 것만 믿었다. 강한 형태와 부정적인 내용이 결합하여 제인은 자신을 대단히 형편없다고 느낀 것이다. 그 결과 자존감이 낮아져서 그녀가 정말로 원하는 재정보증인이 되는 능력을 방해했다.

높은 자존감의 형태와 내용

반면 높은 자존감은 그 형태가 시각적으로 매우 강하며 긍정적인 자아상이 특징이다. 예를 들면 진이 앞으로 배울 NLP 연습인 자서전을 끝냈을 때 이전에는 한 번도 그렇게 본 적이 없는 방법으로 자신을 보게 되었다. 그 모습은 온전한 실물 크기로, 자신감이 넘쳐 흐르며 부드럽게 미소짓고 있었다. 이 자아상은 크고 밝고 컬러로 움직이는 그림이었다. 현재 제인은 자신을 좋게 느낄 뿐만 아니라, 유능한 재정보증인이 되는 길 위에 굳건하게 서 있는 모습을 생각한다.

자존감의 구조:
내용과 형태의 조합

내용은 긍정적이거나 부정적일 수 있으며, 형태는 강하거나 그렇지 않을 수 있다. 그렇기 때문에 내용과 형태를 조합한 형식은 네 가지가 된다. 진의 예에서 본 것처럼 대단히 높은 자존감과 대단히 낮은 자존감의 구조는 아래와 같다.

① 대단히 높은 자존감은 강한 형태와 긍정적인 내용으로 되어 있다.
② 대단히 낮은 자존감은 강한 형태와 부정적인 내용으로 되어 있다.
③ 조금 높은 자존감은 긍정적인 자아상이지만 강하지 않게 드러나 있다. 그런 경우, 자존감을 강하게 느끼도록 변화시킬 수 있다. 단순히 그 형태를 바꿈으로써, 즉 하위 감각양식을 강하게 해서 자존감의 강도를 높일 수 있다. 긍정적인 자아상의 형태를 더 화려하고 크며, 더 밝게 움직이는 그림으로 만든다. 어떤 하위 감각양식이라도 자아상을 더 강하게 느끼도록 만들면 된다. 자존감을 더 강하게 만들기 위해서 긍정적인 내용은 그대로 유지하면서 형태만 강하게 만든다.
④ 강하지 않은 부정적인 자존감은 부정적인 자아상이 대단히 약한 형태로 나타나 있다. 이런 경우, 형태와 내용을 모두 변화시켜야 한다. 먼저, 부정적인 자아상의 내용을 바꿈으로써 긍정적으로 될 수 있다. 그다음에는 형태를 바꿔서 더 강력한 자아상을 만들 수 있다.

마음속으로 보는 자신의 그림은 강하게 부정적이거나 강하게 긍정적이거나 또는 그 중간의 어떤 것일 수도 있다. 당신은 하위 감각양식과 내용이 미치는 영향력에 관해서 이미 NLP에서 얻은 지식으로 알고 있으므로, 무엇을 선택할지는 당신에게 달려있다.

아래에 있는 연습은 이미지, 소리, 느낌으로 구성된 내적 사고가 어떻게 용기 있는 행동을 지지하고 당신을 독립, 성취, 선택으로 이끌어주는가, 또는 어떻게 당신이 두려워하고 비효율적으로 일하게 만드는가를 보여주는 예이다. 당신의 내적인 사고, 자아상을 변화시키겠다고 선택하는 능력에 그 핵심이 있다. 우리가 내적인 표상을 마음대로 바꾸는 방법, 즉 어떻게 변화시키는지를 알고 있으면 지금 당장 자존감을 효과적으로 높일 수 있다.

자존감을 발달시켜라

① **자아상:** 충분한 시간을 갖고 마음속으로 자신에 대한 이미지를 떠올려본다. 단지 자신이 어떻게 보이는가만 생각하라. 그 형태가 약한가, 강한가?

② **내용 조정:** 자아상의 내용이 긍정적인가, 아니면 부정적인가? 우선 그 내용이 긍정적인가를 확실히 한다. 어떤 신체적 왜곡이 있는지 찾아보고 있으면 실제 자신의 모습으로 교정해서 보라. 그 이미지 속에 부정적으로 보이는 부분이 있는지 주의해서 살핀다. 있으면 드러나는 것의 더욱 긍정적인 측면을 생각함으로써 긍정적인 모습으로 바꾼다. 예를 들어 자신이 느리게 움직이는 것을 본다면, 이는 당신이 그렇게 똑똑하지 않다거나 일을 잘 처리하지 못한다는 느낌을 받을 수도 있다. 이럴 때는 느리게 움직이는 것이, 당신이 충동적이지 않고 행동으로 옮기기 전에 심사숙고하는 사람이라는 것을 의미한다는 사실을 깨닫는다.

당신이 이 책에서 배운 다른 NLP 방법을 사용해 자아상의 내용을 자신의 장점, 제일 잘하는 기술이나 태도, 능력 등을 긍정적이고 정확하게 드러나도록 만든다. 간절히 바라던 목표를 막 성취했을 때의 자신을 전신으로, 그리고 완전한 상태로 보라.

③ **형태를 조정하라:** 이제 자아상을 크고 밝고 가까이 있으면서 입체적이고, 색이 화려한 영화가 되도록 만들어라. 이 이미지를 더욱 강력하게 만들기 위해서 당신이 사용할 수 있는 다른 하위 감각양식을 이미 발견했을 것이다.

④ **느낌을 비교하라:** 이제 막 만들어낸 자아상을 원래 생각했던 자아상과 비교했을 때 어떤 차이를 느끼는가? 이 단순한 연습을 실제로 해본 대부분의 사람은 자신에 대해 가지는 이미지의 형태와 내용이 자존감 형성에 큰 영향을 준다는 사실을 발견한다. 긍정적이면서 강할 때, 우리는 더 높은 자존감을 느낀다.

자존감은 삶을 어떻게 변화시키는가

계속해서 자존감을 높게 유지하는 사람도 기본적으로 우리와 크게 다르지 않다. 그런 사람들이라고 해서 기분이 처지거나 힘이 빠지거나 우울해지지 않는 것은 아니다. 그들 역시 좋지 않은 감정상태를 종종 경험한다. 자신을 존중하는 사람들 역시 인간이다. 차이라면 그들은 정서가 자신의 삶의 방법에 대해 매우 중요한 정보를 제공한다는 사실을 알고 있다는 것뿐이다. 그들은 정서에 기초한 정보를 진지하게 여기며, 자신들이 생각하고 행동하는 방식을 의식적으로 적절하게 변화시킨다. NLP를 이용해서 어떻게 그렇게 할 수 있는지를 알면, 우리도 이러한 정서를 인생을 변화시킬 기회를 제공하는 피드백으로 생각할 수 있다.

프레드라는 한 젊은 사업가가 있었다. 그는 자신에 대해 편안하게 느낄 수가 없었다. 심지어 왜 그런지도 알 수 없었다. 최근 그는 슬프고 우울해졌다. 몇몇 친구들은 정신과에 가보는 게 좋겠다고 권했다. 또 어떤 친구는 휴가를 좀 길게 가지는 게 좋겠다고도 말했다. 다른 친구는 일에 더 몰두하는 게 좋을 것 같다고 조언했다. 이런 식으로 일주일이 지났다. 프레드는 그 문제가 시간이 흐른다고 저절로 해결되지 않는다는 사실을 깨달았다. 그리고 이때부터 그는 자신의 느낌을 피드백으로 사용하기 시작했다. 프레드는 자신의 슬프고 우울한 감정을 일, 가정, 가까운 인간관계와 관련지어 생각해보았다. 이러한 과정을 통해 자신이 인생을 꽤 즐겼다는 사실을 깨달았다. 가정생활은 여유 있고 만족스러웠다. 편치 않은 느낌은 생활방식이나 인간관계 때문에 일어나는 것이 아니었다.

프레드는 정서적 반응을 어떻게 NLP로 다룰 수 있는지를 알고 있었다. 그래서 우울한 감정에 대한 내적인 표상을 보고는 그 느낌이 마음의 눈에 보이는 어떤 특정한 이미지에서 일어난다는 사실을 알아차렸다. 프레드는 자신도 모르는 사이에 바로 눈앞에 시커멓고 큰 벽이 서 있는 이미지를 만들어냈다. 그가 느끼는 슬프고 우울한 감정은 바로 이 이미지에서 나왔다. 이 이미지 때문에 그는 슬펐고 우울했다. 그는 그 검은 벽을 본 후, NLP 방법을 이용해서 벽색깔을 흰색으로 바꾸었다. 이렇게 했더니 그 벽이 눈앞에서 순식간에 부서져 먼지로 사라졌다. 그러고 나서 그는 무언가 열린 느낌을 받았고 내적인 힘과 안전함을 느꼈다. 이 단순한 절차로 그는 원하는 결과를 이루어냈다.

자존감이 높은 사람들은 NLP 기법과 절차를 사용해서, 기분이 처질 때마다 능숙하게 내적 표상과 정서를 변화시켜 자신의 행동을 변화시킬 수 있다는 사실을 알고 있다. 자존감이 높은 사람들의 비결은 그들이 원할 때마다 자신을 변화시킬 수 있는 방법을 알고 있다는 것이다.

존재와 행동

존 브래드쇼는 자신의 저서 《수치심의 치유》에서 "우리는 인간 존재이지 인간 행동 자체는 아니다. 즉 우리는 인간이지 인간의 수행은 아니다."라고 말했다. 우리의 존재와 행동을 분리할 수 있다는 사실을 알게 되면, 인간이 기본적으로 선하다는 것을 더욱 쉽게 알 수 있다. 우리의 행동, 즉 행동하는 방법은 정말로 원하는 결과를 이루는 데 단지 효과적이거나 비효과적일 뿐이다. 당신이 행동 자체가 아니라는 것을 알게 되면 후회, 비난, 죄의식과 같이 자신을 힘들게 하는 많은 감정을 피할 수 있다. 인생을 살아가는 방법을 살펴보고 자신이 별로 만족스럽지 않게 생각하는 것과 반응들을 변화시키는 데 자신의 에너지를 자유롭게 사용할 수 있다.

많은 사람의 자아상은 단지 관찰자 시점만을 이용한다. 사람들은 외부에 있는 관찰자가 보듯이 자신을 본다. 다른 관점을 덧붙여서 자신의 자아상을 풍부하게 하는 것은 정말 유용할 수 있다. 특히 유용한 또다른 관점은 자신을 사랑하는 사람의 눈으로 보는 것이다. 다른 사람들은 우리가 자신을 보는 것과는 다르게 우리를 본다. 그리고 우리를 사랑하는 사람들은 종종 우리 자신이 깨닫지 못했던 것들을 본다.

최근에 사업을 하는 에이린이라는 여성이 NLP에 기초를 둔 자아존중 세미나에 참석했다. 에이린은 그 세미나에 왔을 때, 사람들이 어떻게 자신을 사랑할 수 있을까에 대해 궁금했다. 스스로를 다른 사람, 특히 자신을 정말 사랑하는 사람의 관점에서 봤을 때 에이린은 자신의 행동을 보면서 자신의 본질까지, 즉 자신이 정말 누구인지를 알 수 있었다. 에이린은 이전에 이런 적이 한 번도 없었다. 이러한 관점이 미친 가장 큰 영향은 이제 자신을 더욱 좋아하게 되었고 자신이 누구라는 것과 하는 행동을 그대로 받아들이게 된 것이다. 에이린은 말했다. "이제 저에 대해 훨씬 덜 비판적입니다. 나 자신이나 다른 사람들을 더욱 편안히 대하고 긴장을 풀게 되었습니다. 이것은 사업에도 결정적으로 중요한 영향을 미칩니다."

재능 많은 기업가이며 경영 컨설턴트인 트렌트도 이 과정을 이용했다. 그는 요즈음 자신의 기업을 국제적인 수준으로 확장시키고 있다. 그 역시 자신을 사랑하는 사람의 눈으로 스스로를 보는 이 기법을 경험하고 난 후에 이전에는 가능하다고 생각하지 않았던 영역에서도 자신을 사랑하게 되었다고 말했다. "이것을 하고 나서 내 성격과 내 몸에 있는 것이 통합되었습니다. 정말 나 자신을 사랑하게 되었습죠. 이 과정은 사업에 놀랄 만한 영향을 미쳤으며 삶의 다른 모든 영역에도 영향을 미칠 것입니다."

다음에 나오는 '자서전 쓰기'라는 연습은 레슬리 카메론 밴들러가 쓴 《해결》이라는 NLP 책에 나오는 내용을 조금 바꾼 것이다. 이 연습을 여러 가지 방법으로 사용할 수 있다. 예를 들면, 이것을 단지 한 번 읽고 충분하다고 생각할 수 있다. 이 방법은 효과가 가장 적다. 그보다 더 좋은 방법은 전체 절차를 암기하고 다른 사람에게 방해받지 않는 장소와 시간을 찾아서 그 전체 연습을 머릿속으로 회상하는 것이다. 그보다도 더 효과적인 방법은 자신의 목소리를 녹음한 후, 시간이 있을 때 당신이 믿을 만한 친구가 그 절차를 소리 내 읽어주면서, 당신에게 각 단계를 끝내도록 잠시 시간을 주고 당신이 다 되었다고 하면 또 읽어주는 방식이다. 그런 방법으로 이 연습을 끝내게 되면 그 경험을 즐기면서 서로 믿을 수 있는 사람이 있다는 사실을 알게 된다.

자서전 쓰기

① **몸을 편안히 이완하라:** 가능하면 편안하고 조용한 장소를 찾아라. 당

신이 좋아하는 의자에 앉아서 하면 더 좋다. 이 연습은 누워서 하기보다는 앉아서 하는 것이 좋다. 완전히 긴장을 풀면서도 정신은 맑게 깨어있는 상태가 좋다. 이제 이완할 때다. 자, 심호흡을 하면서 자신의 신체가 완전히 이완되도록 한다. 천천히 충분히 깊게 숨쉬면서 소리나게 해도 된다. 당신의 콧구멍이 발바닥에 있다고 상상해본다. 발을 통해 공기를 들이마시고 공기를 올려서 폐 안으로 들어가게 숨을 쉰다. 자신의 몸에 신선한 공기가 가득 차도록 채운다. 편안하고 천천히, 그리고 충분히 숨을 쉬면서 있는 그대로의 자신에 대해 정말로 고맙게 여기는 게 어떤 것인지 생각해본다. 몸이 완전히 편안해지는 것을 느끼면서 신체적·정서적 긴장이 몸에서 빠져나가면 그것을 그냥 그대로 내버려둔다. 잠시 시간을 가지고 신체에 어떤 '달라붙어 있는 느낌이 있는가' 체크해본다. 있으면 그것도 그냥 지나가게 내버려둔다.

② **당신을 사랑하는 어떤 사람을 생각하라:** 당신을 사랑한다고 확신할 수 있는 그런 사람을 생각한다. 친구, 애인, 남편, 아내, 부모, 자식, 어느 누구라도 괜찮다. 단지 당신이 배우려는 이 과정에 맞는 사람이 누구인가 주목한다. 당신을 사랑하는 사람이 생각나지 않으면, 이전에 당신이 도와주어 당신에게 고마움을 느끼고 있는 사람도 좋다. 당신을 사랑하는 사람이든, 당신에게 깊이 감사하는 사람이든, 단지 그가 누구인지 생각한다.

③ **자서전을 써라:** 책상 앞에 앉아 자서전을 쓰고 있는 자신을 떠올려보자. 연필이나 볼펜으로, 또는 컴퓨터 자판을 두드리면서 쓸 것이다. 자신의 삶에 대한 이야기를 쓰고 있는 자신을 볼 것이다. 자서전을 쓰면서 상당히 편안하게 느낄 것이다. 앞에 있는 책상과 의자를 느끼고 볼 수 있다. 당신은 지금 당장, 또는 몇 초 지난 후에, 자신을 묘사하는 단어들이 어떻게 자연스럽게 머리에 떠오르는가를 알아

차릴 것이다. 글을 쓰면서 당신을 사랑하는 사람, 혹은 당신에 대해 감사히 여기는 사람의 생각을 알게 되고, 그들에 관해 더욱더 선명하게 생각하기 시작한다.

④ **당신을 사랑하는 사람을 보라:** 당신이 자서전을 쓰고 있는 방 건너편, 창문 밖에 있는 어떤 사람을 볼 수 있다. 당신을 사랑하는 사람이 서 있다. 당신을 사랑하거나 당신에게 고마워하는 사람을 보면서, 이 사람이 당신을 관찰하고 있다는 사실을 알게 된다. 당신의 자서전에 이 사람에 대해, 또 이 사람이 당신의 삶에서 맡고 있는 역할에 대해 묘사하려고 한다. 충분한 시간을 가지고 이 사람을 묘사하라. 이 사람에 대해 당신이 본 것과 느낌을 적어보라. 이 사람에 대해 당신 자신에게 말하는 것을 들을 수 있다. 이것도 포함시켜라. 이 모든 것을 자서전에 적어넣어라. 필요한 만큼 충분한 시간을 가지고 이 단계를 실행한다.

⑤ **다른 관점에서 자신을 보라:** 당신을 사랑하는 그 사람을 묘사하는 것이 어떤가 하는 데 대한 충분한 감각을 가지고, 책상 앞에 있는 자신의 몸에서 의식이 부드럽게 빠져나와 몸 위로 떠올라 방 건너편, 창문 너머로 간다. 그러고는 당신을 사랑하는 그 사람 옆에서 있는 것이 어떤지 주의를 기울인다. 충분히 시간을 가지고 유리창을 통해서 자서전을 쓰고 있는 자신을 관찰한다. 단지 거기에 서서 유리창 뒤의 이 관점에서 당신이 어떻게 보이는가 주목해본다. 그리고 당신이 자신에 대해 현재 얼마나 고마워하는지 주의를 기울인다. 유리창을 통해 자신을 보면서 나에 대한 실제 느낌에 주의를 기울인다. 자신에게 대단히 감사하게 생각할 수도 있고, 별로 감사하지 않을 수도 있다. 당신이 어떤 경험을 하든지 그대로 받아들인다.

⑥ **당신을 사랑하는 사람의 눈을 통해서 자신을 바라보라:** 이제 당신을 사랑하는 그 사람의 몸으로 부드럽게 흘러 들어간다. 충분한 시간을

가지고 편안하고 쉬운 방법으로 한다. 당신을 사랑하거나 당신에게 대단히 고마워하는 그 사람의 몸으로 완전히 들어가면 당신이 자서전을 쓰고 있는 동안 그 사람의 눈으로 당신을 보라. 정말 당신을 사랑하는 그 사람의 눈으로 당신을 보라. 저기에 앉아 자서전을 쓰고 있는 당신이 어떻게 보이는지 주의를 기울인다. 당신이 어떻게 움직이고 어떻게 숨을 쉬고 있는지 주의를 기울인다. 다른 사람의 눈을 통해서 자신을 보면서 당신이 가진 어떤 기질이나 특별한 진가를 충분히 알아차리도록 시간을 갖는다. 그것들을 처음으로 알아차릴 수도 있다. 당신을 사랑하는 그 사람의 몸에 있으면서, 그가 당신에 대해 말하는 것, 당신을 대하는 것에 주의를 기울인다. 저 너머에 있는 책상에서 자서전을 쓰고 있는 자신을 보면서, 당신을 사랑하는 사람의 위치에서 자신을 보면서, 당신이 듣는 긍정적이고 자신의 진가를 인정하는 그 목소리에 주의를 기울인다.

⑦ **당신 자신의 관점으로 되돌아오라:** 당신이 누구이며 어떤 사람인지 결정하는 당신의 기질과 특성을 충분히 알게 되면, 당신의 의식이 부드럽게 당신을 사랑하는 사람의 몸을 떠나서 다시 떠오른다. 창문을 통과해 자서전을 쓰면서 책상에 앉아있는 몸으로 되돌아온다.

⑧ **당신의 경험에 대해서 써라:** 이제 시간을 가지고 당신을 사랑하거나 당신에게 고맙게 생각하는 사랑하는 사람의 눈으로 자신을 봤을 때 알아차린, 당신 속에 있는 기질이나 특성을 정확히 묘사한다.

⑨ **미래를 생각하라:** 이 경험을 자서전에 쓰면서 당신의 미래에 대해 생각해본다. 당신이 기대하는 미래의 경험, 또 전혀 기대하지 않았던 당신을 놀라게 할 경험에 대해서도 생각해본다. 자신을 사랑하는 사람의 눈으로 당신 자신을 보면서 당신만의 개성을 알아차리고, 당신의 존재와 진가를 확인하라. 이 귀중한 경험을 쉽게 회상하고 기억할 수 있기를 원하는 미래의 모든 장소와 시간—내일, 모레, 다음

주, 몇 달 후, 몇 년 후—을 생각하라.
⑩ **현재 이 순간으로 돌아오라:** 당신 자신의 속도에 맞게 부드럽게 점점 더 깨어나 현재 이 순간으로 돌아온다. 방의 소리에 귀를 기울여본다. 당신 몸 안의 느낌을 알아차릴 수 있을 것이다. 충분히 의식된 상태로 부드럽게 되돌아오면서 눈을 뜨고 팔과 다리를 쭉 뻗어본다.
⑪ **변화에 주의를 기울여라:** 당신은 많은 사람에게 드러나지 않던 자기의 진가를 실제로 경험했다. 이제 시간을 충분히 가지고 편안하게 이 경험으로 자신에 대한 내적 표상이 어떻게 변했는가 주목해본다. 새롭게 발견한 당신의 진가를 인정하고 당신을 사랑하는 사람의 관점에서 자신을 어떻게 볼 수 있는지 주목해본다. 이 경험은 자기 자신에게 깊게 감사하는 것으로 때때로 당신을 전적으로 지지하고 격려하는 첫 단계이다.

자신을 존중하기:
한 단계씩 접근하기

자신을 존중하는 사람들은 큰 그림을 보고 큰 그림을 그릴 수 있는 능력이 있다. 앞서 NLP 자서전 연습에서 한 것이 바로 그것이다. 즉 당신을 매우 사랑하는 사람의 관점에서 자신을 바라본 그 연습 말이다.

당신의 진가를 인정하는 관점에서 큰 그림 속에 있는 당신을 보는 것은 있는 그대로의 당신을 충분히 받아들이도록 도와준다. 이제 불필요하게 내적으로 투쟁하는 것을 그만두고 당연한 사실을 받아들인다. 또한 그런 사실을 좋아하고, 자신이 누구며 무엇을 하는가를 그대로 받아들일 수 있게 된다.

얼마 전에 30대 후반인 한 전문 컨설턴트가 NLP 기본 과정에 참석했다. 그는 자신을 위해서 NLP 기법이 그가 책에서 읽은 내용대로 살게 할 수 있는가를 알고 싶어 했다. NLP 기본 과정 동안, 그는 '자서전' 연습에 참여하여 대단히 인상 깊은 경험을 했다. 그는 "나를 사랑하는 사람의 눈으로 자신을 보는 것이 이렇게도 큰 힘을 주는지 몰랐다. 그리고 정말 내 개인적인 가치와 내가 다른 사람에게 미치는 긍정적인 영향을 더욱 많이 느낄 수 있었다. 이 경험은 삶의 모든 측면에서 가치있을 것이다. 나는 이 경험을 결코 잊을 수 없다."라고 말했다.

이 NLP 기법을 단 한 번만 사용해도 당신은 얼마나 더 많이 자신을 인정하게 되었는지를 알아차릴 수 있을 것이다. 그리고 마음 깊이 더 자신의 진가를 인정하고 감사히 여기게 되었기 때문에, 당신의 미래를 위해서 시간을 가지고 그 경험을 확실히 기억하도록 한다. 계속해서 열린 마음으로 더욱더 자신을 존중하면서, 새롭고 더 나은 학습과 이해를 발달시키기 위해 자신에 대해 생각하는 모든 방법을 간직한다. 앞으로도 당신을 사랑하거나 자신의 진가를 인정하는 또 다른 사람의 관점에서 자신을 보는 연습을 종종 해보자. 그 연습으로 앞으로 더 많은 혜택을 누릴 수 있을 것이다.

자신을 타인으로부터 구별하기

자존감의 또 다른 측면은 자신의 개성을 인정하는 것이다. 자신을 존중하는 사람들은 흔히 사람들 또는 우리라는 말 대신에 '나'라는 말을 사용한다. 자존감이 높은 사람들은 "당신도 알다시피 사람들은 어떤 날은 기분이 매우 좋아요." 또는 "오늘은 대단히 좋은 날입니다."라고 말하기보다는 "나는 오늘 기분이 정말 좋아요."라고 말한다. 자존감이 높은 사람들은 자신을 다른 사람이나 물건, 개념과 쉽게 구별하기 때문이다.

'나'라는 말을 사용하면 나의 경험, 내가 원하는 것, 내가 필요로 하는 것을 좀 더 확실히 말하게 된다. 이렇게 하면 자신의 정체성을 위해서 살 수 있는 힘이 생기며 자신이 무엇을 느끼고 원하는가를 알 수 있다. 당신은 "나는 나 자신이야. 나는 바로 이런 사람이지. 다른 어떤 사람도 아니야. 나는 나 자신, 내 불완전한 부분을 비롯한 모든 것을 사랑해."라고 말할 수 있다.

자신을 존중하는 사람은 다른 사람의 권리를 존중하고, 다른 사람들이 정체감을 가지도록 격려하며, 그들이 무엇을 느끼고 원하는지 표현하게 한다. 자존감은 당신을 다른 사람과 다르게 하며 차이점을 표현하고 다른 상태로 있도록 해준다. 당신이 스스로를 존중할 때 실제 있는 그대로의 자신에 대해 안전하게 느낀다. 당신은 개인적 생각, 느낌, 목표, 가치를 가진 개별적 존재인 자신에 대해 충분히 안전함을 느낀다. 개별적인 존재라는 것은 자신을 표현할 수 있다는 의미이다. 이런 사람은 '예'와 '아니오'를 표현할 수 있는 능력이 있다.

'아니오'라고 말할 수 없으면 당신이 하는 모든 것에는 아무런 의미가 없게 된다. 만약 당신이 '예'라고 말하도록 강요당한다면 아무런 선택도 하지 못한다. 그 결과 자존감을 잃게 된다.

만약 모든 것에 '아니오'라고 말해야만 한다면, 역시 위의 경우와 마찬가지이다. 당신이 항상 '예'라고만 말해야 하든지, '아니오'라고만 말해야 한다면 이는 스스로 선택하지 못하는 상황이 일어나게 하며, 그 결과 자존감이 낮아지게 된다.

자신에 대한 가치와 자아정체성은 자아존중에 대한 다른 표현이다. 자존감이 낮으면 대부분 자신에 대한 가치를 별로 두지 않기 때문에 스스로 선택하는 것이 점점 줄어들게 된다. 이와 같이 선택할 힘이 없는 사람들은 종종 지나치게 상호의존을 하거나 다른 강박적 행동을 보이는 게 특징이다.

흥미롭게도 자신에 대한 가치를 별로 느끼지 못하면 선택 가능한 많은 것을 놓치거나 무시하게 된다. 그리고 무가치하게 느끼면 선택을 거의 하지 않게 되고 이러한 일들이 반복된다. 심지어 그 행동이 효과가 없을 때라도 그렇다. 비효과적인 행동을 하면 성공은 더 줄어든다. 성공을 하지 못하면 무가치한 느낌을 갖는다. 이로 인해 낮은 자존감의 악순환이 일어나게 된다.

클레어라는 중년의 한 사업가는 최근에 더 독립적으로 인생을 살기 위해 여러 가지 중요한 결정을 했다. 그러나 여전히 자신이 완전히 실패한 사람처럼 느껴졌다. 그녀는 자신이 지나치게 상호의존적인 상태라고 했다. 혼자 있을 때는 편안하지 않거나 생산적인 일을 잘하지 못했다. 그 사업가는 자존감을 쌓기 위해 생각할 수 있는 모든 것을 해보았다. 클레어는 스스로 실패자로 느껴져 어떤 일을 할 때 위험을 무릅쓰고 했다. 그렇기 때문에 자신과 다른 사람으로부터 인정을 덜 받게 되었다. 이 모든 것으로 인해서 자신을 더 무가치한 존재로 여겼다.

클레어는 자신의 낮은 자존감을 추적해가면서 내부 표상을 살펴보았을 때 대단히 크고 위압적인 이미지를 발견했다. 이 이미지에서 그녀는 어머니가 그녀에 대한 실망감을 나타내면서 머리를 흔들고 있는 모습을 볼 수 있었다. 클레어는 자신이 완전히 실패자라는 느낌과 그 느낌으로 어떤 선택도 거의 하지 못하는 문제가 바로 이 이미지와 직접적으로 연결되어 있다는 사실을 깨달았다. NLP에는 앞서 살펴보았듯이 자신에게 해로운 이미지를 직접 변화시키는 방법이 많이 있다. 클레어는 하위 감각양식을 사용하여 어머니의 이미지 크기를 조정하는 방법을 배웠다. 이미지 크기를 더 크게 만들었을 때는 기분이 나빴지만, 이미지를 작게 줄였을 때는 훨씬 더 편안한 기분을 느꼈다. 이런 방법을 실험해본 후, 그녀는 어머니의 이미지를 작고 멀리 있으며 어둡고 밋밋한 흑백으로 만들었다. 그러자 그 이미지가 더 이상 자신을 괴롭히지 않는다는 사실을 알았다. 그렇게 했을 때 그 이미지에서 기분을 나쁘게 만든 것을 제거했다. 그렇다고 자동으로 그 이미지를 긍정적인 것으로 대체하지는 않았다. 하지만 "기분 나쁘게 느끼지 않는다."라는 느낌만으로는 충분치 않았다. 클레어는 기분 좋게 느끼고 싶어했으므로 리처드 밴들러가 개발한 NLP 스위시 패턴(swish pattern)을 배웠다.

스위시 패턴

스위시 패턴이 어떻게 작용하는지를 보여주는 한 가지 예를 들겠다. NLP에 관심 있는 사람들과 이야기를 하다가, 개인의 성취와 대중연설이라는 주제로 넘어갔다. 대중연설은 미국인들이 가장 크게 느끼는 두려움 중 하나이다. 한 조사에 따르면 대중 앞에서 말하는 것을 두려워하는 사람이 높은 장소에서 어두운 죽음 같은 것을 두려워하는 사람보다도 더 숫자가 많았다.

토론하는 과정에서 톰이라는 중년의 한 사업가가 손을 들었다. 여러 사람들 앞에서 말하는 것에 대한 두려움이 그의 사기를 떨어뜨렸다. 그는 어렸을 때부터 여러 사람들 앞에서 말하는 것이 두려웠다. 그리고 이 공포 때문에 여러 사업에 참여하지 못했다. 사람들 앞에서 자기 의견을 발표해야 할지도 모른다고 생각할 때마다 신경이 곤두서고 불안해졌다 이 때문에 목표를 달성하는 그의 능력이 언제나 꺾이곤 했다. 자신의 의자에 편히 앉아서도 자신의 생각이나 요구사항을 다른 사람에게 표현하기가 힘들었다. 그에게 실험 수업(demonstration)의 대상이 되어줄 수 있겠느냐고 물었더니 처음에는 그렇게 할 수 없다고 대답했다. 왜냐하면 여러 사람들 앞에 서있을 수가 없었기 때문이다.

톰은 스위시 패턴을 실험 수업하는 데 완벽한 대상자였다. 왜냐하면 그 과정이 끝날 무렵에 그를 앞으로 나오도록 해서 스위시 패턴이 잘 작용하는지 테스트할 수 있었기 때문이다.

NLP 트레이너는 제일 앞자리에 앉아있는 톰에게 여러 사람 앞에서 말하는 것을 떠올릴 때마다 그의 마음의 눈으로 무엇을 보는지 물었다. 많은 사람이 자신을 보고 있는, 크고 밝은 이미지를 본다고 톰은 말했다. 흥미롭게 마음의 눈으로 보는 사람들은 모두 백열전구같이 큰 눈을 가지고 있었다. 그런 이미지를 볼 때마다 톰의 몸은 뻣뻣하게 굳고 입은 바싹 말라들었다.

트레이너는 톰에게 '멋지게 해내는 톰'에 대한 좋은 이미지를 갖도록 도와주었다. 좋은 이미지의 톰은 여러 사람들 앞에서 더 이상 이제까지 해왔던 방법으로 반응하지 않는 사람이었다. 그리고 나서 청중들이 보고 듣고 배우는 동안, 톰은 자신의 이 '멋지게 해내는 톰'의 이미지를 반짝이는 작은 점으로 만들어서 백열전구 같은 눈을 가진 마음속 대중의 이미지를 중앙에 가져다 놓았다. 그리고 마음속 청중에 대한 이미지를 '멋진' 톰의 이미지로 재빨리 대체시켰다. 그러자 '멋진' 톰이 크고 밝게 빛났다. 그 후 톰에게 텅 빈 스크린을 보게 했다. 이 단순한 과정을 10번 반복하도록 했다. 매 과정이 끝날 때마다 빈 스크린을 보게 하고 반복할수록 그 속도를 빠르게 했다.

톰이 완벽하고 효과적으로 여러 번 스위시 패턴을 했다고 확신했을 때, 트레이너는 톰에게 앞으로 나와서 스위시한 결과를 사람들에게 말하라고 했다. 톰이 앞으로 걸어나와서 편안하고 자신감있게 여러 사람 앞에 섰다. 자신도 놀랍고 믿기 어렵다면서 여러 사람들 앞에서 말하는 것이 이제는 기분 좋게 느껴진다고 말했다. 사람들에게서 우레와 같은 박수가 터져나왔다.

심리 치료사가 되려고 훈련받고 있는 42세의 메리라는 여성은 자신의 일생을 따라다닌 문제를 해결하기 위하여 스위시 패턴을 사용하였다. 메리에게는 아직까지 해결되지 않은 분노와 공포가 있었다. 이는 아버지가 어릴 때 자신을 버린 것과 관련 있었다. 이런 감정은 때때로 자신의 힘으로 서고, 잠재력을 더 발휘하는 데 방해가 되었다. 자신이 최고의 능력을 발휘하지 못하는 장면을 생각했을 때, 갑자기 자신의 얼굴을 향해 날아오고 있는 아버지의 주먹이 이미지로 떠올랐다. 이 이미지와 함께 "나는 너를 원하지 않아."라고 말하는 아버지의 목소리를 들었다. 마음속으로 보는 이 이미지와 목소리가 합쳐져 메리는 자신이 무가치하다고 깊이 느꼈다. 또한 분노와 공포도 함께 느꼈다.

톰의 경우에서처럼, 충분한 시간을 가지고 아버지의 태도, 신념, 행동에 대해 내가 가진 문제들을 이미 다 해결한 사람이 되어 있는 자신의 이미지를 만들도록 했다. 그리고 메리에게 그 '멋진 메리'가 공중에 떠있는 반짝거리는 점이 되는 것을 보도록 했다. 아빠의 주먹이 있는 이미지의 중앙에서 반짝거리고 있었다. 그 점이 메리의 마음의 눈에 꽉 차게 밝게 하여 첫 번째 그림을 '멋진 메리'로 재빨리 바꿨다. 메리는 아버지의 주먹이 있는 이미지를 '멋진 메리'의 이미지로 교체할 때마다 "나는 내가 좋다."라고 말하는 소리를 들었다. 멋진 메리의 말이 메리의 머릿속에서 메아리쳤다. 메리는 스위시 패턴을 여러 번 하고 나서 몇 분 만에 내면에서 깊은 변화를 경험했다.

몇 달 후, 메리는 다음과 같은 글을 보내왔다. "저는 이제 내적인 자유와 기쁨을 경험하고 있습니다. 생동감 있게 미래로 뻗어 나가고 있는 자신을 봅니다. 그것을 보면서 순간순간 더 많은 힘을 느낍니다. 나 자신을 더 사랑하게 되었습니다." 그녀 자신과의 관계, 그리고 아버지에 대한 기억이 완전히 바뀌었다. 이러한 변화를 겪고 얼마후에 메리는 사업을 하게 되었고, 유부남과의 비생산적인 동거 생활도 끝냈다. 개인적 변화를 경험하도록 이제 다음에 나오는 연습을 해보자.

스위시 패턴 연습하기

연습의 각 단계를 편안하고 쉽게, 자신에게 맞는 속도로 충분한 시간을 가지고 해본다.

① **단서 이미지를 확인하라:** 인생에서 특히 당신이 자신에게 심하게 했던 때, 부족했던 때를 기억한다. 최근에 일어난 일일 수도 있고, 매우 오래전에 일어난 일일 수도 있다. 당신이 진정으로 바라는 개인적인 성취를 향해가기 위해 자존감이 부족했던 때도 떠올린다. 자신이 최선을 다할 수 없다고 느끼는 때, 또는 당신의 미래에 일어날 것을 생각하면서 기분이 나빠지거나 무력해지는 때이다.

정말로 그 경험 속으로 들어가서 자신이 보고 있는 것을 보고 느끼는 것을 느끼고, 듣고 있는 것을 듣는다. 당신의 삶에서 그때와 연결된 불쾌한 느낌을 더 강하게 만든다. 그 느낌들이 당신의 내부에서 강하게 될 때, 그 느낌을 가장 강하게 느끼는 신체 부위에 주의를 기울인다.

이 느낌들을 알아차리면서 마음의 눈으로 당신이 보고 있는 것을 떠올리기 시작할 것이다. 이 느낌과 연관해서 당신이 보는 것을 알아차리도록 한다. 그 이미지는 그 느낌과 완전히 관련될 수도 있지만 전혀 그렇지 않을 수도 있다. 어떤 경우에서든 당신이 마음속으로 보는 영상에 주목하라. 또한 어떤 소리가 들린다면 그것에도 주의를 기울여본다. 이는 당신이 듣는 것일 수도 있고, 당신 자신의 말일 수도 있다. 이런 것들이 기분 나쁜 느낌을 일으키는 데 한 몫할 수 있다.

이제 기분 나쁜 이미지와 소리를 잠깐 옆으로 밀쳐둔다.

② **기분을 전환하라:** 좀 더 쉽게 그 경험을 옆으로 밀쳐두기 위해서 소

리를 내어 자신의 전화번호를 말해본다. 잠깐 동안 기분을 전환하기 위해서 다시 당신의 전화번호를 소리 내어 말해보는데, 이번에는 거꾸로 해본다.

③ **자원이 풍부한 상태에 있는 자아상을 만들어라:** 자신의 이미지를 만든다. 자존감에 영향을 미쳤던 그 문제를 이미 다 해결했다면 당신은 어떻게 보일까? 그럴 때 나타날 수 있는 자신의 이미지를 만든다. 이것은 미래의 '당신'이며, 앞에 몇 발자국 떨어져 있는 '당신'이며, 자신을 괴롭혔던 문제를 어떻게 해결하는가를 이미 배운 '당신'이다. 이 미래의 '당신'은 당신의 머리에 곧 떠오를 방법으로 문제를 해결했다. 그리고 이 '당신'은 이미 필요한 것을 다 가지고 있기 때문에 당신이 성공할 것이라는 사실을 알고 있다. '당신'은 자신이 겪었던 과정을 모두 끝냈으며, 앞으로 겪을 과정도 당시보다 좀 더 겪었다. 그는 사랑과 친절한 마음으로 당신을 생각하고 당신이 성공할 것을 안다.

이 '멋진 당신'이 당신 앞에 있는 것을 보라. 당신을 괴롭힌 그 문제를 다룰 수 있는 자원들을 가지고 있는 당신. 그런 당신에 대한 크고 밝고 화려한 이미지인 '당신'을 보라. 선택할 대안이 많이 생기고 당신이 불쾌한 이미지에서 본 상황을 다룰 수 있는 여러 방법을 알고 있는 당신을 본다. '멋진 당신'이 완벽하지는 않다는 점을 확실히 해둔다.

당신은 자신에게 강력하게 끌린다. 여기에 주목하라. 이는 굉장히 중요하다. 단지 그 사람을 보는 것만으로도 그렇게 되는 것을 강하게 원하게 된다. 만약 '멋진 당신'의 이미지처럼 되는 것에 강하게 끌리지 않는다면, 충분한 시간을 가지고 그 이미지가 더 현실적으로 보이고, 더욱 믿을 만하고, 더욱 당신이 원하는 사람이 되도록 만든다. 그 이미지의 하위 감각양식을 풍부하게 하면 된다. 예를 들면 그 이미지를 더 크게, 더 밝게, 더 화려하게, 더 역동적이게 만들 수 있다. '멋진 당신'을 강력하게 만드는 또 다른 방법은 다음의 질문을 해보는 것이다. "만약 멋진 나의 이미지가 강력해진다면 그것이 어떻게 보일까?" '만약 ~라면'과 같은 이런 물음을 하면 당신의 두뇌는 즉시 더 강력하고 매력적인 '멋진 당신'의 이미지를 만들게 된다.

이제 당신은 미래의 당신에게 강하게 끌리는 것을 느낀다. 그러면서 멋진 당신이 진지하고 솔직한 음성으로 "나는 자신에 대해 좋게 느껴."라고 하는 말에 주의를 기울인다. "나는 자신에 대해 좋은 기분을 느낀다."라는 말이 다가와서 당신 머리를 둘러싸고는 당신을 따라 함께 갈 것이다. 머리를 돌고 있는 그 말에 귀를 기울인다. 마치 당신의 머리가 큰 종 속에 있는 것처럼 그 말이 메아리치게 한다. 그리고 "나는 자신에 대해 좋은 느낌을 느낀다."라는 말을 들으면서 좋은 기분이 당신을 씻어내리고 당신에게서 넘쳐나기 시작하도록 한다.

④ **자원이 풍부한 자아상의 확장을 연습하라:** '멋진 당신'의 이미지를 당신 앞 허공에 떠 있는 깜박이는 작은 점으로 만들어둔다. 깜박이는 점이 갑자기 꽃이 피듯이 점점 커져서 마침내 실물 크기만큼 되어 당신 바로 앞에 있는 것을 볼 수 있다. 즉 크고 밝고 화려한 멋진 당신을 볼 수 있다. 당신은 멋진 당신이 솔직하게, "나는 나 자신을 좋아한다."라고 말하는 것을 듣는다. 그 말이 당신의 머리를 맴돈다. 그리고 좋은 느낌이 당신을 씻어 내리는 것을 느낀다. 이제 영화관에 있는 것처럼 마음속에 빈 스크린을 본다. 그것이 자동으로 될 때까지 이 과정을 여러 번 반복한다.

⑤ **점으로 된, 자원이 풍부한 자아상을 단서 이미지 안에 놓아라:** 이제 작은 반짝이는 점을 1단계에서 발견한 단서 이미지의 중앙에 둔다.

⑥ **이미지들을 교환하라(그것들을 스위시하라):** 불쾌한 이미지가 흐려지고 작아지고 붕괴되면서 멋진 당신이 있는 깜박이는 점이 재빨리 크고 밝게, 더 크고 더 밝게 되어 멋진 당신의 이미지가 불쾌한 이미지를 압도하게 만든다. 이제 당신은 마음의 눈에 가득 찬 '멋진 당신'만을 볼 수 있다. 당신 앞에서 "나는 나 자신을 좋아한다."라고 말하고 있는 크고 밝고 화려한 자신의 이미지를 보면서, 당신의 머리를 맴돌고 있는 그 말을 듣는다. 마치 당신의 머리가 금으로 된 큰 종 속에 놓여있는 것처럼 말이다. 그리고 좋은 느낌이 당신을 씻어 넘쳐나도록 한다.

⑦ **빈 스크린을 보라:** 영화가 시작되기 전에 영화관에서 까만 스크린을 보는 것처럼 이제 당신 마음속의 빈 스크린을 본다.

⑧ **열 번 반복하라:** 이제 4~6단계를 좀 더 빨리 한다. 다시 그 작은 깜박이는 점을 기분 나쁜 이미지의 중앙에 놓는다. 기분 나쁜 이미지를 재빨리 흐리고 작아져 사라지게 하면서 당신의 자아상이 재빨리 크고 밝게, 또한 더 크고 더 밝게 되어 '멋진 당신'이 휙 움직여서 (스위시하여) 기분 나쁜 이미지를 압도하게 한다. '멋진 당신'은 크고 밝고 화려하며 "나는 나를 진심으로 좋아해."라고 말하고 있다. 그 말이 당신의 머리 둘레에서 빙글빙글 돌아, 마치 당신의 머리가 금으로 된 큰 종 속에 있는 것처럼 들린다. 당신의 좋은 느낌이 기분 나쁜 이미지를 씻어내린다. 그러고 나서 당신은 마음속 빈 스크린을 본다.

이 전체 과정을 네 번 더 반복한다. 할 때마다 과정을 더 빨리한다. 그리고 그 과정을 세 번 더 반복한다. 각 과정 사이에 텅 빈 스크린을 보는 것을 확실히 하라. 또 마지막으로 그 과정을 두 번 더 한다. 이때 최대한 빨리하도록 한다. 대단히 빨리하면, 위치를 바꾸는 그 이미지들을 의식적으로 알아차리지 못할지도 모른다. 대부분의 사람은 이 과정을 열 번 반복하면 충분하다. 그러나 어떤 사람은 한두 번만 해도 충분하다. 또 어떤 사람들은 스무 번 정도 반복할 필요가 있다. 당신이 기분 나쁜 느낌을 더 이상 느끼지 않으려면 얼마나 여러 번 반복할 필요가 있는가?

⑨ **자원이 풍부한 자아상을 만들어라:** 자존감은 스스로 만족하는 자신에 대한 객관적 인상으로, 당신이 경험하는 모든 것에 영향을 준다. 그러므로 당신이 과거, 현재, 미래, 어디에서나 자신에 대해 내적인 긍정적 모습을 떠올린다면 그것은 굉장히 강력한 힘이 된다. 멋진 당신의 이미지를 손에 잡을 수 있다고 상상해보라. 손을 뻗기만 해서 그 이미지를 잡는다. 이미지에 손이 닿게 될 때, 그것은 빛나기 시작할 것이다. 이제 멋진 당신의 이미지를 몇 백 개 만들어 마치 거대한 카드를 차곡차곡 겹쳐놓은 것처럼 해놓는다. 그리고 그 이미지들이 화려하게 빛나도록 한다.

이제 그 이미지 중 하나만 남겨두고 그 이미지의 모든 이미지를 하늘 높이 던져올린다. 멋진 당신의 모든 이미지가 아래로 떨어지면서 당신 둘레에 동심원을 그리면서 내려앉는 것을 본다. 당신이 볼 수 있는 모든 방향에서 당신의 과거, 현재, 그리고 미래의 '멋진 당신'의 이미지가 있는 것을 본다. '멋진 당신'의 이미지가 원을 그리면서 겹겹이 있는 모습을 상상한다. 그리고 그들 모두가 "나는 나를 진심으로 좋아해."라고 정직한 목소리로 사랑을 담아 합창하듯 말하는 것을 들어본다. 그러면서 그 좋은 느낌이 당신을 기분 나쁘게 하는 이미지를 씻어 내리면서 당신에게서 넘쳐나도록 한다.

⑩ **연습을 잘 익혔는지 확인하라:** 이제 이 과정을 여러 번 했으니 당신이 한 것을 확인해보는 것이 중요하다. 잠깐 시간을 내어 원래의 기분 나빴던 단서 이미지를 다시 마음속에 떠올리면서 무엇을 느끼는지 주의를 기울여본다. 만약 그 불쾌한 느낌을 전혀 느끼지 못한다면,

또는 불쾌한 이미지를 보기 어렵다면 당신은 성공한 것이다.

만약 그 단서 이미지를 생각할 때 조금이라도 불쾌한 느낌이 있다면 각 단계에 주의를 기울이면서 불쾌한 느낌이 사라질 때까지 그 패턴을 반복한다.

스위시 패턴은 객관적이면서 마음에 드는 자신의 이미지를 만드는, 매우 단순하면서 효과적인 방법이다. 이것은 곤란한 특정 상황에서 즉시 결과를 만들어낸다. 이 기법의 특징은, 당신이 힘들어했던 것과 비슷한 상황을 다음에 또 겪게 될 때 당신이 정확히 무엇을 할지 미리 알 수 없다는 것이다. 많은 NLP 과정은 어떤 상황을 다루기 위해서 특정한 행동들을 만들어내지만, 스위시 패턴에서는 그 상황을 창의적으로 다루기 위해서 그 사람의 무의식적인 마음에 의지한다. 이는 '사람들은 이미 필요한 모든 자원을 가지고 있다'라는 NLP의 전제를 놀랄 정도로 믿고 있음을 나타낸다.

스위시 패턴은 대단히 강력하게 동기를 부여하는 자아상, 즉 당신이 그렇게 되기를 원하는 자아상을 만들어내는 방법이다. 이 강력한 동기는 당신이 가진 모든 의식적인 자원이 그 문제 상황에 초점을 맞추도록 하고 그것을 어떻게 다룰지 알도록 한다. 스위시 패턴으로 당신이 만든 자아상은 당신의 다른 모든 경험에도 영향을 미친다. 즉 과거, 현재 그리고 미래의 모든 경험에 영향을 미친다.

여기에서 제안한 스위시 패턴은 두 개의 이미지를 교환하기 위해서 크기와 밝기를 사용하고 있다. 그 외에 색/흑백을 사용할 수도 있다. 또한 가까이 있는 것/멀리 있는 것, 입체/평면, 정지된 사진/움직이는 것도 다른 사람마다 각기 다른 하위 감각양식에 더 강하게 반응한다. 그래서 어떤 사람에게는 스위시 패턴을 사용하는 다른 방법이 앞에서 제시한 것보다 더 좋은 효과를 낼 수 있다. 또한 스위시 패턴을 조금 다르게 변형시켜, 단서가 되는 소리와 자아상의 목소리를 바꾸는 식으로 청각계를 사용할 수 있다.

만약 여기에 제시한 패턴을 주의 깊게 반복했는데도 효과가 나타나지 않는다면, 위에서 말한 다른 방법 중 어느 한 가지가 당신에게 효과적일 것이다.

비판에 대한 두려움

비판에 대한 두려움은 우리가 성장하는 데 가장 큰 방해 요소이다. 우리가 느끼는 대부분의 기쁨은 다른 사람과의 관계에서 일어난다. 이러한 관계는 음식이나 일처럼 즐거움도 주고 우리의 욕구도 만족시킨다. 우리 모두는 다른 사람들과 조화를 이루며 사이좋게 지내고 싶은 욕구를 가지고 있다. 다른 사람에게 비판받는 것은 종종 대단히 위협적이고 위험하게 지각될 수 있다. 자신을 다른 사람의 비판으로부터 보호하기 위해서 우리는 종종 자신에게 경고하거나 비판한다. 마음속에서 당신이 하는 어떤 일을 끝낼 수 없다고 말하는 목소리를 들어본 적은 없는가? 당신이 바라는 수준만큼 할 수 없을 것이라고 말하는 목소리, 또는 단지 당신이 똑똑하지 못하다거나 능력이 없다고 말하는 목소리를 들어본 적은 없는가? 우리 모두 그런 목소리를 듣는다. 9장에서 우리는 이런 자아 비판적인 목소리를 다루는 방법을 제시하였다.

자의식 바꾸기

자존감과 자의식은 구분할 필요가 있다. 자의식은 모든 것을 '나'를 중심으로 생각하고 비교하는 것이다. 자의식이 지나치면 자기기만이나 자기합리화가 되는데 이것은 자원이 풍부하지 못한 마음 상태와 밀접한 관련이 있다. 이는 보통 내면의 비판적인 목소리에서 생기기보다는 실제로 다른 사람으로부터 비판을 받는다고 느끼거나 경시된다는 느낌 때문에 일어난다. 많은 사람들은 자신이 다른 사람의 비판의 대상이라는 것을 알 때 고통스러운 자의식을 느낀다. 그러나 사실 많은 사람은 홀로 있을 때도 이런 비슷한 느낌을 받는다. 완전히 고립되어 홀로 지내는 사람들은 남들로부터 비판을 받는다는 느낌의 결과로 이러한 자의식을 가진다. 이렇듯 자존감을 만드는 것은 외부 요인이 아니라 무엇보다 우리의 생각이다.

지금 시간을 내어 이 같은 생각과 관련된 실험을 해보자. 당신이 특히 강한 자의식을 느꼈던 때를 생각해보라. 자의식을 최근, 또는 오래전에 느꼈을 수도 있다. 어떤 경우에서건 그런 때를 머리에 떠올리면서 그때 당신이 보고 있었던 것을 보고, 듣고 있었던 것을 듣는다. 그리고 그때 느꼈던 것을 느껴본다.

당신이 자의식의 경험을 충분히 다시 갖는다면, 지금 당장 어느 정도 자의식을 느낄 것이다. 어떤 변화를 일으키기 위해서 그 느낌을 사용하자. 신체의 어디에 자의식의 느낌이 자리 잡고 있는가? 시간을 가지고 느껴본다. 이제 몸을 편안히 이완시킨다. 그리고 자의식의 느낌을 강하게 가져 마음의 눈으로 당신이 볼 수 있는 이미지가 되도록 한다. 이제 마음속으로 보는 이미지가 무엇이든 간에 그것을 작고 흐리게, 그리고 흑백으로 만들고 멀리 가게 한다.

당신은 아직도 똑같은 느낌을 가지는가, 다르게 느끼는가? 그러한 느낌들이 어떤 가치가 있는지 지금 당장 판단하는 일은 중요하지 않다. 단지 당신의 느낌에 주의를 기울인다.

이제 다음과 같이 해본다. 먼저 동일한 이미지를 가지고 그것을 더 크게, 더 화려하게 만들어 가까이 가져온다. 이제 당신은 어떻게 느끼는가? 이 실험을 해본 사람들은 자의식에 대한 신체적 느낌이 강해진다고들 말한다. 이제 다시 그 이미지를 작고 흐리게, 흑백으로 만들어 멀리 보내도록 한다. 당신은 더 편안하게 느낄 수 있을 것이다. 하위 감각양식을 잘 사용하여 이미지의 강도를 변화시킴으로써, 자의식을 더 많이 느끼거나 덜 느낄 수도 있다.

자존감이 높은 사람들의 습관

 자존감이 낮은 사람은 대부분 자신에 대해 어떻게 좋게 느낄 수 있는지를 모른다. 만약 누군가가 자신이 한 일, 가치, 목표에 대해 흠을 잡으면 방어적으로 반응한다. 그런 사람은 비판을 받으면 가슴이 아프고 무력감을 느끼곤 한다. 그렇기 때문에 자존감을 유지하기 위해서 어떤 방법으로라도 잘못을 찾으려고 한다. 또는 자신을 비판하는 말을 듣고 심한 상처를 받아 더 이상 다른 사람들의 견해를 듣지 않게 된다. 그런 사람은 사람마다 자신만의 독특한 견해를 가지고 있다는 사실을 알지 못한다. 또한 다른 사람의 견해를 자신의 견해와 객관적으로 비교할 수 없다. 그런가 하면 자존감이 낮은 사람 중 몇몇은 불행히도 실제로 자신의 느낌과 가치를 무시하고, 비판하는 사람들이 자신을 부당하게 대하더라도 단지 그들을 기분 좋게 해주려고만 행동한다.

 이에 반해 자존감이 높은 사람들은 자신을 좋게 느낀다. 도전을 받는 상황에서도 다른 사람의 견해에 귀를 기울일 수 있고 그 정확성을 평가할 수 있다. 그런 사람들은 다른 사람의 견해를 꼭 받아들여야 한다고 하거나 꼭 배척해야 한다고 느끼지는 않는다. 자신을 있는 그대로 받아들임으로써 각자가 서로 다르지만 각 개인마다 타당한 세상의 모델을 가지고 있다는 사실을 받아들일 정도로 유연하게 생각한다. 그러나 만약 어떤 방법으로든 다른 사람에게서 부당하게 취급된다고 느끼면 편안하게 그것을 말하고, 가능한 한 서로에게 좋은 결과를 가져오기 위해 적절한 조치를 취한다.

성공한 세일즈맨과 성공하지 못한 세일즈맨의 중요한 차이는, 자신이나 자신의 제품이 반복해서 거절당하는 데 대해서 아무런 감정 없이 반응할 수 있는 능력이 있는가에 달렸다. 세일즈하는 사람들은 다른 사람이 자신을 피하는 것을 일상적으로 겪을 수 있는데, 이런 상황을 효과적으로 극복하지 못하면 오랫동안 일을 계속할 수 없다. 세일즈를 해서 들어오는 수입은 종종 자신이 접촉한 사람 수와 직접적으로 관련 있기 때문에, 배척당하는 기분이 들더라도 이를 편안하게 잘 다룰 수 있어야 한다. 그래야만 성공하기 쉽다.

편안하게 비판을 이용하기

당신은 자신의 내부에서 하는 비판이 어떻게 자신감을 훔쳐갈 수 있는지 이미 살펴보았다. 그리고 이 목소리를 긍정적인 동맹자로 만드는 두 가지 방법을 배웠다. 바로 7장에서 배운 목소리의 위치를 정렬하는 방법과 9장에 나오는 리프레이밍을 사용하는 방법이다. 이제 다른 사람의 비판을 다루는 방법을 배우는 것이 중요하다. 그런 비판은 내면에서 나오는 비판과 마찬가지로 똑같이 파괴적일 수 있기 때문이다. 이것은 가정뿐 아니라 직장에서도 종종 큰 문제가 된다.

큰 은행에서 직원 훈련과 조직발달의 책임자로 있는 톰은, 직장에서 계속해서 일어나는 일 때문에 점점 기가 죽어간다고 느꼈다. 회사 CEO가 언젠가부터 그를 비판하곤 했다. 톰은 CEO의 비판으로부터 자신을 방어하지 않았을 뿐만 아니라 잘 대응하는 방법도 몰랐다. 그는 상사가 자신에 대해서 비판적일 때마다 배가 쥐어트는 듯이 아팠다. 그러면 그는 방어적으로 되고 우울해져서 끝내는 그날 하루를 망쳤.

그는 이 문제를 해결하기 위해 7장에서 배운 관찰자 관점에 기초한 기법을 사용하려고 시도했다. 그는 마음의 눈으로 회상하면서 자신과 상사를 보았다. 그리고 자신을 비판하고 있는 상사에 관한 영화를 돌렸다. 이렇게 함으로써 내장이 뒤틀리는 통증을 느끼거나 방어적으로 되지 않고도 상사의 말에 귀 기울일 수 있었다. 그리고 그 상사가 말하는 것과 자신이 생각하는 것을 비교했다. 상사는 톰이 어떤 미팅에 몇 번 참석하지 않았다고 해서 톰이 팀을 생각하지 않는 사람이라는 말을 계속했다. 톰은 이 문제에 대해 생각하면서 자신에게 "난 내 부서와 직접적으로 관련되지 않은 미팅만 빠졌어."라고 말했다. 그는 관찰자의 위치에서 좀 더 생각해보았다. 그는 "그러나 다른 사람들에게는 내가 그들을 도와주지 않는 것으로 보일 수밖에 없어. 그들은 내가 회의에 참석하지 않고 무슨 일을 하는지 알 리가 없지."라는 사실을 깨달았다. 톰은 그 상사가 하는 비판 중 일부는 타당한 피드백이라는 것을 알았다. 이전에는 그가 너무 재빨리 방어적으로 되었기 때문에 그런 말을 들을 수 없었다.

그 후, 톰은 어떻게 자신이 원하는 대로 상사에게 반응할 수 있을지를 생각했다. 마침내 그는 적절한 반응을 떠올렸다. 자신이 어떻게 상사를 대해야 할지 미리 영화로 만들어 돌리면서 상사의 반응에 주의를 기울였다. 그는 또 미팅에 참석하는 자신, 참석하지 않는다면 그 이유를 팀에게 설명하고 있는 자신을 상상했다. 이렇게 그의 마음이 따를 수 있는 프로그램을 만들어서 상사가 주는 피드백을 이용하였다. 그럴 때마다 자신뿐 아니라 상사에 대해서도 더욱더 좋게 느낄 수 있다는 사실을 깨달았다.

두뇌를 다시 프로그램하기

톰은 이런 상황에서 그가 비판에 어떻게 반응했는가를 다시 생각했다. 그럼으로써 자신의 두뇌를 다시 프로그램하여 미래에 어떤 사람에게서 비판을 받더라도, 물러서서 그 비판을 평가하고 적절한 반응을 생각하여 그것을 전달하고 유용한 피드백으로 이용하게 되었다. 그는 이제까지 이것을 깨닫지 못했었다. 다음에 나오는 기법을 연습하면 당신도 톰처럼 자신의 두뇌를 다시 프로그램할 수 있다.

비판에 편안하게 반응하기

① **비판:** 최근에 기분 나쁘게 반응했던 상황 하나를 떠올려본다. 당신은 자신이 반응한 그 방법이 마음에 들지 않았을 것이다. 쉽게 이 기법을 배우기 위해 그리 심하지 않았던 비판을 택한다. 그 경험을 거슬러 올라가 비판을 듣기 바로 전으로 되돌아간다.

② **관찰자 관점:** 어떤 사람에게서 비판받기 직전에 있는 당신 자신을 보라. 그리고 회상 속 저기에 있는 당신이 그 말이 비판적임을 알아차리는 즉시 객관적으로 관조하는 장면을 보라. 저기에 있는 당신이 그 비판을 받기 시작하면, 당신은 저기에 있는 그 사람이 신체에서 빠져 나오거나, 둘레에 있는 두꺼운 유리벽으로 보호받는 느낌을 상상해보자. 비판적인 말이 풍자만화에 나오는 대사처럼 인쇄된 장면을 보는 것도 도움이 될 수 있다.

③ **비판에 관한 영화를 만들어라:** 저기에 있는 당신이 그 비판의 의미에 관한 영화를 만들어서 무엇에 관한 비판인지 이해하게 되는 모습을 바라본다. 만약 저기에 있는 당신이 선명한 영화를 만들 정도의 충분한 정보를 가지고 있지 않다면 그는 비판하는 사람의 말을 분명히 이해할 때까지 자신을 비판한 사람에게 더 많은 정보를 달라고 부탁한다. 그런 모습을 보라.

④ **경험을 영화로 만들어라:** 이제 '저기에 있는 당신'이 그 상황에 대한

비판가의 견해를 가지게 되었다. 당신이 일어났다고 기억하는 일을 영화로 만드는 저기에 있는 당신을 관찰하라. 그리고 당신의 영화를 그 비판가가 본 것과 비교한다.

⑤ **영화를 비교하라:** 그 사건에 대한 두 편의 영화 모두가 일치하는가, 서로 다른가? 완전히 일치하거나 부분적으로만 일치할 수도 있고, 또는 완전히 다를 수도 있다. 결국 그 둘은 서로 다른 관점을 나타낸다. 만약 그 둘이 일치하지 않는다면, 비판하는 사람에게 더 많은 정보를 부탁하는 당신을 바라보라, 저기에 있는 당신이 그 비판을 이해하려 하고 있다.

⑥ **반응을 선택하라:** '저기에 있는 당신', 이 영화들을 비교한 결과에 기초해서 적절한 반응을 결정하라. 상황에 따라 여러 가지 반응이 가능하다. 그 두 영화 간에 일치하는 면도 있고 일치하지 않는 면도 있다. 그는 아마 "내가 잘못했어." 또는 "내 의도는 내가 당신에게 관심이 있다는 사실을 당신에게 알게 하려고 한 것인데." 또는 "내 견해는 그것이 매우 다르게 보여."라고 말할지도 모른다. 또는 "그것 참 흥미로운 관점인데, 어쩌면 아마도 내가 다르게 행동할 수도 있었을 텐데." 또는 "당신의 의견을 말해줘서 고마워."라고 말할지도 모른다. 그 상황에 적절한 반응을 선택하는 그를 관찰하면서 그가 그들이 하는 의사소통을 완전히 받아들인다는 것을 상대가 알도록 하라. 비판가에게 반응하는 당신이 어떤 반응을 얻는가에 주의를 기울인다. 당신은 만족한 결과를 얻을 때까지 '저기에 있는 당신'이 말하는 내용과 그 방법을 고칠 수 있다.

⑦ **미래를 계획하라:** 당신이 이제 막 얻은 정보를 바탕으로 자신의 행동을 변화시키길 원하는지 아닌지 결정한다. 만약 변화시키기 원한다면 미래의 그와 비슷한 상황에서 다르게 행동하고 있는 자신을 본다. 이 과정은 그와 같은 상황을 다시 경험할 때 새로운 행동들이 자

연스레 나올 수 있도록 자신을 프로그램하는 방법이다.
⑧ **반복해서 연습하라:** 반응이 자동으로 나오게 하기 위해서, 당신이 비판받을 듯하고 이 새로운 방법을 사용하기를 바라는 상황을 두세 개 정도 생각하면서 하나씩 연습한다. 이 연습의 1~6단계를 반복해서 순서도 자동으로 일어나도록 한다.
⑨ **온전히 당신의 것으로 만들어라:** 과정을 끝냈을 때 실제로 팔을 벌려 새로운 전략을 배운 당신의 부분을 자신의 몸 안으로 가져온다. 이제 비판을 평가하고 반응하는 전체 과정이 충분히 당신 자신의 일부가 되게 한다.

비판에 편안하게 반응하기 위한 이 과정은 자신을 비판에서 분리시키고 어떤 유용한 피드백이 이용 가능한지를 발견하는 데 효과적이다. 다른 사람이 당신을 비판하거나 스스로 비판할 때도 사용할 수 있다. 당신이 커뮤니케이션에 열린 마음으로 있으면서 적절히 반응하기 위해 이 과정을 사용할 수 있다는 사실을 알면 당신의 자존감은 놀랄 만큼 증가한다.

비판의 가치

'비판에 대해 편안하게 반응하기'라는 NLP 전략이 없다면 비판에 대해 한 가지 방법으로만 반응할 수 있다. 당신이 비판받을 때마다 방어적인 태도로만 반응한다면 비판에 들어있는 유용한 정보를 알아차리지 못한다.

모든 행동이 어떤 맥락에서는 유용하다. NLP 전제 중 하나인 이 말은 비판조차도 가치있음을 의미한다. 사실 어떠한 비판이라도 유용한 정보를 지니고 있다. 만약 누군가가 당신의 신념, 가치, 행동을 비판할 때 방어적으로 반응하지 않고 편안하게 받아들인다면, 상대방이 무슨 말을 하든지 주의 깊게 듣고 객관적으로 평가하여 자신의 목적을 위해 당신이 배운 방법들을 사용할 수 있다.

그 비판이 정확하고 당신이 비판에 대해 객관적이라면, 상대방 의견에 편안히 동의하면서 "당신이 의미하는 바를 알 수 있다."라고 반응할 수 있다. 당신이 동의하더라도 꼭 자신에 대해서 무엇이라도 변화시킬 의도가 있음을 의미하지는 않는다. 자신을 변화시킬 수도 있고 그렇지 않을 수도 있다. 이 선택은 당신 자신에게 달려있다. 이제 당신과 상대방의 관점이 서로 다를 수 있다는 것을 배웠다. 그리고 당신은 그 사람과 대화할 때 둘이 동의한 것에 관해 강조할 수 있다.

만약 당신이 상대방의 말을 이해할 수 없다면 "당신 말을 아직 이해할 수 없습니다. 좀 더 구체적으로 이야기해주시겠어요?"라고 편안하게 말할 수 있다. 좀 더 구체이고 객관적으로 물어봄으로써, 당신은 상대방과 자신에 대해 더 많이 알 수 있다. 단순히 상대방의 이야기를 당신의 개인적인 경험과 비교할 수도 있고, 어디에서 서로 의견이 일치하고 다른지도 정확하게 알 수 있다.

반면에 당신이 상대방에게 동의하지 않는다면 "나는 그렇게 보지 않습니다."라고 편안히 객관적으로 말할 수 있다. 한편 당신과 상대방이 어떤 점에서는 굉장히 다르게 본다는 것을 알게 될 것이다. 이런 정보를 가지면 앞으로 그 사람과 말할 때 그가 당신을 더 잘 이해하게 할 수 있다. 이것이 바로 자존감이 높은 사람의 의사소통 방법이다.

요약

이 장에서는 자신의 진가를 인정하고 자존감을 높이는 여러 가지 유용한 과정을 제시했다. 구체적으로 아래와 같은 내용을 배웠다.

- 자존감은 마음속에 우리가 만드는 이미지의 결과이다. 그리고 우리는 자존감을 변화시킬 수 있다. 자신에 대한 느낌이 긍정적인지 부정적인지는 이미지의 내용으로 결정된다. 그 이미지의 하위 감각양식은 느낌의 강도를 정한다.
- 자존감을 높이는 강력한 자원은 당신을 사랑하는 사람이나 당신에게 고마워하는 사람의 관점에서 자신을 보는 느낌이 어떤가를 경험한 후 그 경험을 당신의 자존감에 덧붙이는 것이다.
- 스위시 패턴은 긍정적인 자존감을 만드는 방법 중 하나이다. 특히 괴로운 상황에서 자원이 풍부한 새로운 행동을 만들게 하는 방법이다.
- 비판을 편안하게 이용하는 방법을 배워 자존감을 보호할 수 있다. 비판에 귀를 기울이고 이를 객관적으로 평가할 수 있다. 당신이 거기에 어떻게 반응하고 싶어하는가를 결정할 수 있다.

자존감은 태어날 때부터 주어지거나 우연히 생기지 않는다. 자신을 위해 최상의 자존감을 만들고 이를 유지하자.

NLP는 인간의 우수성을 다루는 연구이다.
실제로 원하던 바를 성취해낸 우리와 같은 사람들의 생각과 행동과 느낌의
정신적 패턴을 모델링하기 위한 과정이다.

11

긍정적인 정신 태도 갖기

긍정적인 태도의 영향

대부분 우리는 긍정적인 태도의 중요성에 대해 잘 알고 있다고 생각한다. 이는 어려운 시기를 헤쳐 나가기 위한 강인한 정신적 태도이다. 우리는 지금부터 소개할 NLP 컴프리헨시브 트레이너인 게리 패리스가 몇 년 전에 했던 방법을 결코 시도해본 적이 없을 것이다.

게리는 캘리포니아의 산타크루즈에서 열린 NLP 세미나를 마친 후, 달리기를 하려고 밖으로 나갔다. 38세인 게리는 고참들과 500미터 달리기 시합을 하려고 훈련 중이었다. 그는 들판에서 길 양쪽으로 초록색 엉겅퀴가 무성하게 자라고 있는 포장된 농장 길을 달리고 있었다. 그런데 갑자기 게리 뒤에서 시속 90킬로미터의 무서운 속력으로 달리는 픽업 트럭이 나타났다. 운전사는 장애물 때문에 미처 게리를 보지 못했다. 운전사는 차를 멈추려고 했으나 트럭은 계속해서 **빠른 속도로** 내달렸다. 그리고 게리는 30여 미터나 날아가 들판 위에 떨어졌다.

처음에 응급실 의사는 게리가 살 수 있다고 단언하지 못했다. 그들은 게리가 받아야 할 여섯 번의 수술 중 처음 두 번의 수술을 끝냈다. 게리가 위험한 상황에서 벗어난 뒤, 응급실 의사 몇 사람이 게리를 방문했다. 그들은 게리가 굉장히 건강하기 때문에 아직 살아있다고 말했다. 그러나 앞으로 게리는 결코 정상적으로 걸을 수 없으며 달리기는 더더욱 불가능하다고 말했다.

그 후 2년 동안 게리는 스포츠 재활훈련을 받았다. 그는 자신의 손상된 신체를 다시 만들어 나갔다. 그리고 의사들의 의심뿐만 아니라 신체의 끔찍한 통증도 천천히 극복했다. 요즈음 게리는 규칙적인 달리기와 훈련을 상당한 수준으로 하고 있다.

게리에게 일어난 일을 보고 어떤 생각이 드는가?《사랑, 의학, 그리고 기적》의 저자인 버니 시겔 박사가 그를 봤더라면, 의사들은 단지 이용 가능한 통계만을 사용한다고 지적했을 것이다. 게리가 들것에 실려 응급실로 옮겨졌을 때, 의사들은 게리가 보통 사람과는 다르게 되리라는 사실을 알지 못했다.

게리는 생명을 위협하는 부상을 극복하기 위해서 NLP를 사용한 사람이다. 당신은 뛰어난 사람들을 본받기 위해서 어떻게 NLP를 사용하는지 이미 배웠다. 또 이런 사람들이 성취할 수 있었던 특성을 발견하는 방법, 그 특성을 다른 사람들에게 가르쳐줄 수 있는 방법을 배웠다. 게리는 자신의 신체, 마음과 영혼을 다시 만드는 데 동일한 원리들을 사용했다.

게리는 항상 스포츠와 건강에 관심이 있는 운동선수였다. 사고 후에 그는 스포츠 재활을 연구하겠다는 매우 개인적이며 강력하고 새로운 동기를 가졌다. 다른 사람이라면 삶이 불공평하다고 불평하거나, 자신이 얼마나 많은 능력을 잃게 되었는지를 생각할 수도 있었다. 그러나 그는 그렇게 하는 대신에 다른 것을 했다. 그는 성공적으로 재활한 운동선수들의 핵심 특성을 연구하기로 결심했다. 결국 이와 같은 일이 다른 운동선수들에게도 일어났다는 사실을 생각했다. 그들은 무엇을 했었나? 특히 완전히 회복한 사람들은 무엇을 했나? 개리는 '만약 어떤 사람이 할 수 있다면 다른 사람도 그것을 배울 수 있다.'라는 NLP 전제를 새기고 그렇게 하는 방법을 배우겠다고 결심했다.

그는 고통스러운 재활 모임에 참석해서도 똑같이 힘든 상황에 있는 사람들에게 말했다. 그는 유명한 운동선수들이 무엇을 했는가에 대해서 읽었다. 그 이야기 뒤에 깔려있는 정신적인 태도를 조사하면서 추론했다. 마침내 끈질긴 노력은 보상을 받았다. 그는 자신이 만나거나 읽은, 재활에 성공한 운동선수들마다 모두 가지고 있는 여섯 가지 뚜렷한 정신적인 패턴과 특성을 발견했다. 그는 그것을 자신에게 적용했다.

게리는 자신이 발견한 것을 스포츠 재활전문가들과 논의했을 때 자신의 의견이 긍정적으로 받아들여진 것에 감사했다. 결국 그의 연구는 한 전문잡지에 실렸다. 그가 발견한 사실에 대해 NLP 동료들과 의견을 교환하는 과정에서 받은 전화, 편지, 반응에 스스로 놀랐으며 또 한편으로는 기뻤다. 사람들은 게리가 발견한 특성들을 사업상의 고객이나 건강 전문가, 초등학생들에게까지 사용하면서 이 여섯 가지 정신적인 패턴이 다양한 상황에 적용된다는 사실을 발견했다. 부모 역할하기, 장대 높이뛰기, 정치 등 실로 다양한 상황에 적용된다. 이 여섯 가지 정신적인 패턴은 모든 긍정적인 정신적 태도의 핵심특성이다. 운동선수든 사업가 혹은 회사 간부든 간에 정신적 태도가 강할수록 그들은 이 여섯 가지 요소를 더욱 많이 실천했다. 많은 호평을 받았던 베스트셀러 《시장의 마법사들》의 저자인 잭 슈웨거는 그러한 특성들이 너무 중요하다고 여겨서 성공적인 선물상품 매매자가 되는 중요한 요소 중 하나에 포함시켰다.

긍정적인 정신 태도의 여섯 가지 특성

그럼 긍정적인 정신 태도의 여섯 가지 특성들을 알아보자. 명심해야 할 것은, 어떤 특성이 다른 특성보다 덜 중요하지는 않다는 점이다. 여섯 가지 특성이 차례로 제시되지만, 이 특성 모두 함께 상호작용하면서 강하고 긍정적인 정신적 태도와 상승작용을 일으킨다.

1. 내적인 동기

게리가 발견한 첫 번째 요소는 재활한 운동선수들이 사용한 내적 동기의 방향이었다. 이 운동선수들은 특정한 목표를 지향해서, 어떤 불쾌한 결과를 회피하도록 동기화되었다. 이러한 목표는 이기고 싶은 욕구, 최고가 되기 남들에게 조롱당하지 않기와 같이 막연하지 않았다. 운동선수들은 바람직한 목표나 불쾌한 결과에 대해 개인적으로 구체적이며 강력한 비전을 가졌다.

예를 들면 유망한 한 고등학생 수영선수는 부상당했다가 복귀했다. 그녀는 건강을 되찾는 것뿐 아니라 대학교 장학금을 받고 싶어 했다. 그녀는 그 목표를 향해서 동기화되었다. 다른 경우를 보자. 42세인 한 남자가 관절염의 악화를 막기 위해서 재활치료를 받고 있었다. 그의 동기는 병이 재발할 수 있는 가능성에서 멀어지는 것이었다. 최고의 운동선수들은 회피적 동기와 지향적 동기 모두를 사용한다. 그들은 피할 만한 가치가 있는 불쾌한 결과를 상상하고, 그들을 끌어당기는 매우 바람직한 가치를 생생히 상상한다. 이렇게 함으로써 동기가 최대로 부여된다.

2. 높은 기준의 가치

게리가 재활하고 있는 운동선수들에게서 찾아낸 두 번째 요소는 그들이 완전한 힘과 건강을 되찾는 데 온 힘을 기울인다는 것이다. 두 번째 요소가 바로 그들을 이끄는 목표이며 그들의 첫 번째이자 마지막 목표이다. 그 목표에 못 미치면 받아들일 수 없다는 태도이다. 사실, 그들 중 많은 사람이 이전 상태 그대로의 힘과 건강을 되찾는 것뿐 아니라 그 이상을 원했다. 즉 부상당하기 전보다 더 좋은 건강 상태를 원했다. 그들은 자신이 무엇을 할 수 있는지를 알았으며 그보다 부족한 상태는 받아들이려고 하지 않았다. 이 운동선수들은 이런 내적인 기준과 비교해서 자신들의 궁극적인 결과를 평가하였다. 그들은 평범한 기준을 세울 수도 있었다. 그러나 아무도 그렇게 하지 않았다. 그들은 가능한 한 최상의 상태가 되어야 했다.

우리는 종종 이런 운동선수들이 자신이 될 수 있는 최상의 상태에 관해 강박관념에 시달리고 있다는 얘기를 읽거나 듣는다. 보통 사람들은 스스로에게 최상의 상태를 요구하면서 당장 그렇지 못하면 금방 포기하기 쉽다. 이 운동선수들 역시 최상의 상태를 기대하는 방법이 필요했다. 비록 현재는 그렇지 않지만 미래에는 최상의 상태가 되도록 동기를 부여할 필요가 있었다. 다음에 소개할 세 번째와 네 번째 요소가 이렇게 하는 데 중요한 열쇠를 제공한다. 바로 여기에서 이 여섯 가지 요소들이 함께 작용하는 것이 확고한 긍정적인 정신 태도를 만드는 데 있어 얼마나 중요한지가 선명해진다.

3. 목표를 작은 덩어리로 나누기

앞에서 언급한 운동선수들 모두가 가졌던 세 번째 주요 요소는 자신의 건강과 운동선수로서의 몸 상태를 다시 만들기 위해서 한 번에 작은 한 단계씩 집중할 수 있는 능력이다. 그들은 '덩어리 크기(chunk size)'를 조절하고 적당한 크기에 주의를 집중할 수 있었다. 심각한 부상을 극복하기 위해 얼마나 많은 노력이 필요할지 생각해본 적이 있는가? 고통, 좌절, 필요한 시간, 단지 시작점으로 돌아가는 데 필요한 엄청난 노력들 말이다. 또는 업무상 중요한 프로젝트를 이끌고 나가는 데 대해 생각해본 적이 있는가? 부서들의 협동, 직원들의 동기화, 중요한 구체적 상황들을 알아내기, 흐지부지 끝나려고 하면 단단히 결속시키는 것이 필요하다. 무슨 프로젝트든 한 번에 관련된 모든 일을 생각하면 곧 지치고 만다. 반면에 '적당한 덩어리'로 잘라서 하면, 즉 한 번에 한 단계씩 한다면 일하는 과정을 추적하면서 끝낼 수 있다. 게리는 설 수 있기 전에 살아남아야 하고, 걷기 전에 설 수 있어야 하고, 달릴 수 있기 전에 다시 걸을 수 있어야 했다.

그러나 운동선수들은 그것보다 더 작게 덩어리를 나누었다. 지치기 전에 네 발자국이 아니라 다섯 발자국 옮길 수 있는 능력이, 또는 다리를 $6cm$ 정도 더 구부릴 수 있는 능력이 그날 달성할 목표가 되었다.

어렵거나 힘든 사업을 이런 방식으로 덩어리를 작게 나누면, 두 가지 이점이 있다. 첫째, 이렇게 하면 지금 할 수 있는 작은 과제에 주의를 집중할 수 있다. 둘째, 게리나 다른 운동선수들은 이런 작은 단계로 된 목표를 달성하면서 큰 만족을 얻었다. 구체적으로 측정 가능한 이런 덩어리들을 달성하면서 운동선수들은 이전의 힘과 건강을 완전히 회복하는 궁극적인 목표로 가는 길에서 작은 사건마다 성공을 경험하며 나아갔다. 그 길에 있는 각 단계를 성취하면서 만족을 얻는 것이 새로운 목표가 되었다. 성취할 수 있는 특정한 목표에 주의를 집중하고, 각 목표를 성공적으로 달성하면서 만족감을 느끼기 때문에 계속해서 나아갈 동기가 유지된다.

4. 현재와 미래의 시간들 결합하기

재활에 성공한 운동선수들의 공통적인 네 번째 주요 요소는 그들이 시간에 대해서 어떻게 생각하느냐와 관련된다. 이는 두 가지 기술의 결합이다. 첫 번째 기술은 성공한 운동선수들이 날마다 하는 작은 덩어리에 주의를 두면서 현재 순간에 충실한 것이다. 그들은 지금 하고 있는 단일한 과제에 대해 생각한다. 아놀드 슈워제네거(Arnold

Schwarzenegger)는 자신의 훈련에 대해 말하면서, 연습을 할 때 동작 하나하나마다 주의를 집중하면 주의산만한 상태에서보다 열 배 더 가치가 있다고 말했다.

운동선수들은 미래가 불확실하다고 생각될 때, 주의가 쉽게 산만해지고 낙담하게 된다. 만약 그들이 "내가 이전의 능력을 회복할 수 있을까?" 또는 "도대체 내가 성공할 수 있을까?"라는 질문을 하고 의심적어하며 앞으로 나아간다면, 있지도 않았던 문제와 장애에 대해 생각하게 된다. 그들은 부정적인 상태를 만들고 동기를 꺾을 수 있다. 하지만 "다음 목표에 도달해서 지금 무엇을 할 수 있지?"라고 물으면 훨씬 더 힘이 난다. 현재 상황을 충분히 경험하고 더 나은 상태가 되는 데 몰입하면 최선의 행동을 취하게 된다. 이는 우리 모두에게도 적용된다.

시간과 관련된 두 번째 기술은, 현재 상태와는 반대 상태에 있는 것이다. 긍정적인 미래를 생생하게 상상하고 거기에 머무를 수 있는 능력이다. 때때로 현재 순간에 있는 것보다 미래지향적일 때 더 효과적이고 동기가 부여된다. 부상 후 재활치료를 받는 운동선수는 대단히 고통스러운 시간을 겪을 수 있다. 그럴 때 힘든 일과 고통이 가져올 보상을 미리 생각하여 충분히 경험하면 큰 도움이 된다. 더 건강해지고 더 많이 움직일 수 있게 된 신체, 자신이 좋아하는 생활을 다시 할 수 있게 된 것 등을 상상할 때, 그 순간의 고통과 노력은 대수롭지 않게 생각된다. 그 순간 당신의 신체가 다시 만들어지고 다시 배우면서 당신은 이미 미래를 즐기고 있다. 매력적인 장기 목표는 당신을 앞으로 나아가게 이끌어주면서, 당신에게 지금 강하게 동기를 부여한다.

이 두 가지 기술을 결합시켜야 성공적으로 동기를 부여할 수 있다. 지금 하고 있는 작은 과제에 정신을 집중하는 동시에 당신을 앞으로 끌어주는 크고 밝은 그림(당신의 미래 목표를 달성하고 있는)을 볼 수 있다.

5. 주도적으로 개입하기

성공적인 재활과 긍정적인 정신 태도의 다섯 번째 요소는, 그 운동선수들이 개인적으로 개입하는 것이다. 운동선수들이 자신의 재활 계획에 더 적극적으로 참여할수록 자신을 더 많이 돕게 된다. 그러면 그들이 완전히 회복할 가능성은 커진다. 비록 염증이 난 부위에 얼음 한 조각을 올려놓는 것 같이 단순한 일도 스스로 하면 자신이 재활훈련에 참여한다는 느낌을 강하게 받게 된다.

오늘날과 같은 첨단기술시대에서 다른 분야처럼 스포츠 의학도 많은 전문가와 권위자에 의해 매우 복잡하고 빠르게 발전해왔다. 의사, 재활 전문가, 운동 트레이너, 간호사, 스포츠 심리학자는 종종 기술을 배우고 익힌다. 그래서 그들은 권위를 얻지만, 때때로 그 권위를 이유로 운동선수들이 전문가의 손에 자신을 수동적으로 내맡기도록 부채질한다. 게리의 연구는 이것이 잘못되었음을 나타낸다. 수동적으로 동의하든 반항하든 이것은 개인의 우수성을 향상시키는 길을 거꾸로 가는 것이다. 우리는 고도로 잘 훈련된 전문가와 함께 원하는 결과를 만들어내기 위해 좀 더 적극적으로 개입할 필요가 있다.

이 점에 대해 잠깐 생각하면 의미가 있다는 것을 알 수 있다. 당신은 어떤 팀에 소속되어 있으면서 중요한 경기나 미팅을 할 때 한쪽 옆에 우두커니 앉아있은 적이 있는가? 때에 따라서는 그럴 필요가 있다. 이렇게 앉아있으면 당신은 그 경기나 미팅에서 분리된 느낌이 든다. 마치 당신과 그 행동 사이에 유리벽이 있는 것처럼 말이다. 당신은 거기에 있었지만 경기를 하진 않았다. 당신은 실제로 그 팀의 일부가 아니었다. 하지만 직접 참가하면, 우리는 진행되고 있는 과정에 의해서 영향을 받는다. 스스로 그 차이를 느낄 수 있다. 그러면 더 주도적으로 개입하고 주의를 기울이게 된다 그러면 우리는 더 단호하고 적극적으로 된다. 이를 통해 우리의 미래에 더 많은 관심을 가지게 된다. 스스로 취하는 행동은 아무리 작더라도 중요하다.

6. 자신과 자신을 비교하기

운동선수들이 성공적으로 재활하고 긍정적인 정신 태도를 갖는데 여섯 번째로 중요한 요소는 운동선수들이 자신의 수행을 어떻게 판단하는가에 있다. 즉 그들이 하는 정신적인 비교가 중요하다. 스포츠 해설자, 신문에서 통계를 다루는 사람, 그리고 팬들은 운동선수들을 다른 운동선수와 비교하면서 그들을 격려한다. 그들이 최고라고 말할 때는 기분이 좋지만 호평을 받지 못할 때는 기분이 나빠지거나 자신이 운동선수로서 부적당하다고 느낀다. 이와 같은 경험을 많은 사람도 비슷하게 겪어봤을 것이다. 아주 어릴 때부터 우리는 어떤 애가 더 똑똑하다, 어떤 아이는 운동을 더 잘한다, 어떤 애가 더 잘생겼다, 어떤 애가 더 인기가 많다는 이야기를 들어왔다. 우리는 어떤 기준으로 잴 때는 올라갔지만 또 다른 기준일 때는 내려갔을 것이다. 직장이라는 세계로 들어오면서 자신을 다른 사람과 비교하는 경향은 계속되고 어떤 경우에는 더 증가한다. 우리는 직장에서 더 공격적인 사람, 더 똑똑한 사람, 우리보다 컴퓨터에 더 뛰어난 사람들을 만났다. 성인이 된 우리는 이런 비교를 종종 무의식 속에서 자연스럽게 한다. 자신을 영화 스타나 재벌, 이웃, 지나가는 사람들과 비교한다. 대중매체는 우리가 일상에서 이렇게 하도록 부추긴다. 우리는 계속해서 비교하면서 우리가 지불하는 대가에 대해서는 모르고 있다.

하지만 운동선수들은 그 대가를 안다. 그들은 이런 정신적 습관에 빠지지 않는 것이 얼마나 중요한지 알고 있다. 그들은 현재의 부상 때문에 누구하고도 비교하려고 하지 않는다. 비록 아마추어 운동선수와 비교하더라도 자신이 못하다는 사실을 알게 된다. 그러면 대단히 낙담할 텐데도, 그들은 상대방이 어떤 수준에 있건 간에 자신을 다른 사람과 비교하지 않는다. 정말로 성공한 사람들은 오로지 자신의 진전만을 볼 뿐이다. 그들은 NLP에서 말하는 '자신과 자신'을 비교했다. 그들은 자신에게 묻는다. "어제보다, 지난 주보다, 지난 달보다, 작년보다 내가 얼마나 많이 진전했나?" 우리 모두 이런 태도를 배울 수 있다. 우리는 운동에서건, 직장에서건, 집에서건, 자신의 발달로 진보를 측정하는 방법을 배울 수 있다.

자신과 자신을 비교하는 것은 긍정적인 정신 태도 뿐만 아니라 삶의 모든 측면에 적용할 수 있는 통찰 중 하나이다. 최고의 동기부여 연설가들 중 어떤 사람은 "당신이 실패하지 않을 것을 안다면 무엇을 하겠는가?"라고 묻는다. 이는 확실히 도전적이고 자극적인 질문이다. 스포츠나 또다른 전문적인 일에서 대가가 된 사람들은 끊임없는 실패가 성공을 위한 기초임을 알고 있다. 당신이 골프, 테니스, 기타, 또는 무언가를 처음 시작했을 때를 기억하는가? 처음에 당신의 마음은 아마 성공하는 이미지로 가득 찼을 것이다. 아무 노력도 하지 않았는데 매끄럽게 굴러가는 공을 보았을 것이다. 또는 당신의 손가락 아래에서 사방으로 퍼져 나가는 아름다운 선율을 들었다. 당신은 운이 좋아서 몇 번 만에 아름다움과 흥분을 경험했을 수도 있다. 그리고 현실로 돌아왔을 것이다. 당신이 클럽 라켓, 현악기, 키보드 등 무엇을 선택하든 잘해낼 수도 있다. 그러나 당신은 오랜 기간의 연습과 자신이 선택한 것에 전념하는 대가를 지불했다. 많은 사람이 악기 다루기가 어렵다 여기고 금방 포기한다. 그러면서 똑같이 어려운 골프나 테니스, 그 외 다른 스포츠는 계속하고 있다. 여러 해를 보내면서 깊은 좌절도 맛보고 대단한 보상도 받았다. 우리가 포기하는 것과 계속하는 것 간에는 어떤 차이가 있는가? 게리의 NLP 연구에 비춰볼 때, 적어도 그 대답의 일부는 우리가 얼마나 빨리 진보를 경험하느냐에 있다. 얼마나 오래 지나서 공이 매끄럽게 날아갔는가? 시작한 지 얼마 후 능숙해졌는가?

진정한 의미에서의 진보를 경험했는가? 현재 성취한 결과 즉, 자신과 자신을 비교하는 것이다.

그러나 대중매체나 좋은 의도를 가진 선생들과 코치들, 심지어 학생들도 우리에게 날마다 어떤 면에서 우리보다 잘난 사람, 못난 사람이 있다는 것을 생각나게 한다. 만약 어떤 어린이가 운동을 좀 잘한다면, 코치는 그를 당장 올림픽에 출전시킬 계획을 세울지도 모른다. 어떤 어린이가 타고난 재능으로 그림을 조금 잘 그리면 부모는 아이를 피카소의 전성기와 비교할지도 모른다.

우리는 너무나 많이 자신과 다른 사람을 비교한다. 거기에는 실제로 긍정적인 면도 있다. 즉 어떤 사람이 무언가를 성취했다면 다른 사람들도 할 수 있다는 의미에서 말이다. 이는 어떻게 그렇게 하는가에 대한 가치 있는 모델이 되기도 한다. 그들의 정신적인 패턴과 신체적으로 나타나는 행동을 배움으로써, 무엇이 가능한가에 대해서뿐 아니라 어떻게 그것을 가능하게 하느냐도 배울 수 있다.

그런 면에서는 가치가 있지만 자신과 다른 사람을 비교하는 일에는 큰 위험이 따른다. 어떤 사람이 다른 사람과 능력 면에서 큰 차이가 난다면, 그는 "나는 그것을 할 수 없어." 또는 "그 여자는 천부적인 재능을 타고났나봐."라고 결론지을 것이다. 만약 당신의 자녀가 수학이나 과학을 처음 배울 때 재능을 거의 나타내지 않는다면, 비교의식 때문에 아이의 능력을 완전히 뭉그러뜨려서 두 번 다시 기회가 오지 않을지도 모른다. 그럼 아이는 "나는 그쪽에 소질이 없어."라고 너무 일찍 결론을 내릴 수 있다. 이 모든 것이 그 아이를 매우 낙담시킨다. 그런 결론은 순식간에 아이의 창조적인 기쁨을 없애버린다. 하지만 수학을 빨리 배우지 못했던 알베르트 아인슈타인, 심지어 슈퍼스타 마이클 조단까지도 계속해서 다른 사람이 아닌 자신을 뛰어넘었다.

다음을 기억하라. 결과에 이르는 왕도는 자신의 진전을 통해서만 평가된다. 어린아이가 마음속으로 자신과 자신을 비교한다면, 다른 사람의 성취는 그들에게 시기심이나 질투심을 불러일으키기보다는 영감을 주고 우수한 모델로 작용하며, 높은 수준의 정보를 제공할 것이다. 그들은 다른 사람들의 성공에 기쁨을 느끼는 것을 배운다. 왜냐하면 성공한 사람들은 어린이에게 좋은 안내자 역할을 하며 가능성의 모델이 되기 때문이다. 그 후 그들은 미래 세대를 위한 성공의 모델이 될 것이다. 그들은 진정으로 자신의 성공을 가치 있게 본다. 왜냐하면 그들은 그 성공을 충분히 비교해서 평가하기 때문이다. 아이에게 자신과 자신을 비교하도록 가르친다면 그것은 아마도 우리가 아이에게 줄 수 있는 최상의 선물이 될 것이다.

운동선수들의 성공적인 재활과 긍정적인 정신 태도의 여섯 가지 요소는 내적인 뚜렷한 동기, 높은 기준의 가치, 목표들을 작은 덩어리로 나누기, 시간틀을 유연하게 하기, 주도적으로 개입하기, 자신과 자신을 비교하기이다. 이 여섯 가지 요소들은 성공에 대한 무의식적이며 강력한 이미지를 만든다. 그것들이 있으면 긍정적인 정신 태도는 확고해진다. 여섯 가지의 요소 없이는 원하는 것을 성취하기 어렵다.

긍정적인 태도 실천하기

이 요소들이 어떻게 함께 작용하는지, 함께 작용하지 않을 때는 어떻게 되는지 보여주는 몇 가지 예를 보자. 먼저 회사 직원들과 소프트볼 게임을 하다가 심하게 다친 31세의 한 남자의 경우를 살펴보자. 재활치료를 받자마자 그가 제일 먼저 한 질문은 "언제 내가 직장에 복귀할 수 있을까요?"였다 이 단 하나의 질문이 그 사람의 정신적 패턴과 정서적인 구성에 대해 많은 것을 나타낸다. 그 사람의 생각은 오직 직장으로 돌아가는 것이었다. 그 생각은 그 자체가 훌륭한 목표이며 어딘가로 향해가는 동기를 나타낸다. 그러나 너무 일반적이다. 그가 걸어서 갈지, 휠체어를 타고 갈지, 절뚝거리며 갈지, 또는 건강한 상태로 갈지에 대해서 전혀 구체적이지 않다. 그것은 또한 너무 큰 그림이다. 씹어 삼키기에는 그 덩어리가 너무 크다. 그는 자신의 목표를 작게 만드는 어떠한 계획도 가지고 있지 않다. 그리고 하는 데 얼마나 많은 시간이 걸리는지 약속받고 싶어 한다. 또한 그의 말은 그가 주도적으로 개입하지 않았음을 나타낸다. 그는 수동적이다. 그는 치료사가 자신을 위해서 그 일을 해주기를 원한다. 그는 적극적인 역할을 할 필요를 깨닫지 못하고 있다. 만약 그가 자신의 태도를 변화시킬 수 없다면 재활하는 데는 시간이 오래 걸리고 아마 재활이 제대로 안 될지도 모른다.

또 다른 사례를 보자. 고등학교 3학년 때 미드시즌 경기에서 부상을 당한 어느 축구 선수가 있다. 그는 병원에 도착하자마자 다음 경기에는 돌아가서 경기를 하겠다고 맹세한다. 담당 의사와 코치가 부상의 심각성을 강조하자 그 젊은 운동선수는 기가 죽는다. 그의 동료들이 그를 격려하면 "그게 무슨 소용 있어?"라고 대꾸한다. 그는 재활센터에서 하는 운동이 너무 고통스럽다고 불평하면서 하지 않겠다고 투덜댄다. 설령 하더라도 열의 있게 하지 않는다. 그런데 자신이 가기를 원했던 소속 팀의 감독이 전화해서 "얼마나 있어야 축구를 다시 할 수 있겠나?"라고 묻자 비로소 자신의 회복과 재활치료에 관심을 갖고 임한다. 효과적인 동기 부여를 위해서는 불쾌한 결과를 피하며 바람직한 특정 목표로 향하는 강력한 개인적인 비전이 필요하다. 젊은 운동선수가 그 시즌에 축구를 계속할 수 없다는 사실을 알았을 때, 그의 강력한 동기는 그 순간 사라졌다. 그 감독이 전화하기 전까지 그는 재활운동을 하며 고통에서 주의를 돌리게 할 만한, 또는 그것을 초월할 만한 동기를 줄 강력한 미래를 가지고 있지 않았다. 그는 그때 나머지 다섯 가지 요소를 이미 가지고 있었다. 그래서 강력하고 새로운 동기가 다섯 가지 요소들과 결합되었을 때, 그의 동기는 열심히 재활운동을 하여 회복할 정도로 충분히 강하게 되었다.

이 여섯 가지 요소들은 스포츠계에 다시 돌아온 축복받은 선수 대부분에게 분명히 있다. 대부분의 미국 사람들은 한 젊은 미국인이 '르 뚜르 드 프랑스(Le Tour de France)'라는, 세계에서 가장 힘들고 격렬한 자전거 경기에서 우승할 때까지 유럽에서 열리는 이 경기에 거의 관심을 보이지 않았었다. 1989년 그렉 르몽(Greg LeMond)은 새로운 코스에서 세계적인 자전거 기록을 세웠다. 그는 영웅이 되어 미국으로 돌아왔다. 그는 젊은 미국인들에게 새로운 운동경기의 영역을 보여주었다. 그런데 가족들과 휴가를 보내러 갔다 안타까운 사건을 겪는다. 사냥하러 갔다가 가슴과 다리에 총상을 입은 것이다. 큰 수술을 받았지만 그의 심장 주위에는 여전히 총알이 여러 군데 박혀 있었다. 그 총알들을 제거하기에는 너무 위험했기 때문이다. 운동선수로서의 성공, 미국인의 영웅, 주변 상황의 희생자인 그렉 르몽은 회복하면서 자신이 이미 얻은 명예에 만족했을 수도 있었다. 그가 단지 회복하고 마음을 울리는 강연을 하러 다니기만 해도 거의 모든 사람이 이 운동선수를 자랑스럽게 여겼을 것이다. 그러나 그렉 르몽은 그렇지 않았다. 2년이 지난 후 르몽은 자신의 재활 프로그램을 본인이 직접 맡았다. 이전의 전성기 때보다 더 나은 상태를 만드는 과정을 시작했다. 그렉이 병원에서 퇴원하여 집으로 돌아왔을 때, 그리고 걸을 수 있다가 다시 자전거를 탔을 때, 그가 자신의 진전 이외에 다른 것과 자신을 비교했다면 우스운 결과를 낳았을 것이다. 오랜 기간 동안 어떤 어린이라도 그를 따라잡을 수 있었다. 그는 일하는 시간과 힘을 계속 늘렸다. 스포츠 해설자와 대중매체 평론가는 그의 꿈 같은 계획, 부질없는 노력, 대중의 웃음거리가 되는 것에 대해 이야기하곤 했다. 그는 계속해서 마음속으로 자신이 원하는 강력한 개인적인 비전을 가졌다. 그가 '르 뚜르 드 프랑스'에서 새로운 순위에 들었을 때도, 많은 스포츠 논평가들은 그의 정신력은 칭찬하면서도 그가 당황스런 꼴을 당하기 전에 그만두라고 제안했다. 경기의 마지막 구간에서 그렉 르몽과 그가 탄 자전거는 유명한 샹젤리제를 달려 내려갔다. 그는 가슴에 총알이 박힌 채로 결승선에 도착했고 그 경기 역사상 가장 빠른 기록을 세워 두 번째 영광을 차지했다.

이와 똑같은 확고하고 긍정적인 정신 태도는 사업에서 성공하는 데에도 반드시 필요하다. 모리 메이지는 시카고에서 사업가로 시민들의 영웅이 되었다. 여러 해 전에 맥스웰 거리에서 주말에 열리는 벼룩시장에서 그는 자신의 차 트렁크에 셔츠를 싣고 와서 팔았다. 그 후 그는 운동기구를 팔기 시작했다. 몇 년 지나지 않아 그는 판매 기술을 향상시켜 시카고에서 가장 큰 스포츠용품점 중 하나를 소유하게 되었다. 덩치가 크고 삶을 대단히 사랑하는 이 남자는 성공의 정점에서 화려하게 살면서 자신의 성공을 즐겼다. 하지만 곧 모든 것을 잃었다. 보통 사람들 같으면 '사라지거나' 은퇴한다고 말했을 것이다. 그러나 모리 메이지는 맥스웰 거리로 다시 돌아갔다. 그리고 자신의 차 트렁크에서 다시 물건을 팔기 시작했다. 부상당한 후 다시 경기장으로 돌아온 위대한 운동선수들처럼 모리 메이지 역시 다시 돌아왔다. 오늘날 그의 대형 슈퍼마켓은 시카고에서 가장 크고 유명한 스포츠용품점이 되었다.

이 짧은 글을 통해서도 모리가 앞에서 말한 여섯 가지 요소들을 사용했음을 알 수 있다. 그가 판매를 시작했을 때 자신에게 동기를 부여하는 미래의 슈퍼마켓에 대한 비전을 가지고 있었는지는 알 수 없다. 그러나 일단 그가 비전을 가졌을 때는 그것을 분명히 마음속에 간직했다. 보통 사람들이면 너무나 창피하게 생각하여 다시 거리로 물건을 팔러 나가지 않았을 것이다. 그러나 모리는 예외적인 운동선수처럼 자신의 고통스러운 처지에 안주하기보다는 자신의 노력이 미래에 자신에게 가져다줄 대가를 상상했다. 어른이 된 후 줄곧 소매상으로 지낸 그는 한 번에 한 고객에게, 구체적으로 말해 자신의 앞에 있는 고객에게 물건을 팔아야 한다는 사실을 알았다. 이것은 작은 크기로 현재 하는 일에 주의를 집중하는 훌륭한 예이다. 마지막으로, 다른 사람들의 성공이 때로 그의 주의를 딴 데로 돌리게 할 수 있었지만 그는 진전에 대한 가장 개인적인 원천인 자신에게로 돌아와야 했다.

태도는 자신이 선택한다. 우리가 약국에서 살 수 있는 알약처럼 얻을 수 있는 것이 아니다. 태도는 실제적이다. 부정적인 태도를 지니면 우리가 하는 일이 잘되기도 전에 진흙 구덩이에 박히는 것을 우리 모두 경험해보았다. 긍정적인 태도가 어떻게 사람들을 함께 묶고, 또 기적을 일으키는지도 우리 모두 경험했다. 다음에 나오는 NLP 기법은 특히 이 장에서 당신이 배운 확고한 긍정적인 정신 태도의 여섯 가지 요소들을 당신의 삶에 적용하기 위해서 특별히 고안되었다. 삶의 질에 차이를 만들어내는 태도를 선택할지의 여부는 당신에게 달렸다. 이 과정은 2장에서 동기 전략을 변화시키기 위해서 당신이 사용했던 기법과 비슷하다. 이제 우리는 성공한 운동선수들의 정신 태도가 당신의 사고와 행동의 일부가 되도록 하는 데 그 기법을 사용할 것이다. 이 NLP 기법으로 당신을 위해 차이를 만들도록 하라.

긍정적인 정신 태도를 갖기

20분이나 30분 동안 방해받지 않을 수 있는 조용한 장소와 시간을 찾는다.

① **상황을 선택하라:** 우선 자신의 삶에서 확고한 긍정적인 정신 태도

를 더 많이 가졌으면 하는 상황을 생각한다. 언제라도 긍정적인 태도를 가지고 싶다고 생각할 때 제일 먼저 그랬으면 하고 바라는 어떤 상황을 생각한다. 자주 일어나는 상황으로, 앞으로 다시 일어날 때는 다르게 행동하고 싶은 상황을 기억해내도 좋다. 곧 일어날 미래의 상황도 좋고 어떤 상황을 선택하든지 괜찮다. 마음의 눈으로 그 상황이 시작되기 바로 직전으로 간다. 당신이 새로운 긍정적인 정신 태도를 필요로 하기 바로 직전에 당신에게는 이미 그 태도가 있다.

② **자신을 보라:** 그 상황이 시작되기 바로 전에 있는 당신, 즉 '저기에 있는 당신'을 본다고 상상하라. 저기에 있는 당신이 곧 이 과정을 배우는 모습을 관찰할 수 있다. 저기에 있는 당신이 배운 내용이 당신 자신의 것으로 되기 전에 당신이 보고 듣는 내용에 완전히 만족해야 한다.

③ **동기부여:** 그 경험에서 무엇을 피해야 하는가 알게 되는 '저기에 있는 당신'을 관찰하라. 그리고 이 상황에서 원하는 특정한 목표에 마음이 많이 끌리는 '저기에 있는 당신'을 보라. 당신이 피하고 싶은 것과 바라는 것을 생생하고 화려하고 흥분시키는 것으로 만들어 대단히 강력한 인상을 주는 영화처럼 보라. 당신은 말 그대로 자신의 미래를 만들고 있다. 스스로 동기의 방향을 설정하고 내적인 목표를 세우고 있다.

④ **높은 기준들:** 이제 당신의 마음속에 있는 '저기에 있는 당신'의 이미지를 간직한 채 높은 성공의 기준을 세우면서 목표를 구체화하는 자신을 계속해서 지켜보라. 다음을 기억하라. 내가 바라는 것보다 조금이라도 모자란다면 받아들이지 않겠다. 완전한 성공에 대한 소망으로 충만한 '저기에 있는 당신'을 보라. 그 소망은 그를 더욱 세게 끌어당기는 자석과도 같다. 그의 몸은 이완되어 있는데도 결의에

차 있고, 눈은 즐거움으로 반짝인다. 당신은 이때 높은 기준의 가치가 거기에 있다는 사실을 안다.

⑤ **목표를 다루기 적당한 크기로 잘라라**: '저기에 있는 당신'이 처음에 그 큰 그림을 보고 나서 지금 당장 달성할 수 있는 특정한 부분에 주의를 기울이는 장면을 주목해서 보라. '저기에 있는 당신'이 그 큰 목표로 나아가는 길에 있는 각각의 단계를 완성하면서 만족하는 장면을 보라. 당신 앞에서 상영되는 영화처럼 그것을 보고 귀 기울여라.

⑥ **현재와 미래의 시간들을 결합하라**: '저기에 있는 당신'이 작은 과제들에 집중할 때 어떻게 현재에 쉽게 머무를 수 있는가에 주목한다. '저기에 있는 당신'이 어렵고 고통스런 일을 하고 있는 동안, 현재의 불편과 노력이 가져올 궁극적인 보상을 마음껏 경험하기 위해 원하는 미래도 떠올려보자. '저기에 있는 당신'이 자신도 모르게 이러한 시간 관리 기술을 여러 번 연습하는 장면을 보라. 당신이 본 그 결과들을 즐겨라.

⑦ **주도적으로 개입하라**: '저기에 있는 당신'이 당신의 삶을 책임지고 문제를 해결하며 성공을 향해 나아가는 데 적극적으로 개입하는 것을 보라. '저기에 있는 당신'이 어떻게 굳게 마음을 먹고 더 많이 참여하는지 보라.

⑧ **자신과 자신을 비교하라**: '저기에 있는 당신'이 "내가 어제보다 얼마나 더 많이 진보했는가? 지난 주보다는? 첫 단계에 비해서는? 이것을 처음 시작할 때에 비해서는?" 하고 비교하면서 자신의 성장을 느끼고 기뻐하며 힘을 얻는 것을 보라.

⑨ **조정하라**: 이제 얼마 동안 '저기에 있는 당신'을 볼 수 없도록 하기 위해 그 중간에 안개가 피어오르도록 한다. 그가 안개 속에 있는 동안 당신의 무의식이 지닌 지혜가 이 기술을 당신이 가진 생각, 느낌, 삶의 모든 측면과 통합하여 당신에게 가장 효과적이며 확고한 긍정

적인 정신 태도를 만들 수 있다. 사람들은 긍정적인 정신 태도의 여섯 가지 요소를 각자의 독특한 방법으로 가장 잘 이용할 수 있다. 사람마다 이 요소들을 현실세계로 가져오는 정확한 방법을 조정할 필요가 있다. 이러한 조정 대부분은 무의식적으로 일어난다. 그래서 우리는 의식적으로 신경 쓸 필요가 없다. 단지 당신 안에 있는 모든 부분들이 '저기에 있는 당신'이 배운 방법을 어떻게 가장 잘 사용할지 고려하는 동안 안개를 바라보기만 하면 된다.

이 통합 과정이 끝나면서 안개는 천천히 맑아진다. 이제 당신은 만족할 방법으로 이 새로운 태도를 충분히 가지고 있는 '저기에 있는 당신'을 본다. 시간이 얼마 걸리지 않는다면 그대로 두어라. 어떤 사람들에게는 그 요소 대부분이 이미 거기에 있다. 그래서 그것들이 통합되기만 기다리면 된다. 또 어떤 사람들에게는 이것이 완전히 새로운 학습이어서 통합하기 위한 적절한 시간을 주는 게 좋다. 그래야 그것들을 완전히 내 것으로 만들 수 있다.

⑩ **점검하라:** 당신이 긍정적인 태도를 가진 '저기에 있는 당신'을 볼 때 그런 기술과 태도를 가진 사람이 되고 싶은가? 만약 그렇지 않다면 다시 안개가 내려와서 '저기에 있는 당신'을 덮어 다른 중요한 특징들이 여기에 첨가되도록 한다.

⑪ **통합하라:** '저기에 있는 당신'으로 되는 데 만족하면 '저기에 있는 당신'이 당신 안으로 들어오도록 한다. 그래서 이러한 기술들이 당신 내부에 들어와 충분히 당신의 일부가 되도록 한다. 어떤 사람들은 자신의 손을 앞으로 한다. 그들은 이렇게 하면 효과가 더 좋다고 말한다. 어떤 사람들은 간질간질함이나 또 다른 어떤 즐거움을 느낀다. 어떤 방법으로 '저기에 있는 당신'을 완전히 당신의 내부로 가져왔든지 당신은 이 과정을 완성했다. 이제 이런 기술을 당신 내부에 갖게 되었다.

⑫ **미래의 계획:** 이제 언제, 어디에서 이 긍정적인 태도가 활발하게 작용하길 원하는가를 결정하는 일만 남았다. 당신은 언제 이런 태도를 가장 강하게 가지고 싶은가? 그 상황을 생각하면서 긍정적인 태도의 결과로 더 많은 선택을 하는 느낌을 즐기면서 당신의 반응에 주의를 기울인다.

이 연습을 끝내고 난 후, 많은 사람은 이 변화가 앞으로의 삶에 어떻게 스며들 수 있는지 알고 싶어 한다. 자신의 모든 기억마다, 그리고 미래에 기대되는 모든 상황마다 이 과정을 해야 하는지 알고 싶어 한다. NLP 발달의 초기에는 수많은 과거 기억에 영향을 주어 그 느낌이나 태도가 일반화되도록 하기 위해 NLP 기법을 종종 여러 번 해야 했다. 최근에 발달한 NLP 방법으로는 몇 년에 걸친 기분 나쁜 느낌들, 쓸모없는 태도, 제한된 신념들을 단 몇 분 만에 변화시킬 수 있다.

개인적인 자원을 깨닫고 시간을 어떻게 구조화하는가에 대한 지식만 있으면 이 새로운 방법을 쓸 수 있다. 다음 연습에서는 당신의 경험을 어떻게 시간 순서로 조직화하는가, 즉 당신의 개인적인 시간선(timeline)을 알아낼 것이다.

당신의 개인적인 시간선은 과거에 겪었던 사건이나 경험, 또 미래에 겪을 사건이나 경험을 조직하는 기본적인 방법이다. 한 예로 당신의 미래가 바로 앞에 가까이 있다면 당신이 자신의 목표를 볼 때 그 목표들은 항상 볼 수 있는 바로 그 장소에 있을 것이다. 미래가 당신의 주변 시야에 있어 그것을 잘 볼 수 없을 때에 비해, 당신은 그 목표에 도달하는 데 더 강한 동기를 가질 것이다. 시간선을 다르게 적용하는 방법들과 특정한 목표를 얻기 위해 그 시간선을 어떻게 변화시키는가에 대해서는 다른 곳에 기술되어 있다. 지금 여기서는 개인적인 시간선의 또 다른 측면, 시간선의 연속성을 이용하려고 한다.

시간선은 당신의 삶이 어떻게 당신이라는 사람이 겪은 사건들의 계속적인 연속인지를 정확하게 묘사한다. 어떤 태도나 개인의 특성은 긍정적이든 부정적이든 간에 시간적으로 지속되며 굳어진 것들이다. 우리 대부분은 여러 가지 다른 상황, 경험, 사고과정을 겪으면서도 자신과 자신의 마음 자세에 대해서 동일한 느낌을 유지한다.

사람들이 기분 나쁜 감정이나 부정적인 태도에 대해 생각할 때 이 아이디어가 가장 쉽게 적용된다. 물론 긍정적인 기분이나 태도에도 동일하게 적용된다. NLP에 따르면 뇌는 우리의 현재 태도나 기분을 긍정적이든 부정적이든 자신의 시간선 위에 부호화한다. 만약 우리가 긍정적인 마음 자세를 원한다면, 우리가 덧붙일 필요가 있는 것은 그 부호이다.

자신의 시간선을 찾기

이 연습을 적어도 10분씩 한다. 우선 편안한 장소를 찾아 잠깐 동안 이완한다.

① **매일 하는 일:** 잠깐 동안 잡생각을 없애고 당신이 꽤 규칙적으로 하는 일상적인 일을 떠올려보라. 예를 들면 양치질이나 신문 읽기처럼 감정이 비교적 중립적인 일로 강한 느낌을 가지지 않는 것에 대해 생각한다.
② **과거:** 마음속으로 무언가를 생각했으면, 일주일 전에 그것을 했던 때를 생각한다. 그러고 나서는 2개월 전을 생각하고 계속해서 6개월 전, 1년 전, 3년 전, 끝으로 10년 전을 생각한다. 이 각각에 대해 생각했으면 이제는 그 모두를 동시에 생각한다. 이 모든 것을 동시에 마음의 눈에 떠올리면서 그것들이 어떻게 배열되어 있는지에 주

의를 기울인다.

많은 사람에게는 그 정신적 이미지들이 선으로 형성되어 있다. 가장 최근의 일이 가까이에 있고, 먼 기억은 멀리 있다. 많은 사람에게 이 과거에 대한 시간은 왼쪽에 있다. 어떤 사람에게는 과거가 그들의 뒤에 있어서 자신의 과거를 보려면 뒤를 돌아야 한다. 어떤 사람들에게는 과거가 오른쪽에 있다. 과거가 어떤 식으로 있든지 상관없다. 이것은 두뇌가 삶에 대한 시간을 유용하게 분류하는 방법이다.

③ **미래:** 당신의 미래는 어디에 있는가? 이번에는 바로 전에 한 것과 똑같은 과정을 하는데, 단지 미래에 일어날 일상적인 사건으로 한다. 여기에서 역시 당신이 미래에도 하는 일상적인 일을 택한다. 우선 앞으로 1주일 후를 생각한다. 그러고는 2개월 후, 6개월 후, 1년 후, 3년 후, 그리고 10년 후를 생각한다.

이제 이 모든 일을 동시에 생각하면서 그것들이 공간상에 어떻게 배열되어 당신의 시간선의 미래 부분을 형성하는지 본다. 이 이미지들이 당신의 미래로 향하는 방향에 주의를 기울인다. 어떤 사람에게 미래는 오른쪽으로 뻗어있다. 또 어떤 사람들에게는 그들 바로 앞에 있다. 드물기는 하지만, 또 어떤 사람들에게는 미래가 왼쪽에 있다. 이제 당신은 자신의 시간선이 어떻게 미래로 뻗어있는가에 주의한다.

④ **당신의 시간선 찾기:** 당신의 과거와 미래가 현재와 함께 당신의 시간선을 형성한다. 당신의 시간선은 V자 모양으로 되어 V자의 제일 아래 파진 부분이 현재, 왼쪽은 과거 기억, 오른쪽은 미래의 기대를 나타낼 수 있다. 또는 당신의 시간선이 당신 몸을 통과하면서 일직선으로 뻗어있든지 약간 커브지면서 미래는 당신 앞에, 과거는 당신 뒤에 있다. 몇몇 사람들에게 시간선은 곡선이거나 고리 모양이다.

시간선이 어떤 식으로 조직되었건 간에 당신은 이제까지 발견된 것 중에서 개인적인 변화를 일으키는 데 가장 효과적인 방법 중 한 가지를 알게 되었다.

자신의 과거, 현재 그리고 미래를 재평가하기

당신은 자신의 시간선을 마음속에 그릴 수 있게 되었다. 이제 당신이 생각하는 방법, 자신에 대해서 느끼는 방법을 여러 시간대에 걸쳐서 변화시키기 위해 이 정보를 이용할 수 있다. 다음에 소개되는 NLP 연습으로 바로 이 목적을 달성할 수 있다. 리처드 밴들러는 이를 '결정 파괴자'라고 했다. 왜냐하면 사람들이 이전에 한 나쁜 결정들을 없애는 데 도움을 주기 위해 이 기법을 발달시켰기 때문이다. 이 기법으로 당신의 기억 속에서, 이전에 한 나쁜 기억 앞에 더 좋은 기억을 두어 나쁜 기억을 중화하는 방법을 배우면 된다. 우리는 당신에게 이제 막 생겨난 긍정적인 태도를 당신의 과거, 현재, 그리고 미래에 두기 위해 동일한 원리를 사용할 것이다. 그 결과, 당신은 이 대단한 태도를 이미 오래전부터 가지고 있었던 것처럼 느끼면서 앞으로도 오랫동안 그 태도를 계속해서 즐길 것이다.

다음 연습에서는 앞서 나왔던, 긍정적인 정신 태도와 시간선을 찾는 지식을 이용하게 된다. 아직 이 두 가지를 연습하지 않았다면 다음에 나오는 연습을 하기 전에 해보도록 한다. 시간을 충분히 가져라. 아래에 나오는 과정을 따라 하면서 그 결과를 즐겨라. 이 연습은 긍정적인 태도나 기억을 가지고 그것이 당신의 전 인생 경험으로 퍼져서 완전히 당신의 일부가 되도록 한다. 이것이 바로 긍정적인 정신 태도가 자연적으로 만들어지는 방법이다. NLP로 당신은 확고한 긍정적인 기억의 보고를 만들기 위해서 당신의 과거를 다시 만들 수 있다. 그래서 당신이 항상 원했던 것, 현재의 성공을 달성할 수 있다.

결정 파괴자를 사용하기

① **힘을 주는 기억:** 이 NLP 과정을 시작하기 위해 당신은 우선 힘을 주는 긍정적인 기억으로 돌아갈 필요가 있다. 그 기억은 굉장히 강력해서 당신이 오늘 하는 행동에까지 영향을 줄 수 있어야 한다. 예를 들면 당신이 뛰어난 운동선수라든지, 누구에게나 호감이 가는 사람이라든지, 또는 어떤 면에서 재능이 뛰어나다는 특성을 나타내는 경험으로 돌아간다. 당신은 이제 조금도 의심하지 않고 그 경험이 사실임을 알고 있다. 이런 경험들은 생의 어떤 때라도 일어날 수 있지만, 우리가 젊었을 때나 10대일 때 종종 일어난다. 이 기억은 당신의 두뇌에 긍정적인 것을 새겼다. 당신이 어떤 긍정적인 각인 기억을 발견하면, 그것을 완전히 마음으로 가져와서 그 경험이 마치 지금 당신에게 일어나고 있는 것처럼 그것을 다시 경험하라.

② **일상적인 일에 대한 기억:** 이제 어떤 방법으로든 당신의 삶에 영향을 주지 않는 일상적인 것에 대한 기억, 예를 들면 어제 식료품 가게에 심부름을 갔다거나 우편물을 뜯었다거나 하는 일에 대해서 생각해 본다.

③ **강력하게 힘을 주는 기억의 하위 감각양식을 생각하라:** 당신에게 강력하게 힘을 주는 기억에서 어떤 하위 감각양식이 그 힘을 만드는지 찾기 위해 이 두 가지 기억을 비교한다. 아마도 일상적인 일에 대한 기억보다 당신에게 힘을 주는 기억이 더 크고, 더 생생하다는 것을 발견할 것이다. 당신에게 힘을 주는 기억을 영화로 만들려고 하는 것처럼 해보자. 그러면서 그것의 특징, 즉 시각적, 청각적 하위 감각양식에 주목한다. 그 이미지의 크기, 밝기와 위치에 주목한다. 그 이

미지를 중요한 기억으로 만드는 시각적 특징에 주의를 기울인다. 그 특징들을 적어두는 것이 도움이 되면 적어둔다.

④ **긍정적인 정신적 각인을 자신에게 힘이 되는 기억으로 만들어라:** 당신이 앞선 연습에서 했던 긍정적인 정신 태도를 생각한다. 그것을 당신 안으로 가져온 순간을 기억에 떠올려 긍정적인 정신 태도에 관한 당신의 이미지를 강력한 힘을 주는 기억과 동일한 마음속의 위치에 둔다. 긍정적인 태도를 조금 전에 생각한 긍정적인 각인 경험과 동일한 특징들을 갖게 한다. 즉, 똑같은 시각적·청각적 하위 감각양식을 갖도록 만든다. 당신의 긍정적인 태도를 자신을 위해서 힘을 주는 강력한 각인 기억으로 만든다.

⑤ **시간을 따라서 여행하라:** 이제 변화하기 위한 정신적인 여행을 할 준비가 되었다. 긍정적인 정신 태도를 가지고 당신의 신체에서 벗어나 시간선 위로 떠오르는 장면을 상상한다. 과거에 당신이 긍정적인 정신태도를 가졌으면 인생에 긍정적인 변화를 일으켰을 때를 찾아보면서 몇 년 전으로 되돌아갈 수 있다. 또는 당신이 꽤 어렸을 때로 가기를 원할 수도 있다.

특정한 과거 기억을 찾았으면 긍정적인 정신 태도를 가지고 그 과거 기억이 일어나기 위해선, 당신의 과거 시간선으로 내려가라. 이제 당신의 시간선을 타고 빨리 앞으로 움직이기 시작하라. 긍정적인 정신태도의 각인에 의해서 그 과거 사건이 전환되는 동안 보고 듣고 느껴라.

이제, 당신의 전체 과거 기억들을 통과하면서 계속해서 빨리 현재를 향해서 움직여라. 이 과거 사건들이 당신의 긍정적인 정신 태도의 각인에 의해서 순간적으로 어떻게 바뀌고 풍부하게 되는지 경험하라. 현재에 도달할 때까지 당신의 시간선을 통해서 계속 빠르게 움직여라.

이제 긍정적인 태도의 각인을 가지고 당신의 미래 경험으로 이동하면서 그 미래 경험 역시 바뀌는 장면을 보라. 풍부한 경험으로 가득 찬 대단한 미래이며 지금보다 더 좋은 미래이다. 왜냐하면 당신의 새로운 태도가 그 위에 새겨졌기 때문이다.

어떤 사람들은 그 효과를 더 강하게 얻기 위해 이 연습 전체를 여러 번 반복하기도 한다.

요약

이 장에 나오는 연습들을 끝냈다면 당신은 자신에게 힘을 주는 긍정적인 정신 태도를 만들었고, 그 태도를 과거 기억과 미래의 기대 위에 새겨두었다. 당신은 실천으로 옮길 가능성을 높이면서 이제 인생을 다시 만들었다. 이 동일한 기법을 사용해 성공과 성취의 다른 자원을 당신이 이미 한 일과 앞으로 할 모든 일에 가져올 수 있다. 그래서 당신의 미래에 대해 더욱 굳건한 기초를 만들 수 있다.

현재의 우리는 과거 우리가 경험한 것의 산물이다. 과거의 경험을 변화시키는 방법을 배우면 삶을 변화시킬 수 있다. 우리의 과거에 새로운 태도를 놓음으로써 새로운 역사를 만들 수 있고, 우리의 현재에 새로운 가능성을 열 수 있다. 종종 이전의 잘못된 믿음은 떨어져 나가고 자신에 대한 새로운 감각이 내부의 깊은 곳에서 떠오르기 시작한다. 그 감각은 자신에 대해 낙관적이고 긍정적이며 행복한 느낌이 들도록 해준다.

이 장에서 우리는 다음과 같은 내용을 배웠다.

- 긍정적인 정신 태도의 중요성
- 긍정적인 정신 태도를 만드는 여섯 가지 요소들

- 지금 자신의 삶에 긍정적인 정신 태도를 심는 방법
- 과거에 한 잘못된 결정을 긍정적인 자원으로 바꾸고 그 긍정적인 자원을 인생 전체로 가져오는 방법

어떤 사람들은 "모든 것은 단지 당신의 마음속에 있다. 당신은 아무 것도 하지 않았다."라고 말할지도 모른다. 지금 이 순간에는 그 말이 사실이다. 당신이 하기 원하는 것을 어떻게 결정하는가? 당신은 어떤 아이디어나 소망, 꿈을 가질 수 있다. 또는 당신 바로 앞의 이 현실세계에서 무언가를 우연히 만날 수도 있다. 그리고 그 가능성들을 보기 시작할 것이다. 당신의 태도가 차이를 나타내는 순간이 바로 이때이다. 당신이 꿈꾸는 인생을 살 수 있는 기회가 온 것이다. 이런 태도 덕분에 모든 꿈이 실현된다.

NLP는 다른 사람들과 함께 나누어야 할 무엇이지,
그들에게 써먹으려고 하는 것이 아니다. NLP를 이용하면 그것은
적절히 기능하면서 당신의 인생을 변화시켜줄 것이다.

최고의 성과 성취하기

산봉우리와 최고의 성취

　사람들에게 산은 언제나 웅대하고 신비스럽게 다가온다. 특히 제일 높은 봉우리가 있는 산, 그리고 봉우리들이 들쑥날쑥한 산은 인간에게 대단히 중요한 상징이다. 산을 보면서 우리는 가끔 그 산을 오르는 생각을 한다. 그 최고봉에서 이 세상을 보면 어떨지 상상한다.

　산의 정상은 사람들에게 성공의 상징이다. 그 성공이 비지니스 세계에서건, 스포츠계, 학문계 또는 연예계건 간에 그 의미는 동일하다. 산의 정상에서 보는 것은 영감을 준다. 앞에 펼쳐진 시야에는 아무런 장애도 없이 탁 트여있고 수평선은 끝없이 멀리있는 것처럼 느껴진다. 저 아래에 펼쳐진 경치는 더 작고 더 다루기 쉬워 보인다. 우리는 모든 것의 꼭대기에 있는 것처럼 느낀다. 대부분의 사람들에게 내적인 가능성의 세계는 확장된다. 마치 우리가 삶에서 더 멀리 볼 수 있는 것과 같다. 막히지 않은 시야로 인해 우리의 사고는 더 넓어지고 계획은 더 광대해진다. 사업가, CEO, 그리고 어린이들이 앞이 탁 트인 높은 곳을 좋아하는 것은 당연하다. 그들은 이 세계를 가능성이 가득 차 있는 곳으로 본다.

NLP 컴프리헨시브에서 일하는 우리들은, 사무실이 콜로라도주의 볼더라는 아름다운 시에 자리 잡고 있기 때문에 산의 마술을 잘 알고 있다. 시내 가까이 나무가 울창한 곳에 자리 잡은 사무실에서 우리는 로키 산맥의 기슭을 내다본다. 창문을 통해서 계절이 변하는 것을 보고, 산 가까이에서 볼 수 있는 전망을 즐긴다. 만약 당신이 NLP 훈련을 받기 위해서 콜로라도에 오거나 우리 사무실을 방문한다면, 당신은 덴버에서 36번 하이웨이를 타고 이 산쪽으로 향할 것이다. 처음에는 산들이 수평선 위에 있는 회색 구름처럼 보일 것이다. 운전을 하고 더 가까이 오면, 회색 수평선이 어렴풋이 더 크게 나타나면서 그것이 큰 산들로 변한다. 하늘을 배경으로 들쑥날쑥한 봉우리들이 보이며, 제일 높은 산봉우리에는 만년설과 얼음이 덮여있다. 고속도로 양옆에 있는 농장과 풀을 뜯는 소와 말들이 있는 들판을 지나 운전해오면, 비행기와 공항과 덴버(the Mile High City)는 당신 뒤로 멀어지게 된다. 마침내 당신은 로키 산맥의 시작을 알리는 그 유명한 세 개의 큰 바위를 보게 될 것이다. 그 로키 산맥의 기슭, 초록 계곡에 볼더 시가 자리 잡고 있다. 전 세계에서 모인 등산가가 여름마다 자신의 기술과 결의를 테스트하기 위해 이곳에 온다. 산봉우리를 오르면서 자신 속에 있는 최정상의 수행을 발견하기 위해서이다.

당신이 산을 올라가본 경험이 있다면, 하루 동안 하이킹이나 고도의 기술을 요하는 힘든 등산을 하려면 많은 시간과 노력을 들여야 한다는 것을 알 것이다. 산을 오를 때는 오르는 데에만 정신을 집중하게 되어서 자연스레 일상적인 걱정거리는 떨어져 나간다. 올라가는 길에서 당신은 모든 정서를 다 경험한다. 좌절, 공포, 고양된 기분, 자신에 대한 의심 또는 신뢰, 그리고 승리감. 몇 시간의 등산 경험은 우리가 '일상적인' 삶에서 몇 주나 몇 달, 심지어 몇 년에 걸쳐서 겪는 경험을 압축해 놓은 것과 같다.

산을 반 정도 오른 지점에서 자신이 온 거리와 자신의 마음 상태를 평가한다. 이제 당신은 앞으로 얼마를 더 가야 하나? 신체적으로나 정서적으로 얼마나 더 투자해야 하나? 이런 느낌은 당신이 몇 달 동안 어떤 프로젝트를 수행하느라 밤늦게까지 일하면서 느꼈던 그런 종류의 느낌이다. 당신은 이제까지 얼마나 많이 노력했는가를 생각해보고, 그것을 끝내려면 얼마나 더 많이 노력해야 할지 생각해본다. 당신은 시작했던 때를 기억할 수 있다. 이제까지 성취한 것을 볼 수도 있고 자신이 얻은 기술도 알 수 있다. 또한 자신의 미래를 예견할 수도 있다. 기대하는 목표나 보상뿐 아니라 앞으로 다가올 어려움, 얼마나 많은 노력이 필요한지도 볼 수 있다. 이 모든 것은 산봉우리처럼 현실적인 것이다.

개인이 갖고 있는 재능과 자원은 저마다 독특하게 결합되어 있다. 생의 어떤 지점에서 우리는 어떤 길을 선택할 수 있다. 어쩌면 이미 어떤 길을 선택하여 오르기 시작했을 수도 있다. 혼자 올라갈 수도 있고 다른 사람들과 함께 할 수도 있다. 심지어 여러 사람을 위해서 짐을 운반하는 쪽을 선택할 수도 있다. 우리가 선택한 길이 어떤 길이건 간에 우리가 다른 길을 선택하지 않으면, 다른 길을 선택할 때까지 계속해서 그 길을 갈 것이다. 우리는 그 길을 가면서 스스로 무엇을 해야 하는지를 알며, 우리에게 주어지는 보상을 즐길 것이다. 우리와 함께 이 길을 여행하면서 당신은 자신에게 가장 좋은 방법으로 이 길을 따를 것이다. 우리가 알기에 당신은 최고봉을 향해서 가는 사람이다. 당신은 이 책을 읽고, 이 새로운 성취의 기술을 추구하면서 성공의 길을 포장해 놓고 있다. 당신은 한가롭게 TV 재방송을 볼 수도 있었지만 그 대신 자신의 우수성을 추구하고 있는 것이다.

앞장에서는 긍정적인 정신 태도에 접근하는 방법을 배웠다. 이 태도는 당신의 미래 성취를 위한 기반이 될 수 있다. 이제 당신은 보통의 것을 성취한 사람과 최고의 수행을 이루어낸 사람들 간에 있는 '차이'를 만드는 것이 무엇인지 알고 싶지 않은가. 이제 그것에 대해 알아보자.

최상의 성공을 모델링하기

최상의 성공에 대해 연구한 사람은 많다. 그들의 연구는 인간의 우수성이 더 높은 수준에 오를 수 있도록 방향성을 제공해준다. 가장 잘 알려진 것으로 찰즈 가필드의 연구가 있다. 미국에서 아폴로 계획을 발표하며 사람을 달로 보낼 때, 그루망 항공우주회사의 초보 컴퓨터 프로그래머였던 그는, 이 계획에 참여했던 매니저, 비서, 기술자 등이 각자 자기 생애 최고의 실력을 발휘하는 것을 목격했다. 그는 특별한 상황에 직면했다. 처음에는 비공식적인 조사로 시작했지만 그의 성취에 대한 관심은 일생 동안 지속되었으며 심리학에서 학위를 받았다. 오늘날 가필드 박사는 '최상의 성공'에 관해서 미국의 권위자 중 한 명이 되었다. 그의 책《최고로 성공한 사람들: 미국 사업계의 새로운 영웅들》에서는 최정상의 자리에 오른 성공한 사람들을 만드는 특성을 다루고 있다. NLP와는 다른 접근법을 사용했으나 그 역시 우수성의 패턴을 발견했다. 그도 NLP처럼 성공한 사람들이 공통으로 가지고 있는 사고, 태도, 행동들을 지적하고 있다.

가필드 박사는 최고로 성공한 사람들은 중요한 특성들을 공유한다는 사실을 발견했다. 그들은 자신보다 더 큰 사명에 자신을 맡기며 측정 가능한 현실적인 결과를 가지고 목표지향적인 활동을 한다. 또 팀으로 활동하고, 힘을 유지하면서 목표로 가는 경로를 유연하게 변화시켰다.

최고로 성공한 사람들의 주요한 특성에 관한 가필드 박사의 연구를 보면, 이 책에서 소개한 연습들이 어떻게 그런 특성들을 당신에게 적용할 수 있을지를 알 수 있다. 3장과 4장에서 당신은 사명의 중요성을 배웠으며, 자신이 진심으로 하고 싶은 인생의 사명을 발견하고 발달시키는 연습을 했다. 같은 장에서 당신은 목표를 성취하는 조건과, 그 목표를 달성했을 때의 증거, 중요한 목표를 설정하는 기준과 실제로 나타난 결과를 측정하는 것에 대해서 배웠다. 5장과 6장에서 당신은 라포와 설득의 힘을 배웠고, 자신의 내부와 외부에서 팀을 어떻게 만드는지도 배웠다. 2장과 3장에서 당신은 행동으로 실행하는 것이 중요하다는 것과 NLP를 사용해서 자신을 제 궤도에 올리는 방법을 배웠다. 이처럼 NLP는 변화를 만들고 유지하는 데 이용할 수 있는 가장 진보된 의사소통 기법이다.

가필드 박사는 중요하지만 분명하게 드러나지 않는 또 다른 특성을 발견했다. 로켓 과학자이든, 암을 극복한 사람이든, 그런 사람들은 모두 자신의 성공에 대한 가능성을 전적으로 믿었다. 그들은 자신들이 보통 사람들과는 다르게 될 것이라고 믿었다. 가필드 박사는, 때로는 케네디 대통령이 미국인이 10년 이내에 달에서 걸을 수 있을 것이라고 공표한 것과 같은 새로운 기회들 덕분에 이런 특성이 일어난다고 말했다. 어떤 때는 불운한 사고나 암과 같은 개인적인 도전이 최고로 성공하는 사람을 낳는다. 가필드 박사는 최고로 성공하는 것이 단지 상황의 산물인지 아닌지가 궁금했다. 그는 스포츠계, 예술계, 연예계, 그리고 비지니스 세계에서 탁월하게 성공한 사람들을 연구했다. 하지만 단지 상황만으로 그 자리까지 오르는 사람은 없었다. 그들이 처한 상황이 그들에게 어떻게 기여했든 간에 이런 사람들은 보통 사람과는 다르게 되고 싶다는 소망 때문에 내적으로 동기가 부여되었다. 가필드는 산꼭대기, 즉 자신이 최상의 상태에 있을 수 있는 능력과 소망이 한 사람의 예외도 없이 우리 각자의 내부에 있다는 사실을 발견했다.

무능의 근원

그렇다면 어떻게 그렇게 많은 사람이 무력함을 느끼는 것일까? 텔레비전 쇼나 신문에 나오는 얘기, 우리 주변 사람들로부터 우리가 보고 듣는 얘기에서, 많은 사람이 자신의 상황을 변화시킬 힘을 가지고 있다는 것을 느끼지 못하며 최고의 상태를 달성하지 못할 거라고 믿고 있다. 자기 내부에서 힘을 느끼는 것과 느끼지 못하는 것 사이에는 왜 그렇게도 큰 차이가 존재하는가? 국가 정신건강협회에서 일하는 마이클 러너는 그 근원을 밝히려고 마음먹었다. 1980년 중반에 그는 사람들이 자신의 삶에 대해 힘을 느끼는 근원을 발견하는 연구를 하였다. 그와 동료 직원들은 여러 직종에 있는 미국인 수천 명을 인터뷰했다. 고도의 기술직에 있는 사람들, 사무직, 전문직, 서비스직에 있는 사람들, 공무원, 그리고 자영업을 하는 사람들을 인터뷰했다. 그들에게 자신의 삶에 대해서 얼마나 많은 힘을 느끼는지를 물었다. 그는 그 연구 결과를 《지나친 무력감》이라는 책으로 출판했다. 그의 연구 결과는 놀라웠으며 많은 사람에게서 주목을 받을 만했다.

첫째로, 그는 우리가 경제·정치적인 면에서 불평등한 시대에 살고 있다는 점을 관찰했다. 이것은 놀랄 만한 사실은 아니다. 둘째, 대부분의 사람들이 이 힘의 불평등을 현실보다 훨씬 크게 지각한다는 것이다. 러너 박사는 많은 사람이 현재 일어나고 있는 일들에 대해서 그들 자신에게는 힘이 거의 없다고 생각한다는 사실을 발견했다. 그래서 그는 사람들이 자신 속에서 '지나치게 무력하다'고 보았다. 그는 이것을 '정서적인 무력감(emotional powerlessness)'이라고 명명했다. 왜냐하면 그것은 현실이라기보다는 그 상황에 대한 그들의 느낌이기 때문이다. 셋째, 대부분의 사람이 무력하다고 느낀다는 데 대한 강력한 증거를 제시했다. 비록 그들의 무력감이 그들의 삶을 무너뜨리고 고립시키며 다른 사람들을 불신하도록 만들고 결국 그들이 달성할 수 있는 일을 막았지만, 그들은 그것에 도전하려고 하지 않았다. 그 대신 그들은 마치 그것을 피할 수 없는 것처럼 행동했으며 자신들에게 그렇게 될 수밖에 없다고 말했다.

러너 박사의 놀라운 발견은 가필드 박사의 연구로 지원을 받았다. 가필드 박사는 보통 수준으로 수행하다가 최정상에 오른 사람들의 변화를 연구했다. 그는 그들이 종종 자신이나 자신의 능력이 대단히 확장되었다고 말한다는 것을 발견했다. 가필드 박사는 너무나 많은 사람들이 자신의 잠재력보다 자신을 훨씬 낮게 여기면서 잠재력을 제한시킨다고 결론지었다. NLP 용어로 말하자면, 그들을 제한시키는 것은 그들의 능력이 부족하거나 현실적인 것이 부족해서가 아니라 그들 자신의 신념, 자신에 대한 생각과 느낌이 제한되어 있기 때문이다.

이 책에서 당신은 최고로 성공한 사람들의 중요한 특징을 통합하도록 돕는 특정한 NLP 기법들을 선택할 수 있다. 우리는 이론과 적용 간의 차이, 즉 아이디어만 가지고 있는 것과 그것을 실행하는 것 간의 차이를 강조하고자 한다. 당신은 인간의 우수성에 관해서 여러 분야에서 많은 정보를 이용할 수 있다. 건강해지기 위해서는 어떻게 먹어야 하는가, 최상의 결과를 가져오기 위해서 어떻게 운동해야 하는가, 승리한 사람들의 중요한 특징들은 무엇인가, 학교 공부에서 성공하는 학습기술들, 최고의 협상가들이 하는 협상 기술들, 그 외 여러 가지가 있다. 우리에게는 최고로 성공하기 위한 가능성이나 탁월하게 만드는 살아있는 모델들이 부족한 게 아니다. 부족한 것은 이 대단한 아이디어를 행동으로 옮길 수 있는 신뢰할 만한 방법이다. 당신은 더 건강해지기 위해서 무엇을 먹어야 하는지 이미 알고 있다. 그렇지 않은가? 당신은 운동이 자신에게 좋다는 것을 알고 있다. 그래서 당신은 흔쾌하게, 심지어 흥분된 마음으로 운동하러 가지 않는가? 대부분 자신에게 좋은 것을 아는 것과 그것을 실제로 하는 것 간에는 큰 차이가 있다. 즉 종종 사람들이 꿈꾸고, 자신에게 그랬으면 하고 바라고 좋아하는 것과, 그것을 성취하기 위해서 실제로 하는 것에는 큰 간격이 있다. 이런 간격을 줄이고 꿈과 소망을 현실로 만드는 데 NLP가 매우 효과적이다. NLP의 목표 중 하나는 모든 사람들에게 최상의 것을 달성하는 기회를 주는 것이다. 이 책을 통해서 우리는 당신의 삶을 나아지게 하기 위한 수많은 NLP 기법을 소개했다. 우리 모두 태어날 때부터 탁월성을 가지고 있다. 그 탁월성을 이용해 우리가 원하는 것이 무엇이건 간에 그것을 달성할 수 있다. NLP를 배우면서 당신의 삶이 원하는 대로 되도록 하기 위해 행동을 취할 힘을 얻을 것이다. 우리 모두 자신의 삶과 다른 사람의 삶을 더 나은 것으로 만들 수 있다.

NLP 훈련을 시킬 때마다 우리는 더 많은 사람이 자신의 무력감을 옆으로 밀쳐놓고, 그들 내부에 항상 있었던 더 큰 능력과 특성들을 발현시키는 것을 목격해왔다. 그동안 여러 직종에서 일하는 사람들이 훈련을 받으러 왔다. 관리자, 학생, 세일즈맨, 의사, 간호사, 정신건강 전문가, 치료사, 법률가, 사업가, 교육자, 그리고 단순히 호기심에서 온 사람 등 그들은 의사소통 능력을 향상시키기 위해서, 학습능력을 기르기 위해, 인간관계를 더 좋게 하기 위해서, 성과를 높이기 위해서, 그리고 새로운 기술을 배우기 위해서 훈련에 참석했다. 우리는 그들이 목표를 달성하기 위해 성공적으로 NLP 기법들을 적용하면서 그들에게 큰 변화가 일어나는 것을 보아왔다. 사업가가 난관에 부딪힌 경영의 돌파구를 마련하려고, 교사가 교육 전략을 얻기 위하여 NLP를 배우러 왔다. 치료사들은 더 효과적인 변화의 기법을 배우기 위해서 NLP를 배우러 왔다. 그들 모두 훈련 과정이 반 정도 진행되었을 때 자신들의 가능성을 확장시켜 자신의 목표에 자기발달을 포함시켰다. 부끄럼을 많이 타던 한 교사는 자신의 사업을 시작하려고 마음먹었고 말이 없었던 한 컴퓨터 프로그래머는 사회복지 기관에서 자원봉사를 하기로 결심했다. 한 사업가는 회사 직원들 모두에게 NLP 기법을 가르쳐주겠다고 했다. 한 비지니스 매니저는 NLP 관리 기술들을 부모 노릇하는 데에도 똑같이 적용했다. 훈련에 참가했던 사람들에게 그들의 지평선이 확장되었다. 그들은 자신의 잠재력에 더 많이 접촉하게 되었다. 잠재력은 언제나 거기에 있었다. 사람들은 잠재력이 있다고 언제나 믿게 되었다. 더 중요한 것은 그들이 믿을 수 있는 방법으로 잠재력이 촉발될 필요가 있었다.

최고의 성공에 대한 완전한 믿음

가필드 박사가 확인한 최고의 성공을 경험한 사람들의 특징 중 덜 분명하지만 결정적으로 중요한 특징을 살펴보자. 무엇보다도 자신의 성공 가능성에 대한 완전한 믿음이다. 이 책에 나오는 단 하나의 기법이 NLP 훈련을 대체할 수는 없지만, 다음에 나오는 NLP 연습에 주의를 집중하면 당신은 상당한 보상을 받을 수 있다. 우리는 다시 스위시 패턴을 사용할 것이다. 9장에서 자아존중감을 높이기 위해 사용한 것과 같은 기법으로 마음의 습관을 변화시키고자 할 때마다 유용하게 쓸 수 있다. 스위시 패턴은 NLP 기법 중에서 가장 쉽게 배울 수 있지만 가장 강력한 효과가 있는 것 중 하나이다. 그 이유는, 문제 자체를 이용하여 자동으로 더 이상 그 문제가 없는 사람, 또는 그 이상의 사람이 되도록 촉발시키기 때문이다. 이 기법을 많이 연습할수록 더 많은 용도로 사용할 수 있다. 이제 당장 이 과정을 이용하여 자신에게 더 많은 자원과 힘을 불어넣자.

스스로 강해지기 위해 스위시 패턴 사용하기

① **단서가 되는 이미지를 확인하라**: 당신이 무력하게 느꼈던 어떤 특정한 때를 생각해본다. 당장 극적인 예를 생각해내는 사람도 있지만, 좀 더 일상적으로 일어나는 무력감이 있으면 그런 것을 선택하는 것이 더 효과적일 수 있다. 왜냐하면 평상시에 무력하게 느끼는 것을 변화시키면, 당신이 그것과 비슷하게 경험하는 모든 경험을 다 변화시킬 수 있기 때문이다. 실제로 무력감을 느꼈던 구체적인 기억을 떠올린다.

잠깐 동안 그 기억에 들어가서 무력한 느낌을 느끼기 바로 전에 당신이 보았던 것을 다시 보라. 이것은 당신이 나중에 사용할 단서가 될 이미지이다. 이제 이 이미지를 잠깐 동안 옆으로 치워둔다.

② **자원이 풍부한 자아상을 만들어라**: 이제 마음의 눈으로 당신이 이미 이 문제를 극복했을 때의 자신의 내적인 이미지를 보라. 마음의 눈을 통해 힘이 있고 자원이 풍부한 '저기에 있는 당신'을 보라. 이는 마치 배경 없이 '당신'만 있는 사진처럼 보일 것이다. 어떻게 그렇게 되는지에 대해서 알 필요는 없다. 당신은 단지 '저기에 있는 당신'이 힘이 넘치게 하는 능력을 발산하고 있는 모습을 볼 것이다. 아마도 눈은 반짝이고 입가에는 자신감 넘치는 미소를 띠고 있을 것이다. 이 자아상이 충분히 발달할 수 있도록 충분한 시간을 가져라. 당신에게 실제로 일어나는 것처럼 이 과정을 확실히 하라. 그리고 당신은 이 자원이 풍부한 자아상에 강력히 끌리는 것을 느끼도록 한다. '저기에 있는 당신'의 이미지를 즐겨라.

③ **자원이 풍부한 자아상을 확장시키는 연습을 하라**: 이제, 마음의 눈으로 보는, 자원이 풍부한 자아상을 바로 당신 앞에, 작게 반짝이는 하나의 점이 되도록 한다. 그 반짝이는 점을 점점 더 크게 확장시킨다.

이 자원이 풍부한 '당신'이 실물 크기로 당신 앞에 보일 때까지 크고 밝게 만든다. 그리고 나서는 빈 스크린을 본다. 이 과정이 자연스레 될 때까지 여러 번 반복한다.

④ **자원이 풍부한 자아상으로 된 점을 단서 이미지 안에 두라:** 이제 자원이 풍부한 자아상이 깜박이는 점으로 되어있는 것을 1단계에서 정한 단서가 되는 이미지의 중앙에 둔다.

⑤ **이미지 둘을 교환하라(둘을 스위시하라):** 단서 이미지가 갑자기 희미하고 어두워지게 한다. 동시에 반짝이는 점이 재빨리 커지고 밝아지면서 자원이 풍부한 이미지가 되어 실물 크기가 되게 한다.

⑥ **빈 스크린을 보라.**

⑦ **열 번 되풀이하라:** 이제 4~6단계를 좀 더 빨리한다. 다시 단서 이미지의 중앙에 작고 깜박이는 점을 둔다. 단서 이미지가 급격히 희미해지고 어두워질 때 당신의 자아상은 빠른 속도로 커지고 밝아지면서 마침내 스위시하여, 자원이 풍부한 자아상이 단서 이미지를 밀치고 그 자리를 차지한다. 그리고 다시 한번 더 비어있는 스크린을 보라.

⑧ **자원이 풍부한 그 자아상을 여러 개 만들어라:** 이 '자원이 풍부한 당신'은 많은 상황에서 당신을 잘 도울 수 있기 때문에 당신이 과거, 현재, 미래, 어디를 보든 이 긍정적인 상을 볼 수 있다면 굉장히 유용할 것이다.

그래서 당신이 이전에 가졌던 불쾌한 기분을 느낄 수 없게 되면, 자신의 손 안에 '자원이 풍부한 당신'을 가질 수 있다. 이제 팔을 뻗어서 그것을 당신의 손 안에 쥐어라. 그것에 손이 닿으면 빛나기 시작할 것이다. 이제 그것을 여러 개 복사해서 만들어라. 복사기로 컬러 복사하여 그 '자원이 풍부한 당신'의 이미지를 수천 개 만들어서 큰 카드 한 벌처럼, 그 이미지가 겹겹이 쌓이게 한다. 그 이미지들은 반짝이며 화려하다.

이제 그 이미지 중 하나만 당신 바로 앞에 남겨두고 나머지는 공중으로 뿌린다. '자원이 풍부한 당신'의 모든 이미지가 떨어지기 시작하면서 당신 둘레에 동심원으로 내려앉는 것을 보라. 당신이 볼 수 있는 한 멀리까지 당신을 둘러싸고 있는 것을 보라. 당신의 과거, 현재, 미래에 다 있다. 당신 둘레에 '자원이 풍부한 당신'의 이미지가 겹겹이 있다고 상상한다. 그리고 그 좋은 느낌이 당신을 무력하게 하는 이미지를 씻어내리고 당신 전체에 넘치도록 한다.

⑨ **자신이 한 것을 테스트하라:** 이 과정을 여러 번 했으면, 이제 자신이 한 것을 테스트해보는 것이 중요하다. 잠깐 시간을 가지고 마음속으로 그 불쾌한 단서 이미지를 떠올려보면서, 무엇을 느끼는지 주목해본다. 만약 그 불쾌한 느낌을 전혀 느낄 수 없다면, 또는 불쾌한 그 이미지를 보기조차 힘들다면 당신은 그 기법을 완전히 마친 것이다. 그 단서 이미지를 생각할 때 아직까지도 불쾌한 느낌이 남아있다면, 각 단계마다 주의를 기울이면서 되풀이한다. 불쾌한 느낌이 사라질 때까지.

이제 막 끝낸 연습으로 당신의 두뇌는 새로운 방향으로 프로그램되었다. 이는 마치 철로의 스위칭 시스템과 같다. 당신의 두뇌가 무력하고 비자원적인 방향으로 향하고 있을 때마다 당신이 한 '스위시'가 자동으로 당신의 사고를 자신에게 힘을 주는 방향으로 바꿀 것이다. 당신이 주변 세상에서 무력감을 더 자주 느낄수록, 당신의 두뇌는 당신이 그것의 스위치를 바꾸어 자신에게 힘을 주는 상태로 만들도록 더 많이 작동할 것이다. 스위시 패턴은 당신의 무의식적 자원을 조직화하여 접근하도록 도와주며, 더 큰 능력을 갖도록 해준다. 당신이 자신의 힘을 느끼는 것을 표현하는 새로운 방식은 앞으로 당신이 할 자기발견의 여행이다. 이는 확장될 것이며 당신은 이를 더 즐길 수 있게 될 것이다. 당신의 두뇌는 놀라운 것을 할 수 있다. 만약 긍정적이며 최고로 성공하는 삶을 원한다면, 당신의 두뇌는 그것을 제공하기 위해서 '스위시' 할 수 있다.

두뇌의 자연적인 능력

우리는 한 번쯤 인간이 갖고 있는 놀라운 잠재력과 관련된 이야기를 들은 적이 있다. 이와 관련해 요즈음 우리가 즐겨 하는 이야기가 있다. 여러 해 전에 한 학생이 대학교의 고급 수학 시간에 졸았다. 그는 종소리에 잠이 깨어 칠판 위에 적혀있는 복잡한 문제를 보았다. 숙제하기 위해서 그것을 재빨리 적은 후, 다음 수업을 받으러 나갔다. 주말에 그는 그 문제들에 매달리면서 문제들이 너무 어려운 것을 알고 놀랐다. 그다음 월요일까지 그중 단 한 문제만 완전히 풀었다. 두 문제는 일부만 풀었다. 그는 자신이 수업 시간에 졸았던 사실을 인정하면서 교수에게 도움을 받는 것이 최선책이라고 생각했다. 교수가 칠판에 적었던 그 문제들이 그 분야에서는 중요하지만 아직까지 해결되지 않은 문제였다는 말을 했을 때 그 학생이 놀라는 장면을 상상해보라.

교실에 커튼이 드리워지고 아름다운 바로크 음악이 배경음악으로 들린다. 언어를 가르치는 선생님은 또박또박 천천히 말하면서 미소를 짓고 학생들에게 머리를 끄덕이고 있다. 학생들이 공부하는 언어에는 각각의 이름이 있고 거기에 해당하는 것이 있다. 어떤 질문을 할 때, 선생님은 질문받은 학생을 격려하는 것처럼 보인다. "폴, 물론 너는 그 답을 알고 있어. 너는 여기에서 계속 살았어. 단지 잠깐 잊었을 뿐이야. 생각나지? 그렇지 않니?" 수업은 이런 식으로 진행되고 있다. 로자노

프(Dr. Lozanov)의 '암시 교수법(Suggestopedia)'은 언어 교수법에서 세계적인 혁명을 일으켰다. 그리고 학습의 가장 기본적인 이론에 의문을 제기하고 있다.

의사들은 그녀에게 생존할 가망이 거의 없다고 말했다. 그러면서 새로운 약이 있는데 그녀의 병을 치료하는 데 도움이 될 수 있지만 아직 실험단계에 있다고 말했다. 그녀가 실험에 참여하겠다고 동의할 때에만 그 약을 받을 수 있었다. 그녀는 결국 동의했다. 여러 해가 지난 후 그녀는 완전히 회복됐다. 그녀는 자신이 '통제집단'에 들어있었으며, 그때 받은 약이 실제로는 가짜약이었다는 사실을 알게 되었다.

이 세 가지 장면은 모두 '위약 효과'의 예이다. 위약 그 자체에는 의약 성분이 전혀 없다. 새로운 약의 효과를 측정할 때 기준선으로 사용된다. 위약은 종종 설탕이나 밀가루로 되어있다.

사람들에게 가짜 약(위약)을 진짜 약처럼 주면, 사람들은 그 약이 자신의 병을 고칠 것이라고 생각하면서 먹는다. 비록 그 가짜 약에 의학적인 성분이 전혀 포함되어 있지 않지만 사람들 중 상당수에게 효력을 나타낸다. 이를 '위약 효과(placebo effect)'라고 부른다. 그들은 긍정적으로 변화하도록 준비된 사람들이다. 그들의 두뇌는 이미 그렇게 되어있어서 스스로 건강을 좋게 만든다. 앞에서 말한 수학과 학생은 칠판에 적힌 그 문제들이 숙제라고 생각했다. 그래서 그 반에 있는 어떤 학생들은 꼭 풀 수 있다고 믿었다. 풀 수 있는 문제라고 믿었기 때문에 그의 내적 자원은 이에 대처했다. 외국어 수업을 받는 학생들은 이미 그 언어를 알고 있다고 믿었다. 어떤 단어를 잊었을 때, 그들은 곧 머리에 떠오를 것이라고 생각했다. 위약 효과의 경우, 그녀는 새로 개발된 약이 자신을 치료할 것으로 믿었다. 그리고 실제로 그랬다. 그 약은 그녀가 자신의 병을 이겨내고 건강을 되찾기 위해서 내적 자원에 접할 수 있도록 도왔다.

NLP 공동 개발자인 리처드 밴들러와 존 그라인더는 '위약효과'에 대해 이용 가능한 자료들을 연구하기로 마음먹었다. 그들은 위약이 사용되었을 때 20퍼센트 정도의 효과가 있다고 입증되었다는 사실을 발견했다. 이는 실험에 참가한 피험자의 20퍼센트가 전혀 의학적 성분이 없는 알약, 즉 위약을 먹고 난 후 실제로 병이 나았다는 의미이다. 그런 피험자들은 종종 낫기 어려운 병이거나 또는 위험한 병에서도 회복됐다.

현대의 과학적인 의학 연구법에서는 위약 효과를 배재한다. 왜냐하면 의사나 과학자들은 사람들이 약에 대해서 어떻게 믿거나 상관없이 효과를 낼 수 있는 약을 찾기 때문이다. 이것은 실제로 효과가 있는 새로운 약을 개발하는 최선의 방법이다. 그리고 이런 접근법으로 페니실린과 소아마비 백신과 같은 '경이로운 약들'을 사용할 수 있게 되었다.

리처드 밴들러와 존 그라인더는 마음속으로 다른 목적을 가지고 동일한 자료를 다르게 보았다. 그들은 위약 효과를, 아직 우리가 이용하지 않은 자연적인 인간의 능력으로 보았다. 위약 효과는 두뇌가 신체를 치유하고 어떤 상황에서는 사람들의 기대를 뛰어넘는 능력을 가지고 있다는 사실을 보여주었다. 믿음은 종종 해결하기 어려워보이거나 해결할 수 없는 문제를 극복하게 해준다. 여기서 중요한 점은, 어떻게 이런 일이 일어나는가이다.

밴들러와 그라인더는 처음에 직접 위약을 팔아서 이런 효과를 달성해보자고 자기들끼리 농담을 했다. 그 알약에는 치료 성분이 전혀 없기 때문에 실제로 약이 될 수 없다. 각 '위약'마다 건강을 촉진시키는 성질이 있다고 상상하면서 원하는 결과가 일어날 때까지 몇 시간마다 약을 먹으라고 지시하는 소책자가 들어있을 수 있다. 위약을 홍보할 때 20퍼센트만이 효과적일 것이라며 정직하게 할 수도 있다. 그들이 한

창 그런 공상을 하고 있을 때 위약에 대한 FDA의 반응과 위약을 금지하려는 국제적인 노력이 머리에 떠올랐다. 그러자 상상이 사라지기 시작했다. 공상 속에서 그들은 아무런 활성 성분이 없는 '플라세보 플러스(Placebo Plus)'를 팔았고 그 후 자신들이 국회 청문회에 불려나가는 장면을 볼 수 있었다.

한없는 공상은 재미있을 수 있다. 그리고 공상은 우리의 두뇌를 예기치 않았지만 대단히 유익한 방향으로 끌어줄 수 있고, 여러 가지 질문에 대한 답을 떠오르게 할 수도 있다. 수학과 학생이 '숙제'인 문제들을 풀기 시작했을 때 마음속에 어떤 자아상을 가졌을까? 아마도 그 문제를 해결하고 있는 자신을 보았을 것이다. 언어를 배우는 학생이 자신을 새로운 언어를 사용해온 원어민처럼 생각할 때, 그리고 그 단어나 문구를 단지 잠깐 동안 잊고 있다고 믿을 때 사용되지 않을 기억들에 접근할 수 있다. 환자가 실험연구에 참여하였을 때 아마도 그 약이 병을 성공적으로 치료하면서 자신이 점점 건강해지는 장면을 미리 보았을 것이다. 우리는 위약이 효과를 낼 때 정확히 어떻게 작용하는지 모른다. 하지만 위약이 우리의 생각과 우리가 그것을 어떻게 생각하는가에도 영향을 미치며, 무엇이 가능한가에 대한 우리의 믿음에도 영향을 준다는 사실을 알고 있다. 스위시 패턴은 빠르고 쉽게, 위약보다 훨씬 더 신뢰할 만한 방법을 제공한다. 위약을 받은 많은 사람은 계속해서 비관적이며, 약 효과가 나타나지 않고 아파하는 어리석은 자신을 마음속으로 본다.

다음 연습에서 우리는 위약의 성질에 대한 NLP 통찰을 이용해서 위약 효과와 똑같은 결과를 달성할 수 있는 기법을 연습할 것이다. 이는 당신이 무엇을 생각하는가, 당신이 그것에 대해 어떻게 생각하는가, 또 가능한 것에 대한 당신의 믿음에 영향을 주기 위해서이다.

최고의 성공을 각인시키기

이 연습에서는 또다시 리처드 밴들러의 결정 파괴자를 이용한다. 앞에서는 강하고 긍정적인 정신 태도를 가지도록 하기 위해서 결정 파괴자를 사용해보았다. 이번에는 강력한 최고의 성공을 당신의 과거 기억에 두고 이용하기 위해 결정 파괴자를 사용할 것이다. 시작하기 전에 잠깐 시간을 갖고 8장에서 당신이 만든 긍정적인 태도의 각인을 떠올린다. 그것을 다시 충분히 경험하고서 잠깐 옆으로 치워둔다.

① **최고의 성공 기억:** 기억을 더듬어 삶에서 예외적일 정도로 긍정적이었던 때, 최고의 성공을 경험했던 때를 떠올린다. 당신이 대단히 창의적이었던 때, 뛰어난 통찰이 있었던 때, 또는 너무나 집중을 잘했거나 대단한 끈기를 발휘했던 때가 될 수도 있다. 스포츠에서, 학교에서, 직장에서, 가족과 함께 집에서 일어났을 수 있다. 당신이 정말 뛰어나게 잘해냈고 그 경험에 대단히 만족했던 때를 찾는 것이 중요하다. 그런 경험을 하나 발견하면 그 속으로 들어가서 당신이 본 것을 보고, 들었던 것을 듣고, 그때 느낌을 다시 느낀다. 마치 지금 일어나고 있는 상황처럼 다시 경험하라.
② **일상적인 것에 대한 기억:** 이제 당신의 삶에 의미있는 영향을 주지 않는 일상적인 일에 대한 기억을 떠올린다. 예를 들면 보통 하는 전화라든가 화초 가꾸는 일에 대한 기억일 수 있다.
③ **최고로 성공한 경험에 대한 하위 감각양식을 찾아내라:** 두 개의 기억을 비교하여 최상의 기억에 어떤 하위 감각양식이 있는지 찾는다. 이 차이가 나는 하위 감각양식이 이런 상태를 만든다. 당신이 그 장면, 그 소리와 느낌을 다시 경험하면서 이 특별한 경험을 한 편의 영화로 만든다고 상상해본다. 위치, 크기, 밝기, 시각적으로 청각적으로

얼마나 자세한가 등등, 그 영화가 지닌 특징에 주의를 기울이고 재빨리 목록을 만든다. 이러한 특징이 바로 당신의 두뇌가 당신이 그렇게도 잘할 때를 부호화하는 특별한 방법이다.

④ **긍정적인 정신 태도를 덧붙여라:** 이제 최정상의 수행을 앞에서 만들었던 긍정적인 태도 각인에 덧붙임으로써 당신에게 좋은 에너지를 더욱 많이 주려고 한다. 새로운 각인을 만들어 다른 경험보다도 더 크고 두드러지고 실제 같으며, 더 중요하게 만드는 특성을 부여했다. 최고의 성공을 다시 경험하기 시작하면서 똑같은 시각적·청각적 각인 특성을 거기에 덧붙여라. 그렇게 함으로써 당신의 최고의 성공 기억이 더 커지고, 더 두드러지고, 더욱 실제처럼 되고, 더 중요하게 되는 것에 주목하라. 특별한 수행과 당신의 긍정적인 태도를 결합하여 최고의 성공/긍정적인 태도 각인을 만든다.

⑤ **미래의 계획:** 당신은 이 결합된 최고의 성공/긍정적인 태도 각인을 사용하여 놀라운 일들을 할 수 있다. 다음에 프레젠테이션을 할 때 이 상태를 경험한다면 어떨까? 어떤 사람이 당신에게서 최상의 결과를 원할 때마다 마음 상태가 그렇게 되면 어떨까? 당신의 가족이나 친구와 함께 있을 때, 그런 특별한 순간들이 온다면 어떨까?

⑥ **시간을 따라서 여행하기:** 이제 당신의 현재와 미래를 위해 과거 기억을 에너지가 충분한 자원으로 바꿀 때 이 새로운 상태를 이용할 수 있다. 이 최고의 성공/긍정적인 태도 각인을 당신의 마음과 몸에 가지고 있으면서 당신의 의식이 몸에서 떠올라, 시간선 위로 이동해서 과거로 돌아가는 장면을 상상해보라. 당신의 과거 중 어디에 이 엄청난 자원이 있었으면 지난 시간들을 극적으로 다르게 만들었을까? 그런 것을 하나 발견하라. 당신이 이 자원을 필요로 하기 바로 전의 시간선으로 들어가라. 그 후 재빨리 시간을 따라서 앞으로 여행하라. 그러면서 이 놀랄 만한 자원이 과거 기억을 특별한 자원 상태의

기억으로 어떻게 바꾸는지에 주목하라. 현재에 도달하면 이 자원을 가지고 미래로 여행하는 자신을 보라.

많은 사람이 동일하거나 다른 과거 기억을 가지고 이 과정을 반복하여 더 유용하게 쓴다. 말 그대로, 이 과정으로 자신의 과거와 미래를 몇 분 만에 다시 프로그램할 수 있다. 당신이 어떤 태도나 느낌, 우수성의 상태를 삶 전체에 덧붙이고자 할 때는 언제라도 이 과정을 사용하라. 우리는 그 두 가지를 할 때 당신이 충분한 시간을 가지기를 권한다. 최고의 성공을 이뤄낸 마음 상태를 가지고 있으면 더 많은 것을 달성할 수 있다.

최고의 성공이 단지 꿈이 아니라 실제로 가능함을 알게 되면 그때에는 다음 같은 질문을 할 수 있다. 그 정상 너머는 무엇이지? 때로 무언가를 대단히 집중해서 집요하게 추구하면서도 왜 그것이 그렇게도 중요한지는 잊어버리는 것이 인간의 본성처럼 보인다. 우리는 늘 주위에서 "최고가 되라, 최선을 다하라."라는 말을 듣는다. 그래서 사람들이 스포츠에서건, 사업에서건, 정치나 연예계에서건 최고만이 가치가 있다고 여기는 것은 당연하다. 그들의 모든 에너지는 최정상을 얻는 데 집중되어 있다. 그렇기 때문에 그들이 단 한 발자국의 차이로 최정상에 도달하지 못하면 종종 엄청난 실패처럼 보인다.

앞에서 우리는 산봉우리와 최고의 성공을 비교했다. 당신은 직업적인 꼭대기에 도달하는 데 많은 노력이 필요하듯 산봉우리에 도달하는 데에도 많은 노력이 필요하다는 사실을 깨달았을 것이다. 최정상에 올랐을 때 당신은 기쁨, 성취감, 그리고 만족감을 느낄 것이다. 그러고 나면? 당신은 사방을 둘러보고서 그 상황을 받아들인다. 친구와 함께 있다면 그 전망과 흥분을 공유할 것이다. 심지어 자신의 승리를 공중에 대고 외쳐볼 수도 있다. 카메라를 가지고 있다면 그 사건을 사진으로 남길 것이다. 그 상황을 즐기고 난 후에 그 봉우리 이외에도 다른 많은 봉우리들이 있고, 그다음 봉우리에 올라가기 위해서는 종종 먼저 산을 내려가야 한다는 사실을 깨닫는다. 또한 산봉우리는 거쳐가는 장소이지 계속 사는 장소가 아니라는 것을 깨달을 것이다. 봉우리에 대한 바로 이런 견해는, 그 봉우리가 바위로 된 봉우리든, 성취의 봉우리든, 봉우리가 시작된 부위나 중간 부위, 혹은 다른 장소임을 나타낸다. 봉우리는 봉우리가 아닌 것과 대조가 되어 생긴다. 그리고 어떤 산이라도 봉우리보다 봉우리가 아닌 곳이 훨씬 더 많다.

그런데도 어떤 사람들은 일과 행복이 완벽한 최정상을 이루며 영구적으로 계속되어야 한다고 생각한다. 그들이 봉우리에 대해서 이렇게 생각하기 때문에 행복하려면 완벽하게 모든 것을 다 가지고 있어야 한다고 생각한다. 완벽하게 이상적인 집을 가지고, 이상적인 차를 타고, 완전히 만족할 만한 인간관계를 맺고, 하는 일을 달성하고, 도전적인 프로젝트를 하며, 일을 잘 처리하는 비서를 두고, 고급 옷을 입고, 아침 미팅을 놀랄 만하게 생산적으로 해내고, 너무나 맛있는 커피 한 잔을 마셔야 한다고 생각한다. 그들은 이 모두를 완벽하게 갖출 때에만 최정상에 있는 것이며, 그때 비로소 정말로 완전히 행복한 상태가 될 것이다.

최정상만을 찬양함으로써 그들은 나머지 삶을 단지 최정상으로 가는 고된 길로 만든다. 그뿐 아니라 그들의 '진짜 행복'은 무언가가 잘못되기 전 몇 분간만 지속될 것이다. 복사기가 제대로 작동하지 않을 때, 컴퓨터가 갑자기 작동하지 않을 때, 아이를 맡긴 어린이집에서 문제가 생겨 전화가 왔을 때, 논쟁이 있을 때, 커피 메이커에 이상이 생겼을 때, 또는 조금이라도 완벽하지 않게 되었을 때, 그 바로 전까지만 행복하다. 그래서 그들은 극히 짧은 시간만 순수하게 행복한 상태를 즐길 것이다. 또다시 돌아가서 일하고 만들며, 모든 것을 다시 배열해야 한다. 그들은 이런 식으로 해야 한다고 생각한다. 그리고 또다시 완벽하지 않은 자신들의 산을 오르기 시작한다. 그래서 그다음 3년이나 4년이 지난 어느 날, 다시 완벽한 봉우리에 오르고 또 잠깐 동안 정말로 행복하게 느낀다.

얼마나 많은 사람이 이런 식으로 산다고 생각하는가? 그들은 얼마만큼의 몸무게를 빼면, 또는 직장을 옮기면, 사랑하는 새 연인을 만나면, 또는 어떤 새것을 가지면 행복할 것이라고 말한다. 그들은 "삶을 즐길 정도로 최정상에 가까이 와있지는 않다."라고 말한다. 물론 몸무게를 빼거나, 직장이나 연인을 바꾸거나, 새 차를 사면 행복을 느낄 수 있다. 즉, 몸무게가 도로 이전 상태가 되거나, 새 직장의 사장이 폭군으로 변하거나, 또는 사랑하는 사람이 잔소리를 하거나 차에 흠집이 생기기 전까지는 그렇다. 그 후 승리는 비탈길을 내려가면서 불행하게 변한다.

그 산을 오르는 또 다른 길이 있을 것이다. 이 세상에서 무슨 일이 일어나든지 행복할 수 있다. 사람들이 무엇을 하든 하지 않든, 또는 자신이 무엇을 가지든 가지지 않든 행복할 수 있다. 상황이 어떻든 행복할 수 있다. 만약 가까스로 완벽한 집을 가지게 된다면, 당신이 이미 행복해 있기 때문에 더 많이 행복해질 것이다. 잠깐 동안 스쳐 지나가는 행복한 순간을 잡으려고 몸부림치기보다는 계속해서 당신의 삶을 풍족하게 살 수 있다.

정말 이런 일이 가능할까? 만약 당신이 원한다면 가능하다. 그러기 위해서는 인생에 어떤 일이 일어나도록 내버려두는 대신에 자신의 경험을 스스로 관리하는 방법을 배워야 한다. 당신에게 일어나는 일을 평가하는 방법을 바꾸어 일어나는 사건들을 더욱 긍정적이고 의미있는 방법으로 보는 것이다. 그렇다고 해서 '기분 나쁜 날'이 전혀 없다는 의미는 아니다. 단지 그날이 '나쁜 것'이지 당신이 나쁜 것은 아니라는 의미이다. 그렇다고 당신이 맹목적으로 낙관적이 되어야 한다는 뜻도 아니다. 자신의 내적인 환경을 만드는 데 자신이 책임진다는 의미이다. 그런 세계에서는 성취, 최정상의 수행과 행복이 공존하고 심지어 그것을 더 확장시킬 수도 있다.

당신이 이러기를 바란다면 획기적이며 즉각적인 기법은 없다는 사실을 알 필요가 있다. 단순한 일, 날마다 하는 일, 삶의 일상적인 사건에서 당신이 좋아하는 것이 무엇인지를 주목하면서 시작할 수 있다. 무엇을 좋아하고 그것에 대해서 무엇을 간직하고 싶은가? 커피 냄새, 실크의 감촉, 웨이터의 미소, 호텔 직원의 친절함에서 무엇을 좋게 보는가? 어린아이가 당신을 위해 찍은 사진을 보듯이 자신의 경험을 보라. 그리고 감사할 가치가 있는 것을 발견하라.

이렇게 얼마 동안 연습하고 난 후에는 자신의 삶에서 더 경쟁적인 부분에 주의를 돌려보라. 당신이 이기든 지든, 멋지게 해낸 일에 주의를 기울이는 연습을 하라. 경쟁자에게서 칭찬해줄 가치가 있는 것을 찾아라. 이렇게 할 수 있을 때 삶을 즐길 수 있는 정신상태를 얻게 된다. 자신을 격려하고 상대방을 칭찬하기 때문에 감각은 개방되고 이완되어 있다. 주의를 집중하지 않고도 다른 사람의 기술을 습득할 수 있게 될 것이다. 당신은 더 자주 승리할 것이며 승리가 자신의 경험에서 그렇게 중요하지는 않다는 사실을 알게 될 것이다. 이것이 '최정상 너머에는 무엇이 있는가?'에 대한 답이다.

자신의 미래 상상하기

당신은 적극적으로 참여하여 최정상의 수행을 경험했다. 전반적으로 수행을 향상시키면 그것이 당신의 새로운 기준선이 된다. 위대한 운동선수를 만드는 '자신과 자신 비교하기'를 기억하라. 당신이 이 책의 첫 장에서부터 얼마나 많이 읽어왔는지 보라. 이때까지 나온 NLP 연습을 모두 다 했다면, 당신은 동기가 충만해졌을 것이며 자신의 사명을 분명히 발달시켰을 것이다. 또한 당신의 미래를 프로그램하고 다른 사람과 더 좋은 인간관계를 발달시키게 되었을 것이다. 그리고 과거의 어려움을 깨끗이 씻어내고, 자신감과 자존감을 쌓았을 것이다. 긍정적인 정신 태도를 만들었고, 더 많은 것을 최고로 성취해내는 방법을 배웠을 것이다.

이제 여기에서 한 단계 더 앞으로 나아가자. 긍정 심리학으로 유명한 미하이 칙센트미하이가 주장한 '몰입(flow)의 경험'에 대해 살펴보자. '몰입' 상태에서는 어떤 것에도 노력을 들이지 않아도 되고 시간은 확장된다. 이때에는 자신에게 날아오는 공이 거대하게 천천히 다가오는 듯 보인다. 그리고 전혀 피곤하지 않고 하루 종일 달릴 수 있다고 느낀다. 아놀드 파머는 이 상태를 대단히 훌륭한 연주를 하고 있는 음악가의 느낌과 비교했다. 이는 재즈 음악가들이 '신나는 연주'라고 부르는 것과 같다. 사실 여러 사람이 자신의 분야에서 이와 비슷한 경험을 했는데 이는 그런 상태가 확실히 있음을 증명하는 것이다. 위대한 재즈 피아니스트인 키스 자렛은 이런 마음의 상태를 알기 때문에 이 상태를 경험할 때까지는 연주를 하려고 하지 않았다.

우리는 NLP의 기술들을 가지고 '몰입'의 경험을 탐색해왔다. 몰입 상태는 사람들이 당면한 일에 온 주의를 집중할 때 온다. 사람들은 보통 때는 주위에서 일어나는 일 때문에 망설이거나 주의가 분산되곤 한다. 하지만 몰입 상태에서는 '자신'은 행하면서 사라진다. 골프 클럽과 골프 치는 사람이 하나가 된다. 음악을 연주하면서 음악이 자신을 연주하는 것처럼 경험한다.

우리는 몰입 상태가 걱정에서 벗어난 상태, 무엇을 할 때 자유로운 상태임을 발견했다. 사람들은 몰입 상태에 있을 때 큰 그림을 보고 그것에서 새로운 관점을 발달시킨다. 마음은 자유롭고, 필요할 때마다 창의력과 재능이 나타난다. 이런 태도 덕분에 그들은 대단한 성공을 얻고 최고의 목표를 성취하게 된다. 모든 위대한 성취가가 그런 상태에서 행동한다. 다음에 나오는 NLP 연습은 당신에게 그와 동일한 관점을 제공하기 위해 개발되었다.

무한한 성취를 위해서 관점을 자유롭게 하기

1부: 큰 그림 — 우주

① **자신에 대한 당신의 인식을 주목하라:** 편안한 시간과 장소를 찾아서 지금 여기에 있는 상태부터 시작한다. 당신 신체의 일부분에서 오는 느낌에 주의를 기울인다. 이제 자신에 대한 인식이 신체 내에서 어디에 자리 잡고 있는지 주목한다. 예를 들면, 당신은 자신을 머릿속에서, 또는 가슴에서, 또는 배에서 더 많이 느끼는가? 자신의 의식을 이리저리 옮기면서 실험해보라. 어떤 변화라도 있으면 주목한다.

② **당신의 신체에서 공중으로 떠올라라:** 당신의 의식이 신체에서 밖으로 나와서 위로 오르기 시작하는 것을 느껴보라. 곧 당신은 신체 위로 둥둥 떠오르는 자신을 느낄 수 있다. 당신이 자신을 볼 수 있고 아래에 있는 방을 아주 자세히 볼 수 있다고 상상한다.

③ **위로 올라라:** 이제 더 높이 떠올라 거의 천장 가까이로 올라가라. 위층으로 올라가거나 지붕을 통과하여 하늘에서 건물 전체와 주변을 볼 수 있다. 당신이 땅에서 멀어지면서 당신의 움직임은 점점 더 빨라진다. 이제는 도시 전체를 볼 수 있고 아래에 있는 강과 다른 자연 경관도 볼 수 있다. 계속해서 더 멀리 움직여가는 자신을 느낀다. 구름을 통과해서 더 높이 올라가 대륙의 형태를 보기 시작한다. 당신은 곧 양쪽에 있는 대양을 보고 우주의 어둠 속으로 둥둥 떠올라

가면서 빛나는 지구 전체를 본다. 태양과 그 둘레에 다이아몬드처럼 빛나는 별을 보라. 지구 표면 위로 오가는 구름을 보면서 지구를 보라. 저기가 당신의 보금자리인 지구이다. 이 경치를 마음에 새겨 두어라. 경계가 없는 저 세계를 보라. 실제로 하나의 세상인 것을 보라. 언젠가 당신은 우주정거장의 유리창을 통해서 이 경치를 볼지도 모른다.

④ **관점을 바꿔라:** 이 관점에서는 자신의 신체조차 볼 수 없다. 그것은 너무나 작고 당신 앞에 있는 저 큰 푸른 행성 위에 있다. 이제 이 관점에서 저 사람이 가지고 있는 문제에 대해서 생각해보라. 이 관점은 저 사람이 해결하려고 하는 문제에 어떤 통찰이나 가능성을 제공하는가? 원한다면 이 관점의 유용성을 탐색하라. 그리고 당신이 배운 내용을 확실히 기억해서 다음에 저 행성의 표면에 있는 저 사람에게 제공할 수 있게 하라.

⑤ **아래로 내려가라:** 이제 아래로 내려가기 시작하라. 지구에 점점 더 가까워지며 곧 대륙의 형태를 볼 수 있다. 그리고 땅이, 마침내는 당신이 사는 지역, 그 주변을 볼 수 있다. 지붕을 통과해서 내려가 당신 바로 위로 다가간다.

2부: 큰 그림 — 시간

⑥ **자신의 시간선을 보라:** 몇 번 눈을 깜박여라. 그러면 당신의 바로 아래에서 자신의 시간선이 보이기 시작한다. 당신의 과거가 당신이 앉아있는 그 신체에서 어떤 방향으로 뻗어나가는지 주목하라. 그리고 자신의 미래가 어디에 있으며 그 방향이 어디로 뻗어가는지에 주목한다.

⑦ **미래로 여행하라:** 시간선 위로 여행해서 미래로 가라. 여행하면서 이전에 했던 연습에서 시간선 위에 두었던 목표 중 몇 개를 만날 수

있다. 이제 계속 여행을 하면서 이 목표를 달성하는 일이 어떻게 당신의 미래를 향상시키는지 볼 수 있다. 성취감과 만족감을 맛보라. 더 좋은 삶을 위해서 이 새로운 기회들을 보라. 이 목표를 가지는 것이 어떻게 다른 일을 성취하게 하는가를 보라.

당신은 이 미래의 경험 속에 젖어있기를 원할지도 모르겠다. 그 경험으로 들어가 직접 느끼면 그 대단한 미래의 느낌 중 일부분이 당신 속으로 들어올 것이다. 이 느낌들은 당신의 꿈이 언젠가는 완전히 이뤄질 것임을 상기시켜준다. 꿈이 이루어질 것이라는 만족감이 점점 커지면서 자신의 시간선 위에서 미래 속으로 더 멀리, 더 빨리 움직이기 시작할 것이다.

⑧ **끝까지 탐색하라:** 시간선이 자신이 원하는 것보다 더 일찍 끝나면 그것을 늘려 당신의 미래가 100년 이상 건강하고 행복하도록 확장할 수 있다. 자신의 시간선 끝까지 생산적이고 풍족한 삶이 있는 모습을 볼 수 있다. 이제 그 끝의 바로 전에서 멈춘다. 시간선 끝에서 당신이 볼 수 있는 장면은 어느 누구에게도 알려지지 않은 것이다. 어떤 사람은 그것이 문이라고 말하고, 또 어떤 사람은 불로 된 벽이라고 말한다. 또 어떤 사람은 그것이 희미하게 빛나는 말로 표현할 수 없는 존재나 빛이라고 말한다. 당신이 무엇을 발견하든 그것에 고마움을 표시하고 배울 점을 발견하라.

⑨ **늙었지만 지혜로운 당신의 분신을 존경하라:** 사람들은 30세 이후에는 얼굴에 생긴 주름들이 우리의 삶을 따라간다고 말한다. 시간선 끝으로 돌아가서 당신이 되려고 하는 그 지혜로운 사람을 보라. 그 얼굴을 자세히 보면서 자신을 위해 계획한 경험들의 풍요로움을 보라. 가장 나이 많고 지혜로운 당신의 분신이 특별한 메시지나 신호를 주기 원할 때, 유심히 관찰하고 귀를 기울여라. 비록 그것을 충분히 이해하지 못하더라도 그 대답을 존중하라. 늙었지만 지혜로

운 당신의 분신이 보내는 메시지와 그 만남에 대해서 감사하게 여기라.

⑩ **삶을 다시 보라:** 이제 시간선을 거꾸로 하여 당신의 인생 전체를 거슬러가면서 보라. 자신의 삶을 다시 충분히 보도록 하라. 당신이 정말 그렇게 살기 원하는지 아닌지를 머리만이 아니라 가슴으로도 생각하라. 자신이 무의식적으로 계획해온 삶이 만족스럽고 가치있다고 여겨질지 아닐지를 시간을 가지고 생각해보는 사람은 거의 없다. 이 문제를 충분한 시간을 가지고 고려해보자.

⑪ **어떤 변화를 바란다면 그렇게 변화시킨다:** 만약 시간선에서 어떤 변화라도 필요하다고 느끼면, 무의식적인 마음이 당신을 도와주도록 하라. 당신의 미래 위로 안개가 감돌게 두어라. 이 안개 속에서 당신의 의식적인 소원이나 바람이 무의식적인 마음의 지혜와 결합하게 하라. 만약 안개 속에 있는 시간선에서 반짝이는 불빛이나 빛나는 어떤 다른 색깔을 본다면, 당신은 심오한 변화가 일어나고 있음을 느낄 수 있다. 이 과정이 너무나 빨리 끝나 놀랄 수도 있다. 새로운 삶이 드러나면서 당신은 자신의 새로운 시간선에 기뻐할 것이다.

⑫ **현재로 돌아오라:** 이제 당신의 시간선 위로 현재를 향해서 되돌아오기 시작하라. 그렇게 하면서 자신의 새로운 미래를 다시 보기 원할 수도 있다. 현재로 돌아오는 길 위에 있는 더 많은 새로운 선택들을 받아들이고 경험하라.

⑬ **당신의 과거를 보라:** 일단 현재로 왔으면 잠깐 시간을 내어 당신의 과거를 보라. 어린 자신을 보라. 그리고 되고자 바라는 미래의 당신을 보라. 미래의 당신이 기대하고 있는 것을 현실로 만들기 위해서 당신을 바라보고 있음을 기억하라. 이제 현재 당신의 몸으로 다시 들어온다. 새로 배운 것을 가지고 오라. 깊게 숨을 쉬고 자신의 손가락과 발을 느낀다. 그리고 눈을 뜬다.

더 높은 봉우리

해마다 NLP 공동 창립자 중 한 사람인 존 그라인더는 시간을 내어 그가 말하는 '새로운 게임'을 배운다. 어떤 해는 그 게임이 공중 곡예였다가 또 어떤 해에는 야생 동물의 뒤를 살금살금 뒤쫓아가기나 기술을 요구하는 바위산 오르기였다. 이때마다 존은 자신이 발견할 수 있는 최고의 교사를 찾는다. 그는 그 분야에서 최고의 성공을 경험한 사람 중 한 명, 즉 우수성의 모델을 찾았다.

그중 한 등산가를 만날 기회가 있었다. 이 세계적인 등산가는 몇 명의 학생들에게 등산을 가르쳤다. 학생들은 여러 주 동안 기술적인 면과 안전에 관해서 배우고 여러 번 등산을 했다. 그 수업이 끝날 때쯤, 교사는 학생들에게 앞으로 상급반이 생길 것이라고 말했다. 그러나 그 반에 들어가기 위해서는 마지막으로 수행 평가를 위한 등산을 해야 한다고 했다

등산하기로 한 날, 학생들은 지정된 장소에 도착했다. 그들은 거기에서 교사 대신 나온 사람을 만났다. 그는 교사가 좀 늦게 오게 되어서 학생들이 교사 없이 등반해야 한다고 말했다. 등산로는 길고도 어려운 길이었고 학생들은 그동안 배운 모든 기술을 사용해야 했다.

몇 시간에 걸쳐 힘들게 봉우리에 오른 후, 학생들은 그 봉우리의 꼭대기라고 생각했던 곳으로 간신히 몸을 이끌고 올라왔다. 그때 그들은 산이 계속해서 또 다른 봉우리로 이어지는 것을 보았다. 교사는 숨어서 학생들이 등반이 아직 끝나지 않았다는 사실을 깨달았을 때 어떤 얼굴인가를 유심히 보았다. 많은 사람들이 더 올라가야 한다는 사실을 알고는 실망하면서 한숨지었다

그러나 그중 몇 명은 열정과 기대를 가지고 올라갈 새로운 봉우리를 바라보았다. 그 교사는 이런 사람들만 고급반에 받아들였다. 그는 이

세상에 있는 더 높은 봉우리, 또 자신 속에 있는 더 높은 봉우리에 끌리는 사람들과 등산하기를 원했다.

요약

이번 장에서 당신은 최고의 수행을 위해, 그리고 다른 사람에게 최정상의 성공을 이루도록 자극하기 위해 사용할 수 있는 몇 가지 기법들에 대해 배웠다. 구체적으로 다음과 같은 방법을 배웠다.

- 스위시 패턴을 사용해서 힘을 주는 느낌 얻기
- 결정 파괴자를 사용하여 기억 속에 최고의 성공 경험 넣기
- 행복, 성공, 그리고 자신에 대한 감사의 기초 만들기
- 관점을 자유롭게 하여 최고의 상태에 더 많이 접근하기
- 생각 속에 있는 제한점과 기회를 오르려고 하는 산봉우리로 보기

사실 이 책 전체를 통해서 당신은 모든 영역에서 수행을 증진시킬 수 있는 특성들을 체계적으로 쌓기 위한 여러 가지 기법들을 배웠다. 처음에 나오는 두 개의 장에서는 NLP라는 새로운 사고과정을 위한 마음의 준비를 했다. 3장과 4장에서는 강력한 미래를 만들었다. 5장과 6장에서는 강력한 미래를 인간관계의 기술과 관련지었다. 7장~9장에서는 과거 기억 때문에 야기되는 문제들을 깨끗이 제거했으며, 자신감과 긍정적인 자존감을 만들기 위한 단계를 마련했다. 그 뒤에 이어지는 장들에서는 어떻게 광범위하게 영향을 주는 태도를 만들고 자신을 위한 새로운 가능성을 만드는가를 배웠다.

이 책이 거의 끝나가는 지금, 우리는 독자이자 동료 여행자인 바로 당신에게 이 여행을 우리와 함께한 데 대해 감사를 전한다. 우리는 당

신을 개인적으로 만나지는 않았다. 그렇지만 당신을 안다고 느낀다. 당신은 여러 가지 이유에서 우리와 같은 부류의 영혼을 가진 사람이라고 느낀다. 이 여행에서 우리는 당신에게 많은 부탁을 했다. 당신에게 처음부터 적극적으로 참여할 것을 부탁했다. 아마 종종 우리가 당신이 오랫동안 지녔던 신념에 도전했을 텐데도 당신은 함께해주었다. 우리는 당신에게 새로운 가능성의 세계를 제시했으며, 당신은 그 세계를 탐색하기 위해서 도전을 받아들였다. 당신은 이 모험에 대해서 아마 지금 당신이 경험한 것과는 대단히 다른 기대를 가지고 출발했을 것이다. 우리는 당신이 들인 노력과 집중에 대해 몇 배로 보답하려고 한다. 즉 당신에게 NLP에 관한 광범위한 입문 내용, 우리가 위대한 성취자의 마음에서 발견한 기술들과 특징을 제공하면서 보답하려고 한다

마지막으로, 카를로스 카스타네다의 돈 주앙이 머리에 떠오른다. 그는 결코 일을 몰아대지 않았고, 좋은 출발이 좋은 도착만큼 중요함을 알고 있었다. 돈 주앙은 여행하면서 우리가 가져가는 기술과 기법들이 무엇이든 열정을 가지고 가는 것이 중요함을 알고 있다 돈 주앙은 이렇게 말했다. "열정 없이 가는 길은 결코 즐길 수 없다. 그런 길을 갈 때는 열심히 일해야만 한다. 반면에 열정을 가지고 가는 길은 쉽게 갈 수 있다." 길을 출발하기 전에 다음과 같은 질문을 던져보라. "열정을 가지고 이 길을 가는가?" NLP를 연구하는 우리는 NLP가 대단한 열정을 가질 만한 길이라는 사실을 발견했다. 당신이 우리와 함께했던 시간이 당신을 풍요롭게 만들어주었기를 바란다. 또한 만일 당신이 원한다면 우리의 길이 미래에 서로 교차하길 바란다.

NLP 21일 무한성취 프로그램

 이 장은 당신이 이 책을 다 읽은 후에 읽도록 쓴 것이다. 이 장에는 이 책에 나와 있는 NLP 아이디어와 기법들에 관한 지식을 새로운 방법으로 응용할 것이다.

 NLP에서 우리는 다음과 같이 말한다. 당신이 무엇을 할 때 한 가지 방법만 가지고 있으면 당신은 로봇이다. 만약 당신이 두 가지 방법을 가지고 있다면 당신은 딜레마에 빠진다. 당신이 어떤 것을 정말 융통성 있게 시작하려면 그것을 하는 데 적어도 세 가지 이상의 방법을 알아둘 필요가 있다. 정말 당신이 선택해서 무언가를 하기 위해서는 어떤 일을 하든지 간에 적어도 세 가지 방법을 알아둘 필요가 있다. 당신은 이제 이 책을 완전히 끝냈다. 이로써 당신 삶의 여러가지 영역에 엄청나게 많은 새로운 선택을 제공했을 것이다. 이 21일 프로그램은 이전과는 다르게 진행될 것이다. 여기서는 당신에게 또 다른 방법을 제시하고 이 획기적인 기법을 적용하는 방법을 제공할 것이다. 그렇다면 세 번째 방법은 무엇인가? 그것은 당신 삶에 이 자료를 적용하면서 새로 발견하는 당신 자신만의 방법일 것이다.

 각각의 연습을 할 때마다 주의를 충분히 기울인다면 하루에 한 가지 이상 할 수 없다는 규칙은 없다. 이 프로그램을 끝내고 난 후, 당신에게 가장 유용했던 날짜로 되돌아가서 더 큰 혜택을 얻기 위해 같은 것을 다시 하고 싶을 수도 있다. 또는 당신에게 별로 도움이 되지 못한 날짜로 돌아가고 싶을 수도 있다. 아마 당신이 그것을 반복함으로써 얻을 것이 더 많은 날일 것이다.

또는 프로그램 전체를 처음부터 되풀이할 수도 있다. 어느 쪽을 택하더라도 당신이 하고 싶은 만큼 충분히 하라. 당신의 목표를 이룰 때까지 혹은 이 프로그램이 제공하는 모든 것을 배울 때까지 하라.

첫째 주
목표를 향해서 가기

1일: 자신의 현재 위치 찾아내기

이 프로그램을 하기 위한 기준선과 지침으로 사용하기 위해 당신의 삶에 대한 목록을 만들 것을 부탁한다. 무언가를 성취하려면 당신이 가려는 곳을 알 필요가 있다. 그러나 당신이 지금 있는 곳을 아는 것도 그만큼 중요하다. 이제 당신은 당신이 있는 곳에서 당신이 있기를 원하는 곳, 당신의 꿈을 달성하는 곳으로 가는 경로를 그려볼 수 있다.

우리 대부분은 아무 생각 없이 삶을 우리가 좋아하는 것과 좋아하지 않는 것으로 나눈다. NLP 공동 창립자 중 한 사람인 리처드 밴들러는 우리는 좋아하는 것과 좋아하지 않는 것이 분명하다고 말한다. 그렇지만 우리가 좋아하고 좋아하지 않는 것을, 우리가 좋아하거나 원하면서도 가지고 있지 않은 것(예를 들면 새 자동차, 휴가 또는 승진)과 우리가 좋아하지도 원하지도 않으면서 가지고 있는 것(예를 들면 너무 많이 나가는 몸무게, 금방 화를 내는 것, 버릇없는 어린아이)과 같이 더 세분할 수 있는데, 보통 사람들은 여기에는 주목하지 않는다고 말했다.

당신이 정말로 좋아하는 것은 무엇인가? 아마도 홈런을 치거나 상을 받거나 승진 같은 대단한 것일 수 있다. 또는 순간적인 것으로 아기가 잠자는 것, 파도 소리, 초콜릿 아이스크림처럼 매우 단순한 것일 수도 있다. '원하면서 가지고 있는 것'이라는 제목을 적고, 시간이 허용하는 한 이에 해당하는 목록을 길게 나열하라.

이제 다른 질문을 해보자. 당신 본인은 원하지 않는데 가지고 있는 것은 무엇인가? 어떤 사람들은 많은 시간을 이런 종류의 질문을 하면서 보낸다. 몇 분만 생각해보면 많은 것을 떠올릴 수 있다. 뚱뚱한 몸, 자신을 괴롭히는 습관, 교통체증, 까다로운 상사 등이 포함될 것이다. '원하지 않으면서 가지고 있는 것'이라는 제목을 붙이고, 시간이 허락하는 한 길게 적어본다.

또 다른 질문으로 넘어가자. 당신이 현재는 가지고 있지 않지만 원하는 것은 무엇인가? 이제 당신의 소원 목록을 적을 때이다. 일, 가정, 사랑, 경제 등 어디에서 시작해도 좋다. 당신의 가장 중요한 꿈을 여기에 포함시켜라. 매일매일 원하는 것도 적어라. 예를 들면 맑은 날, 깨끗한 침대보, 향긋한 커피 한 잔. '원하지만 가지고 있지 않은 것'이라는 제목을 붙인 후, 시간을 충분히 가지고 이 목록을 작성하라.

마지막 질문을 해보자. 당신의 삶에서 원하지 않으면서 당신이 가지고 있지 않은 것은 무엇인가? 보통 사람이라면, 이것을 생각하느라고 많은 시간을 보내지는 않을 것이다. 여기에는 끔찍한 질병, 쌓이는 빚, 나쁜 건강상태, 일할 수 없는 것 등이 들어간다. 당신이 원한다고 생각한 적이 없으면서 그렇게 시도하려고도 하지 않는 것이 있다. 예를 들면 행글라이더 타기, 감옥 가기, 독 폐기물이 있는 곳으로 여행 가기 등을 생각할 수 있다. 이런 것 중 몇 개를 그 목록에 포함시킬 수 있다. 그리고 '원하지 않으면서 가지고 있지 않은 것'이라는 제목을 단다.

지금까지 각 항목에 적은 것이 현실적이고 구체적인지 확인하라. 각각의 난에 몇 개씩을 적었는지 확실히 하라.

원하면서 가지고 있는 것	원하지만 가지고 있지 않은 것	원하지 않으면서 가지고 있는 것	원하지 않으면서 가지고 있지 않은 것

이 과정을 완성하면서 몇 분간 시간을 들여 다음에 나오는 것에 주목한다.

- 어느 목록이 가장 긴가? 가장 짧은 것은 어느 목록인가?
- 어느 목록이 작성하기에 가장 쉬운가? 작성하기에 가장 어려운 것은 어느 목록인가?
- 어느 목록이 가장 친근하게 느껴지나? 가장 덜 친근하게 느껴지는 것은 어느 목록인가?
- 목록들을 보면 똑같이 중요하게 보이는가? 아니면 어느 목록은 그

내용이 굉장히 많고 어느 목록은 조금밖에 없는가?
• 지금 당장 어느 목록이 당신의 주의를 가장 많이 끄는가?

당신이 답한 것을 보면서 그것에 만족하는가? 또는 그것 중 몇 개를 고치고 싶은가? 오늘 밤 잠들기 전에 어떠했으면 좋겠는지 생각을 정리해두어라.

2일: 자신의 동기 방향과 우선순위 발견하기

어제 당신은 자신의 현재 위치를 알았다. 오늘 당신은 어제 적은 두 개의 목록에 주의를 집중할 것이다. 당신이 원하지만 가지고 있지 않은 것과 원하지 않으면서 가지고 있는 것. 현재 어떤 목록이 주의를 더 많이 끄는가? 원하지만 가지고 있지 않은 것에 대한 목록은 지향적 동기를 기술하는 또 다른 방법이다. 반면 원하지 않으면서 가지고 있는 것은 회피적 동기를 나타내는 또 다른 방법이다. 이제 어느 목록이 당신에게 더 중요한지 주목해본다. 당신이 적은 목록을 훑어보며 우선순위를 정해본다. 어느 것을 가장 변화시키고 싶은가? 그 다음에는, 그리고 그 다음에는? 당신이 좋아하는 순으로 순위를 매겨라. 첫째 목록에서 우선순위를 완전히 다 매기고 난 후에는 둘째 목록에서도 우선순위를 정한다.

두 목록 모두에서 우선순위를 정했으면 이제 우선순위에 대해 다른 식으로 생각해보자. 당신이 바꿀 수 있다면 어떤 변화가 당신의 삶에서 가장 큰 차이를 만들 것 같은가? 아마 그것은 목록의 제일 위에 있을 것이다. 그런데 처음에는 사소하게 보이는 것이 당신의 삶에 큰 변화를 일으킬 수도 있다. 예를 들면 날마다 좋은 기분으로 하루를 시작한다면 당신의 삶이 얼마나 크게 달라질까? 일상적으로 하는 일 중에서 작지만 의미 있는 변화를 일으킬 수 있는 것은 어떤 것일까? 맛있는 아침식사, 좋은 도자기, 듣기 좋은 음악, 대화, 멋진 넥타이나 액세서리? 우선순위를 매긴 것을 다시 보면서, 바꾸었을 때 당신의 삶에 가장 큰 변화를 일으킬 것을 찾아보라.

3일: 두려움을 꿈으로 만들기

당신이 원하지 않으면서 가지고 있는 것에 대한 목록의 우선순위를 다시 보라. 이 목록이 가장 길다면, 이 연습은 당신에게 더욱 중요할 것이다. 어떤 사람이 잘 발달된 지향적 동기 방향성을 가지고 있다면, 그런 사람들은 자연스레 그들이 좋아하지 않는 것과 원하지 않는 것에 더 많은 주의를 기울일 것이다. 이런 것이 그 사람들에게 동기를 부여하지만, 그렇다고 해서 그것으로 큰 만족감을 경험할 수는 없다. 그들은 좋아하지 않는 것에서 점점 더 멀어질수록 안도감을 얻고 스트레스를 덜 느끼지만, 그렇다고 어떤 흥분된 감정이나 만족이 생기는 것은 아니다. 그렇다면 주위를 다른 방향으로 돌릴 필요가 있다. 그들이 원하지 않는 것에서 그들이 원하는 것으로 관심의 방향을 바꿔야 한다. 이 연습에서는 당신이 목록에 적은 것을 이용해서 당신의 관심이 원하지 않는 것에서 당신이 원하는 것으로 바뀔 것이다

이제 원하지 않으면서 가지고 있는 것에 대해 새로 순위를 매긴 것을 다음에 나오는, '원하지 않으면서 가지고 있는 것'에 적어 넣는다. 그리고 당신이 원하지 않으면서 가지고 있는 것들에 대해 당신에게 동일한 의미를 주는 긍정적인 것으로 바꾸어 생각한다. 그러면 가지고 있지 않으면서 원하는 것이 된다. 예를 들어 만약 몸무게가 많이 나가는 것이 원하지 않지만 가지고 있는 것이라면, 당신이 가지고 있지 않지만 원하는 것은 날씬하고 균형이 잡힌 몸이 될 것이다. 만약 당신이 아무런 가능성이 없는 상태를 원하지 않는데 가지고 있다면, 당신이 가지고 있지 않으면서 원하는 것은 더 많은 것이다. 원하지 않으면서 가

지고 있는 것 하나하나를 가지고 있지 않지만 원하는 것으로 바꿔본다. 미래에 참조할 수 있게 바꾼 것을 적어보라.

원하지 않지만 가지고 있는 것	가지고 있지 않지만 원하는 것

4일: 자신의 꿈과 원하는 것을 달성 가능한 목표로 바꾸기

당신이 만든 '가지고 있지 않지만 원하는 것'에 대한 원래의 목록을 보라. 그리고 동시에 어제 만든 '가지고 있지 않지만 원하는 것'에 대한 새 목록을 보라. 당신의 현재 우선순위에 따라 그것들을 합쳐 순위를 매겨라. 당신은 새로운 순위로 된 그것을 적어두고 싶을지도 모른다. 새로운 것이 떠오르면 편안하게 이 목록에 덧붙여라.

이제 우선순위가 제일 높은 목표를 뽑은 후 그것을 달성하기 위해 잘 형성된 목표 조건에 적용시킨다. 이것은 4장에 잘 나와 있다. 당신

구체적인 목표를 만드는 질문들	잘 형성된 목표 조건
당신은 무엇을 원하는가?	❶ 목표를 긍정문으로 말한다. ❷ 당신이 시작하고 유지시킬 수 있는 것으로 목표를 정한다.
당신이 그것을 달성했을 때 어떻게 그것을 알 것인가? 목표를 달성했을 때 무엇을 보고 듣고 느낄 것인가? 목표를 성취했음을 알 수 있는 증거로는 어떤 것이 있을까?	❸ 목표 달성에 대한 증거.
언제, 어디서, 누구와 함께?	❹ 목표에 대한 바람직한 상황.
이 변화는 당신의 삶/일/가족에게 어떤 영향을 줄까?	❺ 목표는 가치 있고, 당신의 다른 삶과도 조화로운가?

이 만든 '가지고 있지 않지만 원하는 것'에 있는 각각에 대해 원하는 것, 즉 꿈을 성취할 수 있는 목표로 만들기 위해서 구체적인 목표를 만드는 질문을 사용하라. 당신이 만든 목록 전체에 대해 그런 식으로 하기 위해서는 많은 시간이 필요할지도 모른다. 그렇다면 오늘은 가장 중요한 것 다섯 개나 열 개를 선택한다. 그리고 다음 며칠 동안 날마다 몇 개씩 더 한다.

5일: 자신의 목표를 불가항력적인 것으로 만들기

우리는 매력적인 것에 끌린다. 그런 쪽으로 우리의 관심이 가며, 우리는 그런 쪽으로 행동한다. 당신의 꿈과 원하는 것을 성취할 수 있는 목표로 만들어라. 이제 당신은 그것을 강력하게 만들어서 당신이 자연스럽게 그쪽으로 끌리도록 만들 수 있다. 목표 달성을 위한 구체적인 조건을 만족시킨 목표에 대해서만 다음에 나오는 것을 사용하라. 현명하지 못하거나 불가능한 목표도 강력하게 만들 수 있다. 짝사랑이나 비현실적인 꿈이 그 두 가지 예가 될 것이다.

그러나 이 기법을 이보다 더 잘 사용할 수 있다. 이 기법을 주의 깊게 사용하라. 당신의 목록에서 가장 우선순위가 높은 목표를 선정하여 마음의 눈으로 그 목표를 상상하라. 그리고 당신이 그것을 이미 성취한 것을 보라. 목표가 아직 영화처럼 되지 않았다면 이제 영화처럼 만들어보라. 그 이미지들의 크기를 크고 밝게 하라. 색은 선명하고 입체적으로 보이게 하라. 이렇게 한 것이 당신을 그 목표 쪽으로 얼마나 강하게 끌어당기는지 주목하라. 느낌이 증가하는 한 크기와 밝기, 색의 선명도를 계속해서 증가시켜라. 그러고는 그대로 멈춘다. 그 영화에 당신을 흥분시키는 경쾌한 음악을 덧붙여라. 음악이 사방에서 스테레오로 들리게 하라. 미래로 가고 있는 당신 자신을 격려하고 지지하는 강한 목소리를 들어보라. 그것을 즐겨라. 다음 목표를 가지고도 똑같은 것을 반복하라. 모든 목표에 다 적용할 때까지 이 절차를 반복하라.

6일: 꼭 성공하도록 만들기

꼭 성공하도록 만든다는 것은 당신의 두뇌가 목표를 달성하는 길을 향해 가도록 해서, 당신이 의식하건 못하건 간에 항상 그렇게 작용하도록 만드는 것이다. 당신이 이미 목표를 성취한 것을 생생하게 상상하고 거기에 도달하는 가능한 길을 미리 볼 수 있다면, 그 길로 여행하는 것이 훨씬 더 쉬워진다. 이 과정은 이 여행의 크기를 당신이 거기에 도달하는 데 필요한 실제적인 단계로 작게 만드는 과정이다. 이렇게 하기 위해 당신은 이미 목표를 달성한 당신이 되기 위해서 미래로 가는 상상을 할 필요가 있다. 당신이 일시적으로 목표를 이미 달성한 미래의 '당신'이 될 때, 되돌아보며 이 목표를 달성할 수밖에 없게 만드는 단계와 행동들을 이해할 수 있을 것이다. 이 길을 마음속에 명심하면서 현재로 돌아온다. 그리고 미래를 위해 계획을 세우고 현재 필요한 행동을 취한다.

5장 연습에서 자세하게 지시한 것을 이용하라. 당신의 잘 형성된 목표 각각에 대해 이 연습을 충분히 하도록 하라.

7일: 진정한 휴식을 갖기

모든 세계적인 종교와 영적인 수양에는 휴식하는 시간이 있다. 이 시간은 창조주를 칭송하기 위해, 혹은 수양하는 마음과 영혼에 다시 초점을 맞추도록 하기 위해 마련될 수도 있다. 또는 신체가 휴식하도록 하기 위한 것일 수도 있다. 휴식 때는 삶이라는 선물에 감사하고, 이 삶에 감사함을 표하는 자신이라는 선물에 고마움을 표시한다. 최근 현대 생활의 많은 요구로 인해, 여러 사람이 그 주에 미처 끝내지 못했던 일을 끝내기 위해서 휴일을 사용한다. 우리는 우리의 전통을 제쳐두고 그렇게 하는 것이 더욱 현대적이며 효율적이라고 생각할 수도 있다. 그러나 우리가 그렇게 한다면 우리는 언제 단조로운 일상적인 틀에서 벗어날 수 있을까? 언제 우리 자신을 위한 시간을 가질 수 있을까? 우리는 언제, 우리에게 주어진 이 삶에 대해 감사하는 시간을 가질 수 있을까? 언제 이 창조주에 주의를 기울이고, 자신만의 방법이나 전통적인 방법으로 창조주에게 감사할 것인가?

오늘 할 연습은 이 프로그램의 다른 부분만큼이나 중요하다. 이 연습을 하면 긍정적인 행동과 평가를 하는 기초를 쌓게 된다. 첫날을 되돌아보면, 당신은 '원하면서 가지고 있는 것'이라는 제목을 볼 수 있을 것이다. 이런 것은 당신의 삶에서 당신이 원하는 것인데, 이미 당신이 가지고 있는 것들이다. 더 많은 것을 얻고 성취하려고 하면서 당신이 얼마나 많은 것을 달성했는가를 잊기 쉽다. 오늘은 시간을 내어 이 목록을 자세히 보라. 당신의 주의를 끄는 것이 있으면 그것에 대해 오랫동안 생각해보라. 그 맛을 즐겨라. 당신의 삶에서 당신이 좋아하는 것에 주목하라. 이렇게 했을 때 갑자기 누군가에게 연락하고 싶으면 감사하는 마음을 전달하는 쪽지를 보낼 수 있다. 잠깐 시간을 내어 명상이나 기도를 할 수도 있다. 또는 다른 것을 할 수도 있다. 그래서 그런 일들이 당신의 미래에 더 자주 나타나도록 한다. 당신의 마음이 당신 삶의 안내자가 되도록 두어라. 언제라도 이 목록에 덧붙일 것이 있으면 덧붙여라.

당신이 원하면서 가지고 있는 목록을 완전히 다본 후에, 지난 몇주나 지난달을 돌이켜보면서 당신의 삶의 질과 자신을 향상시키기 위해 이 책에 나오는 프로그램으로 한 것이 무엇인가 주목하라. 당신이 이미 끝낸 연습과 얻은 결과에 주목하라. 당신이 그것들을 완벽하게 하지 않았다는 생각, 또는 더 잘할 수 있었는데, 또는 다른 사람은 더 잘했는데 하는 생각이 마음을 스쳐 지나갈 수도 있다. 이런 생각들이 일어나면 그냥 그렇게 두어라. 그런 것이 당신의 마음을 스쳐 지나가도록 두면서 자신이 달성한 것에 주의를 돌릴 수 있다. 당신이 이 연습을 포함해서, 연습하기 위해 시간을 낸 것에 대해 자신에게 감사를 표시하라. 이 과정의 진가를 인정하기 위해서, 자신을 위해 당신이 할 수 있는 것이 무엇인가 생각해보라. 인생의 많은 즐거움은 단지 즐기기만 하면 되는 것이다. 당신은 공원에 산책하러 가거나, 수제 맥주를 마시거나, 친구를 방문하거나, 좋은 책을 읽거나, 피크닉을 가거나, 게임을 할 수 있다. 그것을 지금 당장 하라.

둘째 주
설득력 있는 의사소통

8일: 자신의 사명을 발견하고 전달하기

당신 삶의 사명을 표현하는 것은 당신의 마음속에 있는 것을 말하는 것이다. 명확한 사명을 가진 사람들은 영향력이 크다. 그들의 웅변은 그들의 비전에서 나온다. 정말로 믿는 사람들의 말 앞에서는 어떤 커뮤니케이션 기법도 약해진다.

오늘 할 연습을 하기 전에 당신의 목표 중 잘 형성된 목표 조건을 완전히 거친 목표를 적어도 다섯 개를 택한다. 우선순위가 높은 것으로 택한다. 그리고 그 목표들을 마음속으로 생생하게 만들어 강력한 미래로 만들 필요가 있다. 아직 이것을 하지 않았으면 이것을 오늘 해야 할 연습으로 한다.

이 중요한 각각의 목표를 마음속에 동시에 생각하면서 "그것들이 어떤 공통점을 가지고 있지? 이 모든 것에 어떤 주제나 요소들이 있지? 그것들이 내 삶의 열정을 어떻게 표현하고 있나? 그것들이 나의 가장 중요한 가치와 원리들을 어떻게 표현하고 있나?"라고 자신 있게 물어보라. 당신이 얻은 대답을 적거나 그려보라. 낙서로 표시해볼 수도 있다. 심지어 그것을 춤이나 어떤 행동으로 표현해볼 수도 있다. 당신은 삶의 사명을 찾고 있는 것이다. 이것은 당신이 결정하는 그런 종류의 것이 아니다. 당신의 내부에서 솟아나는 것이다. 무엇이 당신에게 중요한 것을 하도록 동기를 부여하는지 알아내기 위해 시간을 가져라. 이것과 관련해서 더욱 자세한 것을 알기 위해서는 3장에 있는 사명과 비전 연습을 다시 보라. 이것을 하려면 오늘 하루만으로는 부족할 것이다. 이제 이것을 시작하고 당신에게 무엇이 끓어오르는가를 발견하라. 오늘, 그리고 앞으로 며칠이나 몇 주 동안 할 수 있다. 비전은 꿈이나 공상처럼 스쳐 지나가는 생각에서 나온다. 당신이 자신의 사명과 비전을 어떻게 발견하는지 호기심을 가지고 보라.

당신의 사명을 알았으면 그것을 다른 사람과 나눠라. 그것을 말로 표현함으로써 더 정교하게 표현할 수 있고, 또 다른 사람을 그 사명에 초대할 수도 있다. 누가 당신의 사명을 알기만 하더라도 거기에 참여하려고 하지 않는가?

적어도 당신을 격려하지 않는가? 그들에게 당신의 사명을 알게 하라. 그러면 당신은 몇 배의 보상을 받을 수 있다. 당신의 사명과 함께 무엇이 당신에게 그토록 사명감을 느끼게 만드는지를 그들에게 알리는 일은 뛰어난 의사소통을 위한 비밀의 반을 차지한다.

9일: 라포를 가지고 귀 기울이기

귀 기울이기는 뛰어난 의사소통을 위한 중요한 방법이다. 그렇다면 어떻게 듣는 것이 잘 듣는 것일까? 단지 상대방의 말이 멈추기를 기다리면서 귀를 기울일 수 있다. 또한 상대방의 말을 가장 효과적으로 반박하기 위해서, 단지 논리적인 흐름을 발견하려고 단어에만 귀를 기울일 수도 있다. 그러나 상대방의 마음속 깊은 곳을 이해하기 위해 귀 기울일 수도 있는데, 라포의 마술은 바로 이러한 듣기를 말한다. 즉 상대방이 어떻게 보고 듣고 느끼고 생각하는가에 귀를 기울이는 것이다.

일반적인 (구체적이지 않은) 단어나 구	시각적인 단어나 구	청각적인 단어나 구	촉각적인 단어나 구
알다 이해하다 믿다 감지하다 발견하다 의사소통하다	보다 나타나다 상상하다 전망 나타내다	듣다 귀를 기울이다 말하다 묻다 ~로 들리다	느끼다 닿다 집다 잡다 접촉하다 밀다
	시각화를 의미하는 단어나 구	소리를 의미하는 단어나 구	느낌 혹은 촉각적인 단어나 구
	색 반짝임 투명함 번쩍임	바삭거리는 소리 침묵 오케스트라	끼어들다 호기심 따뜻하다 부드럽다

이렇게 귀를 기울이는 것은 상대방은 어떻게 세상을 이해하는가를 들으려고 하면서 시작된다. 상대방이 무엇을 보고 무엇을 듣고 무엇을 느끼는가? 당신의 청취 능력을 깊게 하고 마술 같은 라포 형성 기술을 향상시키기 위해 당신의 학습환경을 단순화하면서 시작하라. 당신이 상대방과 얼굴을 맞대고 있을 때, 거기에는 말할 수 없이 많은 정보가 의사소통되고 있다. 당신은 말, 제스처, 정서, 그리고 무의식적인 단서를 통해서, 또는 전화를 이용해 라포를 청각적으로 연습하면서 이 연습을 시작할 수 있다. 상대방이 하는 말을 들으면서 상대방과 같은 리듬과 속도로 말하는 것을 연습하라. 당신의 목소리를 상대방과 비슷한 식으로 사용하라. 만약 상대방의 목소리가 평탄하다면 당신의 목소리도 그렇게 들리도록 연습한다. 상대방이 표현을 잘하면서 말한다면, 당신도 그렇게 표현해본다. 당신 사무실의 전화기 옆에 위에 나온 단어목록을 붙인 후, 상대방이 사용하는 단어와 같은 종류의 단어를 사용하면서 말해본다. 더 자세한 라포 연습을 위해서는 5장을 참고하라.

10일: 신체적인 일치의 마술

종종 얼굴을 맞대고 말을 할 때, 대화 내용 중 93%는 비언어적이라고 한다. 다시 말해 단어는 의사소통의 단지 7%라는 말이다. 오늘 자신에게 이것을 시범해보라. 당신이 일 대 일로 얼굴을 맞대는 사람마다 그들의 신체 리듬과 자세에 일치시키는 연습을 해보라. 상대방이 빠르게 움직이거나 제스처를 많이 사용하면, 당신도 그 사람이 움직이는 속도로 움직이고 그들과 비슷한 제스처를 사용해보라.

잘할 수 있으면, 이번에는 상대방과 일치되지 않게 한다. 상대방이 느리게 움직일 때 당신은 빠르게 움직이고, 상대방이 제스처를 전혀 쓰지 않을 때는 제스처를 많이 쓴다. 그러면 라포가 깨진다. 다시 상대방의 리듬과 제스처에 일치시키면서 라포를 형성해보라.

11일: 경이로운 느낌의 비밀

오늘 당신이 만나는 사람 누구나 기분 좋게 해주는 것을 비밀스런 일로 한다. 당신은 친절한 말이나 진지한 말을 할 수 있고, 그런 제스처를 쓰거나 미소를 지을 수도 있다. 또는 헌금을 낼 수도 있다. 당신의 현재 상황에 맞게 바꿔본다. 하루가 끝날 때 당신이 한 일의 결과를 적어보라. 그것이 당신에게 보상을 준다고 느끼는 한 계속하라.

이것을 당신 자신에게도 적용할 수 있다. 하루에 몇 번 어떤 느낌을 경험하면, 당신의 삶과 일이 부드럽고 놀랄 만하게 될까? 당신에게 이런 정서가 일어나게 하기 위해 당신이 할 수 있는 세 가지는 무엇인가? 오늘 그 일을 시작해보라.

12일: 마음의 가치 이해하기

스티븐 코비의 베스트셀러인 《성공하는 사람들의 7가지 습관》에서 다섯 번째 습관은 "우선 이해하도록 하고, 그러고 나서 이해받도록 하라."이다. 오늘 상대방의 중요한 가치를 듣고 이해하기 위해서 NLP 청취 기술을 연습하라. 상대방의 목표와 가치에 귀 기울여라. 그것에 대해 당신이 들은 것을 소리 내어 말해보라. 그래서 상대방에게 당신이 이해한 것을 확인시키고 분명히 할 수 있는 기회를 줘라. 상대방에게 그 사람의 목표 성취와 가치에 대해 무엇이 중요한지 물어보라. 그런 질문을 할 때 당신은 그들이 가진 근본적인 가치, 그들이 진정으로 중요하게 생각하는 가치를 묻고 있는 것이다. 그들이 말할 때 귀 기울여라. 진정으로 중요한 가치에는 여러 가지가 있으며, 그런 가치를 가진 사람에게는 그 가치가 정말 중요하다. 당신 주위에 있는 사람들이 진정으로 가치 있다고 여기는 것부터 시작할 수 있다. 바로 그것을 위해 그 사람들이 살아가기 때문이다. 이런 것이 바로 사람들이 찾는 것이다. 당신이 할 수 있는 가장 힘 있는 일은 당신 주위에 있는 사람들이 자신의 진정한 가치를 표현하는 방법을 찾도록 도와주는 일이다. 사람들이 자신의 마음을 표현할 때 그들은 자신들이 가진 재능을 발휘할 수 있다.

이름	
목표	
가치	
가장 깊이 있는 가치	

13일: 동기를 찾고 방향을 부여하기

효율적인 부모, 부서장 또는 권위 있는 사람들은 뚜렷한 긍정적인 목표를 성취할 때 이와 함께 측정할 수 있는 증거를 생각한다. 그 목표와 관련된 사람들은 그 목표가 무엇이며 그 목표가 달성되었을 때 그것을 알 수 있는 방법을 알 필요가 있다. 훌륭한 리더들은 사업의 목표와 가치가 관련된 사람들의 목표나 가치와 어떻게 조화를 이루는가 보여준다. 훌륭한 리더들은 이것을 자신의 일이나 경영계획에 필연적으로 따르는 짐으로 보지 않는다. 훌륭한 리더는 팀의 구성원들을 개인적으로 존중하는 사람이다. 모든 사람들은 똑같이 창조되었지만, 똑같은 동기 방향을 가지지는 않는다.

목표, 가치, 그리고 가장 깊이 있는 가치에 대해 전날에 만든 목록을 다시 보라. 거기에 나오는 사람들에게 그들의 목표를 달성하는 것이, 가치를 충족시키는 것이, 가장 깊이 있는 가치를 달성하는 것이 왜 좋은지 물어보라. 그리고 그들의 대답에 표현되는 동기 방향성에 귀 기울여라. 그들은 어떤 것을 구하거나 성취하길 원하는가, 즉 지향하는가? 아니면 안도, 해방, 이완과 같이 회피하길 원하는가? 그들이 문제해결에(회피적 동기) 관심이 더 많은가, 또는 목표를 추구하는 데(지향적 동기) 더 관심이 많은가? 그들에게 어떤 지시를 할 때나 안내자 역할을 할 때 이 정보를 사용하라. 그들이 좀 더 쉽게 이해할 수 있는 방법으로 말하는 것이다. NLP에서 이런 기술들은 훌륭한 의사소통을 위한 중요한 역할을 한다. 더 자세한 연습을 원하면 6장을 다시 보라.

14일: 자신에 대한 사랑에 감사하기

이 주의 마지막 날인 오늘, 잠깐 시간을 내어 바쁜 스케줄에서 벗어나 당신의 삶에서 당신을 사랑하고 돌보아준 사람들을 생각해보라. 당신은 분명히 그들의 삶과 접촉했다. 잠깐 시간을 내어 한 명씩 떠올리면서 그 사람이 된 것처럼 상상한다. 그러면서 그 사람이 당신에게 감사히 여기는 것에 대해 고맙게 여겨라. 이렇게 하면 사랑하는 사람을 위해서 당신이 무엇을 했는지를 알 수 있다. 마음속으로 당신이 관련되었던 어떤 극적인 사건을 생각할 수도 있다. 당신의 존재가 어떤 방식으로—그것이 침묵 속에서든 농담으로든 진지하게—그 사람에게 감동을 주었는가를 주목해본다. 여기에 대해 당신에게 감사할 수 있는 기회를 주었으면, 이제 당신의 인생에 있는 다음 사람으로 넘어간다. 완전히 끝냈으면 감사하는 패턴에 주목한다. 그 패턴들은 당신이 이 연습을 하기 전에 기대했던 것과 다른가? 조용한 시간을 내어 당신이 이제 막 발견한 사랑, 인정, 감사를 가능한 한 많이 흡수한다. 누군가에게 전화하고 싶은 생각이 떠오르면 감사를 표시하는 쪽지를 보낼 수 있다.

잠깐 명상을 하거나 기도를 할 수도 있다. 또는 이런 경험이 당신의 미래에 더 자주 나타나도록 어떤 것을 할 수 있다. 이때 당신의 마음이 길잡이가 되도록 그냥 두라. 이 같은 사랑하는 상태에 어떻게 접근하는지는 9장을 참고하라.

셋째주:
최정상에 오르기 프로그램

15일: 제한시키는 것을 자원으로 변화시키기

많은 사람이 최고의 성공을 달성하려 할 때 종종 그들이 가는 길을 막고 있다고 생각하는 장애물에 주의를 기울인다. 헨리 포드의 말을 인용해보자. "당신이 할 수 있다고 생각하든지 할 수 없다고 생각하든지 간에 당신의 생각은 옳다." 최정상에 오르는 것은, 실제 우리의 경험보다는 우리의 경험에 대해 어떻게 생각하고 있는가와 더 깊은 관련이 있다. 이것을 자신에게 나타내 보이기 위해서 우선 당신이 자신의 삶에서 긍정적인 기억과 부정적인 기억을 정신적으로 어떻게 부호화하고 있는가에 주목하자. 당신은 주관적으로 몰입하고 있는가(그것들이 지금 당신에게 일어나고 있는 것처럼 그 기억 속에 들어가 있는가), 또는 객관적으로 관조하고 있는가(TV 또는 영화관의 스크린에 있는 자신을 보고 있는가)? 충분한 시간을 가지고 적어도 열 개의 기억을 떠올려보자. 당신은 그것에 귀를 기울이고 싶을지도 모른다. 사람들은 너무나 자주 본의 아니게 부정적인 기억에 주관적으로 몰입한다. 그래서 그 기억들을 다시 경험한다. 그리고 부적절한 시간에 그 부정적인 느낌을 느낀다. 예를 들면, 사람들은 퍼팅그린에 있을 때 실수로 퍼팅한 것을 생생하게 기억한다. 또는 여러 사람 앞에서 말할 때 당황했던 것을 정신적으로 다시 경험한다. 또는 새로운 인간관계를 맺으려고 할 때 이전에 다른 사람에게 배척당했던 순간을 기억한다.

이제 다른 쪽을 보자. 당신이 자신의 긍정적이며 자원이 풍부한 기억에 주관적으로 몰입하는지 알아보자. 사람들은 너무나 자주, 우연히 이런 긍정적인 기억을 객관적 관조 형태로 부호화하여 자신의 자원에 접근하지 못한다.

이러한 기억 형태들을 둘 다 더 좋게 변화시킬 수 있다. 우선 어떤 부정적인 기억에 주관적으로 몰입하고 있는 경우를 생각해보자. 그것을 다시 경험하면서 생생하게 당신 자신이 거기서 빠져나오는 것을 상상하고 그 부정적 기억을 당신에게서 멀리 떨어져 있게 하여 보라. 그리고 그 둘레에 크고 검은 사진틀을 두르고 두꺼운 유리를 끼운다. 그 두꺼운 사진틀 속에 있는 것을 사진틀 밖에 있는 것과 분리시킨다. 부정적 기억 속의 당신은 그 이미지 속에 들어있고 현재의 당신은 확실히 그 밖에 있기 위해서, 두꺼운 사진들 속에 있는 그림을 살펴보라. 시간을 충분히 가지고 변화시키고 싶은 기억마다 이 과정을 반복한다. 그런 기억이 좀 많다면 날마다 열 개씩 완전히 끝낼 때까지 변화시킬 계획을 세운다.

부정적인 기억을 객관적으로 관조하는 과정을 끝내고 나면, 자신에게 있는 긍정적인 기억에 주의를 돌린다. 만약 긍정적인 기억 중에 객관적 관조 상태로 경험하는 것이 있으면, 그런 긍정적인 기억 하나를 골라서 그 기억 안으로 들어간다. 그 기억을 당신 주위로 끌어당겨, 기억 속의 경험이 선명한 색으로 실제 크기만 한 크기로 지금 일어나고 있는 것처럼 경험한다. 그 기억을 주관적 몰입 형태로 만든다. 긍정적 기억이면서 객관적으로 관조하고 있는 기억 각각에 대해 똑같은 과정을 반복하라. 만약 그런 기억이 꽤 많다면 다 끝낼 때까지 하루에 열 개씩 변화시킨다.

부정적인 기억에서는 벗어나고, 긍정적인 기억으로 들어가는 과정을 날마다 반복해서 연습한다. 이렇게 하면 당신의 뇌에 당신이 모든 기억을 어떤 식으로 부호화하고 싶다는 데 대한 메시지를 보내게 된다. 이 과정을 계속하라. 그러면 몇 주 지난 어느 날 아침, 모든 기억이 이런 유용한 방식으로 변화된 것을 발견하게 될 것이다. 기억을 변화시키는 것에 대해서는 7장과 8장을 참조하라.

16일: 우수한 것을 증폭시키기

탁월한 것을 달성하는 한 가지 방법은 거기로 가는 길에 놓여있는 장애물을 제거하는 것이다. 또 한 가지 방법은 우수한 것을 증폭시켜 그 장애물들을 상대적으로 작게 만드는 것이다. 당신의 삶에서 우수한 분야 하나를 택하라. 실제로 있었던 특정한 사건에 대한 어떤 기억, 즉 당신이 기억하고 그것을 다시 체험하는 것이 즐거운, 자신의 개인적인 우수성에 대한 기억을 찾는다. 마음속으로 그 즐거운 기억을 다시 경험하면서 증폭시켜라. 그것을 더 크고 더 밝게, 그리고 더 화려하게, 그래서 더 강력하게 되도록 하라. 이 경험을 철저하게 즐기면서 당신은 가까운 미래 언제 그것을 경험하고 싶은가? 그것을 지금 일어나고 있는 것으로 생생하게 기억하라. 이 자원을 당신의 더 먼 미래 어디에서 경험하고 싶은가? 그것을 그 미래에 두라. 그리고 그 우수한 미래의 순간이 지금 얼마나 현실적으로 느껴지는가 주목해본다. 이 증폭시킨 우수성을 당신이 원하고 필요로 하는 미래 여러 시간대에 계속해서 두라. 그것을 당신이 만족할 만큼 미래의 여러 시간대로 뿌렸으면 그대로 내버려두고 또 다른 기억을 회상하여 그 과정을 반복한다. 자신이 뛰어나게 보였던 순간들을 증폭시키고 그것을 당신의 미래에 둠으로써 당신 삶의 전반적인 질과 수행 수준을 향상시킬 수 있다. 당신은 그런 경험, 즉 자신의 우수성을 발휘하는 시간이 더 자주 일어나도록 만들고 있는 것이다. 하위 감각양식과 앵커링에 대해 더 자세히 알고 싶으면 2장을 참고하기 바란다.

17일: 자신의 학습능력을 촉진시키기

당신은 시도할 때마다 새로운 기술을 학습해야 한다. 당신이 얼마나 효율적으로 새로운 기술을 학습하느냐에 따라 엄청난 차이가 날 수 있다. 이때 결정적으로 중요한 두 가지는, 좋은 형태를 어떻게 습득하느

이러한 기억 형태들을 둘 다 더 좋게 변화시킬 수 있다. 우선 어떤 부정적인 기억에 주관적으로 몰입하고 있는 경우를 생각해보자. 그것을 다시 경험하면서 생생하게 당신 자신이 거기서 빠져나오는 것을 상상하고 그 부정적 기억을 당신에게서 멀리 떨어져 있게 하여 보라. 그리고 그 둘레에 크고 검은 사진틀을 두르고 두꺼운 유리를 끼운다. 그 두꺼운 사진틀 속에 있는 것을 사진틀 밖에 있는 것과 분리시킨다. 부정적 기억 속의 당신은 그 이미지 속에 들어있고 현재의 당신은 확실히 그 밖에 있기 위해서, 두꺼운 사진틀 속에 있는 그림을 살펴보라. 시간을 충분히 가지고 변화시키고 싶은 기억마다 이 과정을 반복한다. 그런 기억이 좀 많다면 날마다 열 개씩 완전히 끝낼 때까지 변화시킬 계획을 세운다.

부정적인 기억을 객관적으로 관조하는 과정을 끝내고 나면, 자신에게 있는 긍정적인 기억에 주의를 돌린다. 만약 긍정적인 기억 중에 객관적 관조 상태로 경험하는 것이 있으면, 그런 긍정적인 기억 하나를 골라서 그 기억 안으로 들어간다. 그 기억을 당신 주위로 끌어당겨, 기억 속의 경험이 선명한 색으로 실제 크기만 한 크기로 지금 일어나고 있는 것처럼 경험한다. 그 기억을 주관적 몰입 형태로 만든다. 긍정적 기억이면서 객관적으로 관조하고 있는 기억 각각에 대해 똑같은 과정을 반복하라. 만약 그런 기억이 꽤 많다면 다 끝낼 때까지 하루에 열 개씩 변화시킨다.

부정적인 기억에서는 벗어나고, 긍정적인 기억으로 들어가는 과정을 날마다 반복해서 연습한다. 이렇게 하면 당신의 뇌에 당신이 모든 기억을 어떤 식으로 부호화하고 싶다는 데 대한 메시지를 보내게 된다. 이 과정을 계속하라. 그러면 몇 주 지난 어느 날 아침, 모든 기억이 이런 유용한 방식으로 변화된 것을 발견하게 될 것이다. 기억을 변화시키는 것에 대해서는 7장과 8장을 참조하라.

16일: 우수한 것을 증폭시키기

탁월한 것을 달성하는 한 가지 방법은 거기로 가는 길에 놓여있는 장애물을 제거하는 것이다. 또 한 가지 방법은 우수한 것을 증폭시켜 그 장애물들을 상대적으로 작게 만드는 것이다. 당신의 삶에서 우수한 분야 하나를 택하라. 실제로 있었던 특정한 사건에 대한 어떤 기억, 즉 당신이 기억하고 그것을 다시 체험하는 것이 즐거운, 자신의 개인적인 우수성에 대한 기억을 찾는다. 마음속으로 그 즐거운 기억을 다시 경험하면서 증폭시켜라. 그것을 더 크고 더 밝게, 그리고 더 화려하게, 그래서 더 강력하게 되도록 하라. 이 경험을 철저하게 즐기면서 당신은 가까운 미래 언제 그것을 경험하고 싶은가? 그것을 지금 일어나고 있는 것으로 생생하게 기억하라. 이 자원을 당신의 더 먼 미래 어디에서 경험하고 싶은가? 그것을 그 미래에 두라. 그리고 그 우수한 미래의 순간이 지금 얼마나 현실적으로 느껴지는가 주목해본다. 이 증폭시킨 우수성을 당신이 원하고 필요로 하는 미래 여러 시간대에 계속해서 두라. 그것을 당신이 만족할 만큼 미래의 여러 시간대로 뿌렸으면 그대로 내버려두고 또 다른 기억을 회상하여 그 과정을 반복한다. 자신이 뛰어나게 보였던 순간들을 증폭시키고 그것을 당신의 미래에 둠으로써 당신 삶의 전반적인 질과 수행 수준을 향상시킬 수 있다. 당신은 그런 경험, 즉 자신의 우수성을 발휘하는 시간이 더 자주 일어나도록 만들고 있는 것이다. 하위 감각양식과 앵커링에 대해 더 자세히 알고 싶으면 2장을 참고하기 바란다.

17일: 자신의 학습능력을 촉진시키기

당신은 시도할 때마다 새로운 기술을 학습해야 한다. 당신이 얼마나 효율적으로 새로운 기술을 학습하느냐에 따라 엄청난 차이가 날 수 있다. 이때 결정적으로 중요한 두 가지는, 좋은 형태를 어떻게 습득하느냐와 습관적 실수로 형성된 나쁜 형태를 어떻게 성공적으로 다시 프로그램을 하느냐이다.

많은 사람들이 알고 있는 한 연구를 보자. 대학생들에게 농구공으로 자유투하는 연습을 시켰다. 이때 몇 집단에게 실제로 연습하는 것과 머릿속으로 시연하는 것의 정도를 달리하게 했다. 전혀 연습하지 않은 학생들은 전혀 진보가 없었다. 이는 놀라운 결과가 아니다. 놀라운 것은, 학생들 중 시간을 나누어서 정신적으로 시연하는 것과 실제로 연습하는 것을 모두 행한 학생들이 할당된 시간 내내 연습만 한 학생들과 같은 점수대를 보인 것이었다. 그것은 시각화가 중요하다는 것에 대한 명백한 증거이다. NLP를 통해서 우리는 이것이 어떻게 가능한지 이해한다. 이는 정신적으로 시연하는 것이 실제로 활동할 때와 똑같은 신경회로, 똑같은 미세한 근육 움직임을 자극하고 강화시키기 때문이다. 마음과 신체는 동일한 방법으로 습관을 학습하고 기억하고 발달시킨다.

퍼팅을 하거나, 연주를 하거나, 이사회에서 프레젠테이션을 할 때 자신을 위해 이러한 방법을 사용할 수 있다. 즉 당신이 수행한 것이 대단히 훌륭하면, 이 우수한 것을 정신적으로 시연함으로써 앞으로 그와 같은 수행을 반복할 확률을 높일 수 있다. 당신이 이제 막 그것을 수행했기 때문에 그 패턴들이 당신의 마음과 몸에 선명하게 남아있다. 정신적으로 시연하면 그 경험을 할 때마다 다시 이 회로에 접하게 될 것이다. 그날 그런 경험을 했을 때, 그 다음날, 그 다음주, 또는 언제라도 그 경험을 할 때마다 그 회로는 활발하게 활동한다. 우수했던 것을 마음속으로 재생하면 재생할수록 그 우수한 것이 당신의 일상적인 수행 패턴으로 된다.

반면 자신이 당신에게 이롭지 않은 습관을 발달시켰다면, 그것이 골프에서의 슬라이스와 같은 실수이거나 성취에 대한 불안과 같은 쓸모없는 행동 패턴이건 간에 당신은 그 위에 다시 써서, 그 좋지 않은 습관을 없앨 수 있다.

우선 당신은 자신의 바람직하지 않은 경험을 객관적 관조 상태로 볼 수 있다. 좋지 못한 습관을 나타내고 있는 당신 자신을 영화처럼 보라. 영화의 시작은 똑같지만 그 다음을 바꿀 수 있다면, 시작 후 어떻게 전개되길 바라는가?

영화를 처음부터 보라. 이번에는 더 유용한 반응을 보이고 있는 자신을 보라. 여러 가지로 시도해보고 나서 가장 좋아하는 것을 선택하라. 이제 주관적 몰입 상태로 들어가라. 새로 만든 영화 속으로 들어가서 실제로 경험하라. 이 새로 만든 영화를 처음부터 시작되도록 한다. 마치 그 모든 것이 당신에게 지금 일어나고 있는 것처럼 생생하게 끝까지 다 경험한다. 이러한 과정을 마치고 나면, 당신은 새로운 반응을 자연스럽게 하도록 자신을 새로운 궤도 위에 올려놓게 된다. 더 자세하게 알고 싶으면 9장을 참고하라. 어떻게 좌절을 융통성으로 바꾸는 NLP 기법을 적용하는가를 복습하라.

18일: 최고의 상태를 일상적인 상태로 만들기

최고의 성취를 자극하는 또 다른 방법은 당신이 그곳에 도달하고 싶어 한다는 것을 자신의 뇌가 알도록 하는 것이다. 자신의 뇌에 어떤 습관을 이미 극복한 자신의 이미지를 보여줌으로써 습관을 변화시킬 수 있다. 비록 당신은 그것을 어떻게 했는지는 모르지만, 자신이 목표 달성을 더 잘하도록 스위시 패턴을 사용할 수 있다.

당신의 성취 정도가 신통치 않거나 실력이 전혀 향상되지 않는 상태에 있었던 때를 떠올려보라. 이때를 마음의 눈으로 생생하게 보라. 그리고 그 중앙에 있는 점 하나를 보라. 그 점 안에 현재 당신이 하는 것보다 훨씬 잘하고 있는 당신의 이미지가 들어있다. 당신은 어떻게 그것을 했는가를 알지 못한다.

당신은 자신이 그것을 했다는 것만 안다. 그 이미지가 가까이 왔을 때 당신은 만족스럽게 미소지으면서 당신의 눈이 반짝거리는 것을 볼 수 있다. 이로써 당신은 자신의 규칙 내에서 그것을 했다는 것과, 당신의 건강이 향상되었다는 것을 알게 된다. 당신에게서 목표 성취의 고원 현상이 사라지면서 그 이미지가 점점 작아지고 어두워지고 멀어지면서, 마침내 아무런 의미도 없게 되는 것을 관찰하라. 동시에 중앙에 있는 점은 당신 쪽으로 다가오면서 점점 더 커지고 밝아지면서 더 현실적인 것이 되어, 마침내 당신은 뛰어난 자신과 마주하게 된다. 마음속의 스크린을 비우고 이 과정을 처음부터 다시 반복한다. 적어도 여섯 번 반복하라. 그리고 목표 성취의 고원과 관련된 이미지가 자연스레 사라지면서, 뛰어난 자신의 이미지가 생기는지를 확인하라. 아무런 의식적인 노력 없이 이렇게 될 때까지 이 스위시 패턴을 반복하라. 효과를 최대로 높이기 위해서, 다른 목표 성취의 고원 상태도 기억하여 이 과정을 되풀이하라. 스위시 패턴을 어떻게 사용하는가에 대한 더 자세한 내용은 10장과 12장을 참고하라.

19일: 약진하는 마음 만들기

영국의 달리기 선수인 로저 배니스터가 4분대 벽을 깼을 때, 그리고 러시아의 역도 선수들이 500파운드(약 227킬로그램) 벽을 무너뜨렸을 때, 그들 모두 자신들이 그렇게 했다는 것을 알지 못했다. 두 경우 모두, 코치들은 선수들이 그 시도를 알지 못하게 했다. 그 후 가진 인터뷰에서 코치들은 자신들이 왜 그렇게 했는지 꽤 분명한 이유를 말했다. 두 인터뷰 간에, 약간의 차이는 있었지만 그 이유는 동일했다. 코치들은 자기네 선수들이 이전에 아무도 달성하지 못했던 것을 하기에 충분한 실력이 있다고 생각했다. 그들은 4분과 4분보다 짧은 시간 사이에 있는 숫자의 차이는 1/100초밖에 안 된다는 것, 500파운드와 500파운드를 넘는 무게 사이에 있는 차이가 1온스(약 28그램)도 되지 않는다는 것을 알고 있었다. 그렇기 때문에 그 제한은 실제 운동선수들에게 있는 것이 아니고, 그 숫자가 선수들의 마음에 다가가는 의미에 있다고 결론지었다. 두 경우 모두에서 코치들의 생각이 사실임이 입증되었다. 선수들이 그 벽을 깨뜨리자마자 몇 달이 내에 여러 선수들이 그와 같은 성취를 반복해서 나타낸 것이다.

운동선수나 어떤 개인의 수행이 획기적으로 변하기 위해서, 꼭 당신을 속일 코치가 있어야 하는 것은 아니다. 그보다 당신 자신의 정신적 제한을 변화시킬 코치가 필요하다. 11장에 나오는 NLP 결정 파괴자 기법을 이용하면 쉽게 그렇게 할 수 있다.

몇 년 전에 당신이 할 수 없다고 결론 내린 어떤 것을 떠올려보자. 당신은 아마 그것이 가능하지 않다고 결론 내리게 한 어떤 개인적인 경험을 했을 것이다. 또는 어떤 사람이 당신에게 그것이 가능하지 않다고 말했기 때문에 그렇게 믿게 되었을지도 모른다. 그것은 돈을 엄청나게 많이 버는 것일 수도 있고, 건강의 문제일 수도 있다. 또는 복잡한 것을 별다른 노력 없이 숙달할 수 있는 능력일 수도 있다. 마음속으로 이런 제한을 자신에게 가하고 있을 때, 당신이 이런 믿음을 가지기 전에 어떤 경험을 했다면 불가능하다고 생각했던 것이 가능성이 대단히 높은 것으로 생각되도록 변화시킬 수 있었겠는가? 충분한 시간을 가지고 당신의 마음속에 할 수 있다는 느낌을 줄 수 있는 경험을 만들도록 한다. 그것은 당신이 그 후에 경험한 것과 비슷할 수 있다. 또는 당신에게 결코 일어난 적이 없는 것일 수 있다. 그것은 문제가 되지 않는다.

단지 그것을 자신의 긍정적인 최정상의 성취 각인, 경험을 할 때의 하위 감각양식을 사용해서 생생하게 만들어라. 12장을 참고해도 된다. 많은 사람들에게 자신의 각인 경험은 파노라마와 같고, 실제보다 더 크고, 선명한 색으로 되어 있고, 초점이 잘 맞추어져 있다. 당신에게 힘을 주는 경험의 하위 감각양식의 특징을 각인 경험의 하위 감각양식과 같게 만들고, 그것을 당신의 시간선으로 가져가 당신을 제한시키는 기억이 생기기 바로 앞에 둔다. 이제 이 새로운 기억을 가지고 당신의 시간선 안으로 내려가서 앞쪽으로 여행한다. 당신이 시간을 따라가면서 그 제한시키는 기억을 바꾼다. 당신이 자신에게 새로운 능력을 주는 이 각인을 가지고, 자신의 과거 기억을 다시 경험하면서 현재까지 오도록 한다. 그러면서 그 제한시키는 것을 모두 긍정적인 것으로 변화시킨다. 당신의 제한된 믿음이 완전히 사라졌는지 확인한다. 당신이 바란다면 새로운 각인을 강하게 하기 위해 그 과정을 되풀이하라. 이 새로운 각인 경험을 했다고 성공이 보장되는 것은 아니다. 그러나 그 제한된 믿음이 이 세상에는 있을 수 있지만 당신 마음속에서는 확실히 사라지게 된다. NLP에서 우리는 누구라도 어떤 것을 할 수 있다고 믿는다. 가능하지 않을 때는 경험의 세계가 그렇다고 우리에게 알려줄 것이다. 실제로 해봐서 그 결과를 발견할 수 있다. 우리가 할 수 없다고 생각함으로써 그 결과를 발견할수 있는 것은 아니다.

20일: 자신이 하는 일을 좋아하는 연습하기

부정적인 것을 전환시키고 긍정적인 것을 증가시켜 자신의 방향을 우수성 쪽으로 잡고 새로운 기대를 세웠더라도 아직 연습할 필요가 남아있다. 《달인(mastery)》이라는 책을 써서 갈채를 받았던 조지 레오나르드는 보통으로 성취한 사람과 대가 간의 차이에 대해 "연습이 대가가 되는 길이다."라고 말했다.

정말로 뛰어난 사람들, 즉 대가들은 연습하는 것을 좋아한다. 농구의 위대한 마술사인 존슨은 실제 크기 그대로의 농구 코트를 개인적으로 가지고 있다. 래리 버드는 경기 시즌이 아닐 때라도 가는 곳마다 코트를 찾아가서 날마다 몇 시간씩 연습했다. 로큰롤의 대가 에릭 클랩톤과 브루스 스프링스틴은 그들이 순회공연을 할 때뿐 아니라 순회공연을 하지 않을 때에도 매일같이 기타를 연주했다. 세계의 체스 대가들은 유명한 경기를 계속 연구하고 다시 재생해본다. 위대한 미국의 건축가 프랭크 로이드 라이트는 새로운 아이디어를 시도해보기 위해 자신의 스튜디오를 해마다 다시 만들곤 했다. 이렇듯 위대한 사람들은 연습하기를 좋아한다. 그들은 자신들이 놓친 것을 발견하고 싶어 한다. 그들은 자신이 이전에는 한 번도 해본 적이 없지만 이번에는 할 수 있을지 모르는 어떤 것을 찾아내고 싶어 한다.

당신은 단순한 NLP 기법으로 삶의 중요한 부분에서 연습의 매력을 증가시킬 수 있다. 일단 가치 있는 일을 하기로 결심했다면 그것을 즐겨라. 대부분의 사람들은 결과를 얻기 위해 일한다. 단지 자신들이 좋아하는 일을 즐기기 때문에 하는 사람은 거의 없다. 당신이 어떤 결과를 원하면서 그것을 얻기 위해 하는 활동이 단조롭고 재미없었던 과거의 기억 하나를 떠올려보라. 세금을 계산하는 것은 대부분의 사람에게 이런 성질의 것이다. 결과는 그리 중요하지 않지만 당신이 즐기는 어떤 활동을 기억해보라. 많은 사람에게 게임이나 퍼즐이 그렇다. 이런 경험으로 들어가서 영화감독이 되어 그 경험의 시각적, 청각적 하위 감각양식을 발견해본다. 당신이 두 경험 간에 차이를 만드는 시각적, 청각적 하위 감각양식을 발견할 때까지 살펴보라. 다음의 목록을 사용하여 이런 차이점들을 적어라. 차이점을 여러 개 찾아내라. 원하는 결과를 얻기 위해 하는 경험에 주관적으로 몰입한다. 이미지의 내용은 같게 하면서 그 활동의 하위 감각양식을, 즐기는 경험에서 찾은 하위 감각양식으로 전환시킨다. 이 전환이 당신의 경험에 미치는 효과에 주목하라. 당신이 정말 향상시키고 싶은 어떤 기술을 연습하는 경험 속으로 주관적 몰입하여 그 하위 감각양식을, 활동을 즐기는 하위 감각양식과 같게 전환시켜라. 이 과정을 당신이 원하는 만큼 연습하라.

결과를 원하는 것	하는 것을 즐기는 것

21일: 주목해서 본다면 그것은 놀라운 삶이다

오늘은 휴식하는 날이다. 여기까지 이 코스를 따라온 당신 자신을 축하해주자. 우리들 각자는 자신의 삶과 다른 사람의 삶에 큰 변화를 일으켜왔다. 〈멋진 인생(It's A Wonderful Life)〉이라는 프랭크 카프라의 고전 영화는 우리의 삶이 서로 깊게 연결되어 있음을 생각하게 한다. 일 년에도 수십 번씩 그 영화가 상영되지만 우리는 우리의 삶이 그렇게 직물의 실들처럼 연결되었다고 별로 느끼지 않고 산다.

이제 잠깐 시간을 내어 자신의 과거로 가서, 당신 마음의 눈으로 자신의 둘레에 있는 세상에 긍정적인 방법으로 영향을 준 중요하거나 사소한 방법들을 발견하라. 아마 당신은 동생이 숙제하는 것을 도와주었을 것이다. 또는 미래에 운동선수가 될 사람과 함께 어떤 경기에서 이겼을 수도 있다. 또는 중요한 때 친구에게 도움을 주었을지도 모른다. 어쩌면 집 없는 사람에게 도움을 주었을 것이다. 잘못된 계획을 중단시키기 위해서 의견을 내놓았을 수도 있다. 또는 자선을 베풀었을 수도 있다. 당신의 말과 행동으로 다른 사람의 삶과 접촉한 때를 찾아보라. 목록을 만들고 그 결과를 적어라. 그 결과가 몇 년이 지날 때까지 분명하지 않았을 수도 있을 것이다. 어떤 때에는 다른 사람들에게는 가치 있게 보이는 행동이 자신에게는 가치 있다고 보이지 않는다. 측정하는 자를 확장시켜서 당신에게 중요한 것뿐 아니라 당신이 다른 사람들에게 중요한 것도 포함시켜라. 정확히 필요할 때 옆에서 슬쩍 팔꿈치를 찌르는 것도 중요한 차이를 나타낼 수 있다. 이는 당신이 평소에 하는 행동이 중요하다는 데 대한 증거가 된다. 이런 경험들을 가지고 잠깐 시간을 내어 다른 사람의 삶이나 이 세계에 보탬이 되기 위해, 미래에 당신이 하길 원하는 행동들을 적어보라. 그것을 적어가는 동안 당신이 어디에서 이러한 행동들을 취할 것인지 시연해보고, 자신이 이 세계에 참여하는 것을 즐겨라.

할 말이나 행동	다른 사람의 삶에 대한 긍정적인 효과	미래에 취할 행동

결과를 원하는 것	하는 것을 즐기는 것

21일: 주목해서 본다면 그것은 놀라운 삶이다

오늘은 휴식하는 날이다. 여기까지 이 코스를 따라온 당신 자신을 축하해주자. 우리들 각자는 자신의 삶과 다른 사람의 삶에 큰 변화를 일으켜왔다. 〈멋진 인생(It's A Wonderful Life)〉이라는 프랭크 카프라의 고전 영화는 우리의 삶이 서로 깊게 연결되어 있음을 생각하게 한다. 일 년에도 수십 번씩 그 영화가 상영되지만 우리는 우리의 삶이 그렇게 직물의 실들처럼 연결되었다고 별로 느끼지 않고 산다.

이제 잠깐 시간을 내어 자신의 과거로 가서, 당신 마음의 눈으로 자신의 둘레에 있는 세상에 긍정적인 방법으로 영향을 준 중요하거나 사소한 방법들을 발견하라. 아마 당신은 동생이 숙제하는 것을 도와주었을 것이다. 또는 미래에 운동선수가 될 사람과 함께 어떤 경기에서 이겼을 수도 있다. 또는 중요한 때 친구에게 도움을 주었을지도 모른다. 어쩌면 집 없는 사람에게 도움을 주었을 것이다. 잘못된 계획을 중단시키기 위해서 의견을 내놓았을 수도 있다. 또는 자선을 베풀었을 수도 있다. 당신의 말과 행동으로 다른 사람의 삶과 접촉한 때를 찾아보라. 목록을 만들고 그 결과를 적어라. 그 결과가 몇 년이 지날 때까지 분명하지 않았을 수도 있을 것이다. 어떤 때에는 다른 사람들에게는 가치 있게 보이는 행동이 자신에게는 가치 있다고 보이지 않는다. 측정하는 자를 확장시켜서 당신에게 중요한 것뿐 아니라 당신이 다른 사람들에게 중요한 것도 포함시켜라. 정확히 필요할 때 옆에서 슬쩍 팔꿈치를 찌르는 것도 중요한 차이를 나타낼 수 있다. 이는 당신이 평소에 하는 행동이 중요하다는 데 대한 증거가 된다. 이런 경험들을 가지고 잠깐 시간을 내어 다른 사람의 삶이나 이 세계에 보탬이 되기 위해, 미래에 당신이 하길 원하는 행동들을 적어보라. 그것을 적어가는 동안 당신이 어디에서 이러한 행동들을 취할 것인지 시연해보고, 자신이 이 세계에 참여하는 것을 즐겨라.

할 말이나 행동	다른 사람의 삶에 대한 긍정적인 효과	미래에 취할 행동

당신은 지금 이 책을 읽고 있다. 이것도 이 우주가 하는 경험의 일부이다. 이 우주가 지금 있는 대로 움직여오는 데 당신의 개인적인 행동이 어떻게 중요한 역할을 했는지에 주목하라. 당신이 이 책에서 배운 것을 생각하고 앞으로 몇 주, 몇 달, 몇 년 지나서 당신이 얼마나 더 많이 당신의 세계에 참여할지, 얼마나 적극적인 참여자가 될지를 생각하라. 원하고, 바라고, 꿈꾸면서 시작하라. 당신이 원한다면 당신은 내일 사이클을 시작할 수 있다. 자신을 위해서 당신을 정말로 즐겁게 하는 것을 오늘 하도록 하라. 꽃 냄새를 맡고, 해가 저물어 가는 것을 보고, 비를 느껴보고, 음악에 맞춰 춤을 춰라. 그리고 다른 사람의 마음과 접촉해보라. 자신에게 감사하고 창조주에게 감사하라. 삶이라고 부르는 이 기적을 즐겨라. 당신은 인생을 즐길 가치가 있다.

NLP 용어 정리

- **가치** Values '기준'에 대한 풀이 참조.
- **감각단어** Predicates 어떤 표상체계가 의식되게 사용되는가를 나타내는 단어. 예를 들면 "내가 그것을 보면서" "그에게 내게 귀 기울이라고 했어." "나는 그들이 통하지 않는다고 느꼈어." 등이다.
- **감각 민감성** Sensory Acuity 본 것, 들은 것, 느낀 것의 미세한 차이를 탐지할 수 있도록 능력을 더욱 예민하게 발달시키는 것.
- **감각양식** Sensory Modalities 우리가 경험으로 얻는 다섯 가지 감각으로 시각, 청각, 촉각 미각, 후각을 말한다. '표상체계' 참조.
- **감각에 기초한 묘사** Sensory-Based Description 어떤 사건을 기술할 때 무엇이 보였는지, 들렸는지, 느껴졌는지를 중점적으로 기술하는 것.
- **객관적 관조** Dissociated 어떤 사건을 자신의 몸 밖에서 보고 경험하는 것. '관찰자'와 '제3의 관점' 참조. 예: 영화 스크린에 있는 자신을 보라. 자신이 어떤 사건 위로 둥둥 떠오르는 장면을 보라 '주관적 몰입'과 대조.
- **결정적 하위 감각양식** Critical Submodalities 어떤 하위 감각양식이 변화되었을 때, 나머지 하위 감각양식까지 자동으로 변화되게 하는 하위 감각양식. '스위시 패턴'을 보라.

- **과정 Process** 어떤 상황의 '어떻게'에 해당하는 부분
- **구체적인 목표 Outcome** 목표를 성취하기 위해서 잘 형성된 조건, 다섯 가지에 맞는 목표, 소망, 또는 꿈.
- **기준/가치 Criteria/Value** 어떤 것을 평가할 때 기준이 되는 것. "당신에게 무엇이 중요합니까?"라고 물어보면 상대방의 기준을 알 수 있다.
- **내용 Content** 어떤 상황에서 '누가' 그리고 '무엇'에 해당되는 것. '과정'과 대조.
- **눈동자 접근 단서 Eye-Accessing cues** 내부에서 일어나는 정보 과정을 나타내는 무의식적인 눈동자의 움직임. 우리는 이를 통해서 상대방이 내적인 이미지를 보는지, 내부소리를 듣는지, 또는 어떤 느낌을 경험하는지 알 수 있다. '접근 단서' '표상체계' '감각양식'에 대한 풀이 참조.
- **상태 단절 Break State** 현재 상태를 갑자기 중단시키는 것. 보통 부정적이거나 비자원적인 상태를 멈추게 하기 위해 사용된다.
- **동기의 방향성/메타프로그램의 일종 Motivation Direction/Meta-Program** 어떤 사람이 어떤 경험 쪽으로 향하는지, 또는 경험에서 피하는지를 결정하는 정신적인 프로그램.
- **라포 Rapport** 상대방과 친밀해지는 자연적인 과정.
- **리프레이밍 Reframing** 어떤 사건의 틀이나 의미를 변화시키기 위해서 한다. '마치 ~처럼'의 틀("As if" Frame) : 마음속으로 어떤 것이 가능하다고 가정하거나 어떤 것이 끝났다고 가정하여 생각하는 것.
- **메타모델 Meta-Model** 일단의 언어 특징과 질문. 이런 질문으로 사람들의 언어에서 그 사람들의 세상 모델을 결정할 수 있다.
- **메타 가치 Meta-Outcome** 특정한 행동으로 달성되는 더 높은 수준의 가치(가치 위의 가치).
- **메타프로그램 Meta-Program** 사람의 인생에서 여러 다른 상황에도 적용되는 정신적인 프로그램

- **모델 Model** 어떤 경험이나 능력의 필수적인 특징을 묘사하는 것.
- **모델링 Modeling** 우수한 사람과 동일한 결과를 얻기 위해 필요한 필수적인 특징을 알아내려고 살아있는 우수한 사람들의 예를 연구하는 NLP 과정.
- **미각적 Gustatory** 맛과 관련된 감각양식.
- **미래 보정 Future Pace** 자원 상태를 자신의 미래에 있는 어떤 특정한 단서와 연결시키는 과정. 그렇게 함으로써 그 자원이 자동으로 다시 생길 수 있다. '앵커'와 '자원 상태' 참조.
- **반영하기 Mirroring** 상대방과 라포를 형성하기 위해서 자신의 자세를 상대방과 동일하게 한다. 이는 자연적으로 일어나는 의사소통과정이다.
- **부분 Parts** 안전, 창의성·공격하려고 함과 같은 어떤 특정한 가치주변에 조직된 자신의 부분. 한 자아 내에 서로 다른 행동, 목표, 의도를 가지고 있다. 예를 들어, "내 안에 있는 어떤 부분은 안전함을 원해. 그런데 또 다른 한 부분은 공격하고 싶어해."
- **부정문으로 된 명령 Negative Command** 상대방에게 '무엇을 하지 말라'고 말하는 것. 그렇게 말하면 하지 말라고 하는 것을 생각하게 된다. 예를 들면 "걱정하지 마라." "당신이 편안하게 앉을 때까지는 완전히 긴장을 풀지 말아요." 등이 있다.
- **불일치 Incongruence** 목표나 생각, 행동이 갈등되는 상황을 경험하는 것, 예를 들면 어떤 사람이 어떤 말을 하면서 행동은 다르게 할 때 불일치한다고 말할 수 있다.
- **상태 State** 특정한 마음자세의 생리학과 신경학, 이는 긍정적이거나 부정적이다.
- **생태학 Ecology** 생물과학에서 나왔음. 개인/조직 전체를 상호작용하는 균형 잡힌 한 체계로 간주한다. 어떤 변화가 생태학적으로 적합하다는 말은 그 사람 전체와 조직 전체 또는 가족 전체에 이득이 된다는 의미

이다.

- **선호 표상체계** Preferred Representational System 어떤 개인에게 가장 많이 발달되고 가장 많이 사용되는 감각양식.
- **세 개의 관점** Triple Description 어떤 것을 세 개의 기본적인 관점에서 고려하는 것. 제1의 관점, 제2의 관점, 그리고 제3의 관점이 있다.
- **세상 모델** Model of the World 어떤 사람의 경험에 대한 정신적 인지도를 묘사하는 것.
- **스위시 패턴** Swish Pattern 어려움에 대한 단서가 그 어려움을 극복하기 위한 촉발자극으로 사용되는 하위 감각양식을 이용한 기법. 습관이나 정서적인 반응을 변화시키는 데 유용하다.
- **시각적** Visual 보는 것의 감각양식.
- **시간선** Timeline 사람들이 자신의 과거 기억과 미래의 기대를 무의식적으로 정렬시키는 선. 대개 이미지들로 이루어진 '선'으로 보인다.
- **신경 언어 프로그래밍/NLP** Neuro-Linguistic Programming 인간 우수성의 모델을 만드는 과정. 여기에서는 사실 여부보다는 유용성이 가장 중요한 기준이 된다. 주관적 경험의 구조에 대한 연구.
- **신념** Beliefs 자신과 세상에 대한 일반화.
- **운동감각적** Kinesthetic 촉감, 근육긴장(감각), 그리고 정서(느낌들).
- **앵커** Anchor 시각, 소리, 단어나 촉감과 같은 특정한 자극. 자동으로 어떤 특정한 기억이나 몸과 마음의 상태를 불러일으킨다. "대한민국! 대한민국!"이라는 응원구호를 예로 들 수 있다.
- **외적 행동** External Behavior 어떤 사람이라도 볼 수 있는 행동
- **융통성** Flexibility 어떤 상황에서 행동을 선택하는 것. 이렇게 하려면 최소한 세 가지 대안이 있어야 한다. 당신이 한 가지만 선택할 수 있으면 당신은 기계적이 된다. 두 가지 중에서 선택할 수 있으면 딜레마에 빠진다.

- **의도 Intention** 어떤 행동의 밑바탕에 있는 소망 또는 목표. 어떤 행동이라도 그 의도는 긍정적인 것으로 가정된다.
- **이끌어내기 Elicitation** 정보를 수집하는 NLP 기법들.
- **일치 Congruence** 목표, 생각, 행동이 모두 일치할 때.
- **자원 상태 Resource State** 어떤 경험이라도 자원 상태가 될 수 있다. 전형적으로 어떤 개인의 삶에서 긍정적·행동지향적·잠재력을 달성하는 경험이 자원 상태가 된다.
- **잘 형성된 목표 조건 Well-Formed Goal Conditions** 목표 성취의 다섯 가지 조건들. 꿈이나 바람이 달성될 수 있는 목표가 되기 위해 충족되어야 하는 다섯 가지 조건들. 첫째, 긍정적으로 진술되어야 한다, 둘째, 자신이 시작하고 유지해야 한다, 셋째, 감각에 기초해야 한다. 넷째, 특히 누구와 함께, 어디에서, 언제를 구체화할 수 있어야 한다. 다섯째 그 개인의 나머지, 그리고 자신이 살고 있는 시스템(가족, 직장)과 조화로워야 한다.
- **접근단서 Accessing Cues** 호흡, 제스처, 머리 움직임, 눈동자 움직임과 같은 무의식적인 행동. 이는 생각이나 정보를 처리할 때 특정한 감각양식을 사용하고 있음을 나타낸다.
- **정렬 Alignment** 상대방과 같은 시선으로 보거나 같은 식으로 생각함으로써 상대방의 행동이나 경험에 일치시키는 것.
- **제1의 관점 First Position** 이 세계를 자신의 눈과 자신의 신체로 보는 것과 경험하는 것. '주관적 몰입'에 대한 풀이 참조.
- **제2의 관점 Second Position** 어떤 사건을 상호작용하고 있는 사람의 관점에서 보는 것과 경험하는 것.
- **제3의 관점 Third Position** 외부에서 관찰자로서 어떤 사건을 보는 것과 경험하는 것.
- **주관적인 몰입 Associated** 세상을 자신의 눈으로 보는 것. 삶을 자신의

신체로 경험하는 것. '제1의 관점' 참고. '객관적 관조'와 '제3의 관점'과 대조.

- **청각적** Auditory   소리나 단어를 포함해서 듣는(말하는) 감각양식. '표상체제' 참조.
- **청크 크기** Chunk Size   한 번에 고려되는 정보의 양, 또는 구체적인 정도 세부 지향적인 사람들은 청크 크기가 작은 사람들이고, 일반적인 용어로 생각하는 사람들은 청크 크기가 큰 사람들로 그들은 큰 그림을 본다. 조지 밀러는 인간이 전형적으로 한번에 7±2개의 정보 청크를 다룬다는 이론을 세웠다. 이는 전화번호의 길이에도 반영되었다.
- **페이싱** Pacing   라포를 형성하기 위해서 상대방의 행동, 자세, 언어/감각단어에 일치시키는 것.
- **표상체계** Representational Systems   시각적, 청각적, 촉각적, 후각적, 그리고 미각적인 감각양식들, 표상체계라고 부른다. 그것들은 기억과 아이디어들이 인간 두뇌에서 표상되는 방법이기 때문이다.
- **필수적 다양성** Requisite Variety   시스템 이론에서는 행동의 융통성이 가장 많은 시스템의 요소가 그 시스템에서 통제하는 요소가 될 것이라고 가정한다.
- **피드백** Feedback   자신의 행동에 대한 반응으로 자신에게 되돌아오는 시각적, 청각적 촉각적인 정보 긍정적 피드백은 동일한 행동이 계속되게끔 한다. 부정적 피드백은 차이가 있다는 정보로서 행동을 바꾸게 자극한다.
- **하위 감각양식** Submodalities   감각양식을 이루는 구성요소들. 예를 들면 시각의 하위 감각양식으로는 색, 밝기, 초점이 맞는가, 평면이냐 입체냐 등이 포함된다.
- **행동** Behavior   접근단서와 같은 미세한 움직임도 포함된 근육의 활성화.
- **행동적 융통성** Behavioral Flexibility   상대방에게서 바람직한 반응을 이

끌어내기 위해 자신의 행동을 변화시킬 수 있는 능력.

- **후각** Olfactory   냄새의 감각양식.